BIBLIOTHÈQUE
DE L'ÉCOLE
DES HAUTES ÉTUDES

PUBLIÉE SOUS LES AUSPICES

DU MINISTÈRE DE L'INSTRUCTION PUBLIQUE

SCIENCES PHILOLOGIQUES ET HISTORIQUES

CENT-CINQUIÈME FASCICULE

AL-FAKHRÎ

HISTOIRE DU KHALIFAT ET DU VIZIRAT
DEPUIS LEURS ORIGINES JUSQU'À LA CHUTE DU KHALIFAT ʿABBASIDE
DE BAGDÂDH

(11-656 de l'hégire = 632-1258 de notre ère)

AVEC DES PROLÉGOMÈNES SUR LES PRINCIPES DU GOUVERNEMENT

PAR IBN AT-ṬIKṬAḲÂ

NOUVELLE ÉDITION DU TEXTE ARABE

PAR HARTWIG DERENBOURG

PARIS
LIBRAIRIE ÉMILE BOUILLON, EDITEUR
67, RUE DE RICHELIEU, AU PREMIER

1895

AL-FAKHRÎ

HISTOIRE DU KHALIFAT ET DU VIZIRAT

PAR

IBN AT-ṬIKṬAḲÂ

NOUVELLE ÉDITION DU TEXTE ARABE

PAR

HARTWIG DERENBOURG

CHALON-SUR-SAONE, IMPRIMERIE FRANÇAISE ET ORIENTALE DE L. MARCEAU.

AL-FAKHRÎ

HISTOIRE DU KHALIFAT ET DU VIZIRAT

DEPUIS LEURS ORIGINES

JUSQU'À LA CHUTE DU KHALIFAT 'ABBASIDE DE BAGDÂDH

(11-656 de l'hégire = 632-1258 de notre ère)

AVEC DES PROLÉGOMÈNES SUR LES PRINCIPES DU GOUVERNEMENT

PAR

IBN AṬ-ṬIKṬAKÂ

NOUVELLE ÉDITION DU TEXTE ARABE

PAR

HARTWIG DERENBOURG

PARIS
LIBRAIRIE ÉMILE BOUILLON, ÉDITEUR
67, RUE DE RICHELIEU, AU PREMIER

1895

Tous droits réservés

INTRODUCTION

Le mois de janvier 1302 fit endurer à la région de Mauṣil l'âpreté de l'hiver le plus rigoureux [1]. La Mésopotamie ne connaît en température que les extrêmes [2]. Pendant l'été, un soleil de plomb paralyse les volontés et affaisse les intelligences. Presque sans transition, l'hiver sévit, avec son climat de froid intense et de neiges continues. Les routes obstruées deviennent impraticables sous la couche épaisse qui s'y amoncelle librement, parfois à hauteur d'homme, souvent même à la hauteur des tentes dressées. Les montures restent en détresse, ne pouvant ni avancer, ni reculer. Le voyageur qui s'est imprudemment engagé dans une excursion téméraire et qui a fini par en surmonter les difficultés jusqu'à franchir l'enceinte d'une ville, s'y enferme avec délices, comme le naufragé ramené au port. Ce furent les tourmentes de neige, avalanches et gros flocons, par lesquelles se termina 1301 et commença 1302, qui contraignirent l'auteur du *Fakhrî* à ne point dépasser Mauṣil, tandis qu'il s'était proposé d'atteindre Tabrîz, la capitale de l'Adhrabîdjân. Quel avait été son point de départ? Il a oublié de nous le confier, mais nous pouvons conjecturer avec vraisemblance qu'il habitait Bagdâdh, dont il décrit avec complaisance la situation présente et les monuments tels qu'il les a vus [3]. S'il s'en est éloigné momentanément, c'est qu'il compte appuyer en personne quelque requête publique

---

1. Les mêmes phénomènes s'étaient produits en janvier 1301; voir Quatremère, *Histoire des sultans mamlouks*, II, ıı, p. 176. Ils arrêtèrent en janvier 1840 le médecin et explorateur anglais W. Ainsworth; voir de lui, *Travels and Researches*, II, p. 108; *Narrative of the Euphrates Expedition*, II, p. 313; cf. plus récemment Ed. Sachau, *Reise in Syrien und Mesopotamien* (Leipzig, 1883), p. 342 et 343.

2. Yâḳoût, *Mouʿdjam*, IV, p. 684, l. 3, au sujet de Mauṣil en particulier.

3. Texte arabe, p. 43-44, 317, 345, 444.

ou privée auprès du sultan des Mogols, Gâzân Khân Maḥmoûd, qu'il avait connu à Bagdâdh en djoumâdâ premier 698 (février 1299)[1], qui depuis lors avait fortifié Tabrîz[2], sa résidence de prédilection pendant sa vie, son lieu de repos après sa mort[3].

L'accident climatérique, qui avait malencontreusement arrêté en chemin notre voyageur et qui l'avait condamné à différer une entrevue souhaitée, est raconté par lui en ces termes, avec la résignation d'un musulman qui se soumet aux destins, avec le ton satisfait d'un courtisan qui ménage son nouveau protecteur, sans cesser de flatter la dynastie victorieuse (puisse Allâh répandre son bienfait et élever sa puissance![4]) :

« Lorsque le décret du destin m'eut imposé une halte à Mauṣil la Bossue[5], j'y séjournai, sans y être atteint ni par les averses, ni par les pluies fines. J'y étais entré, conformément à la parole du Tout-Puissant[6] : *Et il entra dans la ville, à un moment d'inattention de ses habitants*. Je m'étais décidé à y rester jusqu'à ce que la glace fondît et que mon manteau me pesât, sauf à me rendre ensuite à Tabrîz. Une fois installé à Mauṣil, j'appris de divers côtés, par plusieurs personnes intelligentes, qui ne s'étaient pas concertées, combien était éminent le mérite de son seigneur magnifique, le maître obéi, le roi glorifié, le plus distingué et le plus grand des rois, le plus noble et le plus longanime des arbitres, Fâkhr al-milla wad-dîn... ʿÎsâ... fils d'Ibrâhîm..., l'arbitre par excellence... Or, les décrets d'Allâh combinèrent que mention serait faite de moi

1. Texte arabe, p. 43, combiné avec Quatremère, *Histoire des sultans mamlouks*, II, II, p. 132.

2. C. Ritter, *Die Erdkunde*, IX, p. 853.

3. Ibn Baṭoûṭa. *Voyages*, II, p. 129.

4. Texte arabe, p. 190; cf. p. 449. Le passage traduit se trouve *ibid.*, p. 7-14. J'ai omis les hors-d'œuvre.

5. Mauṣil la Bossue (*al-ḥadbâ*) est ainsi nommée dans la souscription, p. 458; dans ʿImâd ad-Dîn Al-Kâtib, cité par Aboû Schâma, *Kitâb ar-rauḍatain*, I, p. 191, l. 7; dans Yâkoût, *Mouʿdjam*, II, p. 218, qui attribue cette épithète aux méandres et aux sinuosités du Tigre. Ibn Baṭoûṭa, *Voyages* (II, p. 135), appelle *Al-Ḥadbâ* la forteresse de Mauṣil. Actuellement, on y désigne ainsi le minaret penché de la grande mosquée; voir Sachau, *Reise*, p. 353.

6. *Coran*, XXVIII, 14, où il est question de Moïse, lors de son entrée dans la capitale de Pharaon.

devant lui et qu'on lui donnerait quelques détails à mon sujet. Les récits qui lui furent apportés firent entrevoir à la clairvoyance de son esprit et à la justesse de sa vive intelligence la réalité de ma situation, avant que nous nous fussions rencontrés. Il ordonna de m'introduire en sa présence auguste. Lorsque je fus admis devant lui, je fus stupéfait, en observant la distinction de son attitude; je fus charmé, en voyant de mes yeux la beauté de son extérieur et la grâce de sa démarche. »

I.

L'AUTEUR

Le personnage, dont l'arrivée à Mauṣil avait fait sensation et que le « roi » de cette ville s'était empressé de mander à son audience, appartenait à la plus illustre famille de l'islamisme. C'était un « noble », un *scharîf*, dont les origines remontaient par une série non interrompue d'ascendants, presque tous des hommes considérables, à Al-Ḥasan, le fils aîné d'Ali. Voici son arbre généalogique complet : Moḥammad, fils de ʿAlî, fils de Moḥammad, fils de Ramaḍân, fils de ʿAlî, fils de ʿAbd Allâh, fils de Moufridj, fils de Moûsâ, fils de ʿAlî, fils d'Aboû Moḥammad Al-Ḳâsim ar-ra'îs, fils d'Aboû ʿAbd Allâh Moḥammad, fils d'Aboû Moḥammad Al-Ḳâsim Ar-Rassî, fils d'Ibrâhîm Ṭabâṭabâ, fils d'Aboû Ibrâhîm Ismâʿîl Ad-Dîbâdj, fils d'Aboû Ismâʿîl Ibrâhîm Al-Gamr, fils d'Al-Ḥasan, fils d'Al-Ḥasan, fils de ʿAlî, fils d'Aboû Ṭâlib, soit un total de dix-neuf générations jusqu'à l'oncle, de dix-huit jusqu'au gendre du Prophète[1]. Cette parenté est très résumée en tête de mon manuscrit A, qui porte seulement Ṣafî ad-Dîn Moḥammad, fils de ʿAlî, fils de Ṭabâṭabâ, connu sous l'appellation d'Ibn Aṭ-Ṭiḳṭaḳâ[2].

1. Djamâl ad-Dîn Aḥmad ibn ʿAlî Ibn ʿInaba, l'Alide, descendant d'Al-Ḥasan, *ʿOumdat aṭ-ṭâlib fî nasab âl Abî Ṭâlib* (manuscrit 636 de l'ancien fonds arabe, aujourd'hui 2021 du fonds arabe de la Bibliothèque Nationale), fol. 51 r°, 94 v°, 95 r°, 102 v°, 104 r°, 107 v°, 108 r°.

2. Manuscrit 895 de l'ancien fonds arabe, aujourd'hui 2441 du fonds arabe de la Bibliothèque Nationale, fol. 1 r°.

Quant à mon manuscrit B, on y lit Ṣâfî ad-Dîn Moḥammad, fils de ʿAlî, fils de ʿAlî, Al-Ḥasanî, connu sous l'appellation d'Ibn Aṭ-Ṭikṭakâ[1].

Je ne m'arrêterai qu'au père de l'auteur, le surintendant des Alides (*nakîb an-noukabâ*), Tâdj ad-Dîn ʿAlî, fils de Moḥammad, fils de Ramaḍân, qui fut, lui aussi, appelé par ses contemporains Ibn Aṭ-Ṭikṭakâ[2], « le Fils du tic tac ». Ce sobriquet, avec sa consonnance d'onomatopée, je ne l'ai retrouvé que dans la désignation du conspirateur schîʿite Aṭ-Ṭikṭakâ, qui souleva les vagabonds de Bagdâdh en 444 de l'hégire[3] (1052-1053 de notre ère). Dans le langage populaire, ce mot signifie la légèreté de la parole, lorsqu'elle s'échappe en périodes sonores[4]. C'est à un proverbe local ou à une anecdote familiale que paraît avoir été emprunté le tic tac d'un moulin à paroles, auquel auraient été comparés, en leur qualité de causeurs toujours en mouvement, le père et le fils.

Quoi qu'il en soit[5], l'aîné des deux Ibn Aṭ-Ṭikṭakâ « avait été favorisé par les destins au point qu'il avait acquis en biens, en immeubles et en terres une richesse qu'on ne peut presque pas compter. Parmi les aventures les plus étonnantes qui lui advinrent, je citerai, dit Ibn ʿInaba, la suivante: Au début de sa carrière, il avait multiplié les plantations dans les propriétés du domaine public, et il était alors percepteur principal (*ṣadr*) des districts de l'Euphrate[6]. Il avait mis en sûreté la part des récoltes qui lui était échue, dans une maison à lui, qu'il s'était bâtie, mais qu'il n'avait

1. Manuscrit 932 de l'ancien fonds arabe, aujourd'hui 2442 du fonds arabe de la Bibliothèque Nationale, fol. 1 r°.

2. Ibn ʿInaba, *ʿOumdat aṭ-ṭâlib*, dans W. Ahlwardt, *Elfachri* (Gotha, 1860), p. XVIII-XXI. Les détails qui suivent sont pour la plupart empruntés à cette notice, que M. Ahlwardt a publiée avec une excellente traduction allemande.

3. Ibn Al-Athîr, *Chronicon*, IX, p. 406; cf. Aboû 'l-Fidâ, *Annales*, IV, p. 143. L'édition Tornberg d'Ibn Al-Athîr porte sur le *yâ* final un *taschdîd*, que les éditeurs du Caire (IX, p. 205) ont bien fait d'omettre.

4. *Tâdj al-ʿaroûs*, VI, p. 424; Lane, *An Arabic-English Lexicon*, p. 1861 c.

5. M. Ahlwardt a proposé un rapprochement plus spirituel que juste entre Ṭabâṭabâ (طباطبا) et Aṭ-Ṭikṭakâ (الطقطقى); cf. Ibn Khallikân, *Biographical Dictionary*, I, p. 115; Ahlwardt, *Elfachri*, p. XXII-XXIV.

6. La juridiction du percepteur principal s'étendait sans doute depuis la région d'Al-Anbâr, qui fait face à Bagdâdh, jusque, plus au nord, à Hît,

pas encore achevée. Son compte avec le Trésor s'étant réglé par un excédant en sa faveur, il lui était resté une provision considérable de denrées. La population souffrit alors d'une disette terrible. Le surintendant Tâdj ad-Dîn établit une taxe pour la vente des denrées. Lui-même en vendit contre argent d'abord, puis contre des objets de valeur égale, enfin contre des propriétés. On appelait proverbialement ce renchérissement le renchérissement d'Ibn Aṭ-Ṭiḳṭaḳâ, et on le lui attribuait parce que, hors chez lui, il n'y avait plus chez personne rien à vendre.

« On perça une brèche dans un des murs de cette maison et l'on trouva les denrées empilées, les grains éparpillés. Tâdj ad-Dîn s'empressa, mais en vain, de les dissimuler. Les réserves ne tardèrent pas à s'épuiser, après une vente de courte durée, comme cela arrive d'ordinaire en pareille occurrence.

« L'autorité de Tâdj ad-Dîn grandit au point qu'il écrivit au sultan Abâḳâ, fils d'Hoûlâgoû, pour lui demander la révocation du directeur des finances (*ṣâḥib ad-dîwân*) 'Aṭâ Malik. Il avait pris un feuillet, sur lequel il avait inscrit: « Combien de fois devrai-je réveiller la prunelle d'un endormi, qui se remet à sommeiller après que je l'ai secoué? On dirait que tu es un petit enfant au berceau, qui dort plus ferme à mesure qu'on le remue. » La lettre du surintendant au sujet de 'Aṭâ Malik, aussitôt reçue, fut envoyée au frère de celui-ci[1]. Le directeur des finances prit alors ses mesures et, après avoir arrêté ses décisions, ordonna que des gens feraient irruption de nuit contre Tâdj ad-Dîn. Ils l'assaillirent et s'enfuirent dans un endroit où ils s'imaginaient être en sûreté et où le directeur des finances leur avait enjoint de se rendre. Aussitôt le directeur sortit, parvint à ce même endroit, fit empoigner ces hommes, ordonna leur mise à mort et confisqua à son profit les biens, les propriétés et les épargnes du surintendant. Le surintendant Tâdj ad-Dîn a laissé une postérité. »

'Âna, Rahba; cf. Ibn Al-Athîr, *Chronicon*, VIII, p. 85 (الفراتيّة بسواد بغداذ); A. von Kremer, *Culturgeschichte des Orients*, I, p. 346-447 et 368.

1. Ce frère, l'associé au pouvoir de 'Aṭâ Malik, son collaborateur partageant avec lui les fonctions et le titre de *ṣâḥib ad-dîwân*, est connu sous son surnom de Schams ad-Dîn.

Cette conspiration ne fut qu'un épisode des menées que Madjd al-Moulk, fils de Ṣafî ad-Dîn Al-'Adjamî, parvenu à Bagdâdh à la fin de 679 ou au commencement de 680 (entre mars et mai 1281), dirigea avec acharnement contre la puissance solidement établie des deux frères, 'Alâ ad-Dîn 'Aṭâ Malik et Schams ad-Dîn, tous deux fils de Bahâ ad-Dîn Moḥammad, fils de Moḥammad Al-Djouwainî [1]. La mort violente du surintendant Tâdj ad-Dîn eut donc lieu dans la première moitié de 1281, deux années avant le moment où les souffrances morales et physiques abattirent l'instigateur de son meurtre, terrassé par une attaque d'apoplexie dans le canton d'Arrân, le 5 mars 1283 [2]. Schams ad-Dîn ne tarda pas à être assassiné le 16 octobre 1285 par le sultan Argoûn, fils d'Abâḳâ, qui, par l'appât d'un sauf-conduit, l'avait attiré hors de sa prudente retraite [3].

Moḥammad, fils de 'Alî, l'auteur du *Fakhrî*, avait à peine vingt ans, lorsque la fin tragique de son père dut lui inspirer des réflexions douloureuses sur l'avenir qui lui était réservé. Il recueillait, pour tout héritage paternel, la honte des exactions commises naguère par celui-là même qui était chargé de les réprimer, la crainte d'être soupçonné de complicité dans le complot avorté, enfin ce surnom d'Ibn Aṭ-Ṭiḳṭaḳâ, qui n'avait pas été porté avec honneur par son devancier immédiat. La vie s'ouvrait pour lui avec des horizons tristes, s'il ne regardait pas en arrière dans le lointain vers les images vénérées de ses aïeux pour demander à leurs glorieuses mémoires l'oubli des misères présentes, s'il ne déployait pas assez d'énergie personnelle pour réparer l'édifice menacé de ruine par des actes, dont il était innocent, dont, par sa droiture irréprochable et par ses efforts constants, il parviendrait à dégager sa responsabilité.

1. Ibn Schâkir Al-Koutoubî, *Fawât bil-wafayât*, II, p. 35.

2. Quatremère, *Histoire des sultans mamlouks*, II, I, p. 58, où Al-Maḳrîzî rectifie la date erronée de la p. 50; Ch. Schefer, *Chrestomathie persane*, II, p. 145. La date de 683 (1284), donnée dans Ḥâdji Khalifa, *Lexicon bibliographicum*, II, p. 658, provient d'une confusion entre les deux frères.

3. Ibn Schâkir Al-Koutoubî, *loc. cit.*; Bar Hebræus dans J.-B. Chabot, *Vie du patriarche Mar Jabalaha III* (*Revue de l'Orient latin*, 1894, p. 74, note 2).

Né vers 1262, le scharîf Ṣafi ad-Dîn Ibn Aṭ-Ṭiḳṭaḳâ[1] avait-il eu l'occasion de se rencontrer avec un aussi haut dignitaire que ʿAṭâ Malik, qui, avant les événements qui mirent entre eux une large tache de sang, avant son élévation à une sorte de vizirat, présidait depuis 1270 aux travaux publics, aux irrigations et à l'assainissement de Bagdâdh[2]? On a supposé que Schams ad-Dîn, frère de ʿAṭâ Malik, qui prit une part active à la restauration de la ville dévastée, aurait eu sous ses ordres Tâdj ad-Dîn, mais cela ne paraît rien moins que démontré[3]. Je ne crois pas non plus aux prétendues relations entre le jeune Ṣafi ad-Dîn et le puissant ʿAṭâ Malik. Des quatre passages, où le nom de ce dernier est cité dans le *Fakhrî*[4], deux sont des citations empruntées au *Djihân Kouschây*, « Histoire du conquérant du monde », par ʿAṭâ Malik; dans les deux autres, la rancune manie les traits acérés de l'ironie. L'ancien directeur des finances n'a pas su discerner l'ignorance d'un de ses familiers que, « pendant nombre d'années, il fréquentait en voyage, à la ville, dans des réunions sérieuses et badines ». D'un autre côté, comment ʿAṭâ Malik, avec son talent et sa supériorité, avec sa vaste lecture des histoires et des chroniques, est-il allé de gaieté de cœur se chercher un ancêtre tel qu'Al-Faḍl ibn Ar-Rabîʿ, une descendance qu'il faudrait cacher comme une tare, si, par malheur, l'on en était affligé? ʿAṭâ Malik, avant de rabaisser ainsi son origine, aurait dû s'informer auprès de quelque savant, au courant de ces matières. Et là-dessus, on s'est imaginé qu'Ibn Aṭ-Ṭiḳṭaḳâ faisait allusion à lui-même[5] et se plaignait de n'avoir pas été consulté. Cette supposition me paraît invraisemblable, puisqu'à cette époque il n'aurait eu que l'autorité d'un adolescent. Ce fut l'homme mûr qui s'avisa plus tard de venger la mémoire de son père sur celui dont son père avait été la victime, ce fut l'Alide qui protesta contre la glorification imméritée de certains noms indignes de figurer dans aucune généalogie avouable.

1. Il est ainsi nommé par Ibn Schâkir, *Fawât bil-wafayât*, II, p. 19.
2. Waṣṣâf, *Geschichte Persiens*, herausg. von Hammer Purgstall, I (un.), p. 197; Ch. Schefer, *Chrestomathie persane*, II, p. 139.
3. Ahlwardt, *Elfachri*, p. XXIV.
4. Texte arabe, p. 22-23, 75, 148, 239-241.
5. Ahlwardt, *Elfachri*, p. XVII-XVIII.

Au milieu des cruelles pensées qui le hantaient, Ibn Aṭ-Ṭiḳṭaḳâ se réfugiait, au delà de ses douleurs récentes, dans le souvenir de ses illustres ancêtres. La chute du khalifat sounnite lui semblait une réparation tardive accordée aux martyrs de sa race. Les Oumayyades n'avaient-ils pas eu à se reprocher les meurtres successifs d'Ali et de ses deux fils Al-Ḥasan et Al-Ḥousain? Quant aux 'Abbasides, leur usurpation n'avait-t-elle pas substitué les descendants de 'Abbâs à ceux de son frère Aboû Ṭâlib, le père d'Ali? La victoire récente des Mogols, la prise de Bagdâdh par Hoûlâgoû le 5 février 1258, l'effondrement du vieux monde musulman, les espérances éveillées à l'aurore d'une ère nouvelle avaient répandu parmi les schî'ites des impressions encore dans leur fraîcheur, dont son enfance fut caressée. Il demande à ne pas être interrogé sur les massacres, les pillages et les mutilations qui souillèrent la victoire des hordes conduites à l'assaut de Bagdâdh par le général Bâdjoû[1], mais il éprouve une admiration juvénile pour Hoûlâgoû, malgré les excès de ses soldats : on lui a vanté, d'une part sa vigilance et sa préoccupation constante de compléter ses préparatifs de guerre[2], d'autre part la vigueur de sa parole, son esprit d'équité, enfin son ardeur inexorable pour effacer les derniers vestiges de la domination 'Abbaside dans les cœurs et jusque dans les costumes de ses sujets[3]. Quant à Abâḳâ, fils de Hoûlâgoû, qui lui succéda en 1265, il n'eut pas les sympathies d'Ibn Aṭ-Ṭiḳṭaḳâ, qui ne lui pardonna pas d'avoir sacrifié son père Tâdj ad-Dîn aux ressentiments de 'Aṭâ Malik. Il ne mentionne de ce sultan que sa participation à une partie de chasse, sans lui accorder aucune formule d'éloge[4], et la nouvelle de sa mort annoncée à Bagdâdh par un passant invisible, sans ajouter aucune formule de regret[5]. Ses successeurs ne sont point nommés individuellement, mais Gâzân, sous le règne duquel Ibn Aṭ-Ṭiḳṭaḳâ vivait et écrivait, est appelé « le sultan de l'époque présente, puisse Allâh affermir les fondements de sa dynastie et

1. Texte arabe, p. 454-455.
2. *Ibid.*, p. 65 et 451.
3. *Ibid.*, p. 190-191 et 458.
4. *Ibid.*, p. 74-75.
5. *Ibid.*, p. 86.

répandre à l'Orient et à l'Occident l'ombre de sa justice! » Son attachement à la « dynastie conquérante » la lui fait considérer dans son ensemble comme un bienfait d'Allâh [1]. Non seulement, mieux que toute autre dynastie, elle avait su faire respecter son autorité par les troupes et par les sujets[2], mais encore elle avait favorisé tous les ordres de sciences, toutes les catégories de savants[3].

Pour qu'Ibn Aṭ-Ṭiḳṭaḳâ se fût ainsi enthousiasmé pour les sultans Mogols, il fallait qu'il eût été à même, non seulement d'apprécier leur puissance et leur esprit éclairé, mais encore d'éprouver leur bienveillance et de recevoir leurs encouragements. Bien que nous ne possédions de sa biographie que les bribes qu'il nous en a conservées lui-même à l'occasion et incidemment, il paraît avoir regagné la situation sociale que son père avait perdue, et avoir obtenu, comme prix de son concours et de son influence, qu'on lui restituât les biens confisqués au fonctionnaire prévaricateur. Ce succès moral et matériel qu'il avait remporté, ressort de l'en-tête du manuscrit B[4], où il est appelé : « Le *sayyid*, c'est-à-dire le descendant d'Al-Ḥasan[5], le très illustre, l'unique, le considéré, le noblement apparenté, le très savant, le parfait généalogiste, le surintendant des Alides, le chef (*sayyid*) des hommes les plus éminents *ṣafî al-ḥaḳḳ wal-milla wad-dîn*, « le pur en mérite, foi et culte », cette dernière épithète étant un développement de son surnom honorifique Ṣafî ad-Dîn. Dans cette nomenclature, je ferai surtout remarquer que notre personnage avait su reconquérir à Bagdâdh la surintendance des Alides, poste de confiance dévolu dans chaque ville importante au plus estimé entre les scharifs.

Les fréquentations d'Ibn Aṭ-Ṭiḳṭaḳâ, autant que nous sommes renseignés sur ses interlocuteurs, indiquent aussi qu'il occupait un rang élevé dans la société. Si son âge et les événements l'ont tenu à distance de ʿAṭâ Malik Al-Djouwainî, par contre il a été en

1. Texte arabe, p. 43.
2. *Ibid.*, p. 36.
3. *Ibid.*, p. 23.
4. Manuscrit 2443 de la Bibliothèque Nationale, fol. 1 r°. Ce texte est donné plus loin.
5. Snouck Hurgronje, *Mekka*, I, p. 57.

relation avec nombre de ses contemporains, parmi lesquels il a cité les suivants :

1° Scharaf ad-Dîn Aboû 'l-Ḳâsim ʿAlî [1], fils du dernier vizir des ʿAbbasides Mou'ayyad ad-Dîn Aboû Ṭâlib Moḥammad, fils d'Aḥmad, Ibn Al-ʿAlḳamî [2] avait eu avec Ibn Aṭ-Ṭiḳṭaḳâ une conversation toute littéraire, qui roula sur la riche bibliothèque de dix mille volumes précieux, que le vizir avait formée, sur les ouvrages composés à son instigation, le ʿ*Oubâb*, dictionnaire arabe, par Aṣ-Ṣagânî [3], le commentaire en vingt volumes, consacré par ʿIzz ad-Dîn ʿAbd al-Ḥamîd, fils d'Aboû 'l-Ḥadîd au traité de rhétorique intitulé *Nahdj albalâga* [4], enfin sur les panégyriques que les plus grands poètes, entre autre Kamâl ad-Dîn Ibn Al-Boûḳî, rédigeaient en son honneur. Scharaf ad-Dîn était mort avant 1302.

2° Un cousin de Scharaf ad-Dîn ʿAlî, Kamâl ad-Dîn Aḥmad Ibn Aḍ-Ḍaḥḥâk, fils de la sœur du vizir Mou'ayyad ad-Dîn Ibn Al-ʿAlḳamî [5], a été le narrateur de quelques épisodes dont il fut témoin, lors de la prise de Bagdâdh par le sultan Hoûlâgoû.

3° Ṣafî ad-Dîn ʿAbd al-Mou'min, fils de Fâkhir, Al-Ourmawî [6], l'un des familiers et des conseillers intimes d'Al-Moustaʿṣim Billâh, conservateur avec Ṣadr ad-Dîn ʿAlî Ibn An-Nayyâr d'une bibliothèque que le dernier khalife ʿAbbaside avait fondée à la fin de son règne, littérateur fécond et varié, avait, comme Ibn Aṭ-Ṭiḳṭaḳâ [7], un goût prononcé pour les livres et a dû, dans sa longue vie, être recherché par lui comme un conseiller, comme un maître, comme un compagnon instructif et aimable. Des deux entretiens, dont la trace nous a été conservée, l'un est relatif à une chasse d'Al-Moustaʿsim qui aurait capturé un âne sauvage vieux de cinq siècles, l'autre relate une scène qui eut pour théâtre la bibliothèque, pour

1. Texte arabe, p. 456.

2. D'après Ibn Aṭ-Ṭiḳṭaḳâ (*ibid.*, p. 458), Ibn Al-ʿAlḳamî mourut en djoumâdâ Ier 656 (mai 1258), tandis qu'Ibn Schâkir Al-Koutoubî (*Fawât bil-wafayât*, II, p. 152), place sa mort au commencement de 657 (janvier 1259).

3. Ḥâdjî Khalîfa, *Lexicon bibliographicum*, IV, p. 179, n° 8032.

4. Id., *ibid.*, VI, p. 407, n° 14114.

5. Texte arabe, p. 457-458.

6. *Ibid.*, p. 74, 449-451.

7. *Ibid.*, p. 4-5.

héros le khalife. Ce polygraphe, un second Pythagore, excellait dans les sciences les plus diverses, la langue arabe, la poésie, l'art du style épistolaire, l'histoire, la controverse religieuse, la musique[1] et la calligraphie. Ibn Aṭ-Ṭiḳṭaḳá le vit sans doute à Tabrîz, où 'Abd al-Mou'min séjournait en 689 de l'hégire (1290 de notre ère). Il nous apprend que 'Abd al-Mou'min, arrêté pour une dette de trois cents dînârs, mourut en prison le 18 ṣafar 693 (18 janvier 1294)[2].

4° Falak ad-Dîn Moḥammad, fils d'Aidamir[3], a pris part à la défense de Bagdâdh contre l'invasion des Tatares et raconte ce qui lui est advenu, alors qu'il était l'un des chefs de l'armée commandée par Moudjâhid ad-Dîn Aibak, surnommé *ad-dawîdâr aṣ-ṣaghîr*, « le petit secrétaire ».

5° Naṣr Al-Moulayyisî Al-'abaschî[4] avait, pendant sa jeunesse, servi le khalife Al-Mousta'ṣim Billâh, pour se soumettre ensuite loyalement au sultan Hoûlâgoû, pour adopter le costume en usage à la cour des Mogols.

6° Djamâl ad-Dîn 'Alî, fils de Moḥammad, Ad-Dastadjirdâni[5], avait entretenu une correspondance avec Ibn Aṭ-Ṭiḳṭaḳá, qui accepte de lui une leçon, se fait rendre la lettre qu'il lui avait adressée naguère et a conservé jusqu'à maintenant les deux épîtres, « de mon écriture, dit-il, et de la sienne (qu'Allâh l'ait en pitié!) ».

7° Le « roi » Imâm ad-Dîn Yaḥyâ Ibn Al-Iftikhârî[6] a rappelé la

---

1. M. le baron Carra de Vaux a analysé et commenté son *Traité des rapports musicaux* dans le *Journal asiatique* de 1891, II, p. 279-355. En dehors du manuscrit utilisé par M. le baron Carra de Vaux, coté 2479 du fonds arabe, la Bibliothèque Nationale possède deux autres exemplaires sous les numéros 4867 et 5070.
2. Le passage d'Ibn Aṭ-Ṭiḳṭaḳá se trouve à la fin de la notice sur Ṣafi ad-Dîn 'Abd al-Mou'min, contenue dans Ibn Schâkir Al-Koutoubi, *Fawât bil-wafayât*, II, p. 18-19. Sur 'Abd al-Mou'min, voir aussi Waṣṣâf, *Geschichte Persiens*, dans Ahlwardt, *Elfachri*, p. XVI-XVII.
3. Texte arabe, p. 111-112.
4. *Ibid.*, p. 191.
5. *Ibid.*, p. 50-51.
6. *Ibid.*, p. 40. Imâm ad-Dîn semble avoir été un surnom honorifique porté surtout à Ḳazwin; voir Quatremère, *Histoire des sultans mamlouks*, II, II, p. 173.

situation troublée qui forçait les habitants de Ḳazwîn à enfouir chaque nuit dans des cachettes profondes leurs richesses pour les soustraire aux entreprises des brigands, jusqu'au moment où l'ordre eut été rétabli par Schams ad-Dîn, ḳâḍî de Ḳazwîn, appuyé sur l'armée d'Ouktây, fils de Djinkizkhân[1].

8° L'émir Fakhr ad-Dîn Bougdî, petit-fils de Ḳaschtimour[2], raconte à Ibn Aṭ-Ṭiḳṭaḳâ une partie de chasse de son grand-père, où l'on prit, entre autre gibier, un nain monstrueux. Amené devant le khalife An-Nâṣir li-dîn Allâh, il fut relâché, sur l'ordre du khalife, par Ḳaschtimour, l'un de ses mamloûks[3].

9° Le professeur à la Moustanṣiriyya de Bagdâdh, le chef des Schâfi'ites de cette ville, Djamâl ad-Dîn 'Abd Allâh Ibn Al-'Âḳoûlî[4], s'entretint avec Ibn Aṭ-Ṭiḳṭaḳâ au commencement de 698 de l'hégire[5] (fin de 1298 de notre ère), lorsque le sultan Gâzân entra dans cette école de droit, fondée par le khalife Al-Moustanṣir Billâh en 631 (1233-1234[6]), pour la visiter et pour y satisfaire sa curiosité. « Le monument, dit Ibn Aṭ-Ṭiḳṭaḳâ, avait été décoré pour la circonstance et les professeurs s'étaient assis sur leurs sièges, ayant devant eux les docteurs et tenant dans leurs mains les fascicules du Coran, dans lesquels ils lisaient. Or, il advint que le cortège du sultan passa d'abord devant la secte schâfi'ite, dont l'enseignement appartenait au schaikh Djamâl ad-Dîn 'Abd Allâh Ibn Al-'Âḳoûlî... A la vue du sultan, les Schâfi'ites se levèrent d'un même mouvement. Le sultan dit alors au susdit professeur : « Comment a-t-il été licite que vous vous leviez en mon honneur et que vous délaissiez ainsi la parole d'Allâh ? » Le schaikh répondit par des paroles qui n'obtinrent pas l'approbation de Sa Majesté Sultanienne... Peu de temps après, 'Abd Allâh me raconta les termes de la question et

1. Ce prince est appelé seulement ici le *ḳân*; voir le texte arabe, p. 29 et 30.
2. *Ibid.*, p. 77-78.
3. Ibn Al-Athîr, *Chronicon*, XII, p. 170, 183, 248, 277.
4. Texte arabe, p. 43-44. L'adjectif relatif Al-'Âḳoûlî rapporte, comme son origine, Daïr al-'Âḳoûl, à quinze parasanges de Bagdâdh.
5. Quatremère, *Histoire des sultans mamlouks*, II, II, p. 132.
6. Wüstenfeld, *Die Academien der Araber*, p. 29, d'après lequel Ibn Al-'Âḳoûlî, serait né à Wâsiṭ en radjab 638 (janvier 1241) et serait mort à Bagdâdh en schawwâl 728 (août 1328), après quarante ans d'enseignement et soixante-et-onze ans de magistrature en qualité de juge.

de sa réponse. Quant à la question, elle est conforme à ce que j'ai rapporté. Pour ce qui est de la réponse, je l'ai oubliée, mais je me rappelle lui avoir dit : « On aurait pu répondre à cette question : Certes notre abandon du Livre sacré, tandis qu'il est dans nos mains, pour vaquer à une autre occupation, ne nous a pas été interdit dans notre loi et nous n'avons commis en cela aucun péché. J'ajouterai que ce Livre sacré, que nous avons délaissé pour nous lever devant le sultan, nous prescrit d'honorer nos sultans. »

Cette liste, assurément très incomplète, des personnes en relation avec Ibn Aṭ-Ṭiḳṭaḳâ comprend tous ceux qu'il nous a fait connaître. Dans un récit de chasse il fait allusion à un homme distingué de Bagdâdh, mais sans le nommer. Celui-ci ne fait entendre qu'un écho de ce qui lui avait été rapporté au sujet du sultan Abâḳâ par Moḥammad ibn Ṣâliḥ, le fauconnier[1].

Les dates sont encore plus rares que les noms d'amis vivants dans le livre d'Ibn Aṭ-Ṭiḳṭaḳâ. Il s'était trouvé à Bagdâdh en même temps que le sultan Gâzân, à la fin de 1298. L'année précédente, il avait visité à Marâga le tombeau d'Al-Moustarschid Billâh, « avec sa magnifique voûte[2] ». Bagdâdh était, si je ne m'abuse, le quartier général d'Ibn Aṭ-Ṭiḳṭaḳâ[3]; mais il se déplaçait volontiers. Nous ne savons seulement pas à quelle époque de sa vie, antérieurement à décembre 1301, il se rendit aux environs de Koûfa, pour faire ses dévotions sur la tombe d'Ali[4], à Al-Baṣra, où il visita le tombeau vénéré de Ṭalḥa ibn ʻOubaid Allâh, dans une chapelle, asile inviolable ouvert à quiconque avait peur ou était poursuivi[5]; à Irbil si déchue de son importance sous les Mogols[6]; à Ispahan probablement, où il aurait vu le tombeau du khalife Ar-Râschid[7]. La plus récente de ses excursions, dont nous soyons informés, c'est son voyage projeté à Tabrîz, c'est son arrêt forcé à Mauṣil dans les derniers jours de l'année 1301.

1. Texte arabe, p. 74.
2. *Ibid.*, p. 408.
3. Plus haut, p. 1.
4. Texte arabe, p. 141.
5. *Ibid.*, p. 122.
6. *Ibid.*, p. 41-42.
7. *Ibid.*, p. 416.

L'unité de cette vie, sur laquelle nous n'avons que des données fragmentaires, c'est la fierté d'un Alide, s'enveloppant dans l'orgueil de sa noblesse comme dans un manteau d'honneur[1]. Cet attachement au passé lui fit pousser jusqu'au scrupule la résolution de continuer, après une exception dont il avait souffert, la tradition des vertus héréditaires de sa famille. Les autres enfants de Tâdj ad-Dîn conformèrent-ils leur conduite à celle de leur père ou à celle de leur frère? La question peut être posée, mais non résolue.

Ce qui nous échappe encore, c'est la notion de l'année où mourut Ṣafî ad-Dîn Moḥammad, fils de ʻAlî, surnommé Ibn Aṭ-Ṭiḳṭaḳâ [2].

II

L'ŒUVRE

La tourmente de neige, qui s'était déchaînée sur la région de Mauṣil et qui avait bloqué dans cette ville le voyageur résigné à attendre une température moins rigoureuse et des routes mieux déblayées, eut pour résultat heureux de lui mettre le *ḳalam* dans les mains et de lui faire employer ses loisirs forcés à la composition

1. Un lecteur grincheux s'est indigné qu'Ibn Aṭ-Ṭiḳṭaḳâ eût parlé irrévérencieusement des trois premiers khalifes et a flairé en lui l'hérésie des Râfiḍites. Je n'ai remarqué que la prédilection de l'auteur pour Ali, trait commun à tous les schîʻites, mais sans que les deux schaikhs Aboû Bekr et ʻOmar fussent « récusés » ou jugés avec malveillance, selon les doctrines des Râfiḍites; cf. Ibn Khaldoûn, *Prolégomènes*, II, p. 403. La note du lecteur a été publiée par Sacy, *Chrestomathie arabe* (2e éd.), I, p. 33.

2. Le P. L. Cheikho S. J. (*Madjânî al-adab*, VII, p. 12) a donné comme date 709 de l'hégire (1310 de notre ère), mais sans indiquer l'origine de ce renseignement. Il m'est d'autant plus suspect, malgré la vraisemblance de la date supposée, qu'il fait partie d'une notice sur « Ibn Aṭ-Ṭiḳṭaḳâ, c'est-à-dire Moḥammad Tâdj ad-Dîn ibn ʻAlî Aṭ-Ṭiḳṭaḳâ Al-Fakhrî Ar-Râzî ». A cet énoncé on reconnaît une triple confusion : entre le père de l'auteur et l'auteur, entre l'auteur et le titre de son livre, entre l'auteur enfin et Fakhr ad-Dîn Ar-Râzî. Or, celui-ci mourut en 1210 de notre ère. De là probablement l'erreur, issue d'une notice littéraire exacte en elle-même, mal interprétée par celui qui l'a utilisée.

d'un livre. La genèse de cette conception est relatée par Ibn Aṭ-Ṭiḳṭaḳâ lui-même, reconnaissant et charmé de l'accueil que lui avait ménagé le « roi » de Mauṣil, Fakhr ad-Dîn ʿÎsâ, fils d'Ibrâhîm. « Ce prince, dit-il[1], multiplia assez les marques de sa faveur pour implanter en moi son affection, pour en recueillir éloges et gloire. En conséquence, je conçus le projet de servir sa seigneurie par la composition de ce livre qui me rappellerait son souvenir, qui lui rappellerait le mien, qui le ferait penser à moi, lorsque j'aurais disparu de son haut voisinage, lorsque je me serais séparé de sa large cour. Et ceci est un livre, dans lequel j'ai mentionné les vicissitudes des dynasties et les événements de la royauté, dans lequel j'ai fait connaître les détails qui m'ont semblé piquants dans la conduite des rois les plus distingués, ceux que j'ai examinés dans les biographies des khalifes et des vizirs.

« J'ai divisé mon ouvrage en deux sections. La première est consacrée aux choses sultaniennes, aux directions politiques royales et aux qualités par lesquelles le roi se distingue du peuple, aux bonnes que l'on doit trouver chez lui et aux mauvaises dont il doit être dépourvu, aux devoirs de ses sujets envers lui, à ses devoirs envers eux, et j'ai incrusté dans cet exposé les versets du Coran, les traditions du Prophète, les récits piquants et les vers exquis. Dans la seconde section, j'ai parlé de chaque dynastie, l'une après l'autre, entre les dynasties les plus connues, celles dont l'autorité a été reconnue en général, dont les belles actions ont été parfaites. J'ai commencé par la dynastie des quatre, Aboû Bekr, ʿOmar, ʿOthmân et Ali (qu'Allâh soit satisfait d'eux[2]!) dans l'ordre de leur succession. Viennent ensuite : la dynastie à laquelle elle transmit la royauté, celle des Oumayyades, puis celle qui recueillit leur royauté, les ʿAbbasides. Enfin j'ai abrégé ce qui concerne les dynasties abritées dans les plis des grandes, comme celle des Boûyides, celle des Seldjoûḳides, celle des Fâṭimides en Égypte, toutes trois dépendantes des ʿAbbasides, toutes trois n'ayant jamais eu leur autorité reconnue

1. Texte arabe, p. 14-16.

2. Cette formule est précisément celle que l'auteur de la réflexion citée p. 14, note 1, prétend exclue du *Fakhrî*, lorsqu'il y est parlé des quatre premiers khalifes, excepté Ali. La même formule est précisément appliquée à Aboû Bekr et ʿOmar, les deux prétendus « récusés », dans le texte arabe, p. 105.

de tous. Je parlerai de chaque dynastie séparément d'après les résultats auxquels est parvenu mon esprit sur son attitude générale, grâce à ce que m'a suggéré l'étude des biographies et des chroniques. »

Ibn Aṭ-Ṭiḳṭaḳâ promet de passer en revue, non seulement tous les « rois » de la dynastie ʿAbbaside, mais encore leurs vizirs : « Après chaque roi, dit-il[1], je mentionnerai ses vizirs l'un après l'autre et les histoires curieuses de ce qui leur advint. Ensuite, lorsque le temps du roi et de ses vizirs sera terminé, j'aborderai le règne suivant, ses événements et les carrières de ses vizirs. Et ainsi de suite jusqu'à la fin de la dynastie ʿAbbaside. »

Ce manuel de politique et d'histoire musulmanes, commencé en djoumâdâ second de l'année 701 (février 1302), terminé le 5 schawwâl de la même année[2] (3 juin 1302), fut dédié par Ibn Aṭ-Ṭiḳṭaḳâ au prince qui l'avait mandé, admis, recherché et honoré. Bien plus, l'écrivain, pour rappeler son souvenir d'une manière durable à son bienfaiteur et pour rendre publique l'expression de sa reconnaissance, intitula son livre *Al-Fakhrî*, « le Livre de Fakhr ad-Dîn », en désignant par ce titre quel avait été l'instigateur, quel était le destinataire de sa composition nouvelle. *Al-Fakhrî* ne contient donc point, comme on l'a présumé et comme on l'a souvent répété, une indication sur l'auteur qui se serait nommé Fakhr ad-Dîn[3], et même, au témoignage d'un lecteur, Fakhr ad-Dîn Ar-Râzî[4].

1. Texte arabe, p. 16.
2. *Ibid.*, p. 458.
3. Sacy, *Chrestomathie arabe* (2e éd.), I, p. 30-31, a faitécole ; voir encore récemment Bollig, *Chrestomathia arabica* (Roma, 1882), p. 77 ; Marcel Devic, *Le pays des Zendjs* (Paris, 1883), p. 162 et 165 ; le P. L. Cheikho S. J., *Madjânî al-adab*, VII (Beyrouth, 1886), p. 12 ; Henri Lammens S. J., *Le Chantre des Omiades*, dans le *Journal asiatique* de 1894, II, p. 133, n. 1 ; 158, n. 2, et *passim*, tandis que, p. 139, n. 4, le biographe dit justement « le Fakhri ».
4. Confusion voulue avec l'illustre médecin et philosophe Fakhr ad-Dîn de Rayy, mort à Hérat le 28 avril 1210 ; voir Wüstenfeld, *Geschichte der Arabischen Aertzte und Naturforscher*, p. 111-116 ; Leclerc, *Histoire de la médecine arabe*, II, p. 20-22 ; plus haut, p. 14, note 2. Je m'étonne que Noël Desvergers, malgré son flair, ait adopté cette identification de mauvais aloi ; voir *Arabie*, p. 228, 346, 376, etc.

Quant au roi de Mauṣil, Fakhr ad-Dîn ʿÎsâ ibn Ibrâhîm, qui accepta cette dédicace flatteuse, il n'était pas un chrétien, ainsi que l'ont affirmé à tort les compilateurs qui préparèrent l'*Histoire des Mongols* de Raschîd ad-Dîn[1], mais un musulman, un fidèle serviteur d'Allâh, comme le prouvent l'allure et les formules du panégyrique contenu dans la préface du *Fakhrî*[2]. Raschîd ad-Dîn prétend que des cris de délivrance furent poussés jusqu'au septième ciel en 702 de l'hégire (1302-1303 de notre ère) par les habitants de Mauṣil, attendu que, par la mort de Fakhr ad-Dîn ʿÎsâ, ils auraient échappé à sa méchanceté et à sa tyrannie. La date seule paraît authentique. Car le prince chrétien, qu'ils envoyaient dans l'enfer, était sans conteste le même que le roi musulman dont Ibn Aṭ-Ṭikṭakâ se glorifiait d'avoir obtenu la protection et la sympathie, que celui dont il disait avec admiration[3]: « Toutes les distinctions et tous les mérites dont il a été question dans ces feuillets, Allâh le Très-Haut en a gratifié pleinement le lot du maître, du roi éminent; puisse Allâh le Très-Haut veiller sur lui par tous les genres de ses bienfaits et lui faire atteindre les points extrêmes de la félicité et de l'assistance qu'il accorde, après qu'il l'a dirigé par sa sollicitude empressée vers les plus belles dispositions naturelles, et que, par sa bienveillance cachée, il lui a donné la prééminence sur la plupart des nations! »

Le royaume de Mauṣil, ainsi désigné par le voyageur Marco Polo qui écrivait en 1298[4], avait été conquis par les Mogols en juillet 1262[5]. Le titre de « roi » avait été revendiqué par Badr ad-Dîn Lou'lou' et par son fils Ismâʿîl[6], les deux derniers souverains

1. Raschîd ad-Dîn (manuscrit persan 68 A de la Bibliothèque Nationale), dans Baron d'Obsson, *Histoire des Mongols*, IV, p. 328, n. 1. Le texte a été publié et traduit par Cherbonneau, dans le *Journal asiatique* de 1846, I, p. 298.

2. Texte arabe, p. 8-9.

3. *Ibid.*, p. 101.

4. Marco Polo, *Travels*, edited by Yule (2e ed.), I, p. 48; cf. p. 62.

5. Raschîd ad-Dîn, *Histoire des Mongols*, trad. Quatremère, p. 389.

6. Lou'lou' s'était fait appeler *al-malik ar-raḥîm* « le roi compatissant »; Ismâʿîl *al-malik aṣ-ṣâliḥ* « le roi vertueux ». Ismâʿîl n'est pas cité dans le *Fakhrî;* pour Lou'lou', voir le texte arabe, p. 7, 22, 65, etc.

indépendants de Mauṣil. L'étiquette modeste d'*atâbeks*[1] « régents » avait suffi à la dynastie qui, avant eux, détint le pouvoir, sous la suzeraineté des Seldjoûḳides, de 1127 à 1222[2]. Les Mogols ne refusèrent point le hochet d'une royauté nominale à la vanité des gouverneurs qu'ils nommèrent à Mauṣil, qui furent investis par le sultan et qui lui payèrent tribut[3]. C'étaient des rois de carrière, recevant de l'avancement, susceptibles d'être déplacés de ville en ville[4] ou révoqués. Les états de service de notre Fakhr ad-Dîn l'avaient conduit, si mon identification est juste, dans plusieurs capitales de districts. A la fin de septembre 1282, le sultan Argoûn reçut à Rayy le *malik* Fakhr ad-Dîn et lui conféra le gouvernement du pays[5]. Le 29 janvier 1284, le *malik* Fakhr ad-Dîn vint de Rayy, chargé par Argoûn de distribuer aux troupes victorieuses argent, armes et vêtements[6]. En 1297, le *malik* Fakhr ad-Dîn, gouverneur de Hérat, préside à la défense de cette place assiégée par Khoṭlokh-Schâh[7]. Enfin, ce même Fakhr ad-Dîn est devenu seigneur de Mauṣil, au moment où, en janvier 1301, Ibn Aṭ-Ṭiḳṭaḳâ est appelé à sa cour, comme un hôte désiré par un « roi », protecteur des lettres et des lettrés. La royauté est devenue inséparable de ce gouverneur, à travers toutes les étapes, par lesquelles le font passer les caprices de ses supérieurs. Aussi ne devons-nous pas nous étonner qu'un exemplaire substitue le titre d'Histoire royale (*At-Ta'khîr al-malakî*[8] « le Livre du *malik* ») à celui d'*Al-Fakhrî* « le Livre de Fakhr ad-Dîn ». Il n'y a point là de différence

1. Quatremère, *Histoire des sultans mamlouks*, I, I, p. 2-3.

2. Les deux Masʿoûd seuls, dans la période de décadence, furent appelés *al-malik al-ḳâhir* « le roi puissant ». Sur cette dynastie, voir Ibn Al-Athîr, *Histoire des atabeks de Mosul*, tome II, II, des *Historiens orientaux des Croisades*.

3. Texte arabe, p. 42.

4. « Un roi de ville », *ibid.*, p. 17.

5. Hammer, *Geschichte der Ilschane*, I, p. 343; Howorth, *History of the Mongols*, III, p. 297. Ibn ʿInaba (ms. cité, fol. 156 r°) mentionne « les surintendants des Alides et les rois de Rayy » (نقباء الرى وملوكها).

6. Hammer, *ibid.*, I, p. 347; Howorth, *ibid.*, III, p. 301.

7. Raschîd ad-Dîn, dans d'Ohsson, *Histoire des Mongols*, IV, p. 188-190; cf. *Revue de l'Orient latin*, II, p. 245.

8. Manuscrit 2442, fol. 57 r°; cf. p. 100 du texte arabe, note 1.

essentielle; c'est, à proprement parler, une variante, une alternative de synonymes.

Je n'enregistre que pour mémoire la note d'un possesseur ayant éprouvé le besoin de nous informer que le livre intitulé: « Les mérites des sultans» (*al-âdâb as-soulṭâniyya*) lui aurait appartenu. Le sens du mot *Al-Fakhrî* lui ayant échappé, il avait pris pour le titre lui-même l'indication du sujet traité, telle qu'elle est fournie par l'en-tête, et M. de Sacy s'était laissé égarer à sa suite[1]. Que dire du trafiquant peu scrupuleux qui, pour assurer la vente de sa marchandise, a inscrit sur une page maladroitement collée au-dessus du frontispice: « Livre intitulé : L'histoire des dynasties, par Fakhr ad-Dîn Ar-Râzî[2] ? »

Le *Fakhrî*, comme l'auteur a dénommé en réalité l'ouvrage qu'il avait composé pour Fakhr ad-Dîn, n'est pas le seul ouvrage de la littérature arabe que l'on ait ainsi présenté au monde musulman, en se réclamant d'un prince.

Si le Traité d'algèbre, autre *Al-Fakhrî*, savamment commenté par Franz Wœpke, l'ami de Taine[3], est l'œuvre d'un Fakhr ad-Dîn[4], son titre rappelle surtout qu'il a été rédigé spécialement pour le vizir des Boûyides Fakhr al-Moulk[5]. *Al-Malakî*, qui se trouve concurremment avec *Al-Fakhrî* pour désigner l'Abrégé historique d'Ibn Aṭ-Ṭikṭakâ, est aussi employé avec *Al-ʿAḍoudî* pour désigner le « Traité parfait de l'art médical », publié par le

1. Manuscrit 2441, fol. 308 r°; Sacy, *Chrestomathie arabe* (2e éd.), I, p. 33; Texte arabe, p. 1; Slane, *Catalogue des manuscrits arabes de la Bibliothèque nationale*, p. 427-428.

2. Manuscrit arabe 2441, fol. 1 r°; Sacy, *Chrestomathie arabe* (2e éd.), I, p. 30; cf. plus haut, p. 14, note 2; p. 16, note 4.

3. *Extrait du Fakhri*, Paris, 1853. L'homme, l'arabisant, l'orientaliste et le mathématicien qu'était Wœpke ont été caractérisés par Taine dans ses *Nouveaux Essais de critique et d'histoire*, p. 385-394; cf. le discours de réception prononcé par M. Albert Sorel, à l'Académie française, le 7 février 1895, p. 8 de l'édition in-4°.

4. Ḥâdjî Khalifa, *Lexicon bibliographicum*, IV, p. 388, n° 8941.

5. Ibn Khallikân, *Biographical Dictionary*, III, p. 279; Slane, *Catalogue*, p. 434, n° 2459. Le recueil mystique persan *Fakhrî Nâmèh* n'est ni écrit, ni inspiré par un Fakhr ad-Dîn; voir Flügel, *Die arabischen, persischen und türkischen Handschriften der K. K. Hofbibliothek zu Wien*, I, p. 498-500.

descendant des mages (*al-madjoûsî*) ʿAlî ibn ʿAbbâs sous les auspices du « roi » Boûyide ʿAḍoud ad-Daula[1]. Ibn Aṭ-Ṭiḳṭaḳâ s'est probablement modelé dans le choix de son titre sur l'un de ses livres de prédilection : « *Al-Yamînî*, par Al-ʿOutbî, ouvrage que son auteur a fait pour Yamîn ad-Daula Maḥmoûd, fils de Soubouktakîn[2]. » Sans prétendre épuiser les exemples qui confirment la solution donnée à ce problème d'histoire littéraire, je citerai encore la Pharmacopée dite *Al-ʿÂdilî*, parce qu'elle a été composée sous le patronage d'un prince surnommé Al-ʿÂdil et descendant d'Al-Malik Al-ʿÂdil Moḥammad l'Ayyoûbite, frère de Saladin[3].

Fakhr ad-Dîn ʿÎsâ ne se contenta point d'offrir l'hospitalité à l'historien des khalifes qui allait immortaliser son nom, il le munit des instruments de travail indispensables à l'exécution du programme, sur lequel le roi et son protégé s'étaient mis d'accord. Le palais du gouvernement, l'école Aṭâbakiyya et les mosquées de Mauṣil contenaient sans doute des bibliothèques abondamment pourvues. Ibn Aṭ-Ṭiḳṭaḳâ fut admis à consulter ces livres, à fréquenter « ces compagnons sans hypocrisie, sans ennui, qui ne reprochent pas les injustices, qui ne trahissent pas les secrets[4] ». Bien que décidé à écrire une œuvre personnelle, sans grand appareil d'érudition, il ne refusa pas de puiser aux sources[5] pour combler les lacunes de sa mémoire. Il se résigna à ce sacrifice, sans se laisser asservir par ses lectures. Le plagiat lui répugnait, ses partis pris littéraires n'étant pas moins intraitables que ses tendances historiques. Il étale les uns et les autres avec une franchise inflexible. Son culte de la vérité, soustraite à la tyrannie de la passion[6], est de sa part une illusion généreuse, qui n'a refroidi ni l'ardeur de ses inclinations, ni la violence de ses antipathies.

1. Texte arabe, p. 17 ; Leclerc, *Histoire de la médecine arabe*, I, p. 381-338 ; Slane, *Catalogue*, p. 517-518, nos 2871-2880.

2. Texte arabe, p. 18 ; cf. la traduction anglaise faite sur la version persane par J. Reynolds (London, 1858).

3. Slane, *Catalogue*, p. 530, no 2970.

4. Texte arabe, p. 4.

5. En arabe مَظَانّ, pluriel de مَظِنَّة ; *ibid.*, p. 16, l. 4.

6. *Ibid.*, p. 16.

Son horreur du convenu et de la banalité lui inspire des jugements sévères sur les auteurs qui cherchent à mettre en évidence leur style plutôt que leurs idées, sur les ouvrages dont il réprouve les élégances de mauvais goût[1]. Nous apprenons ainsi à connaître les livres que l'on copiait et que l'on lisait à Mauṣil, ceux qu'on y conservait dans les bibliothèques, ceux dont notre auteur y avait rencontré des exemplaires. Au Canon d'Avicenne il préfère, avec la plupart des médecins, le *Malakî*, que les pères devraient faire apprendre par cœur à leurs enfants, comme plus utile à leur éducation que les poésies réunies dans la *Ḥamâsa* d'Aboû Tammâm, que les Séances de Badî' az-zamân Al-Hamadhânî, que celles d'Ibn Al-Harîrî[2]. La parole de l'émir des croyants Ali, fils d'Aboû Ṭâlib, dans sa Voie de l'éloquence (*nahdj al-balâga*[3]), voici le vrai enseignement moral et religieux, dont l'éloquence est le moindre avantage; le *Yamînî*, voici un recueil de notices instructives sur des rois orientaux, rédigées, sinon par un sorcier, du moins par le plus habile et le plus éloquent des écrivains.

Si les bibliothèques de Mauṣil n'avaient pas fourni d'autres ressources à Ibn Aṭ-Ṭiḳṭaḳâ pour sa rédaction hâtive et parfois désordonnée[4], il eût traité ces richesses avec le même dédain que le Canon d'Avicenne, la *Ḥamâsa* et les Séances. La Chronique de Ṭabarî, les Annales historiques, l'Histoire moyenne et les Prairies d'or de Mas'oûdî, les Décès des hommes illustres d'Ibn Khallikân ne sont pas cités expressément, mais ils devaient figurer au premier rang dans ces collections, de reconstitution récente après le sac des Mogols. C'est à eux que l'auteur fait allusion, lorsqu'il dit avoir étudié les biographies et les chroniques[5], toutes les chroniques[6]

1. Texte arabe, p. 17-19.

2. C'est ainsi que l'auteur des *Maḳâmât* est nommé *ibid.*, p. 401 et 413; cf. Sacy, *Les Séances de Hariri*, 2e éd., par Reinaud et J. Derenbourg, introduction, p. 3, 10-11.

3. Ḥâdji Khalifa, *Lexicon bibliographicum*, VI, p. 406-409, n° 14114. Ce fut à Mauṣil probablement qu'Ibn Aṭ-Ṭiḳṭaḳâ connut le commentaire en vingt volumes, récemment composé par 'Izz ad-Dîn 'Abd al-Ḥamîd, fils d'Aboû 'l-Ḥadîd; voir le texte arabe, p. 456.

4. *Ibid.*, p. 80.

5. *Ibid.*, p. 15 et 16.

6. *Ibid.*, p. 119.

même. Un contemporain de Mas'oûdî, encore plus profondément que lui imbu de l'esprit schî'ite, Aboû Bakr Moḥammad ibn Yaḥyâ Aṣ-Ṣoûlî, est à plusieurs reprises allégué comme une autorité par Ibn Aṭ-Ṭiḳṭaḳâ, d'ordinaire muet sur la provenance de son exposé, mais que les Feuillets sur l'histoire des khalifes et des poètes, que surtout le Livre des vizirs, mis à sa disposition, ont dû intéresser plus vivement, grâce à la communauté des idées et des croyances[1]. Si la Chronique parfaite d'Ibn Al-Athîr n'est pas mentionnée dans le *Fakhrî*, l'anecdote sur l'historien Ibn Al-Athîr et sur son frère Madjd ad-Dîn, tous deux originaires de Djazîrat ibn 'Omar[2], ville située à proximité de Mauṣil, les quelques citations non déguisées[3], sans parler d'autres emprunts passés sous silence, démontrent que le *Kâmil at-tawârîkh* ne manquait pas à Mauṣil aux curieux d'histoire, indigènes ou passants. Aux dictionnaires classiques, *Al-'Ain, Djamhara, Ṣaḥâḥ*, Ibn Aṭ-Ṭiḳṭaḳâ semble avoir préféré, pour ses recherches lexicographiques, un livre considérable, étendu, sur la science du langage, le *'Oubâb* « Flot débordant », par l'imâm Ḥasan ibn Moḥammad Aṣ-Ṣagânî. Ce dictionnaire inachevé étalait, je le suppose, ses vingt volumes[4] dans les armoires des bibliothèques, où Ibn Aṭ-Ṭiḳṭaḳâ fut autorisé à travailler pendant son séjour forcé de Mauṣil.

Par quelles originalités se distingue l'ouvrage court et condensé qui fut improvisé dans ces conditions par le descendant d'Ali et d'Al-Ḥasan, impatient de se rendre à Tabrîz pour y conférer dans la résidence avec le sultan des Mogols, Gâzân Khân ? Les caractères distinctifs ressortissent tant au fond qu'à la forme.

Pour ce qui est de la conception, elle est franchement imprégnée d'un respect jaloux et ombrageux pour tout ce qui touche à l'émir

1. Texte arabe, p. 210, 250, 351, 360, 364; cf. Ibn An-Nadim, *Al-Fihrist*, p. 150-151; Ibn Khallikân, *Biographical Dictionary*, III, p. 68-73; Hammer, *Literaturgeschichte der Araber*, IV, p. 507-508; F. Wüstenfeld, *Die Geschichtschreiber der Araber*, p. 37, n° 115. La Bibliothèque Nationale possède une copie moderne inachevée, faite en Perse, des feuillets relatifs au khalife 'Abbaside Ar-Râḍi Billâh. C'est le manuscrit coté 4836 du fonds arabe.

2. Texte arabe, p. 86-87.

3. *Ibid.*, p. 97, 291, 358.

4. *Ibid.*, p. 456; cf. Ḥâdji Khalifa, *Lexicon bibliographicum*, IV, p. 179.

des croyants Ali et à sa « maison ». La vie du Prophète Moḥammad est omise comme étant celle d'un ancêtre dont on demeure très fier, sur lequel sont appelées à toute occasion les bénédictions et le salut d'Allâh[1], mais dont on redoute qu'il accapare l'attention et qu'elle soit détournée de son gendre Ali. Les « vicaires » du Prophète, les khalifes sont les objets d'articles très inégaux, mais Moḥammad lui-même est écarté de parti pris, parce qu'il deviendrait facilement un personnage encombrant. L'un de mes deux manuscrits s'est encore allégé, en sautant directement des considérations générales aux récits particuliers à Mouʿâwiya, le premier des Oumayyades, sans s'arrêter à « la dynastie des quatre », bien qu'elle comprenne Ali[2]. Mais c'est là une défectuosité de la copie, qui n'implique pas à la charge de l'auteur la moindre responsabilité.

Bien au contraire, son enthousiasme pour Ali admet si peu de partage que, excepté les quatre, parce qu'Ali en est le quatrième, excepté les Fâṭimides tant du Magreb que de l'Égypte, parce qu'ils sont des Alides, aucune autre des dynasties antérieures aux Mogols n'a trouvé grâce à ses yeux. Si quelques princes isolés ont eu le privilège d'être appréciés avec éloge ou du moins sans blâme, la partialité malveillante s'est étendue aux khalifes Oumayyades de Damas, aux khalifes ʿAbbasides de Bagdâdh, aux potentats Boûyides, ces parvenus qui « ont humilié les nations et avili le monde[3] », aux sultans Seldjoûḳides dont il salue la chute par un « Qu'Allâh soit exalté![4] », poussé comme un cri de délivrance. Aucun de ces souverains n'a réalisé le type du « roi éminent[5] » personnifié dans Fakhr ad-Dîn ʿÎsâ, aucun n'a incarné les qualités du sultan parfait avant Gâzân Khân et ses prédécesseurs immédiats.

---

1. Dans la doxologie (texte arabe, p. 4), l'auteur emprunte, en se l'appropriant, l'épithète du Coran (VII, 156 et 158), « Moḥammad, le Prophète ignorant ». Une anecdote sur la prise de la Mecque par le Prophète est rapportée dans le texte arabe, p. 144-145.
2. Manuscrit 2442 de la Bibliothèque Nationale, fol. 57 r° et v°.
3. Texte arabe, p. 376.
4. *Ibid.*, p. 394.
5. *Ibid.*, p. 8, 15, 20, etc.

Les Oumayyades d'abord, les ʿAbbasides ensuite, ne sont que des usurpateurs ayant occupé le khalifat au détriment des Alides, ses possesseurs légitimes[1]. Ibn Aṭ-Ṭiḳṭaḳâ se venge quelquefois par des brièvetés qui ressemblent à des réticences méprisantes. Le règne d'Al-Ḳâdir, « l'un des plus éminents parmi les khalifes[2] », dura quarante et une années. La notice qui le concerne n'occupe pas tout à fait une demi-page. Pas d'annexe, ni à son sujet, ni à propos des deux khalifes auxquels il a succédé, ni concernant les Boûyides qui accaparèrent le vizirat sous leurs règnes. De simples mentions, presque sans commentaires, voilà comment presque un siècle de l'histoire musulmane est parcouru à vol d'oiseau, sans qu'aucun détail soit détaché et mis en lumière, sans qu'aucune vue d'ensemble vienne en évidence[3].

On est d'autant plus étonné de cette abstention au sujet du vizirat pendant une période assez longue qu'Ibn Aṭ-Ṭiḳṭaḳâ a partout ailleurs parlé avec ampleur du vizir et de ses fonctions, des vizirs et de leurs initiatives. Peut-être a-t-il manqué d'informations, Al-Moustakfî et son vizir As-Sâmarrî ayant été déposés en 334 de l'hégire (945-946 de notre ère) et Aṣ-Ṣoûlî, dont il suivait pas à pas l'Histoire des vizirs, étant mort en 335[4] (946-947). A partir d'Al-Ḳâim bi-amr Allâh, il a ressaisi d'autres documents, qui lui ont permis de renouer la trame interrompue de ses monographies sur les vizirs[5].

1. G. van Vloten, *Recherches sur la Domination arabe, le Chiitisme*, etc. (Amsterdam, 1894), p. 45 et 69.
2. Texte arabe, p. 391.
3. *Ibid.*, p. 390-392.
4. Ḥâdjî Khalifa, *Lexicon bibliographicum*, I, p. 192, n° 242, et V, p. 168, n° 10606, ainsi que les citations de cette *Introduction*, p. 22, n. 1.
5. Je pense tout particulièrement, mais par conjecture seulement, à l'Histoire des vizirs, par le célèbre géographe Yâḳoût Al-Ḥamawî, mort le 20 ramaḍân 626 (12 août 1229) et à celle de Tâdj ad-Dîn Aboû Ṭâlib ʿAlî ibn Andjab de Bagdâdh, connu sous le nom d'Ibn As-Sâʿî, mort en ramaḍân 674 (février 1276). Cf. Yâḳoût, *Mouʿdjam*, I, p. 722; II, p. 181; Adh-Dhahabî, *Liber classium*, III, p. 63-64; Ḥâdjî Khalifa, *Lexicon bibliographicum*, I, p. 192, n° 242; II, p. 156, n° 2336; V, p. 169, n° 10606; Wüstenfeld, *Die Geschichtschreiber der Araber*, p. 111, n° 310; 137-138, n° 354; du même, *Der Reisende Jâcût als Schriftsteller und Gelehrter* (Göttingen, 1865), p. 4.

Car c'est là un point spécial où Ibn Aṭ-Ṭiḳṭaḳâ est plus instruit et mieux renseigné que Ṭabarî, Mas'oûdî et Ibn Al-Athîr. Il semble s'être attaché à rehausser les vizirs pour abaisser les khalifes. Quels qu'aient été les mobiles de cette tendance, elle assure au *Fakhrî* une originalité réelle d'informations savantes, elle confère à l'historien une place à part parmi ses rivaux.

Les branches du vizirat se sont développées en tous sens, elles ont eu leur extension la plus grande à Bagdâdh sous le khalifat 'Abbaside[1], mais leurs racines plongent en Perse[2], dans le sol fécond, où a germé la semence de la révolution schî'ite. Un Alide tel qu'Ibn Aṭ-Ṭiḳṭaḳâ, adepte fervent des idées schî'ites, concevait le vizirat comme une des forces du mouvement, d'où la pensée humaine était sortie, affranchie des liens par lesquels l'orthodoxie musulmane l'aurait asservie. Si la Perse vaincue n'était pas intervenue victorieusement, la science et la littérature arabes auraient été condamnées à la stérilité. La théologie de l'islamisme, la grammaire et la lexicographie de la langue arabe, l'histoire et la biographie, les chefs-d'œuvre littéraires eux-mêmes, ont dû leur essor et leur développement aux influences persanes qui ont transformé le vieil esprit sémitique, encore persistant dans ce qui a été sauvé des poésies antéislamiques.

Le plus ancien « vizir » dans la littérature arabe, c'est Aron, frère de Moïse, ainsi désigné dans le Coran[3]. Les Râfiḍites, ceux

1. Texte arabe, p. 206.

2. Max Enger, *Ueber das Vezirat*, dans la *Zeitschrift der deutschen morg. Gesellschaft*, XIII (1859), p. 240, le mot même y étant considéré comme d'étymologie arabe (*ibid.*, p. 241), presque identiquement avec notre texte, p. 206. Nœldeke soutient que le nom, aussi bien que la chose, est d'importation persane; cf. sa *Geschichte der Perser und Araber zur Zeit der Sasaniden* (Leyden, 1879), p. 53, 444-445. Nœldeke s'étonne qu'un abstrait soit devenu un concret et suppose la suppression d'une terminaison adjective *pat*, de telle manière que *wazirpat* répondît au talmudique [illegible]. J'admets ce rapprochement, mais le mot sultan (سلطان) lui-même n'a-t-il pas été un abstrait signifiant « puissance », avant d'être devenu l'épithète d'un « puissant »? Voir *Coran*, III, 144; IV, 93, 143, 152; etc. *Az-Zimâm* n'exprime-t-il pas « l'intendance » et « les finances », avant d'être devenu le terme technique pour « l'intendant » d'un palais ?

3. *Coran*, XX, 30; XXV, 37.

dans l'hérésie desquels un lecteur a soupçonné Ibn Aṭ-Ṭiḳṭaḳâ d'avoir été enrôlé, font descendre Aboû Bakr et ʿOmar du rang de khalifes à celui de vizirs[1]. Après la chute des Oumayyades, l'institution du vizirat par As-Saffâḥ, le premier des ʿAbbasides, a porté des fruits que son fondateur n'avait pas prévus. Ce vice-khalifat est devenu, par la force des choses, l'un des rouages les plus efficaces en vue de remédier à l'uniformité d'un khalifat héréditaire. La médiocrité de certains ʿAbbasides a été contre-balancée par les privilèges de ministres indépendants, qui les tenaient volontiers dans l'ignorance, ne leur laissaient que le nom et l'ombre du khalifat, les déposaient arbitrairement, s'ils osaient se montrer récalcitrants, enfin se substituaient à eux dans le droit d'ordonner et de défendre. Ce fut, par exemple, Ibn Mouḳla, vizir du sanguinaire Al-Ḳâhir, qui, en 322 de l'hégire (934 de notre ère), non content d'avoir destitué le khalife, lui fit crever les yeux qui « coulèrent sur ses joues », l'emprisonna et le réduisit à la mendicité[2]. Le rôle des vizirs fut rarement aussi cruel, celui des khalifes aussi misérable. Ibn Aṭ-Ṭiḳṭaḳâ penche sans hypocrisie pour ceux-là au détriment de ceux-ci. Il ne s'étonne d'aucun effort tenté par les vizirs pour secouer la torpeur d'une dynastie, qui se laissait dépouiller, sans opposer de résistance, de ses possessions territoriales, de son autorité spirituelle et temporelle. La prédilection de l'auteur pour le vizirat donne une saveur toute particulière au *Fakhrî*, elle y a fait admettre nombre de faits qui ne se trouvent pas ailleurs, d'anecdotes qui ressuscitent des personnages oubliés et laissent deviner leurs aspects individuels, de renseignements authentiques jugés de moindre importance par les écrivains corrects, qui se souciaient avant tout d'équilibre strict et d'ordonnance parfaite, tandis que l'improvisation forcée du *Fakhrî* autorisait plus de liberté, plus de désordre[3], plus de laisser aller, plus d'inégalités, plus de longueurs[4], plus d'omissions, selon que la chute ou l'arrêt des neiges

---

1. Hughes, *A Dictionary of Islam*, p. 531 a.
2. Texte arabe, p. 375.
3. *Ibid.*, p. 80.
4. De même les « Longues histoires » d'un autre schiʿite Aboû Ḥanîfa Ad-Dînawarî, se composent de monographies « longues » et disproportionnées.

semblait devoir prolonger ou raccourcir la captivité de l'auteur, impatient de quitter Mauṣil pour se rendre à Tabrîz.

La langue est de même nature que les idées auxquelles elle sert d'expression : c'est une langue émancipée de toute contrainte, souple, pure, claire, d'une simplicité de bon aloi, qui paraît le contraire du style, qui est en réalité le style même. Quel merveilleux talent de conteur, avec un art qui se dissimule sous une apparence de reproduction sans apprêt, sans prétention, sans aucune recherche autre que celle de la vérité! Si le pittoresque est absent des descriptions, si le sentiment de la nature manque à Ibn Aṭ-Ṭiḳṭaḳâ, comme à tous ses compatriotes, sa mise en scène des événements est juste, sa perspective ne meut pas tous les acteurs sur le même plan et il se dégage de l'action des images, avec des reliefs aux saillies habilement assorties. Les Mille et une Nuits et le Roman d'Antar ne présentent ni plus de variété, ni plus de naturel que le *Fakhrî*, si riche en anecdotes et en récits dialogués, dont la séduction et la grâce lui ont valu dans les écoles de l'Occident une clientèle sans cesse renouvelée de professeurs et d'élèves. Si la première section consacrée aux généralités ne se distingue point par une solution profonde des problèmes relatifs au sultanat et à la royauté, si la philosophie politique y paraît superficielle, empirique, dénuée d'idées générales, elle contient un recueil de réflexions aimables sur les devoirs et les droits des souverains, sur les devoirs et les droits des sujets, sur les qualités recommandables et blâmables chez les uns et chez les autres, d'applications bien choisies des règles posées, de leçons appuyées sur les hauts faits de l'élite des princes, sur laquelle il convient de se régler. L'unique ambition de l'auteur, c'est de fournir des conseils pratiques à ceux des rois et vizirs, ses lecteurs, qui ne peuvent pas s'en passer, tandis que son haut protecteur, le sultan des Mogols, Gâzân Khân, « par son intelligence puissante et par sa supériorité admirable, n'a besoin de recourir ni à ce livre, ni à d'autres livres semblables[1] ».

L'index de ce livre, que je réclamais en 1888 (*Revue critique*, II, p. 64), n'a pas encore paru à la date d'avril 1895.

1. Texte arabe, p. 19.

Ibn Aṭ-Ṭiḳṭaḳâ a-t-il borné sa production littéraire au *Fakhrî*, ce manuel si instructif et si attrayant qui n'aurait jamais vu le jour sans les intempéries de janvier 1302 dans la région de Mauṣil, sans l'accueil réconfortant du roi Fakhr ad-Dîn ʿÎsâ, fils d'Ibrâhîm? Je ne sais si l'avenir nous réserve la découverte d'autres ouvrages composés par ce narrateur si plein de verve et de charme, si rassurant par la probité de sa conscience historique. Actuellement, nous ne connaissons de lui qu'une seule citation, épave sans doute d'une Biographie de ses contemporains [1], et que trois vers insérés dans le *Fakhrî* [2], qui permettent de supposer qu'ils ont été insérés dans une collection formée à un moment donné, dans ce qu'on appelle un *dîwân*. Ce *dîwân* comprenait peut-être aussi des poésies en langue persane: car, si à deux reprises, Ibn Aṭ-Ṭiḳṭaḳâ a cité celles des autres dans son volume [3], on peut en induire sans témérité qu'il possédait les deux idiomes. Peut-être les maniait-il alternativement et avons-nous plus de chance de rencontrer un jour quelque fragment de son œuvre dans le champ, moins défriché en certaines parties, de la littérature persane que sur le terrain savamment exploré de la bibliographie arabe.

III

L'ÉDITION

Les deux manuscrits, qui ont servi à l'établissement du texte, appartiennent au département des manuscrits de la Bibliothèque Nationale. Ils ont été apportés de Constantinople et incorporés dans la Bibliothèque du roi, ainsi que nous l'apprend le vieux catalogue rédigé par le Maronite Joseph Ascari [4], prêtre syrien qui, le 19 décembre 1732, par lettre de M. le comte de Maurepas, avait été attaché à la Bibliothèque en qualité d'interprète en langue arabe et

---

1. Ibn Schâkir Al-Koutoubi, *Fawât bil-wafayât*, II, p. 19.
2. Texte arabe, p. 69 et 88.
3. *Ibid.*, p. 62 et 439.
4. *Catalogus Codicum manuscriptorum bibliothecæ regiæ Parisiensis*, I, (Parisiis, 1739, in-folio), p. 195 et 205.

syriaque[1]. L'acquisition est sans doute due au choix judicieux de l'abbé Sevin qui était parti le 1er septembre 1728 avec l'abbé Fourmont pour recueillir à Constantinople et dans le Levant des manuscrits orientaux destinés à la Bibliothèque du Roy, et qui poursuivit son voyage d'exploration jusqu'à son retour à Paris, le 7 août 1731[2]. Je soupçonne que nos deux exemplaires étaient compris dans l'un des envois successifs qui enrichirent les collections d'alors, mais les renseignements dont nous disposons ne fournissent point de détails assez explicites pour que l'hypothèse devienne certitude[3].

Manuscrit A. Le premier des deux manuscrits, celui qui dans l'annotation est désigné par la lettre A et qui passait longtemps pour unique, précédemment coté 895 dans l'ancien fonds arabe, porte aujourd'hui le numéro 2441 du fonds arabe[4]. Il a servi de base à mon édition, comme à l'édition antérieure de M. Ahlwardt, publiée alors qu'il était seul connu[5]. L'exemplaire est recouvert d'une reliure en maroquin rouge plein, aux armes du roi de France Louis XV, avec filets d'or autour des plats, tandis que le dos montre sur toute son étendue les *l* entrelacés et couronnés, enfermés dans six cartouches, où figurent encore des fleurs de lis aux quatre coins, ainsi que six étoiles symétriquement placées à droite et à gauche des monogrammes. Entre le cartouche le plus haut et le second, l'on a inscrit plus tard, à la place d'un septième

---

1. H. Omont, *La Bibliothèque du Roi au début du règne de Louis XV (1718-1736). Journal de l'abbé Jourdain, secrétaire de la Bibliothèque,* dans les *Mémoires de la Société de l'Histoire de Paris et de l'Ile-de-France,* t. XX (1893), p. 207-294; p. 65 du tirage à part. D'après M. Omont, le manuscrit français 13069, fol. 43-44, contient un « Mémoire des manuscrits arabes, dont M. Ascari a fait la notice dans la Bibliothèque du Roy » (1734-1735).

2. Léopold Delisle, *Le Cabinet des manuscrits,* I, p. 380-387; H. Omont, *La Bibliothèque du Roy,* p. 33, 46, 51, 55, 56.

3. Le manuscrit 5384 des nouvelles acquisitions françaises de la Bibliothèque Nationale est un recueil de documents sur la mission des abbés Sevin et Fourmont. Je n'y ai rencontré que des notices vagues, comme Histoire des Califes, Histoire des Ommiades et des Abassides (*sic,* au fol. 139), rien de précis qui permette une identification.

4. Baron de Slane, *Catalogue des manuscrits arabes de la Bibliothèque Nationale,* p. 427-428.

5. Gotha, 1860, in-8°.

cartouche semblable, recouvert d'un cuir disparate lors d'une réparation : *Tarykh aldouel*. Le manuscrit, sur papier, mesure 24 centimètres en hauteur sur 16 en largeur. Le nombre des feuillets est de 308[1], avec 13 lignes fort espacées à la page. L'écriture orientale, d'une égalité qui ne se dément jamais, s'y étale avec un luxe de vocalisation surabondante, qui, au moment des difficultés, s'appauvrit parfois jusqu'au manque du nécessaire.

Ce manuscrit est-il autographe ? La régularité matérielle de la calligraphie s'opposerait déjà à ce qu'on fût autorisé à la considérer comme l'original d'un livre, qui aurait été continué d'un bout à l'autre, sans changements et sans ratures. Ibn Aṭ-Ṭiḳṭaḳâ l'a-t-il lui-même mis au net d'après son brouillon ou bien l'a-t-il fait copier, sous sa surveillance, au fur et à mesure qu'il l'écrivait avec précipitation ? La teneur de la souscription[2] s'accommoderait de l'une et de l'autre exégèse. Or, cette souscription n'est pas de la même main que les onze lignes placées juste au-dessus ; mais, par contre, elle ressemble d'une manière indiscutable aux quelques notes et aux rares corrections placées à la marge de l'exemplaire. Je me déclare donc convaincu que Silvestre de Sacy[3] a eu raison d'attribuer l'écriture du manuscrit à un copiste exact et scrupuleux, travaillant sous la direction de l'auteur, celui-ci n'ayant eu le temps que de tracer avec son *kalam* des rectifications sur un petit nombre de passages, et s'étant contenté d'apposer, à la fin, son visa, comme une garantie d'authenticité, en ces termes :

« L'auteur a terminé la composition et les soins apportés à cette copie dans une période qui a commencé avec le dernier djoumâdâ de l'année 701 et qui s'est terminée le cinq schawwâl de l'année susdite, à Mauṣil la Bossue. Ceci est son écriture ; qu'Allâh lui soit indulgent ! »

1. Pour arriver aux 311 feuillets du *Catalogue*, il faut y comprendre le bulletin, rédigé en latin et signé de Joseph Ascari, un feuillet de traduction française, enfin la première page d'une Table des Matières que j'attribue à Michel Aṣ-Ṣabbâg.

2. Texte arabe, p. 458, où j'ai substitué الآخرة à الآخر du manuscrit ; cf. Ahlwardt, *Elfachri*, p. xv.

3. Silvestre de Sacy, *Chrestomathie arabe* (2e éd.), I, p. 32.

Dans un passage du manuscrit[1], le copiste a pris la parole pour son compte en faisant des souhaits en faveur de celui dont il transcrit le livre : « Puisse Allâh rendre sa situation prospère et la garder de tout désarroi ! » Voilà une façon de s'exprimer que l'on ne saurait employer en parlant de soi-même, qui ne peut être appliquée qu'à un supérieur en manière d'hommage.

Avant de quitter ce manuscrit, je voudrais rappeler les aventures du frontispice. Rogné, séparé du volume, usé, il menaçait ruine, lorsque les restaurateurs, pour le sauver, le couvrirent d'un feuillet blanc, sous lequel le titre disparut. On agit peut-être sagement dans l'intérêt de la première page, mais les érudits européens furent déroutés, jusqu'à ce que le faux Fakhr ad-Dîn fût dépossédé au profit du vrai Ṣafî ad-Dîn Ibn Aṭ-Ṭiḳṭaḳâ. Mon professeur, M. Reinaud, qui a pris en main la réparation de l'injustice, dont Ibn Aṭ-Ṭiḳṭaḳâ était victime, a deviné son surnom honorifique de Ṣafî ad-Dîn, presque effacé dans l'état de détérioration du frontispice[2]. Je crois y lire : الفخرى فى الاداب السلطانيّه والدول الاسلاميّه تأليف صفىّ الدين محمّد بن علىّ بن طباطبا المعروف بابن الطقطقى تجاوز الله عنه. « Le Fakhrî, sur les qualités sultaniennes et les dynasties musulmanes, œuvre de Ṣafî ad-Dîn[3] Moḥammad, fils de ʿAlî, connu sous la désignation d'Ibn Aṭ-Ṭiḳṭaḳâ; puisse Allâh lui être indulgent ! »

Manuscrit B. Le second manuscrit, celui que je désigne par la lettre B, s'est rencontré sur ma route, alors que ma bonne fortune m'avait fait associer aux études préparatoires pour le catalogue, alors en préparation, provisoirement terminé, de notre fonds arabe[4]. Je me hâtai de signaler cette petite trouvaille à ceux qu'elle pouvait

1. Texte arabe, p. 69.

2. Reinaud et J. Derenbourg, *Les Séances de Hariri*, II (1853), introduction, p. 10, n. 5 ; H.-E. Beauvois, dans Hœfer, *Biographie universelle*, XVII (1858), p. 23, d'après des notices dues à Reinaud ; Ahlwardt, *Elfachri*, p. XXIX-XXX.

3. En reproduisant ce titre en tête de mon édition, j'ai omis Ṣafî ad-Dîn, que je n'avais pas encore aperçu.

4. Slane, *Catalogue des manuscrits arabes*, p. 715, nos 4502-4505. Cf. l'Avertissement de H. Z., p. III.

intéresser[1]. Le manuscrit, qui occupait autrefois le numéro 982 de l'ancien fonds arabe, a été rapproché de son similaire dans le nouveau Catalogue, où il a reçu la cote 2442. La reliure en maroquin bruni, endommagée et rapiécée aux extrémités, a une bordure en forme de festons et, aux quatre coins ainsi qu'au milieu, des ornements composés de grains dorés, symétriquement ordonnés, de style levantin analogue au style italien. La copie est sur papier et mesure 17 centimètres en hauteur sur 12 centimètres en largeur. Les feuillets sont au nombre de 57, avec 13 lignes à la page. L'écriture orientale n'a pas un aspect arabe d'une pureté sans mélange ; son allure allongée reflète le voisinage et l'influence de la Perse. Peu de voyelles, pour la plupart inutiles.

On lit sur le frontispice, à découvert cette fois : مختصر فى التاريخ يشتمل على فصلين كوامل الفصل الاوّل من التاريخ ، تأليف السيّد الاجلّ الأوحد الحسيب النسيب العلاّمة النسّابة نقيب النقباء سيّد الفضلاء صفىّ الحقّ والملّة والدين محمّد بن علىّ بن علىّ الحسنى المعروف بابن الطقطقى.
« Abrégé historique, comprenant deux sections complètes. Section première de l'Histoire[2], œuvre du descendant l'Al-Ḥasan, le très illustre, l'unique, le considéré, le noblement apparenté, le très savant, le parfait généalogiste, le surintendant des Alides, le chef des hommes les plus éminents, Ṣafî ad-Dîn Moḥammad, fils de ʿAlî, fils de ʿAlî, le Ḥasanite, connu sous l'appellation d'Ibn Aṭ-Ṭiḳṭaḳâ. »

Le volume s'ouvre par une très courte doxologie, substituée à la longue préface que j'ai publiée d'après le manuscrit A[3]. Le reste de la section première vient ensuite, avec des lacunes et des interversions sans importance, avec des variantes, dont quelques-unes ont profité à mon édition[4]. Ce n'est pas un *Abrégé du Fakhrî* que j'aurais dû dire, mais la *Section première du Fakhrî* ou encore *de*

1. Hartwig Derenbourg, *Un Abrégé du Fakhrî*, dans le *Journal asiatique* de 1867, II, p. 359-361.

2. C'est-à-dire de l'Histoire royale ; cf. plus haut, p. 18, et plus loin, p. 33.

3. Texte arabe, p. 1-14 ; voir la doxologie, p. 14, note 1.

4. L'inventaire de ces variantes a été dressé pour mon usage personnel

l'Histoire royale, comme l'ouvrage est nommé dans la souscription suivante (fol. 57 r°) : تمّ الفصل الأوّل من كتاب التأريخ الملكىّ على يد العبد (ms. العبيد) الفقير الى الله تعالى سعيد بن ابراهيم بن سعيد بن سالار البغداذىّ (ms. البغدادى) القارىّ (ms. المارى) تولّاه الله تعالى وذلك فى سنة احدى عشرة وسبع مائة الهلاليّة. « Est achevée la section première du livre intitulé : L'Histoire royale, copié par le serviteur, le pauvre qui se confie en Allâh le Très Haut, Sa'îd, fils d'Ibrâhîm, fils de Sa'îd, fils de Sâlâr, le Bagdâdhien, natif de Ḳâr[1] (?); puisse Allâh le Très Haut le patronner ! La copie a été exécutée dans l'année lunaire 711[2]. » L'exemplaire n'est donc que de dix années postérieur à la composition de l'ouvrage. Son indépendance de notre manuscrit A prouve que, dans l'intervalle, les copies avaient dû se multiplier parmi les populations schî'ites. Pourquoi cet exemplaire, sauvé parmi tant de copies disparues, nous est-il parvenu dans un état si défectueux ?

Une seule page de la seconde section a été conservée, sans préambule aucun et sans la moindre parcelle du long morceau consacré à la « dynastie des quatre[3] ». Le début du chapitre sur Mou'âwiya, le premier khalife Oumayyade, se trouve au verso du feuillet qui termine la section première. Le manuscrit s'arrête brusquement ensuite au milieu d'une phrase.

L'accession du second manuscrit, qui se rapporte seulement aux pages 15-100 de mon édition, justifiait-elle suffisamment mon intention de publier à nouveau le texte arabe, donné une première fois dans son entier par un maître tel que M. Ahlwardt ? Je n'y aurais certes point songé[4], si l'amélioration eût été limitée aux pages

par mon excellent élève, M. Marcel Vilbert, drogman près l'ambassade de France à Constantinople.

1. Si ma transcription est exacte, le copiste, établi à Bagdâdh, serait né à Ḳâr, bourg situé dans la banlieue de Rayy. Sur cet endroit, voir Yâḳoût, *Mou'djam*, IV, p. 12 ; Barbier de Meynard, *Dictionnaire géographique de la Perse*, p. 434.

2. 1311-1312 de notre ère.

3. Plus haut, p. 23.

4. En 1885, dans la première édition de ma *Chrestomathie élémentaire*, (p. VIII), j'annonçais « une traduction française » ; en 1892, lors de la deuxième

initiales, aux prolégomènes. C'est en effet la portion la moins remarquable du livre, dont l'auteur se meut plus à l'aise dans la narration des faits particuliers que dans la déduction des règles générales. Si, dans ces conditions en apparence peu favorables, je me suis cependant décidé à rééditer le *Fakhrî*, c'est que la collation minutieuse, sans document inédit, de l'exemplaire qui avait été utilisé par mon devancier, a donné des résultats inattendus et permis de récolter une moisson riche de corrections précieuses, c'est que M. Ahlwardt s'est désintéressé d'une révision nécessaire pour consacrer tous ses labeurs et toutes les ressources d'une érudition aussi vaste que sûre à son admirable Catalogue des manuscrits arabes de Berlin [1]. Le plus souvent, c'est au manuscrit lui-même, relu avec plus d'attention, que je me suis adressé pour y rechercher ce qui avait échappé jadis à un examen peut-être trop rapide. Parfois aussi, je me suis, avec une indépendance critique, affranchi de sa tutelle, en rejetant des leçons provenant d'erreurs manifestes, en particulier de certaines confusions entre les noms propres. Je ne me suis permis aucun de ces changements sans le signaler dans une note placée au-dessous du passage rectifié. Grâce à ces tentatives d'améliorations, je n'hésite pas à dire que mon édition, par là même qu'elle est la seconde et qu'elle s'appuie sur le fondement solide de la première, réalise un progrès, et j'espère ne pas être taxé de présomption par les juges compétents, si je prétends offrir un texte à peu près correct à mes confrères arabisants et à la jeunesse studieuse.

édition, je disais préparer « une édition nouvelle du texte et une traduction française ». Voici le texte qui paraît; quant au projet de traduction, il est définitivement abandonné en ce qui me concerne.

1. W. Ahlwardt, *Verzeichniss der arabischen Handschriften der Königlichen Bibliothek zu Berlin*, 6 volumes in-4° publiés, Berlin, 1887-1894; cf. W. Ahlwardt, *Verzeichniss arabischer Handschriften der Königlichen Bibliothek zu Berlin aus den Gebieten der Poesie, schöner Litteratur, Litteraturgeschichte und Biographik*, Greifswald, 1871, in-8°; du même, *Kurzes Verzeichniss der Landberg 'schen Sammlung arabischer Handschriften*, Berlin, 1885; *Kurzes Verzeichniss der Glaser 'schen Sammlung arabischer Handschriften*, Berlin, 1887.

IV

LA BIBLIOGRAPHIE

« Quiconque a étudié l'arabe, a dit le regretté Jules Mohl[1], connaît l'extrait d'une Histoire du khalifat, intitulée *Al-Fakhrî*, par lequel M. de Sacy commence sa *Chrestomathie arabe*, et l'on se rappelle certainement avec plaisir la manière aisée, élégante et agréable de raconter de l'auteur. » M. de Sacy, qui avait découvert ce texte et lui avait donné droit de cité dans l'enseignement public, a été suivi par des générations de professeurs, qui, par toute l'Europe, à son exemple, ont adopté le *Fakhrî* comme livre d'explication; les générations successives d'élèves se sont instruites et diverties, grâce à cet instrument parfait, mis au service de la pédagogie.

Voici, par ordre chronologique, l'énumération, aussi complète que possible, de ce que j'ai pu atteindre parmi les publications renfermant des emprunts au *Fakhrî*. Les comptes-rendus ont été omis de parti pris. La mention des fragments a été accompagnée de l'identification avec les pages correspondantes de mon édition, citée sous la rubrique Ed. pour la circonstance.

1806. M. le Baron Silvestre de Sacy, *Chrestomathie arabe*, Paris, 1806, 3 vol. in-8°, I, texte, p. 2-73; II, traduction française, p. 1-66, 404-410. Ed., p. 263-291; 448-455; 35-42.

1816. *Extrait de l'Histoire des dynasties attribué à Fakhr-eddin Razy*, traduction française, par M. A. Jourdain, dans les *Fundgruben des Orients*, Wien, 1809-1818, 6 vol. in-fol., V, p. 28-40. Ed., p. 186-204. M. Amable Jourdain dit avoir traduit pour son agrément la plus grande partie du reste. Voir son article Fakhr eddyn-Razy, dans Michaud, *Biographie universelle*, 2° éd., XIII, p. 339.

1823. G. W. Freytag, *Lokmani Fabulæ et plura loca ex codicibus maximam partem historicis selecta*, Bonnæ, 1823, in-8°, p. 23-33. Ed., p. 101-117.

---

1. Jules Mohl, *Vingt-sept ans d'histoire des études orientales* (Paris, 1879-1880, 2 vol. in-8°), II, p. 326.

1826. M. le Baron Silvestre de Sacy, *Chrestomathie arabe*, seconde édition, corrigée et augmentée, Paris, 1826-1827, 3 vol. in-8°, I, texte, p. 2-49; traduction française, p. 1-92. Ed., p. 263-291; 448-455; 35-42.

1828. D. R. Henzius, *Fragmenta arabica*, Petropoli, 1828, in-8°, p. 1-104. Ed., p. 101-142.

1832. A. Boldyref, *Chrestomathie arabe*, Moscou, 1832, in-8° (titre et préface en russe), p. 22-70. Ed., p. 263-291; 448-455. Reproduit d'après la *Chrestomathie arabe* de Silvestre de Sacy.

Mars 1834. G. W. Freytag, *Chrestomathia arabica grammatica historica*, Bonnæ, 1834, in-8°, p. 84-96. Ed., p. 20-35.

Août 1834. J. Humbert, *Arabica Chrestomathia facilior*, I (un.), Parisiis, 1834, in-8°, p. 88-101; 253-260. Ed., p. 267-274; 282-291; 448-455; 37-38. Reproduit d'après la *Chrestomathie arabe* de Silvestre de Sacy.

1846. Cherbonneau, *Histoire des khalifes Abbasides Al-Amin et Al-Mâmoun...* par Mohammed-ben-Ali-ben-Thabathéba, connu sous le nom d'Ibn-Thafthafa ابن طقطقى, traduite en français et précédée d'une critique historique, dans le *Journal asiatique* de 1846, I, p. 297-359 (avec le texte arabe). Ed., p. 291-316.

1846. Cherbonneau, *Histoire du khalife Abbaside Al-Mo'tassem* (texte arabe et traduction française), dans le *Journal asiatique* de 1846, II, p, 316-338. Ed., p. 316-324.

1847. Cherbonneau, *Histoire des khalifes Al-Ouâciq, Al-Moutewakkel et Al-Mountasir* (texte arabe et traduction française), dans le *Journal asiatique* de 1847, I, p. 134-147. Ed., p. 324-329.

1853. *Les séances de Hariri*, publiées en arabe avec un commentaire choisi par Silvestre de Sacy. Deuxième édition par Reinaud et J. Derenbourg, Paris, 1849-1853, 2 vol. in-4, II, Introduction à la nouvelle édition, p. 10-11. Ed., p. 401.

1860. *Elfachri. Geschichte der islamischen Reiche vom Anfang bis zum Ende des Chalifates* von Ibn eththiqthaqa. Arabisch. Herausgegeben von W. Ahlwardt. Gotha, 1860, in-8°, LXVI et 390 pages de texte arabe.

1867. Hartwig Derenbourg, *Un abrégé du Fakhrî*, dans le *Journal asiatique* de 1867, II, p, 359-361.

1870. W. Wright, *An Arabic Reading-Book,* I (un.), London, 1870, in-8°, p. 64-72. Ed., p. 281-290. Publié d'après Sacy et Ahlwardt.

1882. Bollig, *Brevis chrestomathia arabica in usum scholarum,* Roma, 1882, p. 77-82. Ed., p. 279-283 ; 284-287. Reproduit d'après Sacy, *Chrestomathie arabe.* « Ex Fakhr-eddin Historia dynastiarum. »

1883. Les PP. J.-B. Belot et A. Rodet S. J., *Noukhab al-moulaḥ, Chrestomathie arabe,* Beyrouth, 1883-1884[1], 5 sections en 2 tomes in-8°, I, II, p. 50-76. Ed., p. 263-291 ; 448-455. Reproduit d'après Sacy et Ahlwardt.

1883-1884. Le P. L. Cheikho S. J., *Madjânî al-adab* ou *Fleurs de la littérature arabe,* Beyrouth, 1883-1884[2], 6 vol. petit in-8° ; I, p. 18, 20, 44, 67, 122, 125-126, 133-134 ; II, p. 109, 127, 130, 174 ; III, p. 140-141 ; IV, p. 168 ; V, p. 298-299, 314. Ed., p. 4, 29, 83, 265, 324, 294-295, 306-307, 72-73, 68, 5, 443, 6, 313-314, 201-204 et 209-210 ; 335-337, 341-343, 348-349, ces trois derniers passages réunis, avec de grandes coupures.

1885. Hartwig Derenbourg et Jean Spiro, *Chrestomathie élémentaire de l'arabe littéral,* Paris, 1885, in-12, p. 12-13. Ed., p. 146.

1892. Hartwig Derenbourg et Jean Spiro, *Chrestomathie élémentaire de l'arabe littéral,* 2e éd., Paris, 1892, in-12, p. 12-13. Ed., p. 146.

1895. *Al-Fakhrî. Histoire du khalifat et du vizirat, depuis leurs origines jusqu'à la chute du khalifat ʿAbbaside de Bagdâdh* (11-656 de l'hégire = 632-1258 de notre ère), *avec des prolégomènes sur les principes du gouvernement,* par Ibn Aṭ-Ṭiḳṭaḳâ. Nouvelle édition du texte arabe, par Hartwig Derenbourg, Paris, 1895, in-8°. Forme le fascicule 105 de la Bibliothèque de l'École pratique des Hautes-Études (section des sciences historiques et philologiques).

1895. Hartwig Derenbourg, *Introduction au Fakhrî d'Ibn Aṭ-Ṭiḳṭaḳâ.* Extrait, tiré à petit nombre, du précédent ouvrage.

1. C'est du moins la date inscrite sur mon exemplaire.
2. Même réserve sur la date indiquée.

Ce livre contient, en dehors du texte arabe, de l'introduction et d'une table des matières, donnant la chronologie des khalifes et la liste de leurs vizirs, un double index des noms propres : noms d'hommes, de femmes, de dynasties et de livres; noms de pays, de peuples, de tribus et de religions. La confection de ces outils pratiques m'a été rendue possible, grâce à la collaboration de mon ami M. J. Broydé, l'un de mes élèves les plus distingués, dont la compétence sera bientôt affirmée par une édition du texte arabe et par une traduction française des Notions de l'âme, œuvre du philosophe juif, qui vivait en Espagne au XIe siècle de notre ère, Baḥyâh, fils de Yôsêf, Ibn Peḳoudâh.

Je me sens lié par une non moindre dette de reconnaissance envers mon imprimeur, M. Louis Marceau, qui a eu l'audace d'installer une imprimerie orientale à Chalon-sur-Saône, et dont le personnel, sous sa direction, s'est montré capable de faire de la besogne excellente, comme ce livre en est la preuve, comme je me plais à l'attester.

Paris, ce 11 avril 1895.

PIÈCE JUSTIFICATIVE

Mon intention n'était pas de reproduire le texte du document que M. Ahlwardt a publié, avec une traduction allemande, dans l'introduction qui précède son édition du *Fakhrî*. La traduction française, que j'en ai donnée [1], me paraissait pouvoir suppléer à l'omission de l'original arabe. Je me décide cependant à insérer ce morceau dans mon volume pour ceux qui voudraient contrôler ma version, sans avoir besoin de recourir à l'édition de mon illustre devancier.

Cette notice sur le père d'Ibn Aṭ-Ṭiḳṭaḳâ est empruntée à Ibn 'Inaba, *'Oumdat aṭ-ṭâlib* (manuscrit 2021 du fonds arabe de la Bibliothèque Nationale), fol. 108 r° et v°. Elle se trouve dans la section première (الفصل الاوّل) consacrée aux descendants du martyr Al-Ḥasan, instruction deuxième (المعلَم الثانى) sur la postérité d'Ibrâhîm Al-Gamr [2]. Voici la teneur de cette courte monographie :

منهم نقيبُ النُّقَباء تاجُ الدين عليٌّ بن محمّد بن رَمَضانَ المذكورُ يُعرَف بابن الطِّقْطَقى ساعدتْه الأَقدارُ حتّى حَصَّلَ مِن الأَموال والعَقار والضِّياع ما لا يَكاد يُحصَى ومِن غَرائبِ الاتّفاقات التى حصلت له أنّه زرَعَ فى مَبادِي أحواله زراعةً كثيرة فى أملاك الديوان وهو اذذاك صَدْرُ البلاد الفُراتيّةِ وأَحرزَ ما تَحصَّل له مِن الغَلّات فى دار له كان قد بناها ولم يُتِمَّها وفَضَلَ حِسابُه مع الديوان وقد بقى له بَقيّةٌ صالحة من الغَلّات

1. Plus haut, p. 4-5.

2. Plus haut, p. 3.

فأَصاب الناسَ قَحطٌ شديد وسَعَّرَ النقيبُ تاج الدين فى بَيْع الغَلّات فباع بالأَموال ثمّ بالأَعراض ثمّ بالأَملاك وكان يُضرَب المَثَلُ بذلك الغَلاء فيقال غَلاء ابن الطِقْطَقى نُسب اليه لأنّه لم يكن عند احد شىء يُباع سِواه وكان قد نُقب فى بعض حيطان تلك الدار فوُجد الغلّاتُ قائمةً والحَبُّ يَنتثر منها فعاجَلَ فى تغطِيتها فلم يَقدر ونَفدتْ بعد بَيْعٍ قليل كما هو عادةُ أَمثالها وتَرَقّى امرُه الى أن كتَبَ الى السُلطان أَبَغا بن هُولاكو فى عَزْلِ صاحب الديوان عَطَا مَلِكٍ فأَخذَ قِرْطاسا وكتَبَ فيه، كم لى أنبّه منك مُقْلةَ نائم يُبْدِئ سُباتا كُلّما نبّهتُه، فكأنّك الطِفْل الصغير بمَهْده يَزدادُ نوما كُلّما حرّكتُه، وجُعل كتابُ النَّقيب فيه وأُرسلَ الى اخيه فاَستَعَدَّ صاحبُ الديوان وتقرّرَ امرُه عنده على أن أَمر جماعةً بالفتك به ليلا ففتكوا به وهربوا الى موضع ظنّوه مَأْمنا امرَهم بالمَصير اليه صاحبُ الديوان فخرج صاحبُ الديوان مِن ساعته الى ذلك الموضع فقبَضَ على اولئك الجماعةِ وامَرَ بهم فقُتلوا واستَولى على أَموال النَّقيب وأَملاكه ودَخائره وللنَّقيب تاج الدين عَقِبٌ.

ADDITIONS ET CORRECTIONS

(La pagination se rapporte au texte arabe)

P. 1, l. 10; titre: Substituez ١٨٩٥ à ١٨٩٤.

P. 15, l. 3. Lisez : المَلَكيّة, d'après p. 22, l. 2; 101, l. 3.

P. 19, l. 3. Après الفصاحة, ajoutez un blanc plus considérable.

P. 21, l. 14. Lisez : وانّا.

P. 25, l. 10. Lisez : يُقدِم et comparez p. 313, note 3.

P. 26, l. 7. Lisez : والشَّفَقة.

P. 27, l. 3. Lisez : قد.

P. 32, l. 15. Lisez : فى.

P. 38, l. 15. Supprimez : والمتضد avec B; j'ai conformé mon texte à A, fort inconsidérément d'ailleurs.

P. 40, l. 12. C'est à tort qu'a été imprimé un *fàtḥa* sur le *hà marboûṭa* de المَلاحدةَ, qui doit être lu المَلاحدة.

Ibid., l. 16. Après مداين a été omis وابتَنى الموفَّق ايضا هناك مداين.

P. 46, l. 2. Lisez : تريد.

P. 102, l. 2. Au lieu de اثنَى عشرة que porte clairement le manuscrit, lisez احدى عشرة, l'avénement d'Aboû Bekr ayant suivi de très près la mort du Prophète, survenue le 13 rabî' I de l'an 11 = le 8 juin 632.

P. 164, l. 10. Ainsi A, mais il vaut mieux corriger en الحكم بن ابى العاص; cf. p. 163, l. 13 et 14.

P. 165, dernière ligne. Ainsi A; mais lisez المختار بن ابى عُبيد, comme p. 166, l. 5.

P. 214, l. 1. Lisez : وأحمرت.

P. 216, l. 8. A porte فنغصب, à tort, je pense.

P. 266, l. 2. Mon texte est conforme à A et à l'édition Ahlwardt; complétez avec Sacy, *Chrestomathie arabe* (2e éd.), I, p. ٤ : فتوجه الفضل بن يحيى بالجنود.

P. 285, l. 14. Au lieu de يتجرّى, que portent A et l'édition Ahlwardt, lisez : يتجرّأ avec Sacy, *Chrestomathie arabe* (2e éd.), I, p. ٢٧.

P. 287, l. 1. Lisez : المُزوِّر.

Ibid., l. 2. Lisez : المتجرّئ, alors même que A n'a pas de *hamza*.

P. 312, l. 8. Lisez : بالبَخُور.

P. 328, l. 16. Lisez : وضَغَطَ.

P. 332, l. 3. Le texte, imprimé d'après A et l'édition Ahlwardt, doit être ainsi modifié : وزارة ابى صالح عبد الله بن محمد بن يزداد.

P. 376, l. 11. Lisez : أُمور.

P. 377, l. 14. Lisez : ولا أُفتّره.

P. 380, l. 1. Il faut sans doute ajouter إلى devant كالبحار, bien que notre texte, tiré de A, soit adopté dans l'édition Ahlwardt.

P. 381, l. 7. Lisez : الأمَوى.

P. 403, l. 8. Lisez : ابنه.

P. 406, l. 5. Après المسترشد, il convient peut-être, d'après la l. 15, d'ajouter بالله, omis ici dans A. Même observation pour la p. 415, l. 5, comparée avec la l. 4.

P. 416, l. 5. Après المستظهر, ajoutez peut-être بالله; cf. p. 403, l. 8; 406, l. 5 et 6.

P. 428, l. 16. Peut-être doit-on, après المستضى, ajouter بامر الله, d'après la p. 433, l. 7.

P. 429, l. 3. Augmenter l'espace vide entre ابيه et وتوفّى.

P. 438, l. 16. Lisez : عُرْيَانا, comme le dernier mot de la p. 377, où le manuscrit porte également عُرْيَانٌ, de même qu'ici.

P. 459 *a*, l. 1. Supprimez ٨٥.

TABLE DES MATIÈRES

Partie Française.

	Pages
INTRODUCTION DE L'ÉDITEUR	1
I. L'auteur	3
II. L'œuvre	14
III. L'édition	28
IV. La bibliographie	35
PIÈCE JUSTIFICATIVE	39
ADDITIONS ET CORRECTIONS	41

Partie Arabe.

(Les dates placées à la marge de gauche sont données d'après l'ère de l'hégire.)

INTRODUCTION DE L'AUTEUR		3-19
	Section première, relative aux pouvoirs sultaniens et aux directions royales	20-100
	Section seconde, où il est parlé de chaque dynastie, l'une après l'autre	101-458

Années		
11-40	I. DYNASTIE DES QUATRE	101-142
11-13	1. Aboû Bakr Aṣ-Ṣiddik	102-106, 133-134
13-23	2. ʿOmar, fils d'Al-Khaṭṭâb	106-117, 134
23-35	3. ʿOthmân, fils de ʿAffân	134-138
35-40	4. ʿAli, fils d'Aboû Tâlib	117-133, 138-142
40-132	II. DYNASTIE DES OUMAYYADES	143-200
40-60	1. Mouʿâwiya, fils d'Aboû Soufyân Ṣakhr, fils de Ḥarb, fils d'Oumayya, fils de ʿAbd Schams, fils de ʿAbd Manâf	143-157
60-64	2. Yazid, fils de Mouʿâwiya	157-163
64	3. Mouʿâwiya II, fils de Yazid	163
64-65	4. Marwân, fils d'Al-Ḥakam	163-167

Années		Pages
65-86	5. ʿAbd al-Malik, fils de Marwân......................	167-173
86-96	6. Al-Walîd, fils de ʿAbd al-Malik......................	173-174
96-99	7. Soulaimân, fils de ʿAbd al-Malik, frère d'Al-Walîd ..	174-175
99-101	8. ʿOmar II, fils de ʿAbd al-ʿAzîz, fils de Marwân.......	175-177
101-105	9. Yazîd II, fils de ʿAbd al-Malik......................	177-178
105-125	10. Hischâm, fils de ʿAbd al-Malik, frère de Yazîd II....	178-180
125-126	11. Al-Walîd II, fils de Yazîd II, fils de ʿAbd al-Malik...	181-182
126	12. Yazîd III, fils d'Al-Walîd II, fils de ʿAbd al-Malik...	182-184
126	13. Ibrâhîm, fils d'Al-Walîd II, frère de Yazîd III........	184
126-132	14. Marwân II, fils de Moḥammad, fils de Marwân I....	184-200

132-656	III. DYNASTIE DES ʿABBASIDES.............	201-458
132-136	1. *As-Saffâḥ* Aboû 'l-ʿAbbâs ʿAbd Allâh, fils de Moḥammad, fils de ʿAlî, fils de ʿAbd Allâh, fils d'Al-ʿAbbâs, fils de ʿAbd al-Mouṭṭalib.................	202-213
	Vizirs : Généralités.............................	204-206
	1) Aboû Salâma Ḥafṣ, fils de Soulaimân, Al-Khallâl.	206-210
	2) Aboû 'l-Djahm.............................	210
	3) Khâlid, fils de Barmak.......	210-213
136-158	2. *Al-Manṣoûr* Aboû Djaʿfar, frère d'As-Saffâḥ..........	213-242
	Vizirs : 1) Khâlid, fils de Barmak...................	213
	2) Aboû Ayyoûb Al-Moûriyânî............	236-239
	3) Aboû 'l-Faḍl Ar-Rabîʿ, fils de Yoûnous..	239-242
158-169	3. *Al-Mahdî* Aboû ʿAbd Allâh Moḥammad, fils d'Al-Manṣoûr ...,...................,........	242-257
	Vizirs : 1) Aboû ʿOubaid Allâh Mouʿâwiya, fils de Yasâr.............................	246-250
	2) Aboû ʿAbd Allâh Yaʿḳoûb, fils de Dâwoud.	250-255
	3) Al-Faiḍ, fils d'Aboû Ṣâliḥ...............	255-257
169-170	4. *Al-Hâdî* Moûsâ, fils d'Al-Mahdî.....................	258-263
	Vizirs : 1) Aboû 'l-Faḍl Ar-Rabîʿ, fils de Yoûnous (cf. 2. 3)............................	262
	2) Ibrâhîm, fils de Dakwân, Al-Ḥarrânî....	262-263
170-193	5. *Ar-Raschîd* Hâroûn, fils d'Al-Mahdî, frère d'Al-Hâdî.	263-291
	Vizirs : 1) Yaḥyâ, fils de Khâlid, fils de Barmak (cf. 1. 3; 2. 1)......................	269-275
	2) Al-Faḍl, fils de Yaḥyâ, fils de Khâlid, fils de Barmak............................	275-281
	3) Djaʿfar, fils de Yaḥyâ, frère d'Al-Faḍl...	281-290
	4) Aboû 'l-ʿAbbâs Al-Faḍl, fils d'Ar-Rabîʿ (cf. 2. 3; 4. 1)......................	290-291
193-198	6. *Al-Amîn* Moḥammad, fils de Hâroûn Ar-Raschîd et de Zoubaida.....................................	291-297
	Vizir ; Aboû 'l-ʿAbbâs Al-Faḍl, fils d'Ar-Rabîʿ (cf. 2. 3; 4. 1; 5. 4).............................	297

Années		Pages
198-218	7. *Al-Ma'moûn* ʿAbd Allâh, fils de Hâroûn Ar-Raschîd, frère d'Al-Amîn..................................	297-316
	Vizirs : 1) Dhoû 'r-ri'àsatain Al-Faḍl, fils de Sahl..	304-306
	2) Al-Ḥasan, autre fils de Sahl............	306-309
	3) Aḥmad, fils d'Aboù Khâlid, Al-Aḥwal ..	309-310
	4) Aḥmad, fils de Yoùsouf, fils d'Al-Kâsim .	311-313
	5) Aboû ʿAbbâd Thâbit, fils de Yaḥyà, fils de Yasâr, Ar-Râzi...................	313-314
	6) Aboù ʿAbd Allâh Moḥammad, fils de Yazdâd, fils de Souwaid...............	314-316
218-227	8. *Al-Mouʿtaṣim* Aboù Isḥâk Moḥammad, fils de Hâroûn Ar-Raschid, frère d'Al-Ma'moùn............	316-324
	Vizirs : 1) Al-Faḍl, fils de Marwân................	320-321
	2) Aḥmad, fils de ʿAmmâr, fils de Schâdhi.	321-322
	3) Moḥammad, fils de ʿAbd al-Malik, Az-Zayyât.........................	322-324
227-233	9. *Al-Wâthik* Hâroùn, fils d'Al-Mouʿtaṣim	324-325
	Vizir : Moḥammad, fils de ʿAbd al-Malik, Az-Zayyât (cf. 8. 3).................................	325
233-247	10. *Al-Moutawakkil* Djaʿfar, fils d'Al-Mouʿtaṣim, frère d'Al-Wâthik..	325-327
	Vizirs : 1) Moḥammad, fils de ʿAbd al-Malik, Az-Zayyât (cf. 8. 3 ; 9)..................	326
	2) Aboû 'l-Wazîr.......................	326
	3) Aboû Djaʿfar Moḥammad, fils d'Al-Faḍl, Al-Djardjarâyy......................	326
	4) ʿOubaid Allâh, fils de Yaḥyà, fils de Khâkàn..............................	326-327
247-248	11. *Al-Mountaṣir* Moḥammad, fils d'Al-Moutawakkil.....	327-329
	Vizir : Aḥmad, fils d'Al-Khaṣîb................	328-329
248-252	12. *Al-Moustaʿîn* Aḥmad, fils de Moḥammad, fils d'Al-Mouʿtaṣim..	329-332
	Vizirs : 1) Aḥmad, fils d'Al-Khaṣîb (cf. 11).........	331-332
	2) Aboû Ṣâliḥ ʿAbd Allâh, fils de Moḥammad, fils de Yazdâd (cf. 7. 6)........	332
252-255	13. *Al-Mouʿtazz Billâh* Aboù ʿAbd Allâh Moḥammad, fils d'Al-Moutawakkil, frère d'Al-Mountaṣir.........	332-335
	Vizirs : 1) Aboù 'l-Faḍl Djaʿfar, fils de Maḥmoùd, Al-Iskâfi............................	333-334
	2) Aboû Moùsâ ʿÎsà, fils de Farroukhân Schâh..............	334
	3) Aboû Djaʿfar Aḥmad, fils d'Isrâ'îl, Al-Anbâri........................... ..	334-335
	4) Aboù 'l-Faḍl Djaʿfar, fils de Maḥmoùd, Al-Iskâfi (cf. 1).....................	335
255-256	14. *Al-Mouhtadî Billâh* Aboù ʿAbd Allâh Moḥammad, fils d'Al-Wâthik...............................	335-340

Années		Pages
	Vizirs : 1) Aboù 'l-Faḍl Djaʿfar, fils de Maḥmoûd, Al-Iskâfî (cf. 13. 1 et 4).............	337
	2) Aboù Ayyoûb Soulaimân, fils de Wahb, fils de Saʿid....................	337-341
256-279	15. *Al-Mouʿtamid ʿalâ Allâh* Aboù 'l-ʿAbbâs Aḥmad, fils d'Al-Moutawakkil........................	341-348
	Vizirs : 1) ʿOubaid Allâh, fils de Yaḥyâ, fils de Khâḳân (cf. 10. 4)...............	343
	2) Al-Ḥasan, fils de Makhlad.............	343-344
	3) Aboù Ayyoûb Soulaimân, fils de Wahb, fils de Saʿid (cf. 14. 2).....	344
	4) Aboù 'ṣ-Ṣaḳr Ismâʿîl, fils de Boulboul...	344-347
	5) Aḥmad, fils de Ṣâliḥ, fils de Schîrzâd Al-Ḳouṭrouboulli..................	347
	6) ʿOubaid Allâh, fils de Soulaimân, fils de Wahb (cf. 14. 2; 16. 3)...............	347-348
279-289	16. *Al-Mouʿtaḍid* Aboù 'l-ʿAbbâs Aḥmad, fils d'Al-Mouwaffaḳ Ṭalḥa, fils d'Al-Moutawakkil............	348-350
	Vizirs : 1) ʿOubaid Allâh, fils de Soulaimân, fils de Wahb (cf. 14. 2; 15. 3 et 6)............	349
	2) Al-Ḳâsim, fils de ʿOubaid Allâh, fils de Soulaimân, fils de Wahb (cf. 14. 2; 15. 3 et 6; 16. 1)........................	350
289-295	17. *Al Mouktafî Billâh* Aboù Moḥammad ʿAlî, fils d'Al-Mouʿtaḍid.......................	350-35
	Vizirs : 1) Al-Ḳâsim, fils de ʿOubaid Allâh, fils de Soulaimân, fils de Wahb (cf. 14. 2; 15. 3 et 6; 16. 1 et 2)....................	351
	2) Al-ʿAbbâs, fils d'Al-Ḥasan.............	351-352
295-320	18. *Al-Mouktadir Billâh* Aboù 'l-Faḍl Djaʿfar, fils d'Al-Mouʿtaḍid, frère d'Al-Mouktafî Billâh............	352-374
	Vizirs : 1) Al-ʿAbbâs, fils d'Al-Ḥasan (cf. 17. 2)....	360
	2) Aboù 'l-Ḥasan ʿAlî Ibn Al-Fourât........	360-36
	3) Al-Khâḳânî Aboù ʿAlî Moḥammad, fils de ʿOubaid Allâh, fils de Yaḥyâ, fils de Khâḳân (cf. 10. 4; 15. 1)...............	362-364
	4) ʿAlî, fils de ʿÎsâ, fils d'Al-Djarrâḥ........	364-365
	5) Ḥâmid, fils d'Al-ʿAbbâs...........	365-366
	6) Aboù 'l-Ḥasan ʿAlî Ibn Al-Fourât (cf. 2)..	366
	7) Aboù 'l-Ḳâsim ʿOubaid Allâh, fils de Moḥammad, fils de ʿOubaid Allâh, fils de Yaḥyâ, fils de Khâḳân (cf.10. 4;15.1;18.3)	361
	8) Aboù 'l-ʿAbbâs Aḥmad, fils de ʿOubaid Allâh, fils d'Aḥmad, fils d'Al-Khaṣîb (cf. 11; 12. 1)......................	367-868
	9) Aboù ʿAlî Moḥammad, fils de ʿAlî, Ibn Mouḳla............................	368-376

Années		Pages
	Vizirs : 10) Aboû 'l-Kâsim Soulaimân, fils d'Al-Hasan, fils de Makhlad (cf. 15. 2)............	372
	11) Aboû 'l-Kâsim ʿOubaid Allâh, fils de Mohammad, Al-Kaloûdhânî...........	372
	12) Al-Housain, fils d'Al-Kâsim, fils de ʿOubaid Allâh, fils de Soulaimân, fils de Wahb (cf. 14. 2; 15. 3 et 6; 16. 1 et 2).......	372-374
	13) Aboû 'l-Fadl Djaʿfar Ibn Al-Fourât (cf. 2 et 6).......................	374
296	18 bis. Ibn Al-Mouʿtass ʿAbd Allâh, le khalife d'un jour...	359
296-567	LES FÂTIMIDES du Magrib et de l'Égypte.................	356-359
320-322	19. Al-Kâhir Aboû Mansoûr Mohammad, fils d'Al-Mouʿtadid, frère d'Al-Mouktadir Billâh.................	374-376
	Vizirs : 1) Aboû ʿAlî Mohammad, fils de ʿAlî, Ibn Moukla (cf. 18. 9).............	375
	2) Mohammad, fils d'Al-Kâsim, fils de ʿOubaid Allâh, fils de Soulaimân, fils de Wahb (cf. 14. 2; 15. 3 et 6; 16. 1 et 2; 18. 12).............	375-376
331-441	LES BOÛYIDES...........................	376-380
322-329	20. Ar-Râdî Billâh Aboû 'l-ʿAbbâs Ahmad, fils d'Al-Mouktadir Billâh, fils d'Al-Mouʿtadid............	380-385
	Vizirs : 1) Aboû ʿAlî Mohammad, fils de ʿAlî, Ibn Moukla (cf. 18. 9; 19. 1).............	381
	2) ʿAbd ar-Rahmân, fils de ʿÎsâ, fils d'Al-Djarrâh (cf. 18. 4)....................	381-382
	3) Aboû Djaʿfar Mohammad, fils d'Al-Kâsim, Al-Karkhî............................	382
	4) Aboû 'l-Kâsim Soulaimân, fils d'Al-Hasan, fils de Makhlad (cf. 15. 2; 18. 10).......	382-383
	5) Aboû 'l-Fath Al-Fadl, fils de Djaʿfar, Ibn Al-Fourât (cf. 18. 2, 6 et 13)...........	383-385
	6) Aboû 'l-Kâsim Soulaimân, fils d'Al-Hasan, fils de Makhlad (cf. 15. 2; 18. 10; 20. 4).......................	385
329-333	21. Al-Mouttakî Lillâh Aboû Ishâk Ibrâhîm, fils d'Al-Mouktadir Billâh.......................	385-388
	Vizirs : 1) Aboû 'l-Kâsim Soulaimân, fils d'Al-Hasan, fils de Makhlad (cf. 15. 2; 18. 10; 20. 4 et 6)........................	386
	2) Aboû 'l-Khair Ahmad, fils de Mohammad, fils de Maimoûn...............	336
	3) Aboû ʿAbd Allâh Al-Barîdî...........	386
	4) Aboû Ishâk Mohammad, fils d'Ibrâhîm, Al-Iskâfî, connu sous le nom d'Al-Karârîtî	386-387
	5) Aboû Djaʿfar Mohammad, fils d'Al-Kâsim Al-Karkhî (cf. 20. 3)................	387

Années		Pages
	Vizirs : 6) Aboû ʿAbd Allâh Al-Baridi (cf. 21. 3)....	387-388
	7) Aboû 'l-ʿAbbâs Aḥmad, fils de ʿOubaid Allâh, Al-Iṣfahâni...............	388
	8) Aboû 'l-Ḥousain ʿAli, fils d'Aboû ʿAli Moḥammad, Ibn Mouḳla (cf. 18. 9; 19. 1; 20. 1)..............	388
333-334	22. *Al-Moustakfî* Aboû 'l-Ḳâsim ʿAbd Allâh, fils d'Al-Mouktafi, fils d'Al-Mouʿtaḍid...............	388-390
	Vizir : As-Sâmarri Aboû 'l-Faradj Moḥammad, fils de ʿAli...............	389-390
334-363	23. *Al-Mouṭîʿ Lillâh* Aboû 'l-Ḳâsim Al-Faḍl, fils d'Al-Mouktadir...............	390-391
363-381	24. *Aṭ-Ṭâʾiʿ li-amr Allâh* Aboû Bakr ʿAbd al-Karîm, fils d'Al-Mouṭîʿ Lillâh...............	391
381-422	25. *Al-Ḳâdir* Aboû 'l-ʿAbbâs Aḥmad, fils d'Isḥâḳ, fils d'Al-Mouktadir...............	391-492
422-467	26. *Al-Ḳâʾim bi-amr Allâh* Aboû Djaʿfar ʿAbd Allâh, fils d'Al-Ḳâdir...............	392-398
	Vizirs : 1) Raʾîs ar-Rouʾasâ ʿAli, fils d'Al-Ḥousain, fils d'Aḥmad, fils de Moḥammad, fils d'Al-Mouslima...............	396-398
	2) Fakhr ad-Daula Aboû Naṣr Moḥammad, fils de Moḥammad, Ibn Djahir.	394-396
447-590	LES SELDJOÛḲIDES...............	392-394
467-487	27. *Al-Mouḳtadi bi-amr Allâh* Aboû 'l-Ḳâsim ʿAbd Allâh, fils d'Adh-Dhakhîra, fils d'Al-Ḳâʾim bi-amr Allâh.	398-403
	Vizirs : 1) Fakhr ad-Daula Aboû Naṣr Moḥammad, fils de Moḥammad, Ibn Djahir (cf. 26. 2)...............	399
	2) ʿAmîd ad-Daula Moḥammad, fils de Moḥammad, fils de Moḥammad, Ibn Djahir, fils du précédent...............	399-400
	3) Aboû Schoudjâʿ Thahir ad-Din Moḥammad, fils d'Al-Ḥousain, Al-Hamadhâni.	400-403
487-512	28. *Al-Moustaẓhhir Billâh* Aboû 'l-ʿAbbâs Aḥmad, fils d'Al-Mouḳtadi bi-amr Allâh...............	403-405
	Vizirs : 1) Zaʿim ar-Rouʾasâ Aboû 'l-Ḳâsim ʿAli, fils de Fakhr ad-Daula Aboû Naṣr Moḥammad, Ibn Djahir (cf. 26. 2; 27. 1 et 2)..	404
	2) Aboû 'l-Maʿâli Hibat Allâh, fils de Moḥammad, fils d'Al-Mouṭṭalib...............	404-406
512-529	29. *Al-Moustarschid Billâh* Aboû Manṣoûr Al-Faḍl, fils d'Al-Moustaẓhhir Billâh...............	406-416
	Vizirs : 1) Aboû ʿAli Al-Ḥasan, fils de ʿAli, fils de Ṣadaḳa...............	409-411
	2) Asch-Scharîf Aboû 'l-Ḳâsim ʿAli, fils de Ṭirâd, Az-Zainabî Al-ʿAbbâsi.........	411-412

Années		Pages
	Vizirs : 3) Aboû Naṣr Aḥmad, fils du vizir Niṭhâm al-Moulk............................	412-413
	4) Anoûscharwân, fils de Khâlid, fils de Moḥammad, Al-Kâschâni.............	413-415
529-530	30. *Ar-Râschid Billâh* Aboû Djaʿfar Manṣoûr, fils d'Al-Moustarschid Billâh...........	415-416
	Vizir : Djalâl ad-Din Aboû 'r-Riḍâ Moḥammad, fils de Ṣadaḳa (cf. 29. 1).....................	416
530-555	31. *Al-Mouḳtafi li-amr Allâh* Aboû ʿAbd Allâh Moḥammad, fils d'Al-Moustaṭhhir Billâh........	416-425
	Vizirs : 1) Asch-Scharif Aboû 'l-Ḳâsim ʿAlî, fils de Ṭirâd, Az-Zainabî Al-ʿAbbâsî (cf. 29. 2)..	417-418
	2) Niṭhâm ad-Din Aboû Naṣr Al-Mouṭhaffar, fils de ʿAli, fils de Moḥammad, Ibn Djahir Al-Bagdâdhî (cf. 26. 2; 27, 1 et 2; 28. 1)............................	418-419
	3) Mou'taman ad-Daula Aboû 'l-Ḳâsim ʿAli, fils de Ṣadaḳa (cf. 29. 1 ; 30)...........	419
	4) ʿAun ad-Din Aboû 'l-Mouṭhaffar Yaḥyâ, Ibn Houbaira.....	419-425
555-566	32. *Al-Moustandjid Billâh* Aboû 'l-Mouṭhaffar Yoûsouf, fils d'Al-Mouḳtafî li-amr Allâh......	425-428
	Vizirs : 1) ʿAun ad-Din Ibn Houbaira (cf. 31. 4).....	426
	2) ʿIzz ad-Din Moḥammad, fils de Yaḥyâ, Ibn Houbaira, fils du précédent.......	426
	3) Scharaf ad-Din Aboû Djaʿfar Moḥammad, fils d'Aboû 'l-Fatḥ, Ibn Al-Baladî......	426-428
566-575	33. *Al-Moustaḍî' bi-amr Allâh* Aboû Moḥammad Al-Ḥasan, fils d'Al-Moustandjid Billâh............	428-433
	Vizirs : 1) ʿAḍoud ad-Din Aboû 'l-Faradj Moḥammad , fils d'Aboû 'l-Foutoûḥ ʿAbd Allâh, fils du Ra'is ar-Rou'asâ (cf. 26. 1)..............................	429-432
	2) Ṭhahir ad-Din Aboû Bakr Manṣoûr, fils d'Aboû 'l-Ḳâsim Naṣr, Ibn Al-ʿAṭṭâr............................	432-433
575-622	34. *An-Nâṣir li-din Allâh* Aboû 'l-ʿAbbâs Aḥmad, fils d'Al-Moustaḍî' bi-amr Allâh....................	433-443
	Vizirs : 1) Ṭhahir ad-Din Aboû Bakr Manṣoûr, Ibn Al-ʿAṭṭâr (cf. 33. 2)....................	434-435
	2) Djalâl ad-Din Aboû 'l-Mouṭhaffar ʿOubaid Allâh............................	435-436
	3) Mouʿizz ad-Din Saʿid, fils de ʿAli, fils de Ḥadida, Al-Anṣârî.....	436
	4) Mou'ayyad ad-Din Aboû 'l-Mouṭhaffar Moḥammad, fils d'Aḥmad, Ibn Al-Ḳaṣṣâb............................	437

Années		Pages
	Vizirs : 5) As-Sayyid Naṣir ad-Dîn Nâṣir, fils de Mahdî, Al-ʿAlawi Ar-Râzi Al-Bagdâdhi...............................	437-439
	6) Mou'ayyad ad-Din Moḥammad, fils de Moḥammad, fils de ʿAbd al-Karîm Barz Al-Koummi Al-Bagdâdhi.............	439-443
622-623	35. *Aṭh-Ṭhâhir bi-amr Allâh* Aboù Naṣr Moḥammad, fils d'An-Nâṣir li-din Allâh.......................	443-445
	Vizir : Mou'ayyad ad-Din Moḥammad Al-Koummi (cf. 34. 6)................................	445
623-640	36. *Al-Moustanṣir Billâh* Aboù Djaʿfar Al-Manṣoûr, fils d'Aṭh-Ṭhâhir bi-amr Allâh......................	445-448
	Vizirs : 1) Mou'ayyad ad-Din Moḥammad Al-Koummi (cf. 34. 6; 35)..............	446
	2) Naṣir ad-Din Aboù 'l-Azhar Aḥmad, fils de Moḥammad, Ibn An-Nâḳid........	446-448
640-656	37. *Al-Moustaʿsim Billâh* Aboù Aḥmad ʿAbd Allâh, fils d'Al-Moustanṣir Billâh........................	448-458
	Vizirs : 1) Naṣir ad-Din Aboù 'Al-zhar Aḥmad Ibn An-Nâḳid (cf. 36. 2)..................	455
	2) Mou'ayyad ad-Din Aboù Ṭâlib Moḥammad, fils d'Aḥmad, Ibn Al-ʿAlḳami...	455-458
INDEX DES NOMS D'HOMMES, DE FEMMES, DE DYNASTIES ET DE LIVRES.		459-488
INDEX DES NOMS DE PAYS, DE PEUPLES, DE TRIBUS ET DE RELIGIONS.		489-497

الـفَـخْـرِيّ

فى الآداب السُّلْطانيّة، والدُّوَل الإسلاميّة،
تأليف محمّد بن عليّ بن طباطبا
المعروف بابن الطِّقْطَقَى تجاوز الله عنه

وقد ثنّى بتصحيحه بعد العالم العلّامة المعلّم الغريفزولدىّ أهلوردت
العبد الفقير المفتقر الى رحمة ربّه

هرتويغ درنبُـرغ

طبع فى مدينة شالَون على نهر سَون
بمطبع مَرسَو
سنة ١٨٩٤ المسيحيّة

بسم الله الرحمن الرحيم وما توفيقى الّا بـه

الحمدُ لله مسبِّب الأَسباب، ومفتِّح الأَبواب، مقدِّر الأُمور، ومدبِّر الدهور، واجب الوجود، وخالق الأَخلاق والجُود، مُفيض العقل، وواهب الكُلّ، أُقِرُّ أنّه المالك الوجودَ مملوكا لعظمته، وأَشهد أنّه الفاطر وأنّ الغيب غيرُ مستور لحكمته، وأعوذ بجلال عزّه من ذُلّ الحجاب، وبفضل جُوده من نِقاش الحِساب، وبخافى عِلْمه ممّا فى الكتاب من العَذاب، وأُصلّى على النفوس العُلْويّة المطهَّرة من الأَدناس، وعلى الأَجسام الأَرضيّة المنزَّهة عن الأَرجاس، وأَخُصُّ من بينهم بأفضل الصلوات الزاكيات، وأَكمل التحيّات الناميات، مَن نادَى والأَلسنُ حِداد، وأَرشد والأَكبادُ غِلاظ والقلوبُ جِلاد، محمَّدا النبىَّ الأُمّىَّ ذا التأييدات الالٰهيّه، والتأكيدات الجلاليّه، وآلَه الطيّبين، وأَصحابَه الصالحين، الّذين كانوا صدّقوه وقد أُرسل، ونصروه وقد خُذل، ما سَمُحَ جَواد، ووَرَى زِناد وبعدُ فإنّ أَفضل ما نظر فيه خواصُّ الملوك، وسلكوا اليه أفضلَ

السلوك، بعد نظرهم في امر الأمّه، وقيامهم فيما استُودعوه بالُحجه، هو النظرُ في العلوم، والإقبالُ على الكتب التى صدرت عن شرائف الفهوم، فأمّا فضيلة العلم فظاهرة ظهورَ الشمس، عريّة من الشكّ واللبس، فممّا جاء من ذلك في التنزيل قوله تعالى[1] هَلْ يَسْتَوِى ٱلَّذِينَ يَعْلَمُونَ وَٱلَّذِينَ لَا يَعْلَمُونَ وممّا جاء في الحديث صلوات الله وسلامه على من نُسب اليه إنّ الملائكة لَتضع أجنحتَها لطالب العلم وأمّا فضيلة الكتب فقد قالوا إنّ الكتاب هو الجليس الذي لا يُنافِق ولا يَملّ ولا يعاتبك اذا جفوته ولا يُفْشِى سرّك وقال المهلَّب لبنيه يا بَنِىَّ اذا وقفتم في الأَسواق فلا تقفوا الّا على من يبيع السلاح او يبيع الكتب وكان الفتحُ بن خاقانَ اذا كان جالسا في حضرة المتوكّل وأراد ان يقوم الى المتوضّا أَخرج من ساقِ مُوزتِه كتابا لطيفا فلا يزال يطالعه في ممرّه وعَوْده فاذا وصل الى الحضرة الخليفتيّة أعاده الى ساق موزته أرسل بعض الخلفاء في طلب بعض العلماء ليسامره فلمّا جاء الخادم اليه وجده جالسا وحوالَيْه كتب وهو يطالع فيها فقال له إنّ امير المؤمنين يَستدعيك قال قل له عندى قوم من

[1] *Coran*, XXXIX, 12.

الحكماء أحادثهم فاذا فرغتُ منهم حضرتُ فلمّا عاد الخادم الى الخليفة وأخبره بذلك قال له ويحك مَن هؤلاء الحكماء الّذين كانوا عنده قال والله يا امير المؤمنين ما كان عنده احد قال فأَحضرْه الساعة كيف كان فلمّا حضر ذلك العالم قال له الخليفة مَن هؤلاء الحكماء الّذين كانوا عندك قال يا أمير المؤمنين [طويل]

لنا جلساء ما نَمَلُّ حديثَهمْ … أَمِينُونَ مَأْمُونُونَ غَيبًا ومَشهَدَا
يُفيدوننا مِن علمهمْ علمَ ما مَضَى … ورأيًا وتأديبا ومجدا وسُودَدَا
فإن قلتَ أَمواتٌ فلم تَعْدُ امرَهمْ … وإن قلتَ أَحياءٌ فلستَ مُفَنَّدَا

فعلم الخليفة أنّه يُشير بذلك الى الكتب ولم يُنكِر عليه تأخُّره

وقال الجاحِظ دخلتُ على محمّد بن إسحق أمير بغداذ فى أيّام ولايته وهو جالس في الديوان والناسُ مُثُولٌ بين يدَيْه كأنّ على رُؤوسهم الطيرَ ثمّ دخلتُ اليه بعد مُدّة وهو معزول وهو جالس فى خزانة كتبه وحوالَيْه الكتبُ والدفاتر والمحابر والمساطر فما رأيتُه أَهيبَ منه فى تلك الحال وقال المتنبّىُ [طويل]

أَعَزُّ مَكان فى الدُّنا سَرْجُ سابحٍ … وخيرُ جليسٍ فى الزمان كتابُ

والعلمُ يَزِين الملوكَ أكثر ممّا يَزِين السُّوقةَ واذا كان المَلِكُ عالما صار العالِمُ مَلِكا وأصلحُ ما نظر فيه الملوك ما اشتَمل على الآداب السُّلطانيّة والسِّيَر التأريخيّة المَطويّة على ظرائف الأخبار، وعجائب الآثار، على أنّ الوزراء كانوا قديما يَكرهون أنّ الملوك يَقفون على شىء من السِّيَر والتواريخ خوفا أن يَتفطّن الملوك الى اشياء لا يُحبّ الوزراء أن يَتفطّن لها الملوك طلب المكتفِى من وزيره كتبا يَلهو بها ويَقطع بمطالعتها زمانه فتَقدّم الوزير الى النُّوّاب بتحصيل ذلك وعرضِه عليه قبل حمله الى الخليفة فحصّلوا شيئا مِن كتب التأريخ وفيها شىء ممّا جرى فى الأيّام السالفة من وقائع الملوك وأخبار الوزراء ومعرفة التحيّل فى استخراج الأموال فلمّا رآه الوزير قال لنوّابه والله إنّكم اشدُّ الناس عداوةً لى أنا قلت لكم حصِّلوا له كتبا يَلهو بها ويَشتغل بها عنّى وعن غيرى فقد حصّلتم له ما يعرّفه مَصارع الوزراء ويوجده الطريق الى استخراج المال ويعرّفه خَراب البلاد من عمارتها رُدّوها وحصِّلوا له كتبا فيها حكايات تُلهيه وأشعار تُطْرِبه وكانوا يَكرهون ايضا أن يكون فى الخلفاء والملوك فَطانة ومعرفة بالأمور

لمّا مات المكتفِى عزم وزيرُه على مبايعة عبد الله بن المعتزّ وكان عبد الله فاضلا لبيبا محصِّلا فخلا به بعضُ عقلاء الكُتّاب وقال له

أيّهذا الوزير هذا الرأى الّذى قد رأيتَـه فى مبايعة ابن المعتزّ ليس بصواب قال الوزير كيف ذلك قال أىّ حاجة لك أن تُجلِس على سرير الخلافة من يعرف الذراع والميزان والأسعار ويَفهم الأمور ويعرف القبيح من الحسن ويعرف دارك وبستانك وضيعتك الرأىُ أن تُجلِس صبيًّا صغيرا فيكون اسمُ الخلافة له ومعناها لك فتربّيه الى أن يَكبر فاذا كبر عرف لك حقّ التربية وتكون انت قد قضيت أوطارك مدّةَ صِغَره فشكره الوزيرُ على ذلك وعدل عن عبد الله بن المعتزّ الى المقتدِر وعمرُه يومئذ ثلاث عشرة سنةً

وكان بدرُ الدين لؤلؤ صاحب الموصل رحمه الله أكثرُ ما يَجرى فى مجلس أُنْسه إيراد الأشعار المطرِبة والحكايات المُلْهِية فاذا دخل شهرُ رمضان أُحضرت له كتب التواريخ والسِّيَرِ وجلس الزينُ الكاتب وعِزُّ الدين المحدِّث يَقرآن عليه أحوال العالَم وهذا التقريرُ يَستدعى شرحَ حال وذلك أنّى حين أحلّنى حُكْمُ القَضاء بالموصل الحَدْباء حللتُها غيرَ متعرِّض لوبلها او طَلّها ودخلتُها كما قال عزّ مِن قائلٍ[1] وَدَخَلَ ٱلْمَدِينَةَ عَلَى حِينِ غَفْلَةٍ مِنْ أَهْلِهَا وكنتُ بنيتُ عزمى على المقام فيها بقدر ما ينكسر البَرد، ويثقل البُرد، ثمّ التوجه

[1] *Coran*, XXVIII, 14.

بعد ذلك الى تبريز فحين استقرّرتُ بالموصل بلغنى من عدّة جهات مختلفه، ومن ذوى أراءٍ غيرِ مؤتلِفه، غَزارةُ فضل صاحبها الأعظم، المَوْلى المخدوم الملك المعظَّم، أفضل الملوك وأعظمهم، وأكرم الحُكّام وأحلمهم، فخرِ الملّة والدين الممنوح بخصائص لو كانت للدهر لما شكا صَرْفَه حُرٌّ، ولما مسّ احدا منه ضُرٌّ، ولو كانت للبحر لما كان ماءه ملحا أجاجا، ولا خاف راكبُه منه أمواجا، ولو ظفرتْ بها الأقمار، لما لحقها السِّرار، عِيسَى الذى أحيِي ميت الفضائل، ونشر طَىَّ الفواضل، وأقام سُوق المكارم فى عصر كَسدتْ فيه سوقها وأنهض مقعَداتِ المحاسن بعد ما عجزت عن حمل أجسامها سوقُها وذَبّ عن الأحرار فى زمان هم فيه اقلّ من القليل، وملأ أيديهم من عطائه بأيادٍ واضحة الغُرّة والتحجيل، وأفاء عليهم ظلّ رأفة لا يَتنقّل، وخفض لهم جناح رَحمةٍ فما يَنِى يَتفضّل، عليهم ويَتطوّل، كلّما ازداد دولةً وتمكينا، زادَ تواضُعا ولِينا، وكلّما بلغ من الملك غايه، رفع للكرم رايه، ابن إبراهيم أعزّ الله نصره وأنفذ نهيَه وأمرَه الّذى أنسى ذكر الأجواد، ورَزانة الأطواد، وشجاعة الآساد،

[كامل]

للشمس فيه وللرياح وللسَّحا ب وللبحار وللأُسود شمائلُ

الّذى هو فى جبهة هذا الدهر غُرّه، وفى قِلادته دُرّه، لا تدانيها فى الدنيا دُرّه، الّذى صدّق أخبار الماضين، وحقّق ما نُسخ من مآثر الأوّلين وقد قال ابن الرومىّ [طويل]

أظنّ بأنّ الدهر ما زال هكذا   وأنّ حديث الجود ليس له أصلُ
وهبْ أنّه كان الكرامُ كما حكوا   أما كان فيهم واحد وله نسلُ

فلو شاهده لصدّق ما سمع مِن أخبار أهل الكرم، ولما اختلجتْ بين جنبيْه عوارضُ التُّهَم، الحاكِم الّذى اذا سلّط ذهنَه الشريف، وفكرَه اللطيف، على القضايا الديوانيّه، والأمور السلطانيّه، ذلّتْ له الصعاب، ولانت له الصُّمُّ الصلاب، وظهرت له الخفايا، وتعذّرَ أن يقال فى الزّوايا خبايا، أمّا قوّة العدل عنده فسليمه، قواعدُها لديه قويمه، فلا تُجزِعنّك هيبتُه المرهوبة فإنّ وراءها رأفة بالضعيف ورقّة على الفقير، وجبرا للكسير، [كامل]

وله من الصفح الجميل عَوائدٌ   أَسرَ الطليقَ بها وفَكَّ العانى

ولقد حضرتُ يوما مجلسه الرفيع وكان يومَ غيث وقد تَقدّم بصيانة الباب فلمّا كثر الغيث قال للحُجّاب مَن حضر الباب وله حاجة فعرِّفونا بها ثمّ قال إنّ احدا لا يَحضر فى مثل هذا الوقت إلّا

لضرورة ولا يجوز أن يُرَدَّ خائبا فبالله هل يأتي في هذا الكتاب الّذى يريد أن يكون مشتمِلا على مَحاسن الآثار إلّا ما هو من جنس هذه الحكاية وأمّا قوّة السياسة عنده فعظيمه، لم تَعترضها هضيمه، فلا تَغرّنّك رِقّتُه وابتسامُه فإنّ وراء ذلك صرامة يَخضع لها الأُسود، وشهامة يَحذرها السيّد والمَسود، [طويل]

هو البحر غُصْ فيه اذا كان ساكنا وإيّاك فاحذره اذا كان مُزْبِدَا

وأمّا قوّة الذَّكاء والتيقّظ فهو فيها كما قال المتنبّئ [منسرح]

تَعرف فى عينه حقيقته كأنّه بالذكاء مكتحِلُ
أُشفِقُ عند اتّقادِ فكرتِه عليه منها أَخافُ يَشتعِلُ

وأمّا قوّة العقل الغريز والتمييز الصحيح فإنّى لأَظنّ أنّ عقلاء الملوك الماضين لو عاشوا وشاهدوه لتعلّموا منه كيف يُساس الجمهور، وكيف تدبّر الأمور، وأمّا قوّة الكرم الّذى يجاوِز الحدّ وخرج، فحدّثْ عن البحر ولا حَرَج، فلوعاش الكرام الّذين ضُربت بهم الأمثال، وعُدمت لهم النظراء والأمثال، لتعلّموا منه غوامض الكرم، ولتلقّفوا منه محاسن الشِّيَم، ولو أنصفتُ لتركتُ وصف

هذه القوّة مِن قُواه عجزا عن الإحاطة بكنه وصفها ، وقصورا عن القيام بواجب رصفها ، ولكنّى أقول حسبَ الجُهد والطاقة أنّ احتقاره للدنيا احتقار الاولياء واستصغارَه لها استصغار الزُهّاد فلو جاد بالدنيا وثنّى بضِعفها لظنّ من استصغاره أنّه ضنّ أ يُعطِى عطاءَ مَن يُبقِى الذكر ويُحييه ، ويُنفِد المال ويُفنِيه ، فيه [طويل]

أعاذلُ إنّ الجُود ليس بمُهلِكى   ولا يُخلِد النفسَ الشحيحة لُومُهَا
وتُذكَر أخلاقُ الفتى وعِظامُه   مغيَّبةٌ فى التُرْب بالٍ رَميمُهَا

بهِمّةٍ نالت السماء ، وجاوزت الجَوْزَاء ، ومِن هناك حصل له الأُنْسُ بعلم النجوم فإنّه أخذ علمها بالارتقاء اليها والاقتراب ، لا بالحساب والإصْطَرْلاب ، بلغ السماءَ علوّا فشافهتْه بأسرارها كواكبُها ، وقرَع الأفلاك سموّا فحدّثتْه بأخبارها مَشارقُها ومَغاربُها ، [طويل]

له هِمَمٌ لا مُنتهَى لكبارِها   وهمّتُه الصغرى أجلُّ من الدهرِ

لا تَستقرّ فى خَزائنه نفائسُ أمواله وليس لها بيت يَحفظها سِوى بيوت سُؤاله [بسيط]

إنّا اذا اجتَمعتْ يوما دراهمُنا   ظَلّتْ الى طُرُقِ العَلْياء تَستبقُ
لا يَألفُ الدرهمُ المنقوش صُرّتَنا   لكن يمرّ عليها ثُمّ يَنطلقُ

لا يَفعل السُّكْرُ فى كرمه، إلّا كما يَفعل الصَّحْوُ فى أمطار دِيَمه، [طويل]

يُعيدُ عطايا سُكرِه عند صَحْوهِ   لِيُعلَم أنّ الجُود منه على عِلْمِ
ويَسلم فى الإحسان مِن قول قائل   تَكَرَّمَ لمّا خامرتْه ابنةُ الكَرْمِ

ومن أسرار كرمِه أنّه منزَّه عن التبذير، وإن كان أكثرَ من الكثير، لانّه موضوع فى أجلّ مواضعه، وواقِع فى أفضل مواقعه، فمتى تعرّض آمل، او عَنَّ سائل، بادَر الى إرفاده، مبادرةَ السيل الى وِهاده، [كامل]

عَشِقَ المَكارمَ فأستهامَ بذكرها   والمَكْرُماتُ قليلةُ العُشّاقِ
وأقام سُوقا للثَّناء ولم تكُنْ   سُوقُ الثناء تُعَدُّ فى الأسواقِ
فأذكرْ صَنائعَه فلسن صَنائعاً   لكنّهنّ قَلائدُ الأعناقِ
وآلثُمْ أنامِلَه فلسن أنامِلًا   لكنّهنّ مَفاتحُ الأرزاقِ

وكأنّى بك أيُّها الناظرُ فى هذا الكتاب قد استعظمتَ ما سمعتَ

فإن عرض لك الشكُّ فأنظرْ أعيانَ هذا العصر تَجِدْهم يُناقِشون على الذَّرّه ، وتَجده لا يَلتفت الى الدُّرّه ، وتَجدهم يَحرصون على اقتناء الذخائر ، وتَجده لا يَحرص إلّا على الذكر السائر ، والصِيتِ الطائر ، وتَجدهم قد شعفتْهم محبّةُ الأولاد ، وتَجده قد شعفتْه محبّةُ السُؤّال والقُصّاد ، وتَجدهم يَهربون من المَغارم ، وتَجده يَعدّها مِن أفضل المَغانم ، ثمّ أَرْجِع البصرَ تَجد المَدائح عندهم كاسدةً وتَجدها عنده نافقةً وتَأَمَّلْ تُبصر المَكارم لديهم جامدةً وتُبصرها لديه دافقةً وأُنظرْ بابَه تَجده عامرا بوفود الثَّناء غاصّا بالادباء والشعراء والفضلاء والفصحاء [خفيف]

يَسقطُ الطيرُ حيث تَلتقطُ الحَبَّ وتُغْشَى مَنازلُ الكُرَماء

وتالله ما الدنيا إلّا دُنْياه ولا العيش إلّا عيشه الّذى أعطاه الله [كامل]

ما العيشُ أن يُمسِي الفتى مُتشبّعا ضخمَ الجُزارَهْ
كلِفا بشرب الراح مشعوفا بغِزلانِ السّتارَهْ
العيشُ أن يُشجِي الفتى أعداءَه ويُعِزَّ جارَهْ
حتّى يُخافَ ويُرتجَى ويُرَى له نَشَبٌ وشارَهْ
ويَروحُ إمّا للكِتابة سَعْيُه او للإمارَهْ

رجعنا الى حكاية الحال ، وإتمام المقال ، فلفَّقتِ المقاديرُ أن جرى ذكرى بين يديه وعُرض شيء من امرى عليه فلمح بذكاء قلبه وصحّة حدْسه من تلك الأنباء حقيقةَ حالى قبل اللقاء وتقدّم بالحضور فى خدمته فلمّا حضرتُ راعنى ما شاهدتُ من كمال هيئته ، وراقنى ما عاينتُ من جمال صورته ، وشريف سيرته ، فكان أوّلَ ما أنشدتُه قولُ المتنبّى [طويل]

يُسايِرُنى فى كلّ رَكبٍ له ذِكرُ وما زِلتُ حتى قادنى الشَّوقُ نحوَه

فلمّا التقينا صَغَّرَ الخَبَرَ الخُبْرُ وأستعظِمُ الأَخبارَ قبل لقائه

ثمّ تابَعَ من إلطافه ما غَرَسَ به وُدّا وجَنَى منه ثناءً وحمدا فرأيتُ أن أَخدم حضرته بتأليف هذا الكتاب ليكون تذكرةً له وتذكرة لى عنده يَذكرنى به اذا غِبْتُ عن عالى جنابه ، وانفصلتُ عن فسيح رِحابه [1] ، وهذا كتاب تكلّمتُ فيه على أحوال الدُّوَل وأمور المُلْك وذكرتُ

[1] Ce qui précède manque dans B, dont voici le commencement : الحمد لله بجميع محامده ، والصلوة والسلام على سيّدنا محمّد بن عبد الله مُظهِر الإسلام ومشيد قواعده ، وعلى آله تيجان الشرف وقلائده ، وعلى أصحابه مشارع الدين وموارده ، أمّا بعدُ فهذا كتاب الخ. Je ne noterai par la suite, ni toutes les lacunes, ni toutes les interversions de B.

فيه ما استظرفته من أحوال الملوك الفضلاء واستقريته[1] من سِيَر الخلفاء والوزراء وبنيته على فصلين فالفصل الاول تكلمت فيه على الأمور السلطانية والسياسات المُلْكيّة وخواص المَلِك التى يتميّز بها عن السوقة والتى تجب أن تكون موجودة او معدومة فيه و ما يجب له على رعيّته وما يجب لهم عليه ورصّعت الكلام فيه بالآيات القرآنيّة والأحاديث النبويّة والحكايات المستظرفة والأشعار المستحسنة والفصل الثانى تكلمت فيه على دَوْلةٍ دَوْلةٍ من مشاهير الدُّوَل التى كانت طاعتها عامّه، ومحاسنها تامّه، ابتدأتُ فيه بدولة الأربعة أبى بكرٍ وعُمَرَ وعُثْمانَ وعَلِيٍّ رضهم على الترتيب الذى وقع ثمّ بالدولة التى تسلّمتِ المُلْكَ منها وهى الدولة الأُمَوِيّة ثمّ بالدولة التى تسلّمتِ المُلْكَ منها وهى الدولة العبّاسيّة ثمّ بالدُّوَل التى وقعت فى أَثْناء الدُّوَل الكبار كدولة بنى بُوَيْهِ وكدولة بنى سَلْجُوقَ وكدولة الفاطِميّينَ بمِصْرَ على وجه الإيجاز فإنّها دُوَلٌ وقعت فى أَثْناء دولة بنى العبّاس ولكنّها لم تكن طاعتُها عامّة فأَتكلّمُ على دولةٍ دولةٍ بمجموع ما حصل فى ذِهْنى مِن الهَيْئة الاجتماعيّةِ التى أفادتْنيها مطالعةُ السِّيَر

[1] واستغربتُه A.

والتواريخ فأذكرُ كيف كان ابتداؤها وانتهاؤها وظَرْفا ممتعا[1] من محاسن ملوكها وأخبارِ سلاطينها فإن شَذَّ شيء من أحوالها عن ذِهنى واحتجتُ الى إثباته[2] من حكاية ظريفة او بيتِ شِعْرٍ نادرٍ او آيةٍ اوحديث نَبوىّ أَخذتُّه من مَظانّه ثمّ اذا ذكرتُ دولةً فدولةً تكلّمتُ على كُلِّيّاتِ أمورها ثمّ ذكرتُ واحدا واحدا من ملوكها وما جرى فى أيّامه من الوقائع المشهوره، والحوادث المأثوره، فاذا انقضتْ أيّامُ ذلك المَلِك ذكرتُ وزراءه واحدا واحدا وظَرائفَ ما جرى لهم فاذا انقضتْ أيّامُ المَلِك ووزرائه ابتدأتُ بالمَلِك الّذى بعده وبما جرى فى أيّامه وبسِيَر وزرائه كذلك الى اخِر الدولة العبّاسيّة والتزمتُ فيه أمرينِ أحدهما أن لا أَميل فيه إلّا مع الحقّ ولا أَنطقَ فيه إلّا بالعدل وأن أَعزل سُلْطانَ الهَوَى وأَخرج من حُكم المَنْشإ والمَرْبَا وأَفرضَ نفسى غريبا منهم وأَجْنَبِيّا بينهم وثانيهما أن أُعبِّر عن المعانى بعبارات واضحة تَقرب من الأَفهام لِيَنتفع بها كلُّ احد عادلا عن العبارات المستصعَبة الّتى يُقصَد فيها إظهارُ الفصاحة وإثبات البلاغة فطالَما

[1] B ممعنا.

[2] B الى بيانه.

رأيتُ مصنِّفِي الكتب قد اعترضتْهم محبّةُ إظهار الفصاحة والبلاغة فخفِيَتْ أغراضُهم واعتاصتْ معانيهم فقلّت الفائدةُ بمصنَّفاتهم من ذلك كتابُ القانون فى الطِّبّ لأبى علىّ الحُسَيْن بن سِينا البُخارىّ فإنّه حشاه بالعبارات الغامضة والتراكيبِ المستغلَقة فبطَلَ غرضُه من الانتفاع بكتابه ولذلك ترى عامّة الأطِبّاء قد عدلوا عن كتابه الى المَلَكِىّ السَهْلِ العباره، المُفهَم الإشاره، وهذا كتابٌ يَحتاج اليه من يَسوس الجمهور، ويدبِّر الأمور، وإن أنصفه الناس أخذوا أولادَهم بتحفُّظه وتدبُّر معانيه بعد أن يَتدبّروه هم فما الصغير بأَحوجَ اليه من الكبير ولا المَلِك العامّ الطاعةِ بأَحوجَ اليه من مَالِك مدينة ولا ذوو المُلْك بأحوجَ اليه من ذوى الادب فإنّ من يَنصب نفسه لمفاوضة الملوك ومجالستِهم ومذاكرتِهم يَحتاج الى اكثر ممّا فى هذا الكتاب فعلى أقلّ الأقسام لا يَسعه تركُه وهذا الكتاب إن نُظر بعين الإنصاف رُئى أنفعَ مِن الحَماسة الّتى لَهِجَ الناسُ بها وأخذوا أولادَهم بحفظها فإنّ الحَماسة لا يُستفاد منها أكثرُ مِن الترغيب فى الشجاعة والضِّيافة وشىءٍ يسيرٍ من الأَخلاق فى الباب المسمَّى ببابِ الأدب والتأنُّسِ بالمذاهب الشِّعْريّة وهذا الكتاب يُستفاد منه هذه الخِصال

المذكورة ويُستفاد منــه قواعد السيــاسه، وأدواتُ الرئاسه، فهذا فيه ما فى الحَماسة وليس فى الحَماسة ما فيه وإنّه لَيُفيد الــعقل قوّةً والذّهْن حِدّةً والبَصيرة نورا وهو للخــاطر الذكىّ بمنزلة المِسَنّ الجيّد للفُولاذ وهو ايضا أَنفعُ من المَقامات الّتى النــاسُ فيها معتقِدون وفى تحفُّظها راغبون إذِ المقامــات لا يُستفاد منها سِوى التمرُّن على الإنشــاء والوقوفِ على مذاهب النظم والــنثر نَعَمْ وفيها حِكَم وحِيَل وتَجارِب إلّا أنّ ذلك ممّا يصغِّر الهِمّةَ إذ هو مبنىّ على الــسُّؤال والاستجداء والتحيّل الــقبيح على تحصيل الــنَّزْر الطفيف فإن نفعتْ من جانب ضَرّتْ من جانب وبعضُ الناس تنبّهوا على هذا من المقامات الحَريريّةِ والبَدِيعيّــةِ فعدل ناسٌ الى نَهْج البلاغة من كلام أمير المؤمنين علىّ بن ابى طــالب عَمّ فإنّه الكتاب الّذى يُتعلّم منــه الحِكَم والمواعظ والخُطَب والتوحيدُ والشجاعة والزُّهْد وعُلُوُّ الهِمّة وأَدْنَى فوائده الفصاحــةُ والبلاغة وعدل الناسُ الى اليَمِينىّ للعُتْبىّ وهو كتــاب صنّفه مؤلِّــفــه لِيَمِين الدولة محمود بن سُبُكْتَكِين يَشتمل على سِيَر جماعــة من الملوك بالبلاد الشرقــيّــة عبَّر فيه بعبارات حَظُّها من الفصاحة وافر، وصاحبُها إن لم يكن ساحرا فهو كاتب ماهر، والعجمُ

مشغوفون به مجِدّون فى طلبه وهو لَعَمْرى كتاب يَشتمل على ظرائف حِكَم وبدائع سِيَر مع ما فيه من فنون البلاغة وأنواع الفصاحة ولعلَّ قائلا أن يقول لقد بالَغ فى وصف كتابه، وحشا ما شاء فى جرابه، والمرء مفتون بأبنه وشِعْره فإن اعتراه ريبٌ فليتأمّلِ الكتبَ المصنَّفة فى هذا الفنّ فلعلّه لا يرى فيها كتابا أجمعَ للمعنى الّذى قُصد به من هذا الكتاب وهو أعزَّ اللهُ نصرَه، وسَرَّ بدوام السعادة سِرَّه، قد أَغناه اللهُ بالذِّهْن القاهر، والفضلِ الباهر، عن هذا الكتاب وعن أمثاله ولكن مَهامُّه الشريفةُ ربّما أَضجرتْه وأَنستْه فإذا رَوَّحَ فكرَه الشريف بالنظر فيه دَفَعَ به الملال، وتذكَّرَ به ما أَنْستْه الأَشغال، ومن أَلطاف الله تعالى أَسْألُ أن لا يُخْلِيَ هذا الكتاب مِن فائدتين إحداهما تَخُصّنى وهى أن يَقع عنده بموقع الاستصواب فأَبرأَ مِن عُهْدةِ الخَجَلِ والأُخرى تَخُصّه وهى أن لا يُعْدِمَه الانتفاعَ به فى القول والعمل إنّه وَلِىُّ كلّ نعمة ومُسْدِى كلّ عارِفة

الفصل الاوّل

فى الأمور السُّلطانيّه، والسياساتِ المَلَكِيّه،

أمّا الكلام على أصل المُـلْـك وحقيقتـه وانـقسامِـه الى رئـاسات دِيـنِيّـةٍ ودُنْياويّةٍ من خِلافة وسَلْطَنة وإمارة وولاية وما كان من ذلك على وجه الشَّرْع وما لم يكن ومذاهبُ أصحاب الأَراء فى الإمامة فليس هذا الكتاب موضوعا للبحث عنه وانّما هو موضوع للسياسات والآداب التى يُنتفَع بها فى الحوادث الواقعة والوقـائع الحادثة وفى سياسة الرعيّة وتحصين المملكة وفى إصلاح الأخلاق والسيرة فأوّلُ ما يقال أنّ المَلِك الفاضل هو الّذى اجتَمعتْ فيه خِصال وعَدَمتْ فيه خِصال فـأمّا الخِصال الّتى يُستَحبّ أن توجد فيه فمنها العقل وهو أصلها وأفضلها وبه تُساس الدُّوَل بل المِلَل وفى هذا الوصف كفاية ومنها العدل وهو الّذى تُستغزَر به الأَموال، وتُعمَر به الأَعمال، وتُستصلَح به الرجال،

ولمّا فتح السلطانُ هُولَاكُو بغداذَ فى سنة ستّ وخمسين وستّمائة أَمر أن يُستَفتَى العلماءُ أيُّما أفضل السلطان الكافر العادل او السلطان المُسْلِم الجائرُ ثمّ جَمَعَ العلماء بالمُسْتَنْصِريّة لذلك فلمّا وقفوا على الفُتيا أَحجموا عن الجواب وكان رَضِىُّ الدين علىّ بن طاوُوس حاضرا هذا المجلسَ وكان مقدَّما محترَما فلمّا رأى إحجامهم تَناوَل الفُتيا ووضع خطَّه فيها بتفضيل العادل الكافر على المُسلِم الجائر فوضع الناسُ خطوطَهم بعده ومنها العِلم وهو ثمرة العقل وبه يَستبصر المَلِك فيما يأتيه ويَذَره ويأمن الزَّلَل فى قضاياه وأحكامه وبه يتزيّن المَلِك فى عيون العامّة والخاصّة ويَصير به معدودا فى خواصّ الملوك قال بعض الحكماء المَلِك اذا كان خِلْوًا من العلم كان كالفِيل الهائج لا يَمرّ بشىء إلّا خَبَطَه ليس له زاجر من عقل ولا رادع مِن علم واُعلمْ أنّه ليس المراد بالعلم فى الملوك هو تصوُّرُ المَسائل المشكِلة والتبحُّر فى غوامض العلوم والإغراق فى طلبها قال مُعْوِية ما أَقبحَ بالمَلِك أن يُبالِغ فى تحصيل علم من العلوم وانّما المراد من العلم فى المَلِك هو أن لا يكون له أُنْسٌ بها إلّا[1] بحيث يُمكِنه أن يُفاوِض أربابَها فيها مفاوضةً يَندفع بها الحالُ الحاضر ولا ضرورةَ

[1] A sans إلّا. Tout le passage manque dans B.

فى ذلك الى التدقيق   كان مُؤَيَّدُ الدين محمّدُ بن العَلْقَمىّ وزيرُ المستعصِم وهو اخِر وزراء الدولة العبّاسيّة يفـاوِض كلاًّ من يَدخل عليه من العلماء مفاوضةَ عاقل لبيب محصِّل ولم يكن له بالعلوم مَلَكةٌ ولا كان مُرتاضا بـها رِياضةً طائلة   كان بدرُ الدين لؤلؤ صاحب الموصل لكَثْرة مجالسة الأفاضل وخوضِه فى الأشعار والحكايات يَستنبط المعانىَ الحسنة ويَتنبّه على النُّكَت اللطيفة مع أنّه كان أُمّيّا لا يَكتب ولا يَقرأ   وكان عِزُّ الدين عبد العزيز بن جعفر النّيسابورىّ رَه لمجالسة أهل الفضل ولكثرة معاشرتهم له صار يَتنبّه على مَعان حسنة ويحلّ الألغاز المُشكِلة أَسرعَ منهم ولم يكن له حظٌّ مِن علم وما كان يَظهر للناس إلّا أنّه رجل فاضل وخَفِىَ ذلك حتّى على الصاحب عَلاء الدين فإنّ ابن الكَبُوش الشاعرَ البصرىَّ عمل بيتينِ فى الصاحب ونسبهما الى عبد العزيز وهما   [وافر]

عَطَا مَلِكٍ عَطاؤُك مِلكُ مِصْرٍ   وبعضُ عبيد دولتك العزيزُ
تُجازِى كلَّ ذى ذنبٍ بعَفو   ومِثْلُك مَن يجازِى او يُجِيزُ

فأَنشدهما عبد العزيز بحضرة الصاحب وادّعاهما وخَفِىَ الأمر

على الصاحب وما أدرى مِن أيّهما أَعْجَبُ أمِن الصاحب كيف خفى عنه حالُ عبد العزيز مع أنّه السنينَ الطويلةَ يُعاشِره فى سَفَر وحَضَر وجِدّ وهَزْل او مِن عبد العزيز كيف رضى لنفسه مثلَ هذه الرذيلة[1] وأَقدم على مثل هذا مع الصاحب وما خاف من تنبُّهِ الصاحب واسترذاله لفعله وتختلف علومُ الملوك باختلاف أرائهم فأمّا ملوك الفُرْس فكانت علومهم حِكَمًا ووصايا وآدابا وتواريخَ وهَنْدَسة وما أَشبه ذلك وأمّا علوم ملوك الإسلام فكانت علومَ اللسان كالنَّحو واللُّغة والشِّعْر والتواريخ حتّى أنّ اللحن كان عندهم من أفحش عيوب المُلك وكانت منزلةُ الانسان تعلو عندهم بالحكاية الواحدة وبالبيت الواحد من الشِّعْر بل باللفظة الواحدة من اللغة وأمّا فى الدولة المُغوليّة فرُفضتْ تلك العلومُ كلُّها ونَفَقَتْ فيها علومٌ أُخَرُ وهى علمُ السِّياقة والحِسابِ لضبطِ المملكةِ وحَصْرِ الدَّخْل والخَرْج والطِّبّ لحفظ الأَبدان والأَمزجة والنجوم لاختيار الأوقات وما عدا ذلك من العلوم والآداب فكاسدٌ عندهم وما رأيتُه نافقا إلّا بالموصل فى أيّام مَلِكها المشار اليه مدّ الله ظِلَّه ونَشَرَ فَضْلَه ومنها الخوف من الله تعالى وهذه

[1] رضى لنفسه هذه الرذيلةَ A.

الخَصْلةُ هى أصلُ كلّ خير ومِفْتاح كلّ بَرَكة فإنّ المَلِك متى خاف الله أَمِنَه عبادُ الله رُوِى أنّ عَلِيًّا أمير المؤمنين عم استَدعى بصوته بعضَ عبيده فلم يُجِبْه فدعاه مِرارا فلم يُجِبْه فدخل عليه رجل وقال يا أمير المؤمنين إنّه بالباب واقف وهو يَسمع صوتك ولا يكلّمك فلمّا حضر العبدُ عنده قال أما سمعت صوتى قال بَلَى قال فما منعك من إجابتى قال أَمِنتُ عقوبتَك قال علىّ عم الحمد لله الّذى خلقنى[1] ممّن يَأمنه خلقُه وما أَحسنَ قولَ أبى نُواسٍ لهٰرُونَ الرَّشِيدِ [كامل]

قد كنتُ خِفْتُك ثمّ آمَنَنى . مِن أن أَخافَك خوفُك ٱللَّهَا

ولم يكن الرشيدُ يخاف الله وأفعاله بأعيان آلِ علىّ عم وهم أولاد بنت نبيّه لغير جُرْم يَدلّ على عدم خوفه من الله تعالى ولكنّ أبا نُواسٍ جرى فى قوله على عادة الشعراء ومنها العَفْو عن الذنوب وحسنُ الصفح عن الهفوات وهذه أكبرُ خصال الخير وبها تُستمال القلوب وتَصلح النيّات فمِمّا جاء فى التنزيل من الحَثّ

[1] A الذى جعلنى.

على ذلك قوله تعالى شأنه[1] وَلْيَعْفُوا وَلْيَصْفَحُوا أَلَا تُحِبُّونَ أَنْ يَغْفِرَ ٱللّٰهُ لَكُمْ وكان المأمون حليما حَسَن الصفح معروفا بذلك هجاه دِعْبِلٌ الشاعرُ بأشعارٍ كثيرة من جملتها . [كامل]

إنّى من القوم الّذين سيوفهم قَتَلَتْ أَخاكَ[2] وشرّفتك بمَقْعَدِ
شادوا بذكرك بعد طُول خُمولِه واستَنقذوك من الحَضيض الأَوهدِ

فلمّا بلغه هذا القول لم يَزد على أن قال قاتَله اللّٰهُ ما أَشَدَّ بُهْتانَه متى كنتُ خاملا وفى حَجْر الخلافة نشأتُ وبدرّها أُرضعتُ ولمّا بلغه أنّ دِعْبِلا قد هجاه قال مَن أَقدم على هِجاء وزيرى أبى عَبّادٍ كيف لا يَقدِم على هِجائى وهذا الكلام ظاهرُه غيرُ مستقيم وهو يَحتاج الى تأويل فإنّه عكسُ المعهود قد كان ينبغى أن يقول الوزير مَن أقدم على هِجاء الخليفة كيف لا يُقدِم على هجائى ومعنى قول المأمون أنّ من أَقدم على هِجاء أبى عَبّاد مع حِدّته وهَوَجه وتسرّعه وكان أبو عَبّاد كذلك كيف لا يُقدِم على

[1] *Coran*, XXIV, 22.

[2] A et B اباك, corrigé en اخاك d'après la marge de A et d'après *Agàni*, XVIII, p. 34.

فى حلمى وصفحى ولولا خوفُ الإطالة لذكرتُ جماعة من حلماء الملوك فى هذا الموضع ولكن ليس هذا الفصلُ موضوعا للسَّمَر وسيَرِد من ذلك ما يُمتِع إن شاء الله فى الفصل الثانى ومنهم من كان يَرى أنّ الحِقْد خَصْلة محمودة فى المَلِك قال بُزُرْجُمْهَرْ[1] يَجِب أن يكون المَلِك أَحقدَ من جَمَلٍ وأنا أُناقِشه فى هذا القول فأقول كيف يقال كذلك والمَلِك متى كان حَقُودا فَسَدَتْ نيّتُه لرعيّته فمَقَتَهم وقَلَّ الالتفات اليهم الشَّفَقة عليهم ومتى أَحسّوا بذلك تغيَّرتْ نِيّاتُهم له وفَسَدَتْ بواطنُهم وهل يتمكّن المَلِك ممّا يريده من مُهِمّات مملكته وبلوغ أغراضه كما فى نفسه إلّا بصَفاء قلوب رعيّته وأىُّ حِكْمة فى ذلك وهل فيه سِوى تنغيص عيش المَلِك وتبغيض رعيّته اليه وإيحاشهم منه قال شاعر العرب [طويل]

ولا أَحملُ الحِقْدَ القديمَ عليهمِ وليس رئيسُ القوم من يَحمل الحِقْدَا

خصوصا والناسُ مركَّبون على الخطإ مجبولون على تشمير الطِّباع فما أَكثرَ ما تَصدر منهم موجِباتُ الحِقْدِ فلا يَزالُ المَلِك طولَ

[1] A بُزُرْجُمِهْر.

دهره يُعانِى من الغيظ والحِقْد عليهم ما يُنغِّص عليه لَذّتَه ويَشغله عن كثير من مُهامّ مملكته وما أَكثرَ ما رأينا الرعيّةَ او الجُنْد[1] قد وثبوا على ملوكهم فسلبوهم رِداءَ المملكة بل رِداءَ الحياة فابتدِئْ من عُمَرَ بن الخَطّاب وقد وثب عليه أبو لُؤْلُؤَةَ عبدُ المُغيرة بنِ شُعْبة فقتله ثمّ ثَنِّ بعُثْمان بنِ عَفّانَ رضّه وٱنظرْ كيف اجتمع عليه رعيّتُه من كلّ جانب فحاصروه فى داره أيّاما ثمّ دخلوا عليه فقتلوه والمُصْحَفُ فى حَجْره حتّى قَطَرَتْ قَطَراتٌ من دمه على المُصْحَف ثمّ ثَلِّثْ بعلىّ بن ابى طالب عَمّ وقد ضربه عبد الرحمن بن مُلْجِم لعنه الله بسيفه على أمّ رأسه بالكوفة فقتله وكان ابنُ مُلْجِم مِن الخَوارج هذا فى الصدر الأوّل والناسُ ناسٌ والدِّينُ دِينٌ ثمّ تَنقَّلْ دولةً فدولة[2] وأيّاما فأيّاما الى أواسط دولة بنى العبّاس فٱنظرْ مُنْذُ عهدِ المتوكِّل الى عهد المقتفِى ما جرى على واحدٍ واحدٍ[3] من الخلفاء مِن القتل والخلع والنهب بسبب تغيُّر نيّات جُنْده ورعيّته فهذا سُمل وذاك قُتل

[1] A والجند.

[2] A دولة دولة.

[3] A sans le second واحد.

والاخَر عُزل ثمّ أُسْرَحْ طرفَك فى الدولتينِ البُوَيْهيّة والسَّلْجوقيّة تَرَ من هذا الباب عجبا ثمّ أَرجِع البصر الى أُونْكخان مَلِك التُّرْك كيف لمّا تنكّرتْ نيّتُه على جِنْكِزْخان وحَقَدَ عليه أشياءَ عرضها عليه عنده خُسّادُه وأراد الوقيعة به وأَعامه بذلك الصبيان فرحل[1] من ليلته ثمّ حشد وجمع ووثب على أُونْكخان فقتله وملك ممالكه فتعلم أنّ الحقد من أضرّ الأشياء للمَلِك وأنّ أَوْفقَ الاشياء له الصفح والعفو والغفران والتّناسى وما أَحسنَ قول القائل [منسرح]

اِقْبَلْ من الناس ما تَيَسَّرْ   ودَعْ من الناس ما تَعَسَّرْ
فانّما الناسُ من زُجاجٍ   ان لم تَرَفَّقْ به تَكَسَّرْ

وقد مدح بعضُ الشعراء الحِقْد ولم يُسمَع بمن مدح الحقد غيرُ هذا فقال [طويل]

وما الحِقْدُ إلّا تَوْأَمُ الشُّكْر فى الفتى   وبعضُ السجايا يَنتسبن الى بعضِ
فحيث ترى حقدا[2] على ذى إساءةٍ   فثَمَّ ترى شكرا على سالف القَرْضِ
اذا الأَرضُ أَدَّتْ رَيْعَ ما أنت زارعٌ   مِن البذر فيها فَهِىَ ناهيك من أرضِ

[1] A رحل.
[2] B شكرا, corrigé en marge par hypothèse : لعلّه حقدا.

وهذا قول لا يعرَّج عليه وإن عرّج عليه احد فليعرِّجْ عليه غيرُ المَلِك فإنّ المَلِك أحوجُ الخلق الى استصلاح النيّات واستصفاء القلوب

ومن الخصال الّتى يُستحبّ أن تكون فى المَلِك الكرَم وهو الأصل فى استمالة القلوب وتحصيلِ النّصائح من العالَم واستخدام الأشراف قال الشاعر [متقارب]

اذا مَلِكٌ لم يكن ذا هِبَهْ   فدَعْه فدولتُه ذاهِبَهْ

وممّا جاء فى الحديث النبوىّ صلوات الله على صاحبه تجاوَزوا عن ذنب السَّخِىّ فإنّ الله آخِذٌ بيده كلّما عَثَر، وفاتح عليه كلّما افتقر، وقال علىّ عمّ الجُودُ حارِس الأعراض واعلمْ أنّه لم يتضمّن سيرةٌ من حكايات الجُود مثلَ ما نُقل عن قان العادل وهو أوكْتاى بن جِنْكِزْخان فإنّه غَبَّرَ فى وجوه جميع كرام الملوك [رجز]

مَناقِبٌ تَفتق ما رقعتُمُ   مِن جود كَعْبٍ وسَماح حاتِمِ

ومن الاتّفاقات الحسنة وُجودُه فى عصر المستنصِر بالله وكان المستنصِر أكرم مِن الريح ولكن أين يَقع جوده مِن جود قان ومِن

أَيْنَ للمستنصِر مالٌ يَفِى بعطايا قَان ومنها الهَيْبة وبها يُحفَظ نِظامُ المملكة ويُحرَس مِن أطماع الرعيّة وقد كان الملوك يبالِغون فى إقامة الهيبة والنّامُوسِ حتّى[1] بارتباط الأُسود والفِيَلة والنمور وبضرب البُوقات الكبار كبوق النّفير والدّبادب والقِصَع ورَفْعِ السَّناجق وخَفْقِ الأَلوية على رؤوسهم كلّ ذلك لإثبات الهيبة فى صدور الرعيّة ولإقامة ناموس المملكة كان عَضُد الدولة اذا جلس على سريره أُحضرت الأُسود والفِيَلة والنمور فى السلاسل وجُعلت فى حواشى مجلسه تهويلا بذلك على الناس وترويعا لهم

ومنها السياسة وهى رأس مال المَلِك وعليها التعويل فى حقن الدماء وحفظ الأموال وتحصين الفروج ومنع الشرور وقمع الدُّعّار والمُفسِدين والمنع من التظالُم المؤدّى الى الفِتنة والاضطراب

ومنها الوفاء بالعهد قال تعالى سلطانه[2] وَأَوْفُوا بِٱلْعَهْدِ إِنَّ ٱلْعَهْدَ كَانَ مَسْؤُولًا وهو الأصل فى تسكين القلوب وطُمَأنينة النفوس ووثوق الرعيّة بالمَلِك اذا طلب الأمانَ منه خائف او أراد المعاهدةَ منه معاهِد ومنها الاطّلاع على غوامض أحوال المملكة

[1] A sans حتّى.

[2] *Coran*, XVII, 36.

ودقائق أمور الرعيّة ومجازاةُ المُحسِن على إحسانه والمُسِيء على إساءته كان أَرْدَشِيرُ المَلِك يقول لمن شاء من أشرافِ رعيّته وأوضاعِهم كان البارحةَ مِن حالك كَيْتَ وكَيْتَ حتّى صار يقال إنّ أَرْدَشِيرَ يأتيه مَلَكٌ من السماء يُخبِره بالأمور وما ذاك إلّا لتيقُّظه وتصفُّحه فهذه عشرُ خصال من خصال الخير مَن كُنّ فيه استَحقّ الرئاسةَ الكبرى ولو نظر أصحابُ الآراء والمذاهب حَقّ النظر وتركوا الهوى لكانت هذه الشرائطُ هى المعتبَرة فى استحقاق الإمامة[1] وما عداها فغيرُ طائل وقال بُزُرْجْمِهْر[2] ينبغى أن يكون المَلِك كالأرض فى كتمان سِرّه وصبره وكالنار على أهل الفَساد وكالماء فى لِينه لمَن لاينه وينبغى أن يكون أَسمعَ مِن فَرَس وأَبصر من عُقاب وأَهدى من قَطاة وأَشدّ حذرا من غُراب وأَعظم إقداما من الأسد وأَقوى وأَسرع وُثوبا من الفَهْد وينبغى للمَلِك أن لا يَستبدّ برأيه وأن يشاوِر فى المُلِمّات خواصّ

[1] Après الإمامة, on lit à la marge de A : مع الاصلينِ المعتبَرينِ فى ذلك وهما الإسلام والقُرَشيّة فامّا من رُفع النَّصُّ عليه فخارج عن هذا الحَدّ. Ce dernier mot est douteux, le manuscrit un peu rogné semblant porter plutôt : الحلّ, qui serait aussi possible.

[2] A بُزُرُجُمِهرِ.

الناس وعقلاءهم ومن يَتفرّس فيه الذكاء والعقل وجَوْدة الرأى وصحّة التمييز ومعرفة الأمور ولا ينبغى أن يَمنعه عِزّةُ المُلْك مِن إيناس المستشار به وبَسْطه واستمالةِ قلبه حتّى يَمحضه النصيحةَ فإنّ أحدا لا يَنصح بالقَسْر ولا يُعطِى نصيحتَه إلّا بالرَّغْبة وما أَحسنَ قولَ الشاعر فى هذا المعنى [طويل]

أُهانُ وأُقْصَى ثمّ يَستنصحوننى ومَن ذا الّذى يُعطِى نصيحتَه قَسْرا

قال الله تعالى[1] وَشَاوِرْهُمْ فِى ٱلْأَمْرِ وكان رسول الله صلعم يشاوِر أصحابَه دائما لمّا كانت وَقْعةُ بَدْرٍ خرج صلعم من المدينة فى جماعة من المُسْلِمين فلمّا وصلوا بدرا نزلوا على غير ماء فقام اليه رجل من أصحابه وقال يا رسول الله نزولك هاهنا شىء أمرك الله به او هو من عند نفسك قال بل هو من عند نفسى قال يا رسول الله إنّ الصواب أن ترحل وتَنزل على الماء فيكونُ الماء عندنا فلا نَخاف العطش واذا جاء المُشْرِكون لا يَجدون ماء فيكونُ ذلك مُعينا لنا عليهم فقال رسول الله صدقتَ ثمّ أمر بالرَّحيل ونزل على الماء واختلف المتكلّمون فى كون الله

[1] *Coran*, III, 153.

تعالى أَمَرَ رسولَه بالاستشارة مع أنّه أيّده ووفّقه وفى ذلك اربعةُ وجوه احدُهـا أنّه عمّ أُمر بمشاورة الصَّحـابة استمالةً لقلوبهم وتطيـيبا لنفوسهم الثانى أنّه أمر بمشاورتهم فى الحرب ليَستـقرّ له الرأىُ الصحيح فيعملُ عليه الثالث أنّه أُمر بمشاورتهم لِما فيها مِن النفع والمصلحة الرابع أنّه انّما أمر بمشاورتهم ليَقتدى به الناسُ وهذا عندى أَحسنُ الوجوه وأَصلحها قـالوا الخطـأُ مع الـمَشُورة أَصلحُ من الصواب مع الانفراد والاستبداد وقـال صاحب كَـلِـيلةَ ودِمْنةَ لا بُدَّ للمَلِك مِن مستشار مـأمون يُفْضِى اليـه بسِرّه ويعاوِنه على رأيه فإنّ المستشير وإن كان أَفضل من المستشار وأكمل عقلا وأَصحّ رأيا فقد يَزداد برأى المشير رأيا كما تَزداد النارُ بالدُّهْن ضَوْءًا ونورا قـال الشاعر [طويل]

اذا أَعوَزَ الرأىُ المَشُورةَ فأَستشِرْ برأىِ نَصيحٍ او مَـشُـورةِ حازمِ

واعلمْ أنّ للمَلِك أمورا تَخصّـه يَتميّز بها عن السُّوقة فمنها أنّه اذا أَحبّ شيـئا أَحبّه الناس واذا أَبغض شيـئا أَبغضه الناس واذا لَهِـج بشىء لَهِج به الناس إمّا طَبْعا او تطبُّعا ليَتقرّبوا بذلك الى قلبه ولذلك قيل الناسُ على دِينِ ملوكهم فأُنظرْ كيف كان زِىُّ الناس فى

زمن الخلفاء فلمّا ملكتْ هذه الدولةُ أَسبغَ الله إحسانها وأَعلى شأنها غَيَّرَ الناس زِيَّهم فى جميع الاشياء ودخلوا فى زِيِّ ملوكهم بالنُّطْق واللِّباس والآلات والرُّسوم والآداب من غير أن يكلِّفوهم ذلك او يأمروهم به او يَنْهَوْهم عنه ولكنّهم علموا أنّ زِيَّهم الاوّلَ مستهجَن فى نظرهم مُنافٍ لاختيارهم فتقرّبوا اليهم بزِيِّهم وما زال الملوك فى كلّ زمان يَختارون زِيّا وفنّا فيميلُ الناس اليه ويَلهجون به وهذا من خواصّ الدولة وأسرار المُلْك

ومن خواصّ المَلِك أنّ صُحْبته تُورِث التِّيه والكِبْر وتقوِّى القلب وتكبِّر النفس وليست صحبةُ غير المَلِك تَفعل ذلك ومن خواصّه أنّه اذا أَعرض عن إنسان وَجدَ ذلك الإنسان فى نفسه ضَعفا وإن لم يَنَلْه بمكروه واذا أَقبل على إنسان وجد ذلك الإنسان فى نفسه قوّةً وإن لم يُصِبْه منه خيرٌ بل مجرَّدُ الإعراض والإقبال يَفعل ذلك وليس أحد من الناس بهذه المنزلة غيرُ السلطان

وأمّا الخِصال التى يُستحبّ ان تكون معدومة فيه فقد ذكرها ابن المُقَفَّع فى كلام له قال ليس للمَلِك أن يَغضب لانّ القُدْرة من وراء حاجته وليس له ان يكذب لانّه لا يَقدر احدٌ على إلزامه بغير ما يريد وليس له أن يَبخل لانّه أَقلّ

الناس عُذْرا فى خوف الفقر وليس له ان يكون حَقودا لانّ قدره قد عظُم عن المجازاة لأحد على إساءة صدرتْ منه وليس له ان يَحلف اذا حدَّث لانّ الّذى يَحمل الإنسان على اليمين فى حديثه خِلالٌ إمّا مَهانةٌ يَجدها فى نفسه واحتياج الى أن يصدّقه الناسُ وإمّا عِيٌّ وحَصَرٌ وعجزٌ عن الكلام فيريدُ أن يَجعل اليمينَ تتمّةً لكلامه او حَشْوا فيه وإمّا أن يكون قد عَرَفَ أنّه مشهور عند الناس بالكَذِب فهو يَجعل نفسه بمنزلة مَن لا يصدّق و لا يُقبَل قولُه إلّا باليمين وحينئذ كُلّما ازداد أيمانا ازداد الناسُ له تكذيبا والمَلِك بمعْزَل عن هذه الدَّنايا كلّها وقدرُه أكبرُ من ذلك ومن الخِصال التى يُستحبّ أن تكون معدومة فى المَلك الحِدّة فإنّها ربّما أصدرت عنه فِعْلا يَندم عليه حين لا يَنفع الندم وأَكثرَ ما ترى الحِدادَ من الرجال سريعِى الرجوعِ ولذلك قال عمّ خيرُ أُمّتى حِدادُها

ومن الخِصال التى يُستحبّ عدمُها فى المَلِك الضَّجر والسَّأَم والمَلَل فذلك مِن أضرّ الأمور وأَفسدها لحاله

واعلمْ أنّ للمَلِك على رعيّته حقوقا وأنّ لهم عليه حقوقا فأمّا الحقوق التى تَجب للمَلِك على رعيّته فمنها الطاعة وهى

الأصل الذى يَنتظم به صلاح أمور[1] الجمهور ويَتمكّن به المَلِك من الإنصاف للضعيف مِن القوىّ والقِسمةِ بالحقّ وممّا جاء فى التنزيل مِن الحثّ على ذلك وهى الآية المشهورة فى هذا المعنى قوله تعالى[2] يَا أَيُّهَا ٱلَّذِينَ آمَنُوا أَطِيعُوا ٱللّٰهَ وَأَطِيعُوا ٱلرَّسُولَ وَأُولِى ٱلْأَمْرِ مِنْكُمْ ومِن أمثالهم لا إمْرَةَ لمن لا يُطاع ولم يُنقَل فى تأريخ ولا تَضمّنتْ سيرةٌ من السِّيَر أنّ دولة من الدُّوَل رُزقتْ مِن طاعة جندها ورعاياها ما رُزقتْهِ هذه الدولةُ القاهرة المُغوليّة فإنّ طاعة جندها ورعاياها لها طاعة لم تُرزَقها دولة من الدُّوَل

فأمّا الدولة الكِسْرَويّة فإنّها على عِظَمها وفَخامتها لم تَبلغ ذلك وقد كان النُّعْمانُ بن المُنْذِر مَلِكُ الحِيرة نائبا لكِسْرَى على العرب وبين الحِيرة والمَدائِن التى كانت سريرَ مُلْك الأَكاسرة فَراسخُ معدودةٌ والنُّعْمانُ فى كلّ أيّام قد عَصَا على كِسْرَى واذا حضر مجلسَه تبسَّط وتَجرّأَ على مجاوبته وكان متى أراد خَلْع طاعته دخل البَرّيّة فأَمِنَ شرَّه وأمّا الدُّوَل الإسلاميّة فلا نِسْبَةَ لها الى هذه الدولة حتّى تُذكَر معها فأمّا خلافة الأربعة الأُوَل وهم ابو

[1] A sans أمور.

[2] *Coran*, IV, 62.

بَكْرٍ الصِّدِّيقُ وعُمَرُ بن الخَطّاب وعُثْمان بن عَفّانَ رضهم وعلىّ ابن ابى طالب عم فإنّها كانت أشبهَ بالرُّتَب الدِّينيّة مِن الرُّتَب الدُّنْيَوِيّة فى جميع الأشياء كان احدُهم يلبس الثوب مِن الكِرباس الغليظ وفى رِجْله نعلانِ مِن لِيفٍ وحمائلُ سيفه لِيفٌ ويمشى فى الأسواق كبعض الرعيّة واذا كلَّم أدنى الرعيّة أسمعَه أغاظَ مِن كلامه وكانوا يَعدّون هذا من الدين الّذى بُعث به النبىّ صلوات الله عليه وسلامُه قيل أنّ عُمَرَ بن الخطّاب جاءته بُرودٌ من اليمن ففرَّقها على المُسْلِمين فحصل نَصيبَ كلّ رجل من المسلمين بُرْدٌ واحد ثمّ حصل نصيبُ عُمَرَ كنصيب واحد من المسلمين قيل ففصَّله عمرُ ثمّ لبِسَه وصعِد المِنبرَ فأَمر الناس بالجِهاد فقام اليه رجل من المسلمين وقال لا سمعًا ولا طاعةً قال لِمَ ذلك قال لأنّك استأثرتَ علينا قال عمرُ بأىّ شىء استأثرتُ قال إنّ الأبرادَ اليَمَنيّةَ لمّا فرّقتَها حصل لكلّ واحد من المسلمين بُرْدٌ منها وكذلك حصل لك والبُرْدُ الواحد لا يَكفيك ثوبا ونَزاك قد فصّلتَه قَميصا تامّا وانت رجل طويل فلو لم تكن قد أخذتَ أكثر منه لما جاءك منه قَميصٌ فالتفت عمرُ الى ابنه عبد الله وقال يا عبدَ الله أَجِبْه عن كلامه فقام عبد الله بن عمر وقال إنّ أمير المؤمنين

عُمَرَ لمّا أراد تفصيل بُرْده لم يَكفه فناوله من بُرْدى ما تمّمه به فقال الرجل أمّا الان فالسمعُ والطاعة وهذه السِّيَر ليست مِن طَرْز ملوك الدنيا وهى بالنُّبُوّات والأمور الأُخْرَويّة أَشبهُ وأمّا خلافة بنى أُمَيّةَ فكانت قد عظُمت وتفخّمَ أمرها وعرُضت مملكتُها ولكن طاعتُهم لم تكن كطاعة هؤلاء كان بنو أُمَيّةَ فى الشأم وكان بنو هاشِم بالمدينة لا يَلتفتون اليهم واذا دخل الرجُلُ الهاشمىّ على الخليفة مِن بنى أُمَيّةَ أَسمعَه غليظَ الكلام وقال له كلّ قول صَعْبٍ[1] وأمّا الدولةُ العبّاسيّة فلم تَبلغ طاعةَ الناس لها ما بلغتْ هذه الدولةُ مع أنّ مُدّتها طالت حتّى تجاوزتْ خمس مائة سنة ومملكتُها عرُضت حتّى أنّ بعضهم جَبَى مُعْظَمَ الدنيا وستَقع الإشارة الى ذلك عند الكلام على دولة بنى العبّاس وحاصِلُ الدنيا فى أيّام الرشيد فى حَسْبةٍ جامعةٍ تَشتمل عليها كتبُ التواريخ يَدلّ على ذلك وأمّا أوائلُهم فجَبَوْا شطرا صالحا من الدنيا وقويتْ شَوْكتُهم كالمنصور والمَهْدِىّ والرَّشيدِ والمأمون والمعتصِم والمعتضِد والمتوكّل ومع ذلك فلم تكن دولتُهم تخلو من ضعف ووهن من عدّة جهات منها امتناعُ

[1] A sans صعب.

الرُّوم عليهم وقيام الحرب بينهم وبين ملوكها النَّصارَى فى كلّ سنة على ساقٍ ومع ذلك فكانت جِبايتُها تَستصعب عليهم وملوكُها لا يزالون على الامتناع مِنهم وقد كان من أمر المعتصِم وعَمُّورِيَةَ ما بلغك ولعلّ طَرْفا منه يَبلغك فى هذا الكتاب عند الكلام فى الدولة العبّاسيّة ومن أسباب الوهن الواقع فى دولتهم خروجُ الخَوارِج فى كلّ وقت فأمّا المنصور فلم يَشرب رِيقًا حُلْوًا مِن ذلك خرج عليه النفسُ الزَّكِيّةُ محمَّدُ بن عبد الله بن الحسن بن الحسن بن علىّ بن ابى طالب عليهم السلام بالحجاز فجرتْ بينه وبينه حروبٌ أفضت الى إرسال عيسى بن موسى بن محمّد ابن علىّ بن عبد الله بن العبّاس الى الحجاز لمحاربة النفس الزكيّة فقتله بموضع قريب من المدينة يقال له أَحجار الزَّيْت وذلك فى سنةِ كذا ولذلك سُمّى النفسُ الزكيّة قَتيلَ أَحجار الزيت وخرج عليه أخو النفس الزكيّة وهو إبرهيم بن عبد الله بالبصرة فقَلِقَ المنصور لذلك غايةَ القلق وقام وقعد حتّى توجّه اليه عيسى بن موسى فقتله بقرية قريبة من الكوفة يقال لها بَاخَمْرَى فهو يُعرَف بقتيل بَاخَمْرَى رَه ومِن هاهنا حَقَدَ المنصورُ على العَلَوِيّينَ وفعلَ بهم تلك الأَفاعيلَ ولعلّ طَرْفا منها يَبلغك فى هذا الكتاب

اذا انتهيتُ الى الكلام على الدولة العبّاسيّـة وكذلك جرى أمرُ الخَوارِج مع خليفة خليفة حتّى كان الرعيّـةُ لا يَنامون فى بيوتهم آمِنين ولا يزالون يتوقّـعـون الفِتنة والحرب كما كان حالُ أهل قَزْوِينَ فى مجاورة قلاع المَلاحدة حدّثنى المَلِك إمام الدين يحيى بن الإفتخـارىّ رَه قـال أذكرُ ونحن بقَزْوينَ اذا جاء الليلُ جعلْنا جميعَ ما لنا من أثاثٍ وقُماش ورَحْل فى سَراديبَ لنا فى دُورنا غامضةٍ خفيّةٍ ولا نَترك على وجه الأرض شيـئا خوفـا من كَبَساتِ المَلاحدة فاذا أصبحْنا أخرجنا أقمشتَنا فـاذا جاء الليل فعلْنا كذلك ولأجل ذلك كثُر حملُ القَزاوِنة للسّـكاكـين وكـثُر حملُهم للسلاح ومـا زال المَلاحدةُ على ذلك حتّى كان مِن أمر شمس الدين قاضى قَزْوينَ وتوجُّهِه الى قَـآنَ وإحضار الـعسكر وتخريب قلاع المَلاحدةَ ما كان وليس هذا الموضعُ موضعَ استيفاء الكلام فى هذا فإنّه اعترض وليس بمقصود وكما جرى للموفّق بن المتوكِّل فى مرابطة الزِّنْج أربع عشرة سنة ما زال يصابِرهم من البصرة وواسِطَ طولَ هذه المدّة حتّى أفناهم وكان لطول المدّة قد ابتَنى الزِّنْج هناك مداينَ ثمّ خَرِبتْ وآثارُها الان باقية

وأمّـا أواخرهم أعنى أواخر خلـفـاء بنى العبّاس فـضعفـوا

غايةَ الضعف حتّى عصتْ تَكْرِيتُ عليهم وفى ذلك يقول شاعرهم [كامل]

فى العسكر المنصورِ نحن عِصابةٌ　　مِن دولةٍ أَخْسِسْ بنا مِن مَعْشَرِ
خُذْ عقلَنا مِن عَقْدنا فيما تَرَى　　مِن خِسّةٍ ورَقاعةٍ وتهوُّرِ
تَكْرِيتُ تُعجِزنا ونحن بعقلنا　　نمضى لِنأخذ تِرْمِذاً مِن سَنْجَرِ

وكانوا أعنى المتأخِّرين من خلفاء بنى العبّاس قد اقتصروا فى اخر الأمر على مملكة العِراق فحَسْبُ حتّى أنّ إِرْبِلَ لم تكن فى حُكمهم وما زالت خارجةً عن حكمهم الى أن مات مظفَّرُ الدين ابن زين الدين علىّ كُوجَك صاحبُ إرْبِلَ وذلك فى أيّام المستنصِر فعَيّنَ على شَرَف الدين[1] إقْبالٍ الشَّرابىّ وكان مقدَّم الجيوش ليَتوجّه الى إرْبِلَ لِيفتحها[2] وجهّزه بالعساكر فتوجّه الشَّرابىُّ اليها وأقام عليها أيّاما محاصِرا ثمّ فتحها فضُربتِ البشائرُ ببغداذ يومَ وصول الطائر بفتحها فأنظرْ الى دولة تُضرَب البشائرُ على أبواب صاحبها ويزيَّن البلدُ لأجل فتح قلعة إرْبِلَ التى هى اليوم فى هذه الدولة

[1] A sans شرف الدين.
[2] A لِفَتْحها.

من أَحقرِ الأعمال وأصغرها وأهونها بلى قد كان ملوكُ الأَطراف مثل ملوك الشأم ومِصْرَ وصاحبِ الموصل يحملون اليهم فى كلّ سنة شيئا على سبيل الهَدِيّة والمُصانعة ويَطلبون منهم تقليدا بولاية بلادهم بحيث يتسلّطون بذلك على رعيّتهم ويوجِبون عليهم طاعتَهم بذلك السبب ولعلّ الخلفاء قد كانوا يعوِّضون ملوك الأَطراف عن هداياهم بما يناسِبها او يَفضل عنها كلُّ ذلك لحفظ الناموس الظاهر وليكون لهم فى البلاد والأَطراف السِّكّةُ والخُطْبة حتّى صار يُضرَب مَثَلا لمَن له ظاهرُ الأمر وليس له مِن باطنه شئٌ أن يقال قَنِعَ فُلانٌ مِن الأمر الفُلانىِّ بالسِّكّة والخُطْبة يَعنى قَنِعَ منه بالاسم دون الحقيقة فهذه جُمَلٌ من أحوال الدولة العبّاسيّة وأمّا الدولتانِ البُوَيْهِيّةُ والسَّلْجُوقِيّة فلم تَعرض مملكتُهما مع قوّة شوكة ملوكهما كعَضُد الدولة فى بنى بُوَيْهِ وطُغْرُلْبَكَ فى بنى سَلْجُوقَ ولم تَعمّ طاعتُهما ولم يَشمل مُلْكُهما وأمّا الدولة الخُوارَزْمْشاهِيّةُ مع أنّ جَريدة السلطان جَلال الدين اشتَملتْ على أربع مائة ألْف مقاتِل فلم يَعرض مُلْكها ايضا ولا تجاوزتِ النواحىَ القريبة منها بلى جلال الدين غزا أَطراف الهِنْد ومن الحقوق الواجبة للمَلِك

على الرعيّة التعظيمُ والتفخيم لشأنه فى الباطن والظاهر وتعويدُ النفس على ذلك ورِياضتُها به بحيث تَصير مَلَكةً مستقَرّة وتربيةُ الأَولاد على ذلك وتأديبهم به ليَتربَّى هذا المعنى معهم

وهاهنا موضعُ حكاية وهى أنّ سلطان هذا العصر ثبّت الله قواعد دولته، وبَسَطَ فى الخافِقينِ ظِلَّ مَعدلته، لمّا ورد الى بغداذ فى سنة ثمان وتسعين وستّمائة دخل المستنصِريّةَ لمشاهدتها والتفرُّج فيها وكان قبل وروده اليها قد زُيّنتْ وجلس المدرِّسون على سُدَدهم والفقهاء بين أيديهم وفى أيديهم أَجزاء القرآن وهم يَقرؤون مِنها فاتّفق أنّ الرِّكاب السلطانىَّ بدأ بالاجتياز على طائفة الشافِعيّةِ ومدرِّسُها الشيخ جمال الدين عبد الله بن العاقُولىِّ وهو رئيس الشافعيّة ببغداذ فلمّا نظروا اليه قاموا قياما فقال للمدرِّس المذكور كيف جاز أن تقوموا لى وتَتركوا كلام الله فأجاب المدرِّس بجواب لم يَقع بموْقع الاستصواب فى الحضرة السلطانيّة أَعلى الله فى الدنيا كامتَها، وفى الاخرة دَرَجتها، ثمّ بعد ذلك حَكَى لى المدرِّسُ المذكور صورةَ السُّؤال والجواب فأمّا السُّؤال فهو ما حكيتُه وأمّا جوابه فلم أَضبطه وقلت له قد كان يُمكِن أن يقال فى جواب هذا السُّؤال إنّ تَرْكنا للمُصْحَف اذا كان فى

أيدينا واشتغالنا بغيره لم يُحرَم علينا فى شريعتنا ولا جُعل علينا فى ذلك حَرَجٌ ثمّ إنّ هذا المُصْحَف الذى قد تركْناه وقمنا بين يدى السلطان قد أُمرْنا فيه بتعظيم سلاطيننا ومن الحقوق الواجبة للمَلِك على رعيّته النَّصيحةُ فممّا جاء فى الحديث صلوات الله وسلامه على من نُسب اليه قوله صلعم الدِّينُ النَّصيحةُ قيل لِمَن يا رسول الله قال لله ولرسوله ولجماعة المسلمين ومنها تركُ اغتياب المَلِك فى ظَهْر الغيب قال صلعم لا تَسُبّوا الوُلاةَ فإنّهم إن أَحسنوا كان لهم الأجر وعليكم الشكرُ وإن أساءوا فعليهم الوِزْر وعليكم الصبر وانما هم نِقْمةٌ يَنتقم اللهُ بها ممّن يَشاء فلا تَستقبلوا نِقْمةَ الله بالحَمِيّة والغضب واُستقبِلوها بالاستكانة والتضرُّع وأمّا الحقوق الواجبة للرعيّة على المَلِك فمنها حِماية البَيْضة وسدُّ الثغور وتحصين الأَطراف وأَمْنُ السَّوابل وقمعُ الدُّعّار فهذه حقوق تَلزم السلطانَ تَجرى مجرى الفروض الواجبة وبهذه الأمور تَجب طاعتُه على رعيّته وبنحوٍ من هذا احتجّ الخَوارِجُ على أمير المؤمنين علىّ عمّ عقيبَ انقضاء حرب صِفّينَ قالوا له انت فرّطت فى حفظ هذا الثغر يَعنى ثغر الشأم بتحكيمك الحَكَمَينِ فانتَ مُخطِئٌ مفرِّط فليس لك علينا طاعة فإن

اعترفتَ بهذا الخطإ واستغفرتَ رجعْنا الى طاعتك وقـاتلْنا معك العدوَّ فعرّفهم عمَّ أنّه غُلب رأيُه فى قضيّـة التحكيم وأنّ التحكيم لم يكن من رأيه فأصرّوا على قولهم ولم يَقبلوا ونابذوه وقاتلوه حتّى كانت الوقعة المشهورة بالنَّهْرُوان ومن الحقوق الواجبـة للرعيّة على المَلِك الرِّفْق بهم والـصبر على صادرات هَفَواتـهم قـال صلوات الله عليـه وسلامـه مـا كان الرفـق فى شىء إلّا زانَـه، ولا كان الخُرْق فى شىء إلّا شانَـه، وقـد رُوى عنـه صلوات الله عليـه وسلامه مِن الرفـق أشيـاء لا تَـليق إلّا بمَنْصب النُّبُـوّة كان صَـلاح الدين يوسف بن أيُّوبَ صاحبُ مِصْرَ والشأم كثيرَ الرِّفْق موصوفـا به دخل مرّة الى الـحمّام عقيبَ مرضة طويـلة أضعفتْه وانـتهكتْ قوّتَـه فأُدخل الحمّامَ وهوْ فى غاية من الضعف فطلب من مملوك كان واقـفا على رأسه ماءً حارّا فأحضر له فى طاسة ماء شديدَ الحرارة فـلمّا قرب منه اضطَربت يدُ المملوك فوقعتِ الطاسةُ عليه فأَحرق المـاءُ جسده فلم يؤاخذه ولا بكـلام ثمّ طلب منه بعد ذلك بسـاعة ماءً باردا فأَحضر له فى تلك الطاسة ماء شديدَ البرد فحين قرب منه اتّفق له ما اتّـفق فى المرّة الأولى من اضطراب يده ووقوع

الطاسة عليه بذلك الماء الشديد البرد فغُشِيَ عليه وكاد يموت فلمّا أَفاق قال للمملوك إن كنتَ تريد قتلى فعرِّفْنى ولم يَزِد على هذه الكلمة ره قيل تقدَّمَ رجل أبخرُ الى بعض الرؤساء يشاوِره فقال له تَنَحَّ عنّى فقد آذيتَنى قال الرجل لا كَرامةٌ ولا عَزازةٌ ما رأَّسْناكَ وقُمْنا بين يديك إلّا حتّى تَحتمل منّا ما هو أَشدّ من هذا وتَصبر منّا على ما هو أَعظم منه وممّا يَجب للرعيّة على المَلِك ردعُ قويّهم عن ضعيفهم وإنصافُ ذليلهم من عزيزهم وإقامةُ الحدود فيهم وإقرارُ حقوقهم مَقارَّها وإغاثةُ ملهوفهم وإجابةُ مستصرِخهم والتسويةُ فى حُكمه بين الأَبعد منهم والأَقرب والأَذلّ والأَعزّ قال عُمَرُ بن الخطّاب لرجل إنّى لا أُحبّك قال فتَنقصنى من حقّى شيئًا قال عمر لا قال الرجل فما يَفرح بالحبّ بعد هذا إلّا النساء

ويَجب للمَلِك أن يَعرف نِعْمة الله عليه بأَنِ اصطفاه لهذه المرتبة العليّة دون سائر الخلق وبأن جعله يَفزع منه كلُّ احد ولم يَجعله يَفزع من احد فلا يزالُ لها ذاكرًا شاكرا فأمّا الذِكر فلامتثال قوله تعالى[1] وَأَمَّا بِنِعْمَةِ رَبِّكَ فَحَدِّثْ وأمّا

[1] *Coran*, XCIII, 11.

الشُّكر فلطلبِ المَزِيد لقوله تعالى[1] لَئِنْ شَكَرْتُمْ لَأَزِيدَنَّكُمْ

وَيَجب أن يكون بينه وبين ربّه معاملةٌ سِرّيّة لا يَعلم بها إلّا الله فتلك المعاملةُ تَقى مَصارعَ السُّوء وهذه العِبارةُ مقبولة عند جميع أصحاب المِلَل وعند الحكماء ايضا هى مقبولة ويُمكِن تأويلُها على هذا المطلوب بحَسَب اعتقادهم

وَيَجب أن يكون له دَعَواتٌ يُناجِى بها ربَّه وهى دعواتٌ تَليق بالملوك لا تَصلح للعَوامّ ولا بأسَ أن أُثْبِت فى هذا الموضع فصلا من الدُّعاء المَلَكىّ[2] وهذا ممّا اقترحتُه أنا ولم أَعلم أنّ احدا تَنبَّه عليه فصل من الدُّعاء مختصَرٌ اللّهمَّ إنّى أَبرأُ اليك مِن حولى وقوّتى وأَلجأُ الى حولكَ وقوّتك أَحمدك على أن أوجدتَّنى مِن العَدَم، وفضّلتَنى على كثير من الأُمَم، وجعلتَ فى يدى زِمام خلقك، واستَخلفتَنى على أرضك، اللهمَّ فخُذْ بيدى فى المَضايق، واكْشِفْ لى وجوهَ الحقائق، ووفّقْنى لما تُحِبّ، واعصمْنى مِن الزَّلَل ولا تَسلبْ عنّى سِتْرَ إحسانك وقِنى

[1] *Coran*, XIV, 7.

[2] A et B المُلوكىّ, corrigé à la marge de A en الملكىّ, avec l'attestation que cette lecture est la vraie (صحّ).

مصارعَ السُّوء وأكْفِنى كيدَ الحُسّاد، وشَماتةَ الأَضْداد، وألطفْ بى فى سائر متصرَّفاتى، وأكْنِفْنى من جميع جهاتى، يا أَرحمَ الراحمينَ[1]   ويَحسن بالمَلِك الفاضل إكرام فضلاء رعيّته واختصاصهم بالبِرّ قال بعض الحكماء لا يجوز أن يكون الفاضل من الرجال إلّا مع الملوك مكرَّما او مع النُّسّاك متبتِّلا كالفِيل لا يَحسن أن يُرَى إلّا فى موضعينِ إمّا فى البَرّيّة وحشيّا وإمّا للملوكِ مَرْكَبا كما قال الشاعر [وافر]

كمِثْل الفِيل إمّا عند مَلْكٍ   وإمّا فى مَراتِعه مَنِيعَا

وممّا يُكرَه للمَلِك مخالطةُ الأَنذال، والسُّوقةِ والجُهّال، فإنّ سماع ألفاظهم الساقطة ومعانيهم المرذولة وعباراتهم الدنيّة ممّا يَحطّ الهِمّةَ ويَضع المنزلة ويُصدِئُ القَلب ويُزْرِى بالمَلِك ومخالطةُ الأشراف ومعاشرةُ أفاضل الرجال ممّا يُعْلِى الهِمّة ويُذكِى القلب ويَفتق الذِّهن ويَبسط اللسان   وتلك قاعدة مُطَّرِدة للملوك ما زالوا يُدخِلون اليهم عوامّ الرعيّة ويعاشِرونهم ويَستخدمونهم ولم يَخْلُ أحد من الخلفاء من مثل هذا وكانّ لسان حالهم يقول نحن نُخَلِّى الكِبارَ

[1] A sans يا ارحم الراحمين.

كِبارًا فاذا اختصصْنا عامّيًّا نَوّهْنا بذكره وقَدّمناه حتّى يصير من الخَواصّ كما أنّنا اذا أَعرضْنا عن أحد من الخَواصّ أَرذلْناه حتّى يصير من أراذل العَوامّ وكذلك هو فإنّ هذه خاصّيّةٌ من خَواصّ المَلِك وقد سبق ذكرُها وكلٌّ هذا مأخوذ من الخَواصّ الإلهيّة فإنّ العناية الإلهيّة اذا صدرتْ ذَرّةٌ منها الى النفوس صار ذلك الإنسانُ نبيًّا او إماما او مَلِكا واذا صدرتْ فى حقّ الزمان صار ذلك اليومُ يومَ العِيدِ الكبيرِ وليلةَ القَدْر وأيّامَ الحَجّ وأيّام المَواسم والزّيارات لسائر الأُمَم واذا صدرتْ تلك الذّرّةُ في حقّ المكان صار بيتَ مكّة والبيتَ المقدّسَ والمَشاهِد والجَوامِع والزِّياراتِ والمتعبَّداتِ ومواضع التقرُّبات

وهاهنا موضعُ حكاية كان ببغداذ حَمّال يقال له عبد الغَنِيّ ابنُ الدَّرْنُوس فتوصّل في أيّام المستنصِر حتّى صار بَرّاجا فى بعض أَبراج دار الخليفة[1] فما زال يُحسِن التوصُّلَ الى ولد المستنصِر وهو المستعصِم اخِر الخلفاء وكان فى زمن أبيه محبوسا فما زال هذا البَرّاج يَتعهّده بالخدمة طولَ مدّة الأيّام المستنصِريّة[2] الى أن

[1] B دار الخلافة.

[2] B ايّام المستنصر.

تُوفّى المستنصِر وجلس على سرير الخلافة ولدُه أبو أحمد عبد الله المستعصِم فعَرَفَ لهذا البرّاج حقّ الخدمة ورتّبه متقدِّمَ[1] البرّاجينَ وفى اخِرِ الأمر استحجبه فى باطن داره واختَصّه وقدّمه حتّى بلغ الى أنّه صار اذا دخل الى الوزير ينهض له ويُخْلِى المجلسَ من جميع الناس اذا كان ابنُ الدَّرْنُوس حاضرا وسببُ إخلاء المجلس الوزيرىّ عند حضور ابن الدَّرْنُوس لأجل أنّه يُمكِن أن يكون قد جاء فى مشافهة من عند الخليفة ولُقِّب نجمَ الدين الخاصّ وصار من أخصّ الناس بالخليفة وبلغ من منزلته[2] أنّه كان يتعصّب لصاحب الديوان عند الخليفة وكان صاحبُ الديوان يَعرض مطالعاتِه ومَهامَّه على يد نجم الدين الخاصِّ وكان يَمدّه فى كلّ سنة بمال طائل حتّى يَحفظ غيبَه ويربّيَه فى الحضرة الخليفتيّة

وجرى بينى وبين جمال الدين علىّ بن محمّد الدَّسْتَجِرْدانىّ رحمه الله كلام فى معنى هذا ابنِ الدَّرْنُوس فصوّبتُ أنا رأىَ المستعصِم فى الإحسان اليه وقلتُ إنّه خدمه وأَثبتَ عليه حقّا وقد كافأه فلا عيبَ فى هذا وقال جمالُ الدين رحمه الله ما معناه إنّ تسليطه لمثل

[1] B مقدَّم.

[2] Ap. منزلته, B عند الخليفة.

ذلك الأَحمق على أعراض الناس وأموالهم وإدخاله فى المملكة حتّى كاد أن يُولِّى الوزراءَ ويَعزلَهم قبيحٌ مِن المستعصِم دليلٌ على جهله وإلّا فإن كان مرادُه الإحسانَ اليه مكافأةً له على سابق خدمته قد كان يجب ان يكون ذلك بمال يُعْطاه او برفعِ منزلةٍ لا يَختلُّ بسببها أمرٌ فى المملكة ولا يَتطرّق بها قدحٌ فى عقل الخليفة وكان نظرُ جمال الدين فى هذا المعنى أَدقَّ من نظرى والحقُّ فى جانبه رَهَ وكانت هذه المفاوضةُ بينى وبينه فى كتاب كتبتُه اليه اقتضى الحالُ فيه ذكرَ هذه القضيّة وكتَبَ هو الجواب عنه وأعاد كتابى الىّ لأنّى التمست منه إعادة كتابى والكتابان هما فى هذا التأريخ عندى بخطّى وخطّه رَهَ وممّا يَليق بالمَلِك الفاضل ويكمِّل فضله أن يكون عالىَ الهِمّة رَحيبَ الصدر مُحِبّا للرئاسة مُعِدّا لها أسبابَها طامِحَ البصر اليها مُعمِلا فِكْرَه فى توسيع مملكته وعلوِّ درجته غيرَ مُخلِد الى التنعُّم ولا جانحٍ الى التَّرَف ولا منهمكٍ فى اللَّذّات قال بعض حكماء الفُرْس هِمَمُ الناس صِغار، وهِمَمُ الملوك كِبار، وأَلبابُ الملوك مشغولة بكلّ شىء عظيم وألباب السُّوقة مشغولة بأيسر الأشياء ولِيَعلمِ المَلِك أنّ الرئاسة عَروسٌ مُهورُها الأَنفس نَظَرَ

مُعوِيةُ الى عسكر أمير المؤمنين علىّ عمّ فى صِفّينَ فالتفت الى عَمْرو بن العاص وقال مَن يَطلب عظيما يُخاطِر بعظيم وإنّى نظرت فيما أُحاوِل فاذا الموتُ فى طلب العِزّ أَحسنُ عاقبةً مِن الحَيوة مع[1] الذُّلّ قال بعض الشعراء [طويل]

هى النفسُ إن ماتت فقد مات قبلها كِرامٌ وإن تَسْلَمْ فلِلحَدَثانِ
اذا النفسُ لم تَشْرَهْ الى طَلَبِ العُلَى فتلك مِن الأموات فى الحَيَوانِ

ومن الغاية فى هذا المعنى قول أمْرِئ القيس [طويل]

ولو أنّ ما أَسعَى لِأدْنَى مَعِيشةٍ كَفانِى ولم أَطلب قَليلٌ مِن المالِ
ولكنّما أَسعَى لِمَجدٍ مُؤَثَّلٍ وقد يُدْرِكُ المجدَ المُؤَثَّلَ أَمثالِى

وممّا يكمّل فضيلة المَلِك أن تكون قوّةُ الاختيار عنده سليمة لم تَعترضها آفةٌ فيكونُ يَختار الرجالَ اختيارا فاضلا كان الناصِرُ آيةَ الدنيا فى اختيار الرجال فكان مِن توصّلاته الى معرفة الرجل[2]

[1] A sans الحيوة مع.
[2] B الى معرفة الرجال.

إن أَشكل عليه[1] حالُه أن يُشيع بين الناس أنّه يريد أن يُولّيَه المَنْصِبَ الفُلانىَّ ثمّ يَتمادى فى إبرام ذلك أيّامًا فيَمتلئُ البلد بالأَراجيف لذلك الرجل فيفترقُ فيه الناس فقومٌ يصوِّبون ذلك الرأى ويَصفون فضائل الرجل وقومٌ يغلِّطون الخليفة ويَذكرون عيوب الرجل وللخليفةِ عيون وأَصحابُ أَخبارٍ لا يُوبَه لهم يخالِطون أَصنافَ الناس فيَكتب أَصحابُ الأَخبار اليه بما الناس فيه من الغَلَيان فى ذلك فيَعرف بصحّة نظره وتمييزه أىَّ القولينِ أَرجحُ وأَصوبُ فإن رَجَحَ فى نظره تفضيلُ الرجل ولّاه وخَلَعَ عليه وإن ترجَّحَ عنده قولُ الطاعنينَ عليه وتبيَّنَ له نقصُه تركه وأَعرض عنه   وفى الجملة فحُسْنُ الاختيار أصل عظيم قال الشاعر [بسيط]

مَن كان راعِيهِ ذِئْبًا فى حَلُوبَتِهِ   فَهْوَ الّذى نَفْسَه فى أمرِه ظَلَمَا
يَرْجُو كِفايَتَه والغَدْرُ عادَتُه   ومَن يُرِدْ خائنًا يَسْتَشْعِرِ النَّدَمَا

ومِمّا يُكرَه للملوك المبالغة فى المَيْل الى النساء والانهماك فى محبّتهنّ وقطعُ الزمان بالخَلْوة معهنّ فأمّا مشاورتهنّ فى الأمور

[1] Ap. عليه, B حال الرجل.

فمَجْلَبة للعجز ومَدْعاة الى الفَساد ومَنْبهة على ضعف الرأى اللّهمّ إلّا أن تكون مشاورتُهنّ يراد بها مخالفتُهنّ كما قال عمّ شاوِروهنّ وخالِفوهنّ وفى هذا الحديث سؤال وجواب إن قال قائل اذا كان المرادُ مخالفتَهنّ فى أرائهنّ فأيُّ فائدة فى الأمر بمشاورتهنّ وقد كان يكفى فى هذا أن يقال خالِفوهنّ فيما يُشِرْنَ به فالجواب من وجهينِ أحدهما أنّ الأمر الأوّل للإباحة والأمر الثانى للوجوب يَعنى اذا شاورتموهنّ فخالِفوهنّ والاخَر أنّ الصواب لا يزال فى خِلاف أرائهنّ فاذا أَشكلَ عليكم الصواب فشاوِروهنّ فاذا مِلْنَ الى شىء فأعلموا أنّ الصواب فى خِلافه وفى هذا تَظهر فائدة الأمر بمشاورتهنّ يَعنى بها يُستدلّ على الصواب وحُدّث أنّ عَضُد الدولة فنّاخُسْرُو بنَ بُوَيْهِ شعفتْه امرأةٌ[1] من جواريه حُبّا وغلبتْ عليه فاشتَغل بها عن تدبير المملكة حتّى ظهر الخَلَلُ فى مملكته[2] فخلَا به وزيره وقال له أيّها المَلِك إنّ هذه الجارية قد شغلَتْك عن مَصالح دولتك حتّى لقد تطرّقَ النقصُ عليها من عدّة جهات وما سبب ذلك إلّا اشتغالُك عن إصلاح

[1] B جارية.

[2] A sans حتّى ..... فى مملكته.

دولتك بهذه الأَمة والصوابُ أن تتركها وتلتفت الى إصلاح ما قد فَسد من مملكتك قال[1] فبعد أيّام جلس عَضُد الدولة على مُشْتَرَفٍ له على دِجْلة ثمّ استَدعى الجارية فحضرتْ فشاغَاها ساعة حتّى غفلتْ عن نفسها ثمّ دفعها الى دِجْلة فغرِقتْ وتفرَّغَ خاطرُه من حبّها واشتَغل بإصلاح أمور دولته فاستَعظم الناس هذا الفعلَ من عَضُد الدولةِ ونسبوه فيه الى قوّة النفس حين قويتْ نفسُه على قتل محبوبه وأنا أَستدلّ بهذا الفعل على ضعف نفس عَضُد الدولة لا على قوّتها فإنّه لو لم يُحِسّ من نفسه بالانفعال العظيم لحبّها لَمَا توصَّلَ الى عدمها ولو تركها حيّةً ثمّ أَعرض عنها لكان ذلك هو الدليلَ على قوّة نفسه ولكلّ صِنْف من الرعيّة صِنْف من السياسة فالأَفاضلُ يُساسون بمكارم الأَخلاق والإرشاد اللطيف والأَوساطُ يساسون بالرغبة الممزوجة بالرَّهْبة والعَوامُّ يساسون بالرهبة وإلزامِهم الجدَدَ المستقيم وقسرِهم على الحقّ الصريح وأُعلمْ أنّ المَلِك لرعيّته كالطبيب للمريض إن كان مِزاجُه لطيفا لطَّف له التدبير ودَسَّ له الأَدويةَ المكروهة فى الأَشياء الطيّبة وتحيَّلَ عليه بكلّ مُمكِن

[1] B sans قال.

حتّى يَبلغ غرضَه من بُرْئه وإن كان مِزاجُه غليظا عالَجه بُرّ العِلاج وصريحِه وشديدِه ولذلك لا ينبغى للمَلِك أن يَتهدّد من يَكفى فى تأديبه الإعراضُ والتقطيب وكذلك لا ينبغى أن يَحبس من يَكفى فى تأديبه التهديدُ كما أنّه لا ينبغى أن يَضرب من يَكفى فى تأديبه الحبسُ ولا أن يَقتل بالسيف من يَكفى فى تأديبه ضربُ العصا وتمييزُ هذه الحالات بعضِها من بعض أعنى معرفة المِزاج الذى يَكفى فيه التهديدُ ولا يَحتاج الى الحبس او يَكفى فيه الحبسُ ولا يَحتاج الى الضرب يَحتاج الى لُطْف حَدْس[1] وصحّة تمييز[2] وصَفاء خاطر ويَقْظةٍ تامّة وفَطانة كاملة فما أَشدَّ ما تَشتبه الأخلاقُ وتَلتبس الأَمزجةُ والطِّباعُ ويَجب على المَلِك أن يَنظر فى أمر القتل وإزهاق النفس فيَعلمُ أنّه الحادِث الّذى لا حَياةَ للحَيوان بعده فى الدنيا[3] وأنّه لو اجتهد أهلُ الأرض كلُّهم على إعادته الى الحياة لم يَقدروا على ذلك وبحَسَب هذا الحال يَجب ان يكون تثبُّتُه فى إزهاق النفس وهدمِ الصورة وتَأَنّيه

[1] B الحدس.

[2] B التمييز.

[3] A sans فى الدنيا.

وتَرَوّيه حتّى تقوم الأَدلّـةُ على وجوب القتل فاذا وَجب استَعمله على الوضع المعهود من غير تأنُّق فيـه وتنـوُّع غريب وتمثيل بالمقتول[1] وَرَدَ عن سـيّد البشر صلوات الله عليـه وسلامـه إيّاكم والمُثْلةَ ولو بالكَلْب العَقُور ولمّا ضَرب ابنُ مُلْجَم لعنه الله عليّ بن ابى طالب عمَّ بالسيف قُبض ابن مُلْجَم وحُبس حتّى يُـنظَر ما يكون من أمر عليّ عمَّ فجَمع عليٌّ ولدَه وخاصّتَه وقال يا بَنى عبدِ المُطَّلِب لا تَجَمَّعوا من كلّ صَوْب تقـولون قُتل أمير المؤمنين قُتل أمير المؤمنين لا تمـثّلوا بالرجل فإنّى سمعت رسول الله صلعم يَنهى عن المُثْـلة ولو بالكلب الـعَقور وأنظروا اذا أنا مُتُّ من ضَرْبتى هذه فاُضربوا الرجل ضَرْبةً بضَرْبة

ومن فوائد التَّأَنّى والتثبُّت فى القتل الأَمْنُ من الـندم حين لا يُجدِى الندمُ كان أَفاضلُ الملوك والخلفـاء يَستعملون هذه الخَصْلةَ كـثيرا فلا يَـتسرّعون[2] الى قتل رجل معروف مشهور خوفا أن يَحتاجوا اليه بعد ذلك فيَتعذّرُ عليهم بل كانوا يَحبسونـه فى غَوامض دُورهم ويُقيمون لـه كلّ مـا يَحتاج اليه من أطعمة

[1] B المقتول.

[2] Variante en marge de A يتسارعون ; B يسرعون.

شَهيّة وفَواكه وثلجٍ وأشربةٍ وفرشٍ وثيرٍ ويَحملون اليه كتبا يَلهو بها ويَقطعون خبرَه عن الناس حتّى يَثبت فى نفوس أهله وأصحابه أنّه قد هَلك ثمّ يُستصفَى أموالُه وأموال أصحابه ويُستخرَج ذَخائرُه ووَدائعُه ويصير فى عِداد المَوْتَى فلا يَزال كذلك حتّى تَدعوَهم الحاجةُ اليه فيُخرِجونه مكرَّما وقد تأدَّبَ وتهذَّبَ [منسرح]

مَن لم يُؤدِّبه والِدَاهُ أَدَّبَه الليلُ والنَّهارُ

وهاهنا مَزَلّةٌ ربّما وقع فيها أَفاضلُ الملوك وهى أنّ بعض الملوك ربّما كان مُعجَبا بنفسه مُحِبّا لأن يَنتشر عنه حديثُ صَرامة وشَهامة وسياسة قاهرة فيَستهينُ بالقتل ويسهِّلُ أمرُه ويبادِر اليه وغرضُه إثبات الهيبة وإقامة السياسة من غير التفاتٍ الى ما فى طَىّ ذلك مِن إزهاق النفس الّتى حُرّمتْ إلّا بالحقّ وهذا مِن أخطر الأمور على المَلِك والصوابُ أن لا يزال فى نفسه كارها للقتل صادفا عنه مَهْما أَمكن حتّى تَدعوَ اليه ضَرورةٌ ليس فيها حِيلةٌ فحينئذ يُقدِم عليه بنفس قويّة وجَنانٍ ثابت فإنّ قتل واحد أَصلحُ مِن تركه حتّى يُحتاج الى قتل خمسة وقَتْلَ خمسة خير مِن

تركهم حتّى يَدبّ فسادُهم حتّى تَبلغ الحاجةُ الى قتل مائة ومن أجل ذلك قال الله تعالى[1] وَلَكُمْ فِي ٱلْقِصَاصِ حَيَاةٌ وقيل القتلُ أَنْفَى للقتل وقال الشاعر [طويل]

بسَفْكِ الدِمَا يا جارَتِي تُحْقَنُ الدِمَا وبالقتل تَنْجُو كلُّ نفس مِن القتلِ

وقال المتنبِّى [كامل]

لا يَسْلَمُ الشَّرَفُ الرَّفيعُ مِن الأَذَى حتّى يُراقَ على جَوانِبه الدَّمُ

أَوصى بعضُ الحكماء بعضَ الملوك قال أيّها المَلِك انّما هو سيفُك ودرهمك فأَزْرَعْ بهذا مَن شكرك وأَحْصَدْ بهذا[2] مَن كفرك جاء رجل الى رسول الله صلعم وقال له يا رسول الله إنّى زَنيتُ فخُذ الحَدَّ منّى فأَعرض عنه رسول الله وٱلتفت الى يمينه فدارَ الرجل حتّى حاذاه وأَعاد القول فأَعرض عم عنه مرّة أُخرى فعاوَدَ القول وٱلتمس أَخْذَ الحَدّ منه فكرِهَ رسول الله صلعم إزهاقَ نفسه فقال له كمَن يعلّمه لا تَكُونُ قد قبّلتَ او عانَقتَ

[1] *Coran*, II, 175.

[2] A وأحصدْ بها.

او أَلممتَ ولم تَفعل قال لا يا رسول الله ولكن زَنيتُ فالتَفت رسول الله صلعم الى أهل الرجل وأصحابه كمن يعلّمهم ايضا الاعتذارَ عنه وقال كأنّه متغيّرٌ فى عقله قالوا لا يا رسول الله ما نَعرفه إلّا عاقلا فحينئذ لم يَبق للنبىّ صلعم حِيلةٌ فأَمر باستيفاء الحَدّ منه . والمَطاميرُ الغامضةُ التخليدُ فيها يقوم مقام القتل مع الأَمْن من الندم المَخشىّ فيه وأمّا أصناف العُقوبات فيَجب على المَلك الكامل أن يُنعِم النظر فيها ايضا فكم مِن عقوبة قد آتَتْ على مُهْجةِ المُعاقِب من غير أن يراد إزهاقَ نفسه وأصعبُ ما فيها لَلتعذيبُ بالنار وهى عقوبة غير مبارَكة لأنّ العقوبة بالنار مختصّة بالله عزّ وجلّ فلا يجوز للعبد أن يشارِكه فيها والنظرُ فى أصناف العقوبات موكّل الى نظر المَلِك الفاضل ويَحسب ما يَقتضيه الحالُ الحاضر[1] ولكنّ الأصل الكُلّىّ فيه أن يكون المَلِك فى نفسه كارها لذلك غيرَ مُتحلٍّ به لا يبادِر اليه ولا يُقدِمُ عليه إلّا اذا دعتْ اليه ضرورةٌ ماسّةٌ لا يَقضى فيها حقَّ نفسه ولا يَشفى بها غيظَ صدره وهذا مقامٌ صعبٌ لا يَرتقى

[1] A الحالُ الحاضرةُ.

اليه أحد[1] إلّا من أَخذ التوفيق بيده قيل أنّ عليّاً عمّ صرعَ فى بعض حروبه رجلا ثمّ قعد على صدره ليحتزّ رأسه فبَصَقَ ذلك الرجلُ فى وجهه فقام علىّ عمّ وتركه فلمّا سُئل عن سبب قيامه وتركه قتلَ الرجل بعد التمكّن منه[2] قال إنّه لمّا بصق فى وجهى اغتظتُ منه فخِفتُ إن قتلتُه أن يكون للغضب والغيظ نصيبٌ فى قتله وما كنتُ أُحِبّ أن أَقتله إلّا خالصا لوجه الله تعالى قال أَبْرَوِيزُ الملوكُ يَشتمون بالأفعال لا بالأقوال ويَسفهون بالأيدى لا بالألسن وقد نظم هذا المعنى شاعرُ العرب فقال [طويل]

وتَجْهَلُ أَيدينا ويَحلم رَأْيُنا ونَشتم بالأفعال لا بالتكلّمِ

وممّا يُكرَه للمَلك الانهماكُ فى اللَّذّات وسماعُ الأَغانى وقطعُ الزمان بذلك قال الشاعر ابو الفَتْح البُسْتىّ [بسيط]

اذا غدَا مَلِكٌ باللّهو مشتغِلًا فاَحْكُمْ على مُلكه بالوَيْل والحَرَبِ
أَما تَرَى الشمسَ فى الميزانِ هابِطةً لمّا غَدَا وهْو بُرْجُ اللّهْو والطَّرَبِ

[1] A sans احد.

[2] B بعد ان قد تمكّن منه.

وما دخل الخِذْلانُ[1] على مَلِك من طريق اللّهْو واللَّعِب كما دخل على جَلال الدين بن خُوارَزْمْشاهْ فإنّه لمّا هرب من المُغول تبعوه فكان اذا رحل عن بلدة نزلوها بعده واذا أَصبح فى مكان أَمسوا هم فى المكان[2] يريـدون قصده وهو مع ذلك مواصِل لشرب الخمر عاكف على الدفّ والزمر لا ينام إلّا سَكْرانَ ولا يُصبِح إلّا مخمورا نَشْوانَ وعسكرُه فى كلّ يوم يَـقلّ وأمرُه فى كلّ يوم يَزيد اضطرابا ورأيُه فى كلّ لَحْظة يَقيل وحَدُّه يُفَلّ[3] وهو لا يَشعر بذلك ولا يَلتفت اليه حتّى قال شاعره يخاطِبه [دُوبَيْت]

شاهـا زَمِى كِران چه بَرْخَواهَدْ خـاسْتْ
وَزْ مَسْتِىِ هَرْ زَمـانْ چه بَرْخَواهَدْ خـاسْتْ
شَهْ مَسْتْ وجِهانْ خَرابْ ودُشْمَنْ پَسْ وپيشْ
پَيداسْتْ كِهْ[4] أَزِينْ مِيانْ چه بَرْخَواهَدْ خاسْتْ

ومِمّن دخل النـقصُ عليه من الملوك بسبب اللهو واللعـب محمّد

[1] B خذلان.
[2] B فى مكان.
[3] A sans ورأيه . . . . يُفَلّ.
[4] A sans كه.

ابن زُبَيْدةَ الأمينُ كان كثير اللهو واللعب منهمكا فى اللذّات قيل أنّه لَعِبَ يوما هو ووزيره الفضل بن الربيع بالنَّرْد فتَراهنا فى خاتَميهما فغلب الأمين فأخذ الخاتَمَ وأرسل فى الحال وأحضر صائغا وكان على خاتَمه مكتوب الفضل بن الربيع فقال للصائغ اُكتبْ تحته يُنْكَحُ فنَقَشَ الصائغ ذلك فى الحال ثمّ أعاد الخاتَمَ الى الفضل بن الربيع وهو لا يَعلم ما نُقش عليه ثمّ مضتْ على ذلك مُدّة فبعد أيّام دخل الفضل بن الربيع عليه فقال له ما على خاتَمك مكتوب قال اسمى واسمُ أبى فتَناوَله الأمينُ ثمّ قال له ما هذا المكتوب تحت اسمك فلمّا قرأه الفضل بن الربيع فَهِمَ القضيّة وقال[1] لا حول ولا قوّة إلّا بالله العلىّ العظيم هذا والله هو الخذلان المبين انا وزيرك ولى اليوم كذا وكذا يوما أَختمُ الكتب بهذا الى الأطراف وهو على هذه الصفة هذا والله اخِر الدولة ودَمارُها والله لا أَفلحتَ ولا أَفلحْنا معك فكانت الفتنةُ بعد ذلك بيَسير وكان المستعصِم اخِرُ الخلفاء شديدَ الكلَف باللهو واللعب وسماع الأغانى[2] لا يكاد مجلسُه يَخلو من ذلك ساعة

[1] A sans فهم القضيّة ; A قال.

[2] Ap. واللعب, A والاغانى.

واحدة وكان ندماؤه وحاشيتُه جميعُهم منهمكين معه على التنعُّم واللّذّاتِ لا يُراعون له صلاحا وفى بعض الأَمثال الحائنُ لا يَسمع صِياحا وكُتبتْ له الرقاع من العَوامّ وفيها[1] أَنواع التحذير وأُلقيتْ وفيها الأَشعار فى أبواب دار الخلافة فمن ذلك [مجتثّ]

قُلْ للخليفة مَهْلًا　　أتاك ما لا تُحِبُّ
ها قد دَهَتْك فُنونٌ　　مِن المَصائبِ غُرْبُ
فانهَض بعَزْمٍ وإلّا　　غشاك وَيْلٌ وحَرْبُ
كَسْرٌ وهَتْكٌ وأَسْرٌ　　ضَرْبٌ ونَهْبٌ وسَلْبُ

وفى ذلك يقول بعض شعراء الدولة المستعصِميّة من قصيدة أوّلها [بسيط]

يا سائلى ولِمَخْضِ الحقّ يَرْتادُ　　أَصِخْ فعندىَ نِشْدانٌ وإنشادُ
وا ضَيعةَ الناس والدينِ الحَنيفِ وما　　تَلقاه من حادثاتِ الدهر بَغدادُ
هَتْكٌ وقَتْلٌ وأَحداثٌ يَشيبُ بها　　رأسُ الوليد وتعذيبٌ وأَصفادُ

[1] فيها A.

كلّ ذلك وهو عاكف على سماع الأغانى واستماع المَثالِث المَثانى ومُلْكُه قد أَصبح واهِىَ المَبانى   وممّا اشتَهر عنه أنّه كتب الى بدر الدين لُؤْلُؤ صاحب الموصل يَطلب منه جماعة من ذوى الطرب وفى تلك الحال وصل رسول السلطان هُولَاكُو اليه يَطلب منه مَنْجَنيقاتٍ وآلاتِ الحصار فقال بدر الدين انظُروا الى المطلوبَيْنِ وأبكوا على الإسلام وأهله   وبلغنى أنّ الوزير مؤيَّد الدين محمّد بن العَلْقَمىّ كان فى أواخر الدولة المستعصِميّة يُنشِد دائما [خفيف]

كيف يُرْجَى الصّلاحُ من أمر قومٍ   ضيّعوا الحَزْمَ فيه أىَّ ضَياعِ
فمُطاعٌ وليس فيه سَدادٌ   وسَديدُ المَقالِ غيرُ مُطاعِ

قالوا ولا ينبغى للرجل الكامل إلّا أن يكون فى الغاية القُصْوَى مِن طلب الرئاسة او فى الغاية القُصْوَى مِن تركها [وافر]

اذا ما لم تكن مَلِكا مُطاعًا   فكن عبدا لخالقه مُطِيعَا
وإن لم تَملك الدنيا جميعا   كما تَهواه فاتركها جميعَا

وهاهنا موضع حكاية تشتمل على أَدَوات الرئاسة قيل ورد ابو طالب الجَرّاحىُّ الكاتب ولم يكن فى عصره أَكتبُ ولا أَفضلُ منه الى الرَّىّ قاصدا حضرة ابن العَميد فلم يَجد عنده قَبُولا ولا رأى عنده ما يُحِبّ ففارَقه وقصد أَذْرَبَيْجان وسار الى مَلِكها وكان فاضلا لبيبا فلمّا اختَبره وعرف فضله سأله المَقامَ عنده وأَفضلَ عليه فأقام لديه على أَفضل حال فكتب الى ابن العَميد يوبّخه على جهل حقّه وتضييعِه لمثله فمن جملة الكتاب حدّثنى بأىّ شىء تَحتجّ اذا قيل لك لِمَ سُمّيتَ الرئيسَ واذا قيل لك ما الرئاسة أَتَدرى ما الرئاسة الرئاسةُ أن يكون بابُ الرئيس مَصُونًا فى وقت الصون ومفتوحا فى وقت الفتح وأن يكون مجلسُه عامرا بأفاضل الناس وخيرُه واصلا الى كلّ احد وإحسانُه فائضا ووجهُه مبسوطا وخادمُه مؤدَّبا وحاجبُه كريما طَلْقا وبَوّابُه لطيفا ودرهمُه مبذولا وطَعامُه مأكولا وجاهُه معرَّضا وتَذكِرتُه مسوَّدةً بالصِّلات والجوائز والصَّدَقات وأنت فبابُك لا يزال مُقفَلا ومجلسُك خاليا وخيرُك مقنوطا منه وإحسانُك غيرَ مَرجُوٍّ وخادمُك مذمومٌ وحاجبُك هَرّارٌ وبَوّابُك شَرِسُ الأخلاق ودرهمُك فى العَيُّوق وتذكرتُك مَحْشُوّةٌ بالقبض على فلان واستئصالِ فلان

ونفى فلان فبالله عليك هل عندك غيرُ هذا ولو لا أن أكون قد دُسْتُ بِساطَك وأكلتُ من طعامك لأَشَعْتُ هذه الرُّقْعة ولكنّى أَرْعَى لك حقَّ ما ذكرتُ فلا يَعلم بها إلّا اللهُ وأنت [1] ووالله ثمّ والله ثمّ والله ما لها عندى نسخةٌ ولا رآها مخلوق غيرى ولا عَلِمَ بها فأَبطِلْها أنت اذا وقفتَ عليها وأعدمْها وَٱلسَّلَامُ عَلَى مَنِ ٱتَّبَعَ ٱلْهُدَى [2] ويَجب أن يكون المَلِك مجازيا على الإحسان بمِثله وعلى الإساءة بمثلها لتكون رعيّته دائما راجِينَ لِبرّه خائفين من سَطْوته وما أَحسنَ قول النابغة للنُّعمان بن المُنْذِر فى هذا الباب وهو [بسيط]

وَمَن أطاعك فَانْفعه بطاعته ... كما أطاعك وَادْلُله على الرَّشَدِ
وَمَن عَصاك فعاقِبْه معاقبةً ... تَنهى الظَّلومَ ولا تَقعدْ على ضَمَدِ

وقالت الفُرْسُ فَسادُ المملكة واُستجراء الرعيّة وخرابُ البلاد بإبطال الوعد والوَعِيد ولا يَليق بالمَلِك الفاضل أن يكون افتخارُه بزَخارف المُلْك ممّا حوتْه يدُه واشتَملتْ عليه خزائنُه مِن نفائس

[1] A ما ذكرتَ فلا تُعلِم بها الّا اللهَ وانت الخ.

[2] *Coran*, xx, 49.

الذخائر وطرائف المقتَنيات فإنّ تلك تُرَّهـاتٌ لا حقائق لها ولا معرَّجَ لفاضل عليها   وكذلك لا ينبغى له ان يكون فخرُه بالآباء والأَجدادِ وانّما ينبغى ان يكون فخرُه بالفضائل التى حصَّلها ، والأخلاق التّى كمَّلها ، والآداب التّى استَفادها ، والأَدَوات التّى استجادها ، افـتَخر بعضُ الأَغنيـاء عند بعض الحكماء بالآباء والأَجداد وبزَخارف المال المستفـاد فقـال له ذلك الحكيم إن كان فى هـذه الاشـيـاء فخرٌ فينبغى ان يكون الفخرُ لهـا لا لك وإن كان آباؤك كمـا ذكرتَ أَشرافـا فـالفخر لهم لا لك   قال العَسْجدىّ كان بعضُ الحكماء اذا وُصف عنده إنسان يقول هو عِصامىٌّ أم عِظامىٌّ فإن قيل له هو عِصـامىٌّ نَبُلَ فى عينه وإن قيل هو عِظامىٌّ لم يَـكترث به وقولـه عِصامىٌّ إشارةٌ الى قول القـائل   [رجز]

نفسُ عِصامٍ سَوَّدَتْ عِصامَا   وعلَّمتْـه الكرَّ والإقـداما
وصَـيَّرَتْه مَـلِـكًا هُماما

يَعنى أنّه بعقله وبنفسه صار رئيسا وقولُه عِظامىٌّ يَعنى أنّه يَـفتخر بالآباء والأَجداد والعِظامِ النَّخِرةِ   قال العَسْجدىّ لبعض أصحاب

ابنِ العَميد ذى الكِفايتَيْنِ كيف رأيتَ الوزير فقال رأيتُه يابِسَ العُود، ذَميمَ العُهود، سَيِّئَ الظَّنّ بالمعبود، فقال العَسْجَدىّ أما رأيتَ تلك الأُبَّهةَ والصِّيتَ والمَوْكِب والتجمُّل الظاهر والدار الجليلة والفرش السَّنِيّ والحاشية الجميلة فقال ذلك الرجلُ الدولةُ غيرُ السُّوْدَد والسَّلْطنةُ غيرُ الكرم والحَظُّ غيرُ المجد أين الزُّوّارُ والمنتجِعون وأين الآملون والشاكرون وأين الواصفون الصادقون وأين المنصرِفون الراضون وأين الهِبات وأين التفضُّلات وأين الخِلَع والتشريفات وأين الهدايا وأين الضِّيافات هَيْهاتَ هَيْهاتَ لا تَجِىء الرئاسة بالتُّرَّهات ولا يَحصل الشرف بالخُزَعْبِلات أَما سمعتَ قول الشاعر . [متقارب]

أَبا جعفرٍ ليس فضلُ الفَتَى اذا راحَ فى فَرْطِ إعجابِهِ
ولا فى فَراهةِ بِرْذَوْنه ولا فى مَلاحةِ أَثوابِهِ
ولكنّه فى الفَعال الجميلِ والكَرَمِ الأَشْرَفِ النابِهِ

ولمُؤلِّف هذا الكتاب أَصلح الله شأنَه، وصانه عمّا شأنَه، فى هذا المعنى [خفيف]

ليس فضلُ الفَتَى على الناس فى ثَوْ بٍ ودارٍ وبَغلةٍ ولِجامِ
انّما الفضلُ فى تَفقُّدِ جارٍ ونَسيبٍ وصاحبٍ وغُلامِ

قالوا السياساتُ خمسةُ أنواع سياسةُ المَنْزِل والقرية والمدينة والجيش والمُلْك فمَن حسُنتْ سياستـه فى منزله حسُنتْ سياستـه فى قريته ومَن حسُنتْ سياسته فى قريته حسُنتْ سياسته فى مدينتـه ومَن حسُنتْ سيـاسته فى مدينته حسُنتْ سيـاسته للجيش ومَن حسُنتْ سياسته للجيش حسُنتْ سياسته للمُلْك .وأنا لا أَرى هذا لازما فكم مِن عامِيٍّ حَسَنِ السيـاسة لمنزله ليس له قوّة سيـاسة الأمور الكبار وكم من مَلِك حَسَنِ السيـاسـة لمملكتـه ليس يُحسِن سياسة منزله والمملكةُ تُحرَس بالسيف وتدبَّر بالقَلَم واختَلفوا فى السيف والقَلَم أَيُّهما أَفضلُ وأَولى بالتقديم فقومٌ يَرَون أن يكون القَلَمُ غالبـا للسيف واحتَجّوا على مذهبهم بأنّ السيف يَحفظ القَلَم فهو يَجرى معه مجرى الحـارس والخـادم وقومٌ يَرَون أن يكون السيف هو الغالب واحتَجّوا بأنّ القَلَم يَخدم السيف لانّه يحصِّل لأَصحاب السيوف أَرزاقهم فهو كالخادم له وقومٌ قالوا هما سَواءٌ ولا غِنَى لأَحدهما عن الاخَر قالوا المملكةُ تُخصِب بالسَّخاء وتُعمَر بالعدل وتَثبت بالعقل وتُحرَس بالشجـاعة وتُساس بالرئاسـة وقالوا الشجاعـةُ لصاحب الدولة ومِن وَصايا الحكمـاء اِجعلْ قتالَ عدُوّك اخِر حِيلتك وانْتهِزِ الفُرْصة

وقتَ إمكانها وكِلِ الأمورَ الى أكفائها ومَن رَكِبَ ظهرَ العَجَلة لم يأْمَن الكَبْوةَ ومَن عادَى مَن لا طاقةَ له به فالرأىُ له مداراتُه وملاطفتُه والتضرُّع اليه حتّى يَخلص من شرّه ببعض وجوه الخَلاص قالوا وينبغى للمَلِك ملاطفةُ أعدائه وإخوانِ أعدائه فبدَوام الإحسان اليهم تَزول عداوتُهم وإن أَصرّوا على عداوته بعد إحسانه كانوا قد بَغَوْا عليه ومَن بُغِىَ عَلَيْهِ لَيَنْصُرَنَّهُ ٱللّٰهُ[1] وَعَظَ بعضُ الحكماء بعضَ أفاضل الملوك فقال الدُّنيا دُوَلٌ فما كان فيها لك أتاك على ضعفك وما كان فيها عليك لم تَدفعه بقوّتك والشرُّ مَخُوفٌ ولا يَخافه إلّا العاقل والخير مَرجوٌّ يَطلبه كلّ أحد وطالَما تَأْتِى الخيرُ[2] مِن ناحية الشرّ وتَأْتِى الشرّ[3] من جهة الخير وهذا مأخوذ من قوله عزّ وجلّ[4] وَعَسَى أَنْ تَكْرَهُوا شَيْئًا وَهُوَ خَيْرٌ لَكُمْ وَعَسَى أَنْ تُحِبُّوا شَيْئًا وَهُوَ شَرٌّ لَكُمْ وَٱللّٰهُ يَعْلَمُ وَأَنْتُمْ لَا تَعْلَمُونَ وهاهنا موضع حكاية تقدّمَ نُورُ الدين صاحب الشأم الى أسد الدين

[1] *Coran*, XXII, 59.

[2] B يأتى الخير.

[3] B ويأتى الشرّ.

[4] *Coran*, II, 213.

شِيرْكُوهْ عمّ صَلاح الدين يوسف بن أَيُّوب بالتوجُّـه الى مصر لأمرٍ نَدَبَه اليه فقال أسد الدين شِيرْكُوهْ يا مولانا ما أتمكّن من هذا دونَ أن يجيء صُحْبتى يوسف بن أخى يَعنى صَلاح الدين قال فتقدَّمَ نور الدين الى صَلاح الدين بالتوجُّه صُحْبَةَ عمّه أسد الدين شِيرْكُوهْ فاستَعفاه صَلاح الدين من التوجُّه وقال ليس لى استعداد فتقدَّمَ نور الدين بإزاحة عِلَلِه وجَزَمَ عليه فى التوجُّه قال صَلاح الدين فخرجتُ مع عمّى كارها وأنا كمَن يقاد الى المَذبح فلمّا وصلْنا مصر وأَقمنا بها مدّة كان منّى ما كان من تملُّك مصر ثمّ ملَكَها صَلاح الدين وعرُضتْ مملكتُه وتملَّكَ الشأم بعدها وسيأتيك نَبأُ هذا مفصَّلا مشروحا عند الكلام على الدولة الصَّلاحيّة[1] إن شاء الله تعالى ووفَّق قالوا العَدُوُّ عدوّانِ عدوّ ظلمك وعدوّ ظلمتَه فأمّا العدوّ الّذى ظلمتَه فلا تَثِقْ اليه واحترِزْ منه مَهْما أَمكنك وأمّا العدوّ الّذى ظلمك فلا تَخَفْه كلَّ الخوف فإنّه ربّما استَحيي مِن ظُلْمك وندم فرجع لك الى ما تُحِبّ منه وإن أصرّ على ظلمك انتَصف لك مِنه مَن اليه يلجأ المظلومون وربّما نَفَعَ العدوّ وضَرَّ الصديق قال الإسْكَنْدَر انتفعتُ

[1] A الدولة العبّاسيّة.

بأعدائى أكثرَ ممّا انتفعتُ بأصدقائى لأنّ أعدائى كانوا يعيّرونى ويكشفون لى عيوبى وينبّهونى بذلك على الخطإ فأستدرِكه وكان أصدقائى يزيّنون لى الخطأ ويشجّعونى عليه وقال الشاعر [طويل]

جَزَى اللهُ خيرا كلَّ مَن لَستُ أعرِفُ ... وما سـاءنى إلّا الّذين عرفتُهم

وقيل للإسْكَنْدَر بِمَ نِلْتَ هذه المملكة العظيمة على حداثة السِّنّ قال باستمالة الأَعداء وتصييرِهم بالبِرّ والإحسان أصدقاءَ وتعاهُدِ الأَصدقاء بأعظم الإحسان وأَبلغِ الإكرام قال بعض الحكماء لا يَرُدّ بأسَ العدوّ القاهر مِثْلُ التذلُّل والخضوع كما أنّ النبات الرَّطْب يَسلم من الريح العاصفة بلينِه لانّه يميل معها كيف مالت وما لَهِجَ الملوك بشىء أشدَّ مِن لَهَجِهم بالصيد والقَنَص وهو الشىء الّذى طالَما اتّفقتْ فيه النُّكَت العجيبه، والطُّرَف الغريبه، وكان المعتصِم ألهجَ الناس به بَنَى فى أرض دُجَيْلٍ حائطا طولُه فراسخُ كثيرة وكان اذا ضَرب حَلْقة يضايِقونها ولا يزالون يَحدّون الصيدَ حتّى يُدخِلونه وراءَ ذلك الحائط فيصير بين الحائط وبين دِجْلة فلا يكون للصيد مَجالٌ فاذا انحصر فى

ذلك الموضع دخل هو وولدُه وأقاربه وخواصُّ حاشيته وتأنّقوا فى القتل وتفرّجوا فقتلوا ما قتلوا وأَطلقوا الباقىَ   وقيل أنّ المعتصِم دوَّغ عِدّة من حُمُر الوحش وأَطلقهم لانّه بلغه أنّ أَعمارها طويلة   وهاهنا موضع حكاية طريفة عجيبة   حدّثنى صفىُّ الدين عبد المُؤْمِن بنُ فاخر الأُرْمَوىُّ قال حدّثنى مُجاهِد الدين أَيْبَكُ الدَّوِيدارُ الصغيرُ قال خرجنا مرّة فى خدمة الخليفة المستعصِم الى الصيد وضربْنا حلقةً قريبا من الجَلْهَمةِ وهى قرية بين بغداذ والحِلّة ثمّ تَضايقتِ الحلقةُ حتّى صار الفارسُ منّا يَصيد الحَيَوان بيده فخرج فى جملة حُمُر الوحش حِمارٌ كبير الجُثّة عليه وسمٌ فقرأْناه واذا هو وسمُ المعتصِم قال فلمّا رآه المستعصِم وسمه بوسمه وأطلقه وكان بين المعتصِم وبين المستعصِم حدودُ خمس مائة سنة   ومِن طريف ما سمعتُ مِن أمر الصيد ما حدّثنى به رجل من أهل الأدب ببغداذ قال حدّثنى محمّد بن صالح البازِيارِىُّ قال تَصيّدْنا بين يدىِ السلطان أَبَاقَا يوما فطار ونحن بين يديه ثلاثةُ كَرَاكِىَّ على سَمْتٍ مستقيم فأَطلقْنا شاهِينًا فعَلَا وانحطَّ على الأَعلى من الكَرَاكِىّ فلَطَمه فوقع على الثانى فكسرهُ ثم وقعا كِلاهما على الثالث فكسراه ووقعتِ

الثلاثةُ بين يدى السلطان قال فتعجَّب من ذلك غاية التعجُّب وخلع علينا جميعِنا وقال الصاحب عَلاء الدين فى جِهان كُشاىْ إنّ حلقة جِنْكِزْخان كان أَمَدُها مَسيرَ ثلاثة شهور وما أَرى هذا إلّا مستبعَدا وما لَهِجَ الملوك بالصيد هذا اللَّهَجَ الشديد ولا كَلِفوا به هذا الكَلَفَ العظيم وأَطلقوا للبازِياريّة الأَموالَ الجليلة وأقطعوهم الإقطاعاتِ السَّنِيّةَ وسهّلوا عليهم حجابَهم وقطعوا مُعظَم زمانهم فيه باطلا ولا عَبَثًا فإنّ القَنَص يَشتمل على فوائد كثيرة جايلة النفع منها وهو الغرض الأشرف منه تمرينُ العساكر على الركض والكرّ والعطفِ وتعويدُهم على الفُرُوسيّة وإدمانُهم للرمى بالنُّشّاب والضربِ بالسيف والدَّبُّوس واعتيادِ القتل والسفك وتقليلِ المُبالاة بإراقة الدماء وغصبِ النفوس ومنها اختبارُ الخيول ومعرفةُ سبقها وصبرها على دَوام الركض ومنها أنّ حركة الصيد حركة رِياضيّة تُعين على الهضم وتَحفظ صحّة المزاج ومنها فضلُ لحم الصيد على باقى اللحوم لانّه بقَلَقه مِن الجَوارح تَثور حرارتُه الغَرِيزيّةُ فتَزيد فى حرارة الإنسان قال بعض الحكماء وخيرُ اللحم ما أَقلقه الجارِحُ إقلاقا ومنها الطُّرَف

العجيبة الّتى تَتّفق فيه وقد تقدّم ذكر شىء منها   وكان يَزِيدُ ابن مُعاوِيَة أَشدَّ الناس كلَفًا بالصيد لا يزال لاهِيا به وكانَ يُلبِس كلابَ الصيد الأَساورَ من الذهب[1] والجِلالَ المنسوجة منه ويَهب لكلّ كلب عبدا يَخدمه   قيل أنّ عُبَيْد الله بن زِياد أَخذ من بعض اهل الكوفة أربع مائة ألف دينار جِنايةً وجعلها فى خَزْن بيت المال فرحل ذلك الرجلُ من الكوفة وقصد دمشق لَيشكوَ حالَه الى يَزِيدَ وكانت دمشقُ فى تلك الأيّام فيها سريرُ المُلْك فلمّا وصل الرجل الى ظاهر دمشق سأل عن يَزِيدَ فعرّفوه أنّه فى الصيد فكره ان يَدخل دمشق وليس يَزِيدُ حاضرا فيها فضرب مخيَّمَه ظاهر المدينة وأَقام به يَنتظر عودَ يَزِيدَ من الصيد فبينا هو فى بعض الأيّام جالس فى خَيْمته لم يَشعر إلّا بكَلْبة قد دخلتْ عليه الخَيْمةَ وفى قوائمها الأَساورُ الذهبُ وعليها جُلٌّ يُساوِى مَبْلَغا كثيرا وقد بلغ منها العَطَشُ والتعب وقد كادت تموت تعبا وعطشا فعلم أنّها ليَزِيدَ وأنّها قد شَذّت منه فقام اليها وقدّم لها ماءً وتعهّدها بنفسه فما شعر إلّا بشابٍّ حَسَن الصورة على فرس جميل وعليه زِىُّ الملوك وقد علته غَبَرةٌ فقام اليه وسلّم

[1] A sans من الذهب.

عليه فقال له أرأيتَ كلبة عابرة بهذا الموضع فقال نعمْ يا مولانا ها هى فى الخيمة قد شربتْ ماءً واستراحتْ وقد كانت لمّا جاءت الى هاهنا جاءت على غاية من العطش والتعب فلمّا سمع يَزِيدُ كلامه نزل ودخل الخيمةَ ونظر الى الكلبة وقد استراحتْ فجذب بجلها ليَخرج فشَكا الرجل اليه حالَه وعرّفه ما أَخذ منه عُبَيْد الله بن زياد فطلب دَواةً وكتب له بردّ ما له وخِلْعةٍ سَنِيّة وأَخَذَ الكلبة وخرج فرَدَّ الرجلَ من ساعته الى الكوفة ولم يَدخل دمشق   وكان السلطان مَسْعودٌ يبالِغ ايضا فى ذلك ويُلبِس الكلاب الجِلالَ الأَطلسَ المُوَشّاةَ ويسوِّرها بالأَساور[1] وكان يقلّل فى بعض الوقت الالتفاتَ الى أمين الدولة ابن التِّلْمِيذ الطبيب النَّصْرانيّ وكان فاضلا ظريفا فقال   [كامل]

مَن كان يُلبِس كلبَه   وَشْيًا ويَقنع لى بجِلْدِى
فالكلبُ خيرٌ عنده   منّى وخيرٌ منه عندِى

وحدّثنى الأمير فخرُ الدين بُغْدِى بن قَشْتِمُرٍ قال ضرب جدّى المَلِك قَشْتِمُرُ حَلقةً للصيد فوقع فيها إنسان قصير جدًّا كصغيرٍ يكون

[1] A الاساور.

عمرُه خمس سنين وقد طالت أَظفارُه وشَعَرُ بدنـه طُولا مُفرِطـا قـال فأمسكوه وأحضروه بين يدى الناصر فاستنطقوه فلم يَنطق فأحضروا له الطعام فلم يَأكل والمـاء فلم يَشرب فاجتهدوا معه بكلّ مُمكِنٍ على أن يتكلّم وهو صامت لا يَنطق ببِنْتِ شَفةٍ فقال له بعضُ الحاضرين فأَىّ شىء تريد فلم يَتكلّم فقـال لـه تريد نُطلِقك [1] فحرَّك رأسه يَعنى نَعَمْ قال فتقدَّمَ الناصر بإطلاقه فلمّا أُطلق عَدَا أَشدَّ مِن عدْو الغَزال ثمّ دخل البَرّيّةَ سُئل بُزُرْجمِهْرُ [2] عن أَرْدَشِيرَ فقـال أَحيى الليلَ للحكمة وفرَّغ النهـارَ للسياسة وقيل له لأَىّ حال عمَّ كِسْرَى بمعروفه جميعَ رعيّتـه قـال خوفا أن يَفوته المستحِقُّ قيل له فـكيف يُمكِن أن يَعمّ بمعروفه جميعَ رعيّته قـال نعمْ كان يَنوى لهم الخيرَ فـاذا نَوَى لهم الخيرَ فقد عمَّهم بمعروفه رُوِى عن عُمَرَ بن الخطّاب رضه أنّه قـال يَزَعُ اللهُ بالسُّلْطان أكثرَ ممّا يَزَعُ بالقرآن قـالوا لانّ الناس يَخافون من عَواجِل العقوبة أَشدَّ ممّا يخافون من آجِلها وممّا لا يَليق بالمَلِك الكامل الإفاضةُ فى مجلسه فى وصف الطعام

[1] A نَطْلُقك.

[2] A بُزُرْجِمهرٍ.

والنساء لئلّا يشارِك بذلك العامّةَ لانّ العامّة قد قنعوا من عيشهم باليسير واقتَصروا عليه وتركوا الأمور الكبار فاذا أَرادوا ان يُفيضوا فى حديث لم يكن لهم إلّا وصفُ أنواع الأطعمة ووصفُ أصناف النساء   قال الأَحنف بن قيس جنِّبوا مَجالسَنا ذكرَ الطعام والنساء فإنّى أُبغِض أن يكون الرجل وَصّافا لبطنه مَدّاحا لفَرْجه مائلا بصِغْوه الى النساء   قال أَبْرَوِيزُ لابنه لا توسِّعَنَّ على جُنْدك فيستغنُوا عنك ولا تضيِّقْ عليهم فيَضجروا منك وأَعْطِهم عَطاءً قَصْدا وأمنعْهم مَنْعا جميلا ووسِّعْ عليهم فى الرَّجاء وَلا توسِّعْ عليهم فى العَطاء   ولمّا سمع المنصور هذا الكلام صادَفَ منه موضعا قابِلا للشحّ الغالب عليه فقال هذا هو الرأى وهذا معنى قول القائل أَجِعْ كلبَك يَتبعْك فقام اليه بعض القُوّاد وقال يا أَمير المؤمنين أخاف أن يلوِّح له غيرُك برغيف فيَدَعُك ويَتبعه   قالوا سياسة الرئاسة أَشدُّ من الرئاسة كما أنّ سياسة الخدمة أَشدُّ من الخدمة وكما أنّ التوقِّىَ بعد شرب الدَّواء أَشدُّ من الدَّواء وكذلك ربُّ الصنيعة أشدُّ من الصنيعة وعلى الرئيس أن يَصبر على مَضَض الرئاسة   قال بعض حكماء التُّرْك ينبغى أن يكون فى قائد الجيش عشرُ خِصال

من أخلاق الحَيَوان جُرْءَة الأَسد وحَمْلة الخِنْزير ورَوَغان الثعلب وصبر الكلب على الجِراح وغارة الذئب وحَراسة الكُرْكيّ وسَخاء الدِّيك وشَفَقة الدَّجاجة على الفَراريخ وحَذَر الغُراب وسِمَنُ تَعْرُو وهى دابّة تكون بخُراسان تَسمن على السفر والكدّ[1] قالوا والفاضلُ من طُلّاب الرئاسة هو الّذى يكون مطبوعا على المعرفة مخلوقا فيه صحّةُ التميز مكتسِبا للعلم بما جرى فى الدنيا من تصاريف الدهور وتنقُّل الدُّوَل عارفا بمداراة الأعداء كَتوما لسرّه اذ[2] كان قُطْبُ السياسة عليه يَدور وأن يَستمدّ لعقله من عقول العقلاء فإنّ العقل الفردَ لا يقوم بنفسه وينبغى أن يكون ذا رَوِيّة عند اشتباه الأراء وعزيمةٍ عند اختلاف الأهواء حتّى يَكشف وأمّا الحزم فهو الأصل الّذى يُبْنَى عليه فى تحصين المملكة وقد كان يَجب تقديمُه وذكرُه فى أوّل الكتاب عند أَخَواته من الخِصال المحمودة ولكنّ العقل يَشتمل عليه ويَستلزمه فأكتفِى بذكره عنه ولا بأسَ بذكر نُبْذة فى هذا

[1] A sans والكدّ.
[2] A اذا.

الموضع منه   قالوا أَحزمُ الملوكِ مَن ملك جِدُّه هزلَه وقهر رأيُه هواه وعبّر عن ضميره فعلُه ولم يَختدعه رِضاه عن حظّه ولا غضبُه عن كيده   وكان يقال الحازمُ من الملوكِ مَن يَبعث العيون على نفسه ويَتفقّدها حتّى لا يكون الناسُ بعيبه أَعلمَ منه بعيب نفسه   وقالوا أَحزمُ الملوكِ مَن حمل رعيّته على التخلّق بأخلاقه والتأدُّب بآدابه بالرفق والتوصّل الحسن والتأتّى اللطيف   وخطر لى فى هذا المعنى سرٌّ لطيف وهو أنّ الرعيّة اذا تدرّجوا الى التخلّق بأخلاق المَلِك والتأدُّب بآدابه صاروا مستحسِنين لصادرات أحواله وأفعاله لانّهم هم يَفعلونها ويَعتمدونها فلا يَصير أحد منهم يَذمّ سيرته ولا يُزْرِى عليه ومتى كانت طِباعُهم منافِية لطباعه وأخلاقُهم مضادّة لأخلاقه أُغْرُوا بالإزراء عليه والذمّ لأفعاله وهذا سرّ لطيف مُنْطَوٍ فى قولهم   وقالوا أَحزمُ[1] الملوكِ مَن تقدَّمَ بإحكام الأمر قبل نزول حاجته وتدارُكِ المُهِمّ الخَطِر قبل وقوعه   قيل للإسْكَنْدَر ما علامة دَوام المُلْك قال الاقتداء بالحزم والجِدّ فى كلّ الأمور قيل فما علامة زواله قال الهزلُ فيه   وقال أَنُوشَرْوانُ الحزمُ

[1] A قالوا واحزم.

حفظُ ما وَلِيتَ وتركُ ما كُفِيتَ وقـال اخَر أَحزمُ الملوك مَن مَلَكَ أمره ودبّر خِصالـه وقَمَعَ شهوته وقَهَرَ نوازعه قـالوا ينبغى أن يكون أوّلَ أمر المَلِك الحزمُ فـاذا وقع الأمر فينبغى أن يكون حينئذ الجِدُّ والاجتهـاد قيل لبعض فضلاء الملوك نَراكَ اذا وفد عليك وافدٌ أَطلتَ مجالسته وربّما لا يكون أهلا لذلك قـال إنّ حقيقـة حـال الرجل لا تَبين فى مجلس او مجلسينِ فأنا أُطاوِل عِشْرتَه وأَختبره فى عدّة مَجالس فإن كان فاضلا اصطَفيتُه وإن كان ناقصا تركتُه وقال اخَر لا ينبـغى لأحد أن يَدَع الحزمَ لظفر ناله عاجزٌ ولا يَرغب فى تضييعه لنَكْبـة دخلتْ على حازم قالوا مَن لم يـقدِّمه الحزمُ أَخَّره العجز وقيل لعبد المَلِك بن مَرْوانَ ما الحزمُ قال اختداع الناس بالمال واستمالتُهم به فإنّهم أَتباعُه أين كان كانوا وكيف مالَ مـالوا وقـال بعض الملوك لبعض الحكماء متى تكون الثِّقةُ بالعدوّ حزمًـا قال اذا شاورتَه فى أمر هو لك ولـه وقـال مُسْلِمةُ بن عبد المَلِك ما فَرِحتُ بظفر ابتَدأتُـه بعجز ولا نَدِمتُ على مكروه ابتَدأتُه بحزم

وممّا يَجب على المَلِك الفاضل إمعانُ النظر فى أمر الأسرار وصونِها وتحصينِهـا وحَراستِها من الإفشـاء والذّياع وهذا باب

يُحتاج فيه الى التأَنّى التامّ فكم من مملكة خَرِبتْ وكم من نفس تَلِفتْ بسبب ظهور سرّ واحد وحفظُ السرّ وكِتْمانه مِن أَفضل ما اعتَنى به الإنسان فممّا جاء فى ذلك فى الحديث مَن كَتَمَ سرّه، مَلَكَ أمره، وقال علىٌّ عمّ الرأىُ تحصينُ السرّ

أَسَرَّ بعضُ الناس الى رجل حديثا وأَمره بكتمانه فلمّا انقضى الحديثُ قال له فَهِمتَ قال بل نَسِيتُ وقال عمرو بن العاصِ اذا أَفشيتُ سرّى الى صديقى فأَذاعه كان اللومُ لى لا له قيل له وكيف ذلك قال لأنّى أنا كنتُ أَولى بصيانته منه ومن أَناشيدِ هذا الباب[1] [طويل]

اذا ضاق صدرُ المرءِ عن سرّ نفسه فصدرُ الّذى يُستودَعُ السرَّ أَضيقُ

قالوا لا ينبغى أن يكون سرُّ المَلِك إلّا عند واحد فإنّه اذا كان عند واحد كان أَحْرَى أن لا يَظهر إمّا رغبةً وإمّا[2] رهبةً لانّه إن ظهر تحقَّقَ المَلِك أنّ ظهوره قد كان من جهة ذلك الرجل ومتى كان السرُّ عند جماعة ثمّ ظهر أَحالَ كلٌّ واحد منهم على

[1] A sans ومن اناشيد هذا الباب.

[2] A او.

الاخَر فإن عاقَبهم المَلِك جميعا كان قد ظَلَمَهم إلّا واحدا وإن تَرَكَ معاقبتهم طَمِعوا وتطرّقوا على إفشاء أسراره قال الشاعر [متقارب]

وسِرُّك ما كان عند أمْرِئٍ وسِرُّ الثلاثة غيرُ الخَفِى

فإن احتاج المَلِك الى إظهار سرّه لجماعة فأَصلحُ ما له أن يُفضِىَ به الى كلّ واحد منهم على سبيل الانفراد ويُوصِيَه بالكتمان ويُوهِمه أنّه ما أَفضى الى غيره به فذلك أَجدرُ لأن يَنكتم السرُّ شاوَر بعضُ ملوكِ الفُرْس وزراءَه فى أمر فقال واحد منهم لا ينبغى للمَلِك أن يستشير بأحدنا إلّا خاليا به فإنّه أَكتمُ للسرّ وأَحزمُ فى الرأى وأَجدرُ بالسلامة وأَعْفَى لبعضنا مِن غائلة بعض

وما اعتَنتْ دولةٌ بتحصين الأسرار.والمبالغة فى حفظها كالدولة العبّاسيّة فإنّ لها من هذا الباب عجائبَ وكم مِن نِعْمة أزالوها عن أربابها ونفسٍ أزهقوها بسبب كلمة منقولة او حكاية مقولة

جرى فى أيّام الناصر قَضِيّةٌ ظريفة لا بأْسَ بذكرها هاهنا

كان للناصر ولدانِ هما ولدا ولدِه وكان قد أَقطعهما بلادَ خُوزِسْتانَ وتوجَّهَا اليها وأَقاما بها ففى بعض الليالى أَفكرَ الناصرُ

فى أمرهما واشتاقَهما وخاف عليهما مِن حادثٍ يَحدث بتلك الناحية فأَرسل فى الحال الى وزيره القُمّىّ وقال له أَرسلْ فى هذه الساعة اليهما مَن يأمرهما بالوصول الى بغداذ ولا تُشعِرْ بهذا مخلوقا فأَحضر الوزيرُ نَجّابا فى ذلك الحال وكان جماعة مِن النَّجّابينَ يَبيتون فى كلّ ليلة بباب الديوان يَبيت أحدُهم وتحت رأسه راحلتُه وزادُه ونفقتُه وقد ودَّع أهلَه فإن عرض فى الليل مُهِمّ توجَّهَ فيه فلمّا حضر النَّجّاب بين يدى الوزير شافَهَه بالمراسلة وقال له تَخرج فى هذه الساعة وإيّاك أن يَعلم هذا أحد فيكون عِوَضَه نفسُك ثمّ تقدَّمَ الوزير يَحمل مِفْتاحَ باب[1] من أبواب السُّور له فلمّا مضى ليَخرج اجتاز ببعض الدروب وأمرأتان فى مَنْظَرتَينِ متقابِلتينِ تَتحدّثانِ فقالت إحداهما للأُخرى تُرَى[2] هذا النَّجّابَ الى أين يمشى فى هذا الوقت فقالت لها الأُخرى يمشى الى دُسْتَرَ لإحضار أولاد الخليفة فإنّه قد خاف عليهما وقد اشتاقهما لانّ مدّتهما هناك قد طالت فلمّا سمع النَّجّاب ذلك رجع من ساعته

[1] B sans الوزير; A تـقـدَّمَ الوزير بفتح بـابٍ (manuscrit : الورر بفتح بـابٍ).

[2] A تَرِى (*sic*).

الى الديوان[1] واستأذن على الوزير فلمّا علم الوزير برجوعه انزعج لذلك وأحضره[2] وسأله عن سبب عوده فقال له يا مولانا جرى الساعةَ فى الدرب الفُلانىّ كَيْتَ وكَيْتَ وخفتُ أن أتوجّه وينتشر هذا الحديث فما تَشكّون فى أنّنى أنا الّذى أظهرتُه فيكونَ ذلك سبب هلاكى فقال له الوزير قد عرفْنا ذلك اُخرجْ وتوجَّهْ فى أمان الله فإنّ الشَّياطين تنقل عَظائمَ الأخبار وممّا يَجرى هذا المجرى ما حدّثنى به بعض أهل بغداذ قال حدّثنى صديق لى قال كنّا نَتمشّى فى دُولابِ بُسْتان البَقْل وقد أَمْعَنّا فى الدخول الى أَقصاه فسمعْنا صوت قائل يقول مات أَبَاقَا قال فنظرْنا فلم نُبصِر أحدا ثمّ إنّنا أَرَّخنا اليوم فلمّا فشا الخبرُ كان كما قال قيل إنّ صاحب الموصل وأَظنُّه بدر الدين قال لمجد الدين بن الأَثير الجزَرىِّ أريد أن تعيّن لى فى هذه الساعة على رجل دَيِّن أمين يكون مَوْضِعا للسرّ حتّى أُحمِّله مشافهةً سِرّيّة الى الخليفة ويتوجّه فى هذه الساعة فأفكرَ ابنُ الأَثير ساعة ثمّ قال يا مولانا ما أعرفُ

[1] A sans الى الديوان.

[2] A واحضروه.

أحدا بهذه الصفة إلّا أخى قال فقُمْ وعرّفْه ذلك وأَرسلْه الىَّ حتّى أُشافِهه ويَتوجّه فى هذه الساعة فجاء مجد الدين الى داره وحكى لأخيه ما جرى عند السلطان وقال له يا أخى واللهِ ما شَهِدتُّ لك إلّا بما أَعرِفُه منك فتوجَّهْ[1] الى خدمة السلطان وامتثِلْ[2] ما يُشير به فحضر ابنُ الأَثير عند السلطان وشافَهَه بالمراسلة وقال له تَتوجّه فى هذه الساعة فحضر ابن الأَثير الى داره ليودّع أخاه فوجده قائما فى الدِّهْليز يَنتظره فقال له شافَهَك السلطان بالحديث قال نعمْ قال فما هو قال يا أخى الساعة شَهِدتَّ لى عنده بالدِّين والأمانة وحفظ السرّ فيجوز ان أُكذِّبك فى الحال قال لى شيئا ما أقوله إلّا لمن أمرنى بأن أقوله له قال فبكَى مجد الدين أخوه ودعا له   ومِن الأَشعار المَقولة فى ذلك قول الحَماسىّ [طويل]

وفِتيانِ صِدْقٍ لَسْتُ مُطْلِعَ بعضِهم   على سِرِّ بعضٍ غيرَ أنّى جِماعُهَا
لكلِّ آمْرِئٍ شِعْبٌ مِن القلبِ فارِغٌ   وموضعُ نَجْوَى لا يُرامُ آطِّلاعُهَا
يَظَلّون شَتَّى فى البلاد وسِرُّهم   الى صَخْرةٍ أَعْيَى الرجالَ آنْصِداعُهَا

[1] A et B فتوجّهِ.
[2] A et B وامتثِل.

وِمن جَيِّد ما قيل فى ذلك [بسيط]

لا تَسْـأَلِى القومَ ما مالى وكَثْرتُـه — وسائلى القومَ ما مجدى ومـا خُلُقِى
هل أَطْعُنُ الطَّعْنةَ النَّجلاءَ عن عُرُضٍ — وأَكْتُمُ الـسِّرَّ فيه ضَرْبـةُ العُنُقِ

ومِن جيّده قول الصابِئ[1] [طويل]

فقُلْ لصديقى كُنْ على السِّرّ آمِنًا — اذا لم يكن بينى وبينـك ثالِثُ

وقولُ الاخَر [وافر]

وإنّك كُـلّما اَسْتُودِعْتَ سِرًّا — أَنَمُّ مِن الـنَّسيم على الرِّياضِ

ولمؤلِّف هذا الكتاب فى ذلك مِن جملة أَبيات [طويل]

وما اَحْتَـفَرَ الأَصحـابُ للسِّرِّ حُفْرةً — كصدرى ولو جارَ الشَّرابُ على عقلِى

وله فى ذلك ايضا [وافر]

وإنْ يكن الزُّجاجُ يَنُمُّ طَبْعًا — فسَيِّدُنا أَنَمُّ مِن الزُّجـاجِ

[1] A الصابىّ ; B الصايىّ.

ومن الأمور الّتى يَجب تدقيقُ الفِكر فيها والتثبُّت التـامّ والتأنّى فى تأمُّلها حديثُ السِّعـاياتِ والنَّمائم فكم من نَمّامٍ او ساعٍ قد شَفَى غيظَه بإيقاع مِسْكِين بين يدى مَلِك قاهر فى تُهْمةٍ هو برِىءٌ منها ثمّ اشتَبه الأمر على الحاكم فـأهلك الرجل البرىء بغير ذنب ثمّ لمّـا علم بصورة الحال ندم حين لا يَنفع الـندمْ فعَمّ الضررُ بذلك الثلاثةَ الساعىَ والمَسعىَّ اليه لانّهما أهلـكا دِينَهمـا بما فعلاه والمَسعىَّ به لتعجُّله العقوبةَ فعَمَّ الضررُ الثلاثةَ وممّا جاءَ فى ذلك فى التنزيل [1] يَا أَيُّهَا ٱلَّذِينَ آمَنُوا إِنْ جَاءَكُمْ فَاسِقٌ بِنَبَإٍ فَتَبَيَّنُوا أَنْ تُصِيبُوا قَوْمًا بِجَهَـالَةٍ فَتُصْبِحُوا عَلَى مَـا فَعَلْتُمْ نَادِمِينَ

وممّا جـاء فى الحديث من كان يُؤمن بالله واليومِ الآخِر فلا يَرفعنَّ الينا عَوْرةَ أخيه المُسلِم رَفَعَ إنسـان الى يحيى بن خالد بن بَرْمَكٍ قِصّةً يقول فيها أنّه قد مات رجل تاجر غريب وقد خلَّف جارية حَسْناء وولدا رَضيعا ومالا كثيرا والوزيرُ أَحقُّ بهذا فكتب يحيى بن خـالد على رأس القصّة أمّـا الرجل فرحمه الله وأمّا الجارية فصـانَها الله وأمّا الطِّفْل فرعـاه الله وأمّا المالُ فثمّره الله وأمّا الساعى الينـا بذلك فلعنه الله قيل لمّا

[1] *Coran*, XLIX, 6.

تولّى عبد العزيز بن مَرْوانَ دمشق ولم يكن فى بنى أُمَيّةَ أَلبُّ منه وكان حَدَثَ السِّنّ طَمِعَ فيه أهلُ دمشق وقالوا صَبِىٌّ لا عِلْمَ له بالأمور وسيَسمع كلّ ما تقول له فقام اليه رجل وقال أَصلحَ الله الأميرَ نَصيحةً فقال لَيْتَ شِعْرى ما هذه النصيحة الّتى قد ابتدأتَنى بها من غير يدٍ سبقتْ منّى اليك هاتِ نصيحتَك قال لى جار وهو عاصٍ خالع للطاعة وذَكَرَ له عيوبا فقال له عبد العزيز إنّك أيّها الرجل ما اتَّقيت الله تعالى ولا أَكرمت أميرك ولا حفظتَ جوارَك إن شئت نظرْنا فيما تقول فإن كنتَ صادقا لم يَنفعك ذلك عندنا وإن كنت كاذبا عاقبْناك وإن استقَلْتَنا أَقَلْناك فقال بل أَقِلْنى أيّها الأمير قال اذهَبْ حيث شئت لا صَحِبَك الله إنّى أراك شرَّ رَجُل

كان الوزير علىُّ بن محمّد بن الفُرات وزيرُ المقتدِر يُبغِض السُّعاة فكان اذا رَفَعَ أحد اليه قصّة فيها سِعاية بأحد يَخرج حاجبُه الى الباب والناسُ على طبقاتهم وقوف فيقول أين صاحب هذه السعاية قد قال لك الوزيرُ كذا وكذا فيَفتضح ذلك الرجل فى ذلك الجمع فترك الناسُ السعاياتِ فى أيّامه قال عبد الرحمن بن عَوْف مَن عرف فاحشة فأفشاها كان هو الذى أَتاها

كتب قُباذُ المَلِك لابنه كِسْرَى عهدا فمِن جملته يا بُنَىَّ لا تُدخِلْ فى مَشُورتك بَخيلا فإنّه يقصِر بك عن غاية الفضل ولا جَبانا فإنّه يضيّق عليك الأمور عند انتهاز الفُرْصة يا بُنَىَّ لِيكنْ أَبغضَ رعيّتِك اليك أكثرُهم تكشيفا لِمَعايِب الناس فإنّ فى الناس عيوبا أنت أَحقُّ مَن سترها وكَرِهَ ما تكشَّفَ مِن غائبها فانّما اليك الحُكْم على ما ظهر واللهُ يَحكم فيما غاب فاُكرَهْ للرعيّة ما تَكره لنفسك واُسترِ العَوْرةَ يسترِ اللهُ عليك ما تُحِبّ سَتْره ولا تَعجلْ الى تصديق ساعٍ فإنّ الساعىَ غاشٌّ وإن قال قولَ النَّصيح وأَعْطِ الناسَ مِن عَفْوك مثلَ ما تُحِبّ أن يُعطِيَك مَن فوقك ومن مليح ما قيل فى ذلك قول مِهْيارَ يخاطِب بعض الوزراء [كامل]

يا سيفَ نَصْرى والمُهَنّدُ تابِعى ورَبيعَ دهرى والزمانُ مُصافُ
ومُعِيدَ أيامى علىَّ بَدائنًا سِمَنًا وهنّ على الأنام عِجافُ
أخلاقُك الغُرُّ السَّجايا ما لها حَمَلَتْ قَذَى الواشِينَ وهىَ سُلافُ
والإفكُ فى مِرآةِ رأيك ما له يَخفَى وأنت الجوهرُ الشَّفّافُ

ومن مليح ذلك قول القائل [بسيط]

سَعَى اليك بِيَ الواشى فلم تَرَنى أهلا لتكذيب ما أَلقى مِن الخَبرِ
ولو سَعَى بك عندى فى أَلَذِ كَرًى طَيفُ الخَيال لبِعْتُ النومَ بالسَّهَرِ

اختلفوا فى المَلِك القاهر العَسُوف والمَلِك المقتصِد الضعيف ففضَّلوا القاهر العسوف واحتَجّوا بأنّ القوىّ العسوف يَكفّ الأَطماع عن رعيّته ويَحميهم من غيره بقوّته وله أَنَفة تَعصمهم من شرّ غيره فتكون رعيّتُه بمَشابةِ مَن كُفِىَ شرَّ جميع الناس وابتُلى بشرّ واحد وأمّا المقتصِد الضعيف فَيُهمِل رعيّته فيَتسلَّط عليهم كلُّ أحد ويَدوسهم كلُّ حافر فيكونون بمَشابةِ مَن كُفِىَ شرَّ واحد وابتُلى بشرّ جميع الناس وبين الحالينِ بَوْنٌ بعيد

وقال بعض الحكماء سلطانٌ يَخافه الرعيّةُ خيرٌ من سلطانٍ يَخافها قال أُنوشَرْوانُ عندى لِمَن عرَّض دمَه سَفْكُه ولِمَن جاوَزَ حدَّه تقويمُه ولِمَن تَعدَّى طَوْرَه قَمْعُه قال بعض الحكماء أمرانِ جليلان لا يَصلح أحدهما إلّا بالتفرُّد والاستبداد ولا يَصلح الاخَر إلّا بالاشتراك فأمّا الّذى لا يَصلح إلّا بالانفراد فالمُلْك متى وقع فيه الاشتراك فَسَدَ وأمّا الّذى لا

يَصلح إلّا بالاشتراك فالرأىُ متى وقع فيه الاشتراك وُثِقَ فيه بالصواب ولا يجوز للمَلِك أن يصغِّر فى نفسه أمرِ عدوّه وإن كان صغيرا فى نفس الأمر ولا يجوز لجلساء المَلِك أن يصغِّروا أمرِ عدوّه عنده فإنّهم إن صغّروه حتّى ظفر به العدوُّ كان وَهْنا له اذ قد غلبه عدوٌّ صغير وإن ظفر هو بالعدوّ لم يكن قد صنع طائلا لمّا رجع رسول الله صلعم من وقعة بَدْر ومعه الأَسْرَى والغنائم وقد قتل اللهُ رؤوس المُشْرِكين تلقّاه الناس من ظاهر المدينة عن أَميال فجعلوا يُهَنِّؤونه بالفتح وجعل الناسُ يَسئل بعضُهم بعضا عمّن هلك وسلم فقال بعض الصَّحابة والله ما قتلْنا إلّا عَجائز صُلْعا فأَقبل عليه رسول الله صلعم باللَّوْم ولم يزل كالمُعرِض عنه ثمّ قال له اولئك يا ابن أخى المَلَأُ

ومن مليح ما رأيتُ فى هذا المعنى قول حكيم الهِنْد لبعض ملوكهم لا تَحقرنّ أمر الأعداء وإن صغُروا فإنّ الزِّيبَر اذا جُمِع جُعل منه حبلٌ يُشَدّ به الفِيلُ المُغتلِم وإغبابُ الرأى من الأمور المُهِمّة وأَجودُ الرأى ما وقع فيه التأنِّى والتثبُّت وبذلك يُؤمَن زَلَلُ الرأى قال الأَحْنَف بن قيس لأصحاب علىّ عمّ أَغِبوا الرأى فإنّ إغبابه يَكشف لكم عن مَحْضه

واستُشير بعض العقلاء فى أمر فسكت فقيل له لِمَ لا تتكلّم فقال ما أُحِبّ الخُبْز إلّا بائتا   ولمّا عزم الخَوارجُ على مبايعة عبد الله بن وَهْب الراسِبِىّ أرادوه للرأى فقال ما أنا والرأىَ الفطير والكلامَ المقتضَبَ فلمّا فرغوا من البَيْعة قال اُتْرُكوا الرأى يَغِبّ أى يأتى عليه يومٌ وليلة وكان يَستعيذ بالله مِن الرأى الفطير   قالوا مَرَّ الحارثُ بن زيد بالأَحنف بن قيس فقال له لولا أنّك عَجْلانُ لشاورتُك وهذا دليل على كراهيتهم للرأى الفطير   وكانوا لا يشاوِرون الجائعَ حتّى يَشبع ولا الأَسير حتّى يُطْلَق ولا الطالب حتّى يَبلغ حاجته ولا العَطْشان حتّى يَرْوَى ولا الضالّ حتّى يهتدى ولا الحاقن حتّى يخفِّف ما عنده   وقال بعض الشعراء يصف عاقلا [طويل]

عَليمٌ بأعقاب الأمور كأنّما   يخاطِبه مِن كلِّ أمرٍ عواقِبُهْ

وما أَعرفُ أَحسنَ من قول ابن الرُّومِىّ فى تفضيل الرأى المختمِر على الرأى الفطير [بسيط]

نارُ الرَّوِيّةِ نارٌ جِدُّ مُنضِجةٍ   ولِلبَديهة نارٌ ذاتُ تلويحِ
وقد يفضِّلها قومٌ لعاجِلِها   لكنّه عاجِلٌ يَمضى مع الرِّيحِ

ومِمّا يوجِبه العقلُ الصحيح أنّ الإنسـان لا يَدخل فى أمر يَعسر الخروجُ منه قـال الشاعر [خفيف]

ما مِن الحزم أن تُقارِب أمرا تَطلبُ البُعْدَ منه بعد قـليلِ
فإذاما هممتَ بالشىء فانْظرْ كيف منه الخروجُ بعد الدخولِ

قـالوا وأَفضلُ مِن ذلك أنّ الإنسان لا يُدخِل نـفسَه فى أمر يَحتاج فى الخروج منه الى فِكْر قـال مُعْويةُ لعمرو بن العاص ما بَلَغَ من دَهائك قال ما دخلتُ فى أمر إلّا وأَحسنتُ الخروج منه فقال مُعْويةُ لكنّى أنا ما دخلت فى أمر أَحتاج فى الخروج منه الى فِكْر ومن الامور المُهِمّة للمَلِك حُسْنُ نظره فى إرسـال الرُّسُل فبـالرسول يُستدَلّ على حـال المُرسِل قـال بعض الحكماء اذا غاب عنكم حـالُ الرجل ولم تَعلموا مقدار عقله فأنظروا الى كتابه ورسوله[1] فهما شاهدان لا يَكذبان ويَجب أن يكون فى الرسول خِصال منهـا العقل ليميِّز به الأمر المستقيم مِن المُعوجّ والأمانةُ والعَفاف لئلّا يَخون مُرْسِله فكم من رسول بَرقتْ له بارِقةُ طَمْعٍ مِن جهة من أُرسل اليـه فحَفَظَ جانـبـه

[1] او رسوله A .

وترَكَ جانب مُرسِله   أَرسل مُعٰوِيَةُ الى مَلِك الروم رسولا من أَقاربه كان يَعتمد عليه لتقرير أمر الهُدْنة واشترَط مُعٰوِيَةُ شروطا غليظة فلمّا حضر الرسول عند مَلِك الروم اجتَهد به على تخفيف تلك الشروط فلم يَقبل فخَلا به وقال له بلغنى أنّكَ فقير وأنّك اذا أَردتَّ الركوب الى مُعٰوِيَةَ تَستعير الدوابّ قال كذلك هو قال فما أَراكَ تعمل لنفسك شيئًا وهذا المالُ الّذى عندنا كثير فخُذْ منه ما يُغنيك الى الأبد ودَعْ مُعٰوِيَةَ وأَحضر له عشرين ألف دينار فأَخذها وخفَّف له الشروط وأَمضى أمر الهُدْنة ثمّ رجع الى مُعٰوِيَةَ فلمّا نظر مُعٰوِيَةُ فى الكتاب علم بالحال فقال له ما أَراكَ عَماتَ إلّا له وعزم على مُؤاخذته فقال له يا أمير المؤمنين أَقِلْنى قال قد أَقلتُك وأَعرض عنه   وفيما فعل كمالُ الدين محمّد بن الشَّهرُزُورِيّ حين أَرسله أَتابكُ زَنْكِي صاحب الموصل الى بغداذ لتقرير أمر الراشد مَنبَهة على وجوب تدقيق النظر فى اختيار الرُّسُل وذاكَ أنّه لمّا خُلع الراشد الخليفة ببغداذ فارَقها وحضر الى الموصل مستسعِدا بأَتابك زَنْكِي وخلا به ووعده ومَنّاه أنّه إن عاد الى الخلافة أن يَفعل معه ويَصنع فتهوَّس أَتابك زَنْكِي بذلك وضَمِنَ له صَلاحَ الحال مع السلطان مَسْعودٍ ثمّ

إنّ أَتابك زَنْكِى عزم على مراسلة الديوان ببغداذ فى هذا المعنى فاختار للرسالة كمالَ الدين بن الشَّهْرُزورىّ قاضى الموصل فأَرسله ووصّاه بالاحتجاج والمبالغة فى تقرير أمر الراشد ونقضِ ما أَبرموه من خلافة المقتفِى فتوجَّهَ كمال الدين الى بغداذ

قال ابن الأَثير صاحب التأريخ حكى لى والدى قال حكى لى كمال الدين المذكور قال لمّا حضرتُ بالديوان قيل لى تُبايِع أميرَ المؤمنين فقلتُ أميرُ المؤمنين عندنا بالموصل وله فى أَعناق الخلق بَيْعة متقدِّمة قال وطال الحديث فى ذلك وعدتُ الى منزلى فلمّا جاء الليل جاءتْنى عَجوز سرّا واجتَمعتْ بِي وأَبلغتْنى رسالة من المقتفِى مضمونُها المعاتبة لى على ما قلتُ واستنزالى عنه فقلتُ غَدًا أَخدمُ خدمة يَظهر أَثَرُها فلمّا كان الغد حضرتُ بالديوان وقيل لى فى معنى البَيْعة فقلتُ أَنا رجل فقيه قاض ولا يجوز لى أن أُبايِع إلّا بعد أن يَثبت عندى خلعُ المتقدِّم فأَحضروا الشهود فشَهِدوا عندى بفِسْق الراشد فقلتُ هذا ثابت لا كلامَ فيه ولكن لا بُدَّ لنا فى هذه الدَّعْوَى مِن نَصيب لأنّ أمير المؤمنين المقتفِىَ حصلتْ له خلافة الله فى أرضه والسُّلْطانُ فقد استراح ممّن كان يَقصده فنحن بأىّ شىء نَرجع فرَفَعَ الأمر الى

المقتفِى فأَمر أن يُعْطَى أَتابكُ زَنْكِى صَرِيفِينَ ودَرْبَ هَرُون وحَرْبَى مُلْكا فبايعتُ المقتفِىَ وعدتُّ وقد حصل لى مال صالح وتُحَف وهدايا وما أَدرى والله من أىّ حالَيْه أَعجب من فعله هذا وخِيانته لمُرسِله وتسويد وجهه مع من استجار به فإنّه لم يكن الفائدةُ من إرسال كمال الدين إلّا تقوية أمر المقتفِى وتأكيد خلع الراشد او من حكايته عن نفسه مثلَ هذه الفعلة

وكذلك ما جرى لعَميد المُلْك الكُنْدُرىّ وزير السلطان طُغْرُلْبَكَ أَرسله السلطان طُغْرُلْبكُ ليَخطب له امرأةً فمضى الكُنْدُرىّ وخطبها لنفسه وتزوَّجها وعصى على طُغْرُلْبَكَ فلمّا ظفر به طُغْرُلْبكُ لم يَقتله ولكن خَصاه واستَبقاه فى خدمته احتياجا الى كَفاءته وفى ذلك يقول الباخَرْزىّ الشاعر وكان صاحب الكُنْدُرىّ [كامل]

قالوا مَحَا السُّلْطانُ عنه بغَرْبه   سِمةَ الفُحولِ وكان قَرْما صائلَا
قلتُ اسْكُتوا فالآنَ زادَ فُحولةً   لمّا غدَا مِن أُنْثَيَيه عاطِلَا
والفَحْلُ يَأْنَفُ أن يُسَمَّى بعضُه   أُنثَى لذلك جَذَّها مُستأْصِلَا

ومن الأَشعار المقولة فى ذلك قول القائل [متقارب]

اذا كنتَ فى حاجة مُرْسِلا   فأَرسلْ حكيما ولا تُوصِهِ

وأَجودُ من هذا المعنى وأَكملُ قول الآخَر [وافر]

اذا أَرسلتَ فى أمرٍ رسولا ... فأَفهِمْه وأرسلْه أَديبَا
فإن ضَيَّعْتَ ذاك فلا تَلُمْه ... على أن لم يكن عَلِمَ الغُيوبَا

وممّا يَزين المَلِك اصطناع العَوارف الى أَشراف رعيّته فبذلك تَميل أَعناقهم اليه ويَدخلون بذلك فى زُمْرة خَدَمه وحاشيته وما زال أَفاضل الملوك يَلحظون هذا المعنى فيُفْضِلون دائمًا على أَشراف رعيّتهم أَنواعَ الإفضال ليَسترِقّوهم بذلك كان مُعْوِيةُ أَشدَّ الملوك لَهَجا بهذا المعنى كان يُعْطِى عبدَ الله بن جعفر ابن ابى طالب وعبدَ الله بن العبّاس رضهما فى سنة جُمَلا طائلة من المال وكفاك مِن ذلك أنّ عَقِيل بن ابى طالب فارَقَ أخاه علىَّ بن ابى طالب عم وقصد مُعْوِيَةَ مستميحا وما ذاك لشُحّ عند أمير المؤمنين عم فإنّه كان صلواتُ الله عليه وسلامه يُبارِى الريحَ جُودا وكرما وكان جميعُ ما يَدخل له من أَملاكه يُخرِجه فى الصَّدَقات والمَبَرّات ولكنّ عَقِيلا كان يريد من مال المسلِمين[1]

[1] B من مال بيت المال اكثر الخ.

أَكثرَ من حقّه وما كان دِينُ أمير المؤمنين عمَ يَقتضى ذلك وكان مُعوية يُعطِى لأجل مَصْلحة الدنيا ولا يُفكِر فيما كان يُفكِر فيه أمير المؤمنين عمَ وأنظرْ الى كمال الدين حَيْدَرَةَ بن عُبيد الله الحُسَيْنىّ الموصلىّ وكان شيخَ أهله ومقدَّمهم سِنّا وزُهْدا وفضلا وورعا كيف استماله صاحبُ الموصل بدرُ الدين بما أَسداه اليه من الإنعام حتّى مدحه وانخرط فى زُمْرة شعرائه فمن شعره فيه [طويل]

هَنِيئًا بجَدٍّ ساعَدَتْك سُعودُهُ وتَمَّ له يومَ التفاخُرِ عِيدُهُ
وبُشرَى بإِقبالٍ أَهلَّ بَشيرُه كما وَفدتْ عند الهَناء وُفودُهُ
وأَنَّى لبدر الدين ذى الفخر والعُلَى نَدِيدٌ وكَلّا أنْ يُصابَ نَدِيدُهُ

ومع أنّه صار من شعرائه وانخرط فى زُمْرة مُدّاحه كان بدرُ الدين بعد موت كمال الدين حَيْدَرَةَ اذا اجتاز على تُرْبته وهى تربة مفرَدة ظاهرَ الموصل جَنُوبيّةٌ قِبْلِيّةٌ يَترك العسكر ويَدخل اليه يَزوره ويَدعو لنفسه عند ضَرِيحه رحمهما الله تعالى[1]

[1] Ap. تعالى, B تمّ الفصل الاوّل من كتاب التأريخ المَلَكىّ الخ.

الفصل الثانى

فى الكلام على دَوْلةٍ دَوْلةٍ

لقد تَمَّ الكلام على الأمور السُّلْطانيّة والسياسات المَلَكيّة وعُلِمَ بذلك سيرة المَلِك الفاضل المستحِق للرئاسة وخَواصّ المَلِك التى يَتميّز بها عن الرَّعايا والحقوقُ الواجبة للمَلِك على رعيّته والحقوقُ الواجبة لهم عليه واندَرج فى أثناء ذلك الكلامُ على كُلّيات أحوال الدُّوَل على سبيل الإجمال وكلُّ ما مضى فى هذه الأوراق من اللطائف والمَحاسن فقد وفّر الله تعالى منه حَظَّ المولى المَلِك الفاضل حاطَه الله تعالى بأَنواع أَلطافه، وبلّغه أَقصى الغايات من إسعاده وإسعافه، لانّ الله تعالى هداه بسابق عِنايته الى مَحاسن الشِّيَم، وفضَّله بخافى لطفه على كثير من الأُمَم،

وهذا أَوان الشروع فى الكلام على دولةٍ دولةٍ، أمّا الدولة الأُولى وهى دولةُ الأربعة فإنّ ابتداءها كان منذ قُبض

رسول الله صلوات الله عليه وسلامه وبُويِعَ أبو بَكْرٍ بن أبى قُحافةَ وذلك فى سنة اثنتىْ عشرة من الهجرة وانتهاؤها حين قُتل أمير المؤمنين علىٌّ بن أبى طالب عمّ وذلك فى سنة أربعين من الهجرة   واعلمْ أنّها دولة لم تكن من طَرْز دُوَل الدنيا وهى بالأمور النبويّة والأحوال الأُخْرَويّة أَشبهُ والحقُّ فى هذا أنّ زِيّها قد كان زِىَّ الأَنبياء وهَدْيَها هَدْىَ الأَولياء وفُتوحَها فُتوحَ الملوك الكبار فأمّا زِيّها فهو الخُشونة فى العيش والتقلّل فى المَطعَم والمَلبَس كان أحدُهم يَمشى فى الأسواق راجلا وعليه القَميص الخَلَق المرقوع الى نصف ساقه وفى رِجْله تاسُومة وفى يده دِرّة فمَن وجب عليه حَدٌّ استَوفاه منه   وكان طَعامُهم من أدنى أطعمة فقرائهم ضَرب أميرُ المؤمنين عمّ المَثَلَ بالعسل والخُبز النَّقىّ فقال فى بعض كلامه ولو شئتُ لاهتَديتُ الى مصفَّى هذا العسل بلُباب هذا البُرّ   واعلمْ أنّهم لم يَتقلّلوا فى أطعمتهم وملبوسهم فَقْرا ولا عَجْزا عن أَفضل لباس وأَشهى مطعم ولكنّهم كانوا يفعلون ذلك مُواساةً لفقراء رعيّتهم وكَسْرا للنفس عن شهواتها ورِياضة لها لِتَعتاد أَفضلَ حالاتها وإلّا فكلٌّ واحد منهم كان صاحب ثَرْوة ضخمة ونَخْل وحدائق وغير ذلك من

الأسباب ولكنّ أَكْثر خَرْجهم كان فى وجوه البِرّ والقُرَب كان لأمير المؤمنين علىّ عمّ ارتفاع طائل من أَملاكه يُخرِجه جميعه على الفقراء والضعفاء ويَقتنع هو وعِياله بالثوب الغليظ من الكِرْباس وبالقُرْص من خُبز الشعير وأمّا فتوحها وحروبها فإنّ خيلها بلغتْ إفْرِيقيّةَ وأَقاصىَ خُراسانَ وعبرتِ النهر فإنّ عُبَيْد الله بن العبّاس تولّى إمارة سَمَرْقَنْدَ وبها مات وفيها قبره فأوّل حروبها قِتالُ أهل الرِّدّة شرحُ كيفيّة الحال فى ذلك على سبيل الاختصار لمّا قُبض رسول الله صلوات الله عليه وسلامه ارتدّ ناس من الأَعراب عن الإسلام وامتَنعوا مِن أَداء الزكاة وقالوا لو كان محمّد نبيًّا لما مات فوعظهم ذَوُو اللُّبّ والعقل وقالوا لهم أَخبِرونا عن الأنبياء عليهم السلام هل تُقِرّون بنبوّتهم قالوا نعمْ قالوا فهل ماتوا قالوا نعمْ قالوا فما الّذى تُنكِرونه من نبوّة محمّد عمّ فلم يَنجع القول فيهم فجهّز أبو بَكرٍ الى كلّ طائفة منهم جيشا فتوجّهت الجيوشُ اليهم وقاتلتْهم وكانت الغَلَبة للجيوش الإسلاميّة فأَبادتْهم قتلا وأَسرا ورجع مَن تبقّى منهم الى الإسلام وأَدّى الزكاة ومِن وقائعها فِتْنةُ مُسَيْلَمَةَ الكَذّاب شرحُ ذلك على

وجه الاختصار   ظهر فى أيّام أبى بَكرٍ رجل يقال له مُسَيْلَمَةُ ادَّعى أنّه نبىّ وأنّ الوحى يَنزل عليه من السماء واجتمع اليه ناس كثيرون من قبيلته وغيرِهم ثمّ ظهرتِ امرأة من العرب اسمها سِجاحُ ادَّعت ايضا أنّها نبيّة وأنّ الوحى يَنزل عليها وتبعها بنو تَمِيمٍ وهم قبيلتها ثمّ سارت لقتال مُسَيْلَمَة وكانت جموعها أَكْثرَ من جموعه فلمّا علم مُسَيْلَمَة بمسيرها اليه قال لأصحابه ما الرأى قالوا أن تسلِّم الأمر اليها فلا طاقةَ لنا بها وبمن معها فقال مُسَيْلَمَة دَعونى أنظرْ فى أمرى ففكَّر وكان داهيةً فأَرسل اليها وقال ينبغى أن نَجتمع أنا وأنتِ فى موضع ونَتدارس ما نزل الينا من الوحى فمن كان على الحقّ تبعه الآخَرُ فأَجابَتْه الى ذلك وأَمرَ مُسَيْلَمَة أن تُضرَب قُبّةٌ مِن أَدَم ويُستكثر فيها من العُود وقال إنّ المرأة اذا شمّتْه ذكرتِ الباهَ ثمّ اجتمع بها فى القُبّة وخدعها وواقعها فلمّا قام عنها قالت إنّ مِثْلى لا يَجرى أمرُها هكذا ولكن اذا خرجتُ اعترَفتُ لك بالحقّ واخطبْنى الى قومى فإنّهم يزوِّجونك ثمّ أَقود بنى تَمِيم معك فلمّا خرجتْ قالت إنّه قرأ علىّ ما نُزّل عليه من الوحى فوجدتُّه حقّا وقد سلّمتُ الأمر اليه ثمّ خطبها فزوّجوه وجَعَلَ مَهْرها إعفاءَهم من صلاة العصر

قالوا فبنو تَمِيمٍ بالرَّمْل الى الان لا يصلُّون العصرَ ويقولون هذا مهرُ كريمتِنا فلمّا بلغ ذلك أبا بَكْرٍ جهَّز اليهم جيشا أميرُه خالد بن الوَليد فاقتتلوا أشدَّ قتال رآه المسلمون ثمّ كانت الغَلَبة للجيش الإسلاميّ فقُتِل مُسَيْلَمَةُ ومِن فتوحها الكبار فتح الشأم

شرحُ كيفيّة ذلك لمّا كانت سنة ثلاث عشرة من الهجرة وهى السنة التى تُوُفّى فيها أبو بَكْرٍ ورجع أبو بَكْرٍ من الحجّ شرع فى تجهيز الجيوش الى الشأم فبعث عسكرا كثيفا جَعَلَ على كلّ قطعة منه أميرا وسمَّى لكلّ أمير بلدا إن فتحه واستولى عليه كان له ثمّ أَمدّهم بخالد بن الوليد فى عشرة ألف فتكمَّلَ بالشأم ستّة وأربعون ألف مقاتِلٍ وجرت بينهم وقائعُ وحروب امتَدّتْ الى أن مات أبو بَكْرٍ وبُويِعَ عُمَرُ بن الخَطّاب رضها فعزلَ عُمَرُ خالدَ بن الوليد عن إمارة الجيش وكان قد أمّر ثمّ أمّر على الناس أبا عُبَيْدَةَ بن الجَرّاح فورد رسولُ عُمَر الى الجيش بالشأم بكتاب عُمَر الى أبى عُبَيْدَةَ بتوليته وعزلِ خالد واتَّفق وصول الرسول وهم مشغولون بالحرب فجعَلَ الناس يسئلون الرسول عن سبب قدومه فأَخبرهم بالسلامة ووعدهم أنّ وراءه مَدَدا لهم وكَتَمَ عنهم موت أبى بَكْرٍ ثمّ وصل الى

أبي عُبَيْدَةَ بن الجَرّاح فأَخبره سِرّا بموت أبي بَكْرٍ وناوَله كتاب عُمَر بتوليته وعزلِ خالد فأُستَحيي أبو عُبَيْدَةَ مِن خالد وكَرِهَ أن يُعْلِمه بالعزل وهو قد بَذَلَ جُهْدَه فى القتال فكَتَمَ أبو عُبَيْدَةَ الخبر عن خالد وصبر حتّى تَمَّ الفتح وكتب الكتاب باسم خالد ثمّ أَعلمه بموت أبي بَكْرٍ وبعزله فسلَّم اليه الجيش وكان فتحُ دمشق فى سنة أربع عشرة من الهجرة فى خلافة عُمَرَ بن الخَطّاب

وفى الدولة المذكورة كان فتحُ العِراق وأَخْذُ المُلْك مِن الأَكاسِرة شرحُ مبدإ الحال فى انتقال المُلْك من الأَكاسرة الى العرب إنّ الله تعالى بسابق علمه وبالغ حِكمته وعِزّة قُدرته اذا أَراد أمرا هيَّأَ أَسبابه وقد وَصَفَ نفسه عزّ وجلّ بقوله[1] قُلِ ٱللّٰهُمَّ مَالِكَ ٱلْمُلْكِ تُؤْتِي ٱلْمُلْكَ مَنْ تَشَاءُ وَتَنْزِعُ ٱلْمُلْكَ مِمَّنْ تَشَاءُ وَتُعِزُّ مَنْ تَشَاءُ وَتُذِلُّ مَنْ تَشَاءُ بِيَدِكَ ٱلْخَيْرُ إِنَّكَ عَلَى كُلِّ شَيْءٍ قَدِيرٌ ولمّا أراد جَلَّ شأْنُه، وعَزَّ سُلْطانُه، نَقْلَ المُلْك عن فارِسَ الى العرب أَصدر من المُنْذِرات بذلك ما ملأَ به قلوبَهم وقلوب أَوليائهم رُعْبا فأَوّلُ ذلك ارتجاس الأَيْوان وسقوط الشُّرُفات منه

[1] *Coran*, III, 25.

وذلك عند مِيلاد الرسول عليه أَفضلُ الصلوات وخمودُ نار فارِسَ ولم تكن خَمَدتْ قبل ذلك بألف عام وذلك فى عهد أَنُوشَرْوانَ العادلِ فلمّا رأى أَنُوشَرْوانُ سقوط الشُّرُفات وانشقاق الأَيْوان غَمَّه ذلك ولبس تاجه وجلس على سريره وأَحضر وزراءه وشاوَرهم فى ذلك ففى تلك الحال وصل كتاب من فارِسَ بخمود النار فازداد كِسْرَى غمّا الى غمّه وفى تلك الحال قام المُوبَذانُ وقصّ الرُّويَا التى رآها قال رأيتُ أَصلحَ اللهُ المَلِك كأنّ إبِلا ضعافا تَقود خيلا عِرابا قد قطعتْ دِجْلةَ وانتَشرتْ فى بلادها فقال له كِسْرَى فأَىُّ شىء يكون تأويلَ هذا قال أَصلحَ اللهُ المَلِك حادثٌ يَحدث من جهة العرب وفَشَا الحديث بذلك بين العجم وتَحدَّث به الناس فسكن الرُّعْبُ قلوبَهم وثبتتْ هَيْبةُ العرب فى نفوسهم ثمّ تَتابعتْ أَمثالُ هذه المُنذِرات الخواذل الى اخِر الأمر فإنّ رُسْتُمَ لمّا خرج لمحاربة سَعْد بن ابى وَقّاصٍ رأى فى منامه كأنّ مَلَكا قد نزل من السماء وجمع قِسِيَّ الفُرْس وختم عليها وصعد بها الى السماء ثمّ انضمَّ الى ذلك ما كانوا يشاهِدونه من سَداد منطق العرب وطُمَأْنِينة نفوسهم وشدّة صبرهم على الشدائد ثمّ ما جرى فى اخِر الأمر من اختلاف كلمتهم بعد

موت شَهْرِيارَ وجلوس يَزْدَجَرْدَ على سرير المملكة وهو صبيّ حَدَثٌ ضعيف الرأى ثمّ الطامّةُ الكُبْرَى وهى انعكاس الريح عليهم فى حرب القادِسيّة حتّى أعمتْهم بالغُبار، وعَمّتْهم بالدّمار، وفيها قُتل رُسْتُمُ وانفلّ جيشهم فانظرْ الى هذه الخَواذل واعلمْ أنّ لله أمرا هو بالِغُه شرحُ الحال فى تجهيز الجيش الى العراق واستخلاص المُلْك من فارِسَ كان ثغرُ فارِسَ مِن أثقل الثغور على العرب وأَعظمِها فى نفوسهم وأَكثرِها هَيْبةً وكانوا يَكرهون غَزْوَه ويَجنبون عنه استعظاما لشأن الأَكاسرة ولِما هو مشهور مِن تدويخهم الأُمَمَ حتّى كان اخِرُ أيّام أبى بَكْرٍ فقام رجل من الصَّحابة يقال له المُثَنَّى بن حارِثةَ وندب الناسَ الى قتال فارِسَ وهوّن عليهم الأمر وشجّعهم على ذلك فانتَدب معه جماعةٌ وتذكّرَ الناسُ ما كان رسولُ الله صلوات الله عليه يَعِدُهم به مِن تملُّكِ كُنوز الأَكاسرة ولم يَتمّ فى ذلك أمرٌ فى خلافة أبى بَكرٍ حتّى كانت أيّامُ عُمَرَ بن الخَطّاب وكَتَبَ اليه المُثَنَّى بن حارثةَ يُخبِره باضطراب أمور الفُرْس وبجلوس يَزْدَجَرْدَ بن شَهْرِيارَ على سرير المُلْك وبصِغَر سنّه وكان قد جلس على السرير وعُمْرُه احدى وعشرون سنة فقَوِيَ حينئذ طمعُ العرب

فى غَزْو الفُرْس فخرج عُمَرُ رضه وعَسْكَرَ ظاهرَ المدينة والناسُ لا يَعلمون أين يريد وكانوا لا يَتجاسرون على سؤاله عن شىء حتّى أنّ بعضهم سأله مرّةً عن وقت الرَّحيل فزَجَرَه ولم يُعلِمه فكانوا اذا أَعضلَ عليهم أمرٌ وكان لا بُدَّ لهم من استعلامه منه استعانوا عليه بعُثْمانَ بنِ عَفّانَ او بعبد الرحمن بن عَوْفٍ واذا اشتَدَّ الأمر عليهم ثلَّثوا بالعبّاس فقال عُثْمانُ لعُمَرَ يا أمير المؤمنين ما بلغك وما الّذى تريد فنادَى عُمَر الصلوةَ جامِعةً فاجتَمع الناس اليه فأَخبرهم الخبر ووعظهم وندبهم الى غَزْو الفُرْس وهوَّن عليهم الأمر فأَجابوا جميعا بالطاعة ثمّ سألوه أن يَسير معهم بنفسه فقال أَفعلُ ذلك إلّا أن يَجىء رأىٌ هو خير من هذا ثمّ بعث الى أَصحاب الرأى وأَعيان الصَّحابة وعقلائهم فأَحضرهم واستشارهم فأَشاروا عليه بأنْ يُقيم ويَبعث رجلا من كبار الصَّحابة ويكون هو مِن ورائه يَمدّه بالأَمداد فإن كان فتحٌ فهو المطلوب وإن هلك الرجل أَرسل رجلا اخَر فلمّا انعقد إجماعُهم على هذا الرأى صعد عُمَرُ المِنْبَرَ وكانوا اذا أرادوا يكلِّمون الناس كلاما عامّا صعد أحدُهم المنبر وخاطَب الناس بما يريد فلمّا صعد عُمَرُ قال أيّها الناس إنّى كنت عازما على الخروج معكم وإنّ ذوِى اللُّبّ والرأى منكم قد

صرفونى عن هذا الرأى وأشاروا بأن أُقيم وأَبعث رجلا من الصَّحابة يَتولّى أمر الحرب ثمّ استشارهم فيمن يَبعث وفى تلك الحال وصل اليه كتاب مِن سَعْد بن أبى وَقّاصٍ وكان غائبا فى بعض الأَعمال فأشاروا على عُمَر بسَعْدٍ وقالوا إنّه الأَسد عادِيا ووافَقَ ذلك حُسْنُ رأى من عُمَر بن الخَطّاب فى سَعْد بن أبى وَقّاصٍ فاستحضره وولّاه حربَ العِراق وسلَّم الجيش اليه فسار سَعْدٌ بالناس وسار عُمَرُ بن الخَطّاب معهم فَراسِخ ثمّ وعظهم وحَثّهم على الجِهاد وودَّعهم وانصرف الى المدينة وتوجّه سَعْدٌ فجعل يَنتقل فى البَرّيّة التى بين الحجاز والكوفة ويَستعلم الأَخبار ورُسُلُ عُمَر تأتيه وكُتُبُه يُشير عليه فيها بالرأى بعد الرأى ويُمِدّه بالجنود بعد الجنود حتّى استقرّ رأيه على قصد القادِسيّة وهى كانت باب مملكة الفُرْس فلمّا نزل سَعْدٌ بالقادِسيّه احتاج هو ومَن معه الى الأَقوات فبعث ناسا وأَمرهم بتحصيل شىء من الغنم والبقر وقد أَجفلَ أهلُ السَّواد قُدّامَهم فوجدوا رجلا فسألوه عن الغنم والبقر فقال لا عِلْمَ لى بذلك واذا هو الراعى وقد أَدخلَ الدوابّ فى أَجَمة هناك قالوا فصاح ثَوْرٌ منها كَذَبَ الراعى ها نحن فى هذه الأَجَمة فدخلوا

اليها واستاقوا منها عدّةً وأَحضروهـا الى سَعْدٍ فـاستَبشروا بذلك وعدّوها نُصْرة من الله تعالى والثورُ إن لم يكن قد تلفَّظَ بحروف يكذِّب بها الراعىَ فإنّ صِياحـه فى تلك السـاعة حتّى يُستدَلّ بصياحه على الدوابّ عند شدّة الحاجة اليها تكذيبٌ صَريحٌ للراعى وهو من الاتّفاقات العظيمة الدالّة على النصر والدولة والاستبشارُ به واجب وحين ورد الخـبر الى العجم بوصول سَعْد بالجيش ندبوا له رُسْتُمَ فى ثلاثين ألفَ مقاتِـل وكان جيشُ العرب مِن سبعة ألف الى ثمانيـة ألف ثمّ اجتَمع اليهم بعد ذلك ناس فالتَقوا فكان العجمُ يَضحكون مِن نَبْل العرب ويشبِّهونها بالمَغازل

وهاهنا موضع حكاية تُناسِب ذلك لا بأسَ بإيرادها حدّثنى فَـلَكُ الدين محمّد بن أَيْدَمِرَ قـال كـنْتُ فى عسكر الدّوِيدارِ الصغيرِ لمّا خرج الى لِقـاء التَّتَر بالجـانب الغربىّ من مدينـة السلام فى واقعتهـا العظمى سنـةَ ستّ وخمسين وستّمائة قـال فالتقينا بنهرِ بَشيرٍ من أعمال دُجَيْلٍ فكـان الفـارسُ منّا يَخرج الى المبـارزة وتحته فرسٌ عربىّ وعليـه سلاح تامّ كأنّه وفرسُه الجَبَـل العظيم ثمّ يَخرج اليـه من المُغول فـارس تحته فرس كأنّـه حِمـار وفى يده رمح كأنّه المِغْزَل وليس عليه كِسْوة

ولا سلاح فيَضحكُ منه كلّ من رآه ثمّ ما تمّ النهار حتّى كانت لهم الكَرّةُ فكسرونا كَسْرةً عظيمة كانت مفتاحَ الشرّ ثمّ كان من الأمر ما كان ثمّ تردّدت الرُّسُلُ بين رُسْتُمَ وسَعْدٍ فكان البَدَوىُّ يأتى الى باب رُسْتُمَ وهو جالس على سرير الذَّهَب وقد طُرِحتْ له الوَسائدُ المنسوجة بالذهب وفُرِش له الفرش المنسوج بالذهب وقد لبس العجمُ التِّيجانَ وأَظهروا زِينتهم وأَقاموا الفِيَلةَ فى حَواشى المجلس فيجىء البَدَوىُّ وفى يده رمحه وهو متقلّد سيفَه متنكِّب قوسَه فيَربط فرسَه قريبا من سرير رُسْتُمَ فيَصيح العجمُ عليه ويَهمّون بمنعه فيَمنعهم رُسْتُمُ ثمّ يَستدنيه فيَمشى اليه متوكِّئا على رمحه يَطَأُ به ذلك الفرشَ وتلك الوسائدَ فيَخرقها بزُجّ رمحه وهم يَنظرون فاذا وصل الى رُسْتُمَ راجَعَه الحديثَ فكان رُسْتُمُ لا يَزال يَسمع منهم حِكَما وأَجوبة تَروعه وتَهوله

فمن ذلك أنّ سَعْدا كان يَبعث فى كلّ مرّة رسولا فقال رُسْتُمُ لبعض مَن أُرسل اليه لِمَ لم يَبعثوا الينا صاحبَنا بالأمس قال لأنّ أميرنا يَعدل بيننا فى الشدّة والرَّخاء وقال يوما لآخَر ما هذا المِغْزَل الّذى فى يدك يَعنى رمحه فقال إنّ الجَمْرة لا يَضرّها قِصَرُها وقال مرّةً اخرى لآخَر ما بالُ سيفك

أَراه رَثًّا فقال إنّه خَلَقُ المغْمَد حَديدُ المَضْرَب فراعَ رُسْتُمَ ما رأى من أمثال هذا وقال لأصحابه انظُروا فإنّ هؤلاء لا يَخلو أمرُهم مِن أن يكون صِدْقا او كِذْبا فإن كانوا كاذبين فإنّ قوما يَحفظون أَسرارهم هذا الحِفْظَ ولا يَختلفون فى شئ وقد تعاهَدوا على كِتْمان سرّهم هذا التعاهُدَ بحيث لا يُظهِر أحد منهم سرّهم لَقومٌ فى غاية الشدّة والقوّة وإن كانوا صادقين فهؤلاء لا يَقِف حِذاءَهم أحد فصاحوا حوله وقالوا اللهَ اللهَ أن تَترك ما أنت عليه لشئ رأيتَه من هؤلاء الكلاب بل صَمِّمْ على حربهم فقال رُسْتُمُ هو ما أقول لكم ولكنّى معكم على ما تريدون ثمّ اقتَتلوا أيّاما كان فى اخِرها انعكاسُ الريح عليهم حتّى أَعماهم الغُبار فقُتل رُسْتُمُ وانفَلَّ الجيش وغُنمتْ أَموالهم وأَجفلَ الفُرْس يَطلبون مَخاضاتِ دِجْلة ليَقعوا فى الجانب الشرقىّ وتَبِعَهم سَعْدٌ وعبر المخاضاتِ وقَتَلَ منهم مَقتلةً عظيمة أُخرى بجَلُولاءَ وغَنِمَ أَموالهم وأَسر بنتا لكِسْرَى ثمّ كتب سَعْدٌ الى عُمَر بالفتح وقد كان عُمَر فى تلك الأيّام شديدَ التطلُّع الى أمر الجيش فكان فى كلّ يوم يَخرج الى ظاهر المدينة راجلا يَتنسّم الأَخبارَ لعلَّ أحدا يَصِل فيُخبِره بما كان منهم فوصل البَشيرُ من عند

سَعْدٍ بالفتح فرآه عُمَرُ فقال له مِن أين جئتَ قال من العراق قال فما فَعَلَ سَعْدٌ والجيش قال فَتَحَ الله عليهم كلَّ ذلك والرجلُ سائر على ناقته وعُمَرُ يمشى فى رِكابه وهو لا يَعلم أنّه عُمَرُ فلمّا اجتَمع الناس وسلّموا على عُمَر بإمْرة المؤمنين عرفه البَدَوىُّ فقال هلّا أَعلمتَنى رحمك الله أنّك أمير المؤمنين قال لا بَأْسَ عليك يا أخى ثمّ كتب عُمَرُ الى سَعْدٍ قِفْ مكانَك ولا تَتبعْهم واُقتنِعْ بهذا واتّخِذْ للمسلمين دارَ هِجْرة ومدينةً يَسكنونها ولا تَجعلْ بينى وبينهم بحرا فاتّخَذَ لهم سَعْدٌ الكوفة واختَطَّ بها المَسْجِدَ الجامِعَ واختَطَّ الناسُ المَنازل ومصَّرها سَعْدٌ ثمّ حَكَمَ فى المَداين ومَلَكَ الكُنوزَ والذَّخائر ذِكرُ طُرَف مستملَحة وقعتْ حينئذ منها أنّ بعض العرب ظفر بجِراب فيه كافُورٌ فأَحضره الى أَصحابه فظنّوه مِلْحا فطبخوا أَطعاما ووضعوا فيه كافُورا فلم يَروا له طعما ولم يَعلموا ما هو فرآه رجل فعرف ما فيه فاشتراه منهم بقَميصٍ خَلَقٍ يُساوِى درهمينِ ومنها أنّ بَدَوِيّا ظفر بحَجَرٍ مِن الياقُوت كبيرٍ يُساوِى مَبْلَغا عظيما فلم يَدر قِيمته فرآه بعض مَن يَعرف قيمته فاشتراه منه بألف درهم فبعد ذلك عرف البَدَوىُّ قيمته ولامه أَصحابُه وقالوا له هَلّا طلبتَ فيه أَكثرَ

من ذلك قال لو علمتُ أنّ وراءَ الألف عددا أكثرَ من الألف لطلبتُه ومنها أنّ بعضهم كان يأخذ فى يده الذَّهَب الأَحمر ويقول مَن يأخذ الصَّفْراءَ ويُعطينى البَيْضاءَ يرى أنّ الفِضّة خير من الذَّهَب ذكرُ ما آلتْ اليه حالُ يَزْدَجَرْدَ

ثمّ إنّ يَزْدَجَرْدَ هرب الى خُراسانَ وما زال أمرُه يَضعف حتّى قُتل فى سنة إحدى وثلاثين من الهجرة بخُراسان وهو اخِر ملوك الأَكاسرة وفى الدولة المذكورة دُوّنتِ الدَّواوينُ وفُرض العَطاءُ للمسلمين ولم يكونوا قبل ذلك يَعرفون ما الديوان

شرحُ كيفيّة تدوين الدَّواوين كان المُسْلِمون هم الجُنْدَ وكان قتالُهم لأجل الدِّين لا لأجل الدنيا وكان لا يَزال فيهم دائما مَن يَبذل شطرا صالحا من ماله فى وجوه البِرّ والقُرَب وكانوا لا يريدون على إسلامهم ونصرِهم لنبيّهم صلوات الله عليه وسلامه جَزاءً إلّا من عند الله تعالى ولم يَفرض النبىُّ صلوات الله عليه وسلامه ولا أبو بَكرٍ لهم عَطاءً مقرّرا ولكن كانوا اذا غزوا وغنموا أخذوا نصيبا من الغنائم قرَّرتْه الشريعةُ لهم واذا ورد الى المدينة مالٌ من بعض البلاد أُحضر الى مسجد الرسول صلوات الله عليه وسلامه وفُرّق فيهم حسبَ ما يَراه صلّى الله عليه وجرى

الأمر على ذلك مُدّةَ خلافة أبى بَكرٍ فلمّا كانت سنةُ خمس عشرة من الهجرة وهى خلافة عُمَرَ رأى أنّ الفتوح قد تَوالتْ وأنّ كنوز الأكاسرة قد مُلكت وأنّ الحمول من الذهب والفضّة والجواهر النفيسة والثياب الفاخرة قد تَتابعتْ فرأى التوسيع على المسلمين وتفريقَ تلك الأموال فيهم ولم يكن يَعرف كيف يَصنع وكيف يَضبط ذلك وكان بالمدينة بعض مَرازِبة الفُرْس فلمّا رأى حَيْرة عُمَرَ قال له يا أمير المؤمنين إنّ للأكاسرة شيئًا يسمّونه دِيوانا جميعُ دَخْلهم وخَرْجهم مضبوط فيه لا يَشذّ منه شىء وأهل العطاء مُرتّبون فيه مَراتبَ لا يَتطرّق عليها خَلَلٌ فتنبَّهَ عُمَرُ وقال صِفْه لى فوصفه المَرْزُبان فَفطِنَ عُمَرُ لذلك ودوَّن الدواوين وفَرَضَ العطاءَ فجعل لكلّ واحد من المسلمين نوعا مقرّرا وفرض لزوجات الرسول صلوات الله عليه وسلامه ولسَراريِّه وأَقاربه حتّى استَنفد الحاصلَ ولم يَدَّخِرْ فى بيت المال شيئًا قالوا فقام اليه رجُل وقال يا أمير المؤمنين لو تركتَ فى بيوت الأموال شيئًا يكون عُدّةً لحادثٍ إن حدثَ فزجره عُمَرُ وقال كَلِمةٌ أَلقاها الشيطان على فيك وقانى اللهُ شرَّها وهى فِتْنة لمَن بعدى إنّى لا أُعِدّ للحادث الّذى يَحدث سِوَى طاعة

الله ورسوله فهى عُدّتنا التى بها بلغنا ما بلغْنا ثمّ إنّ عُمَرَ رأى أن يَجعل العطاءَ على حسب السبق الى الإسلام والى نُصْرة الرسول عم فى مَواطن حروبه ثمّ استَخدم الكُتّاب فى الدواوين وأمرهم بترتيب الطبقات وضبطِ العطاء فقالوا بمَن نَبدأ يا أمير المؤمنين فأَشار ناسٌ مِن الصَّحابة عليه بأن يَبدأ بنفسه وقالوا أنت أمير المؤمنين وتقديمُك واجب فكَرِهَ عُمَرُ ذلك وقال اِبْدَأوا بالعبّاس عمّ رسول الله صلوات الله عليه وبنى هاشِمٍ ثمّ بمَن بعدهم طبقةً بعد طبقة وضَعُوا آلَ الخَطّاب حيث وضعهم الله فاُعتُمِدَ ما أَشار به وجرى الأمر على ذلك مُدّةَ خلافته وخلافة عُثْمان ثمّ فى اخِر خلافته خطر له تغييرُ هذا الرأى وأن يَفرض لكلّ واحد من المسلمين اربعة ألف وقال ألفٌ يَجعلها نَفَقةً لعياله اذا خرج الى الحرب وألف يَتجهّز بها وألف يَصحَبها معه وألف يَرتفق بها فمات عُمَرُ رضه قبل إتمام هذا الرأى ومن وقائعها المشهورة وقعة الجَمَل شرحُ مبدإ وقعة الجمل وكيفيّة الحال فى ذلك لمّا قُتل عُثْمان بن عَفّانَ اجتَمع الناس وقصدوا منزل أمير المؤمنين عَلِىّ عم وسألوه تولّىَ أمرهم فأَبَى عليهم وقال لا حاجةَ لى فى أمركم فألَحّوا عليه إلحاحا شديدا

واجتمعوا اليه مِن كلّ صَوْب يسئلونه ذلك حتّى أجاب فبايَعه الناس فسار فيهم بسيرةِ الحقّ لا يأخذه فى الله لومةُ لائم وكانت حَرَكاتُه وسَكَناتُه عمّ جميعُها لله وفى الله لا يَقضى بها حقّ أحد وكان لا يأخذ ولا يُعْطِى إلّا بالحقّ والعدل حتّى أنّ أخاه عَقِيلا وهو ابن أبيه وأمِّه طلب من بيت المال شيئا لم يكن له بحقّ فمنعه عمّ وقال يا أخى ليس لك فى هذا المال غيرُ ما أعطيتُك ولكن اُصبرْ حتّى يجىء مالى وأُعْطِيَك منه ما تريد فلم يَرض عَقِيلٌ هذا الجوابَ وفارَقَه وقصد مُعوِيَةَ بالشأم وكان لا يُعْطِى ولديْه الحَسَنَ والحُسَيْنَ عليهما السلام أكثرَ من حقّهما فأنظرْ الى رجُل حمله ورعُه على هذا الصَّنيع بولديْه وبأخيه مِن أَبَوَيْه

فلمّا سار فيهم هذه السِّيرةَ ثَقُلَ على بعض الناس فملّه وكرهوا مكانَه فخرج الزُّبَيْرُ وطَلْحةُ بعد ما بايَعاه الى مكّة وكانت عائشةُ زوجةُ[1] الرسول صلوات الله عليه وسلامه بمكّة قد خرجتْ اليها لَيالِىَ حوصِر عُثْمان بن عَفّانَ فاُتَّفقا معها على عدم الرِّضَى بإمارة عَلِىّ وعلى الطلب بدم عُثْمان ونسبوا عليّا عمّ الى أنّه أَلَّبَ الناس على عُثْمان وجرّأهم على قتله وما زال علىّ عمّ

[1] A زوجة.

مِن أَكبرِ المساعِدين لعُثْمان الذابّين عنه وما زال عُثْمان يلجأ اليه فى دفع الناس عنه فيقوم عمّ فى دفعهم عنه القيامَ المحمود وفى اخِر الأمر لمّا حوصر عُثْمان أرسل علىّ عمّ ابنه الحَسَن عمّ لنُصْرة عُثْمان رضه فقال إنّ الحَسَن عمّ استقتل مع عُثْمان وكان عُثْمان يسئله أن يَكفّ فيُقسِم عليه وهو يَبذل نفسه فى نُصْرته وأمّا طَلْحة فإنّه كان من أكبر المساعِدين على عُثْمان وهذا تَشهد به جميعُ التواريخ وأمّا عائشة فإنّها كانت قد خرجت من المدينة الى مكّة لَيالِىَ حوصر عُثْمان بن عَفّانَ ثمّ رجعت من مكّة الى المدينة فلقيها فى الطريق بعض أخوالها فقالت له ما وراءك قال قُتل عُثْمان قالت فما صنع الناسُ بعده قال بايَعوا عليّا قالت ليت هذه انطَبقتْ على هذه إن تمّ الأمرُ لصاحبك ثمّ رجعتْ الى مكّة وهى تقول قُتل والله عُثْمان مظلوما والله لأَطلبنّ بدمه فقال لها الرجل لِمَ والله إنّ أوّل مَن أَمال حُروفَه لأَنْتِ والله لقد كنتِ تقولين اُقتُلوا نَعْثَلًا فقد كفر وكان ذلك لَقَبا لعُثْمان فقالت إنّهم اُستتابوه ثمّ قتلوه وقد قلتُ وقالوا وقولى الأَخيرُ خيرٌ من قولى الأوّل ولمّا رجعتْ الى مكّة اتّفقت مع الزُّبَيْر وطَلْحة على ما ذكرْنا من الطلب بدم عُثْمان وسُخْطِ إمارة

عَلِىّ واتَّفق معهم مَرْوانُ بن الحَكَم وهو ابن عمّ عُثْمان وقالوا للناس إنّ الغَوْغاءَ مِن أهل الأمصار وعَبيدِ أهل المدينة اجتَمعوا على هذا الرجُل المسكين يَعنى عُثْمان فقتلوه ظُلْما وعُدْوانا فسفكوا الدم الحَرامَ فى البلد الحَرامِ فى الشهر الحَرامِ ثمّ استمالوا أُناسا وعزموا على قصد البَصْرة واستمالةِ أهلها والتقوِّى بها على قتالِ علىٍّ عم فلمّا انتهى ذلك الى أمير المؤمنين قام فخطب الناسَ وأَعلمهم الحال وقال إنّها فِتْنة وسأَمسِك الأمرَ ما أَسْتَمْسِكُ[1] بيدى ثمّ بلغه ما هم فيه من الجموع والتصميم على الحرب فنَهَدَ اليهم فى جيش من المُهاجِرين والأَنصار وقد كانت عائشة فى توجّهها الى البَصْرة اجتازت بماء يقال له الحَوْءَب فنبحتْها كِلابُه فقالت للدليل ما اسم هذا الموضع قال الحَوْءَب فصرختْ بأعلى صوتها وقالت رُدّونى إنّا لِلهِ وَإِنَّا إِلَيْهِ رَاجِعُونَ[2] سمعتُ رسول الله صلّى الله عليه وآله يقول عند نسائه أَيّتُكنّ تَنبحُها كلابُ الحَوْءَب ثمّ عزمتْ على الرجوع فقالوا لها إنّ الدليل كذب ولم يَعرف الموضع وقالوا لها إن لم تَسيرى من هذا الموضع وإلّا أدرككم

[1] A أَسْتَمْسَكَ.

[2] *Coran*, II, 151.

علىّ بن أبى طالب فيه فهلكتم فسارت وسار علىّ عمّ فالتقى الجَمْعان بظاهر البَصْرة وجرتْ خطوب وحروب ففى بعضها التقى عمّ وطَلْحة والزُّبَيْر فقال علىّ عمّ لطَلْحة يا طَلْحة تَطلب بدم عُثْمان فلَعَنَ الله قَتَلةَ عُثْمان يا طَلْحة أَجئتَ بعِرْس رسول الله تُقاتِل بها وخبأتَ عِرْسَك فى البيت أما بايعتَنى قال بايعتُك والسيفُ على عُنُقى فقال علىّ عمّ للزُّبَيْر يا زُبَيْر ما أَخرجك قال أنت ولا أَراكَ أهلا لهذا الأمر ولا أَوْلَى به منّا فقال علىّ عمّ لقد كُنّا نَعدّكَ من بنى عبدِ المُطَّلِب حتّى بلغ ابنُك ابنُ السَّوْء ففرّق بيننا عبدُ الله بن الزُّبَيْر وذكّره علىٌّ أَشياءَ وقال له أَتَذكر لمّا قال رسول الله صلوات الله عليه وسلامه لَتُقاتِلنّه وأنت ظالم له قال اللّهمّ نعمْ ولو ذكرتُ لما سرتُ مَسيرى هذا ووالله لا أُقاتِلك أبدا فانصرف أمير المؤمنين عمّ الى أصحابه وقال أمّا الزُّبَيْر فقد أَعطى اللهَ عهدا أن لا يقاتِلكم ثمّ إنّ الزُّبَيْر عزم على ترك الحرب فخدعه ابنُه عبد الله وما بَرِحَ به حتّى كفّر عن يمينه وقاتَل ولمّا تراءى الجمعان كان عسكرُ عائشة وطَلْحة والزُّبَيْر ثلاثين ألفا وكان عسكرُ علىّ عمّ عشرين ألفا فقبلَ أن تَنشب الحربُ وعظهم أمير المؤمنين عمّ

وندبهم الى الصُّلح وبذل لهم كلَّ ما ليس عليه فيه غَضاضةٌ مِن جهة الدِّين فمالوا شيئا الى الصُّلح وباتوا على ذلك ثمّ فى الغداة نَشِبَ القِتال بين القبيلينِ وجرتْ مناوَشاتٌ وحروب أَفضتْ الى نُصْرة جيش أمير المؤمنين عمـ فأمّا الزُّبَيْر فإنّه لمّا رأى النُّصْرة عليهم رَدَّ رأس فرسه ومرّ فتبِعه رجل من عرب البَصْرة فتبِعه عُمَيْرُ بن جُرْمُوزٍ فقتله بوادى السِّباع وأتى الى علىّ عمـ بسيفه فقال للحاجب استأذِنْ لقاتل الزُّبَيْر فقال علىّ عمـ بَشِّرْ قاتِلَ ابنِ صَفِيّةَ بالنار وصَفِيّةُ أمّ الزُّبَيْر وهى عَمّة أمير المؤمنين عمـ ولمّا رأى سيفه قال سيفٌ طالمَا جَلا الكروبَ عن وجه رسول الله صلوات الله عليه وأمّا طَلْحة فجاءه سهمٌ عائر فى رِجْله فأَعطبه فدخل البَصْرة رَديفا لغلامه وقد امتلأ خُفُّه دما وهو يقول اللّهمّ خُذْ لعُثمان منّى حتّى ترضى فمات بدارٍ خَرِبةٍ مِن دُورِ البَصْرة وقبرُه اليوم بالبَصْرة فى مَشْهَد محترَمٍ عندهم اذا اعتَصم به خائف او طريد لا يَجسر أحد كائنا مَن كان على إخراجه منه ولأهل البَصْرة فى طَلْحة اعتقادٌ عظيم الى يومنا

وقيل إنّ الّذى قتل طَلْحة مَرْوانُ بن الحَكَم وأمّا عائشة فإنّها كانت على جَمَل فى هَوْدَج وقد أُلبسَ هَوْدَجها الدُّروعَ والسَّابغَ

الحَديدَ فلمّا اشتَدّ القِتال وانفلّتْ جموعُها عُرْقِبَ الجَمَل فوقع ورُفع ووُضع هَوْدَجها حَمْلا ووُضع فى مكان بعيد عن الناس وكان أخوها محمّد بن أبى بَكْرٍ من أصحاب علىّ عم وابنَ زوجته أَسْماءَ بنتِ عُمَيْس رضها فأمرَه علىّ عم أن يَمضى الى أُخته ويَنظر هل هى سليمة أم أصابها شىء من جراح فمضى اليها فرآها سليمة ثمّ أَدخلها ليلا الى البَصْرة ثمّ إنّ أمير المؤمنين عم أَذِنَ للناس فى دفن القتلى وكانوا عشرة ألف مِن القبيلينِ ثمّ أمر عم بجمع الأَسلاب وأَدخلها الى المسجد الجامِع بالبَصْرة ونادَى فى النـاس مَن عرف شيـئا من قُماشه فَلْيَـأخذْه ثمّ إنّ أمير المؤمنين عم أَحسنَ الى عائشة غايةَ الإحسان وجهَّزهـا بكلّ مـا ينبغى لِمثْلها وأَذِنَ لهـا فى الرجوع الى المدينة وبعث معها كلّ مَن نجا ممّن خرج معها إلّا مَن أَحبّ المُقـام واختار لهـا أربعين امرأةً من نساء أهل البَصْرة المعروفـاتِ لأجل مُؤانَستهـا فى الطريق وسيَّرهـا صُحْبةَ أخيهـا محمّد بن أبى بَكْرٍ مكرَّمةً محترَمةً فلمّا كان يوم رَحيلها حضر علىّ عم وحضر الناس فقـالت عائشة رضها يا بَنِىَّ وانّما قالت ذلك لأنّ نساءَ النبىّ عم هنّ أُمّهاتُ المؤمنين كذلك قال الله تعـالى ورسوله صلوات الله عليـه لا

يَعتبْ بعضُ على بعض إنّه والله ما كان بينى وبين علىّ فى القديم إلّا ما يكون بين المرأة وأَحْمائها وإنّه على مَعْتَبتى لَمِن الأَخيار وقال علىّ عم صَدَقتْ والله ما كان بينى وبينها إلّا ذاك وإنّها لَزوجةُ نبيّكم فى الدنيا والاخِرة ثمّ سارت وشيَّعها عم أَميالا وأَرسل بَنِيه معها مَسيرةَ يوم وتوجَّهتْ الى مكّة وأقامت بها الى أيّام الحجّ ثمّ حجّتْ وانصرفتْ الى المدينة وكانت وقعةُ الجَمَل فى سنة ستّ وثلاثين من الهجرة ومن وقائعها المشهورة وقعةُ صِفِّينَ شرحُ كيفيّة الحال فى ذلك لمّا انصرف أمير المؤمنين عم من وقعة الجَمَل أرسل الى مُعْوِية يعرِّفه اجتماع الناس على بَيْعته ويُعلِمه ما كان من وقعة الجَمَل ويأمره بالدخول فيما دخل فيه المهاجِرون والأَنصار وكان مُعْوِية أميرا بالشأم مِن قِبَلِ عُثْمان وكان ابنَ عمّه فلمّا ورد الى مُعْوِية رسولُ أمير المؤمنين علىّ عم خاف مُعْوِية مِن علىّ عم وعلم أنّه متى استَتبَّ الأمرُ له عزله ولم يَستعمله وقد كان ابنُ عَبّاس والمُغِيرةُ بن شُعْبة أَشارا على أمير المؤمنين عم أن يُقِرَّ مُعْوِيةَ بالشأم مُدّةً حتّى يُبايِع الناسُ ويَتمكّن ثمّ يَعزله بعد ذلك فلم يُطِعْهما عم وقال إنّى إن أَقررتُه على إمارته ولو يوما

واحدا كنتُ عاصيا فى ذلك اليوم لله تعالى ولم تكن الخُدَعُ والحِيَلُ من مذهب علىّ عمّ ولم يكن عنده غيرُ مُرّ الحقّ فحين ورد الرسول الى مُعْوِيَة طاوَله ثمّ استشار بعَمْرو بن العاصِ وكان أحدَ الدُّهاة وكان مُعْوِيَة قد تألّفه واستماله لِيَتقوّى برأيه ودَهائه فأشار عَمْرو بن العاصِ على مُعْوِيَة أن يُظهِر قَميصَ الدمِ الّذى قُتل فيه عُثْمان بن عَفّانَ وأَصابع زوجته ويُعلّق ذلك على المِنْبَر ثمّ يَجمعُ الناس ويَبكى عليه ويُلصِق قَتْلَ عُثْمان بعلىّ ويطالِبه بدمه لِيَميل اليه أهلُ الشأم ويقاتِلوا معه فأخرج مُعْوِيَة القميص والأَصابع وعلّقه على المِنْبَر وبكى واستبكى الناسَ وذكّرهم بمُصابِ عُثْمان فانتَدب أهلُ الشأم من كلّ جانب وبذلوا له الطابَ بدم عُثْمان والقتالَ معه على كلّ مَن آوَى قَتَلَته ثمّ كتب مُعْوِيَة الى أمير المؤمنين كتابا يَذكر فيه ذلك فحينئذ تجهّز علىّ عمّ للقتال وكاتَب الناسَ لِيَجتمعوا معه وكذلك صنع مُعْوِيَة ثمّ التَقوا بصِفّينَ من أرض الشأم فجرتْ بينهم مناوَشات وحروب كان أوّلُها أنّ مُعْوِيَة وأصحابه سبقوا الى شَرِيعة الماء فملكوها ومنعوا أصحاب أمير المؤمنين عمّ من الماء ولم يكن هناك شريعةٌ غيرُها فلمّا أُخبر علىّ عمّ بذلك

أَرسل الى مُعوِيـة رسولا يـقول لـه إنّ مِن مذهبـنـا أن لا نَبدأكم بقتـال حتّى نَحتجّ عليكم ونَنظر فيما جئنا له وتَنظرون وقد منع أصحابُك الناس من الماء فأبعثْ حتّى يُخلّوا سبيلَ الماء وإن شئتم أن نترك ما جئنا له وتكونَ مقاتلتُـنـا على الماء فيكونَ الغالِبُ هو الشارِبَ فعلْنا ذلك فقال مُعوِيَة لأصحابه ما تُشيرون قال قومٌ من بنى أُمَيّةَ نرى أن تَمنعهم الماءَ حتّى يموتوا عطشا أو يَرجعوا لطلب الماء فتكونَ هزيمةً فقـال عَمْرو بن العـاصِ أرى أن تُخلّىَ لهم سبيل المـاء فـإنّ القوم لا يَعطشون وأنت رَيّانُ فأخّر مُعوِيَة الجوابَ وقال سأنظر فاقتتل الناسُ على المـاء وأَمدّ علىّ عمّ أَصحابَه وأمدّ مُعوِيَة أَصحـابَه ونَشِبَتِ الحربُ والـتَحم القتالُ فملَكَ أَصحابُ علىّ عمّ الشريعة فأرادوا مَنْعَ أصحاب مُعوِيَة فأَرسل اليهم علىّ عمّ وقـال خُذُوا حاجتَكم من المـاء ولا تَمنعوهم منه ودام على ذلك مُدّةً حتّى كاد عسكرُ علىّ أن يَغلبوا وظهرتْ أَمارات الفتح خاف عَمْرو بن العاصِ من الهلاك فأَشار على مُعوِيَة برفع المَصاحف على الرماح والدعاء الى مـا فيها مِن أمر الله فـلمّا رُفعت المصاحفُ فَتَرَ أَكثرُ النـاس عن الحرب وجاءوا الى أمير المؤمنين عمّ وقالوا يا علىّ أَجبْ الى كتاب

الله فوالله إن لم تفعل لنحملنّك كارها الى مُعْوِيَة او لنفعلنّ بك كما فعلْنا بابن عَفّانَ فقال لهم علىّ عمّ يا قومِ إنّها خُدْعةٌ منهم وإنّهم ليس فيهم من يَعمل بهذه المصاحف أَوَلَسْتم على بَيّنَة مِنْ رَبِّكُمْ[1] فامضوا لشأنكم وقاتِلوا عدوّكم فلم يَفعلوا وغلبوه فأَجاب الى ترك القتال ثمّ أَرسل الى مُعْوِيَة رسولا يقول له ما الّذى تريد برفع هذه المصاحف قال نحكّمُ منّا رجُلا ومنكم رجُلا ونُقْسِم على الرجُلينِ أن يَنصحا الأُمّةَ ويَعملا بما فى كتاب الله وما لم يَجداه فى كتاب الله حمَلاه على السُّنّة والجماعة فأَىُّ شىء حكَما به قَبِلْناه فتراضَى الناسُ جميعا بذلك إلّا أميرَ المؤمنين عمّ فإنّه رضى كارها مغلوبا ونَفَرٌ يَسيرٌ مِن بَطانته كالأَشْتَر وابنِ عبّاس وغيرِهما وانعقد الإجماعُ على تحكيم رجُلينِ فأمّا أهل الشأم فاتّفقوا على أن يكون الحَكَمُ من جهتهم عَمْرَ بن العاصِ داهِيَةَ العرب وأمّا أهل العراق فطلبوا أبا مُوسَى الأَشْعَرىّ وكان شيخا مغفَّلا فلم يَستصلحه أمير المؤمنين للتحكيم وقال إن كان ولا بُدَّ من التحكيم فدَعُونى أُرْسِلْ عبد الله بن عبّاس فقالوا لا والله هو أنت وأنت هو قال فالأَشترُ قالوا فهل سعَّر الأَرضَ غيرُ الأَشتر قال فقد

[1] *Coran*, VI, 158.

أَبَيْتم إلّا أبا مُوسَى قالوا نعمْ قال فأفعلُوا ما شئتم فاتّفق الناس على أبى مُوسَى وعَمْرِو بن العاصِ وتواعَدوا الى شهور وسكنتِ الحربُ وانصرف الناس الى أَمصارهم ورجع مُعْوِيَة الى الشأم وأمير المؤمنين عمّ الى العراق ثمّ بعد شهور سار الحَكَمان ليَجتمعا بدُومة الجَنْدَل وكانت مِيعادَ الحَكَمين وسار ناس من الصَّحابة ليَشهدوا ذلك المَقامَ وكان أمير المؤمنين عمّ قد أَرسل صُحْبَة أصحابه عبد الله بن العَبّاس فلمّا اجتَمع الحَكَمان قال عَمْرُو بن العاصِ لأبى مُوسَى الأَشْعَرىّ يا أبا مُوسَى أَلستَ تعلم أنّ عُثْمان قُتل مظلوما قال أَشهدُ قال أَلستَ تعلم أنّ مُعْوِيَة وآلَ مُعْوِيَة أَوْلياؤُه قال بَلَى قال عمْرو فما منعك منه وبيتُه فى قُرَيْشٍ كما قد علمتَ فإن خِفْتَ أن يقول الناس ليستْ له سابقةٌ فقُلْ وجدتُّه وَلِىَّ عُثْمان الخليفةِ المظلوم والطالِبَ بدمه الحَسَنَ السياسةِ والتدبير وهو أخو أُمّ حَبِيبَةَ زَوْجِ النبىّ صلوات الله عليه وكاتِبُه وقد صَحِبَه وعَرَضَ عمرو لأبى مُوسى بوِلاية وَوَعدَه عن مُعْوِيَة بأشياء فأَبَى أبو مُوسَى وقال معاذَ الله أنْ أُولِّىَ مُعْوِيَة وأن أَقبل فى حُكْم الله رِشْوةً فقال له عَمْرو فما تقول فى ابنى عبد الله وكان لعَمْرو بن العاصِ ابن اسمه عبد الله مِن خيار

الصَّحابة فأَباه أبو مُوسَى وقال لعَمْرٍو إنّـك غمسته معك فى هذه الفِتْنة ولكن هل لك فى إحياء اسم عُمَرَ بن الخطّـاب ونَدَبَه الى عبد الله بن عُمَرَ فأَباه عمرو فلمّا لم يَتّفقا قـال لـه عَمْرو يا أبـا مُوسَى فأىّ شىء هو رأيك قـال أبو مُوسَى رأيى أن نَخلع عَلِيّـا ومُعْوِيَة من هذا الأمرِ ونُزِيحَ الناس مِن هذه الفِتْنة ونَدَعَ أمرَ الناس شُورَى فيَختارَ المسلمون لأمرهم مَن يُـجْمِعون عليه قـال عَمْرو نِعْمَ ما رأيتَ وأنا معك على ذلك ولاح لعَمْرو وجـهُ الحِيلة وكان قد عوَّد أبا مُوسَى الأَشْعَرىّ أن يَتـقدّمـه فى الكلام يـقول لـه أنت صاحب رسول الله صلّى الله عليه وأَكبرُ سِنّا فَتعوَّد أبو مُوسَى أن يَتكلّم قبل عَمْرو فتَقدَّم أبو مُوسَى وقـال إنّى وعَمْرا قد اتَّفـقْنـا على أمر نَرجو فيه صَلاحَ المسلمين فتَقدَّم عَمْرو وقـال صَدَقَ وبَرَّ تـقدَّمْ يا أبا مُوسَى وأَعلِمِ النـاسَ بمـا اتَّفقْنا عليه فقام ابنُ عَبّاس وقال لأبى مُوسَى وَيْحَك إنّى لأَظُنُّه قد خدعك وقد أَوهمك أنّه اتَّفق معك على ما تريد ثمّ قدَّمك لتَعترف بـه فاذا اعترفتَ أَنكرَه فإنّه رجل غادرٌ فإن كنتما قد اتَّفقتما على شىء فقدِّمْه ليقوله قبلك فقال أبو مُوسَى إنّا قد اتَّفقْنا ثمّ قـال إنّنا قد اتَّفقْنـا على أن نَخلع عَلِيّا ومُعْوِيَة ونَدَعَ

أمر المسلمين شُورَى يَختارون مَن أَجمعوا عليه وإنّى قد خلعتُ عَلِيّا ومُعْوِيَة من الخلافة كما يُخلَع الخاتَمُ من الإصبع فتَقدَّمَ عَمْرو بن العاصِ وقال أيّها الناس قد سمعتم ما قال وإنّه قد خلع صاحبَه وأنا أيضا قد خلعتُه معه وأَثبتُّ صاحبى مُعْوِيَة فأَنكرَ أبو مُوسَى وقال إنّه غَدَرَ وكَذَبَ وما على هذا اتَّفقْنا فلم يُسمَع مِنه وتَفرَّق الناس ومضى عَمْرو بن العاصِ وأهل الشأم الى مُعْوِيَة وسلَّموا عليه بالخلافة ومضى ابن عَبّاس وأَصحاب علىّ عم الى أمير المؤمنين وأخبروه بما جرى وأمّا أبو مُوسَى فإنّ أهل الشأم تَطلَّبوه فهرب الى مكّة وعلى ذلك انفصل أمرُ صِفِّينَ وكان ابتداؤه فى سنة ستّ وثلاثين وانقِضاؤه فى سنة سبع وثلاثين حديثُ الخَوارِج وما كان منهم وما آلتْ بهم الحالُ اليه · لمّا جرى أمر التحكيم على الوجه المشروح عاد الّذين أشاروا بالتحكيم وأَلزموا أميرَ المؤمنين عم الرِّضَى به نَدِموا عليه ونفروا وأتوا عليّا عم وقالوا لا حُكْمَ إلّا لله قال علىّ عم لا حُكْمَ إلّا لله قالوا فما لك حكَّمتَ الرجال قال إنّى لم أَرض بقضيّة التحكيم وأنتم الّذين رضيتموها وإنّى أَعلمتكم أنّها مَكيدة من أهل الشأم وأمرتُكم بقتال

عدوِّكم منهم فأَبيتم إلّا التحكيمَ وغلبتمونى على رأيى فلمّا لم يَبق بُدٌّ من التحكيم استَوثقتُ وشرطتُ على الحَكَمينِ أن يَعملا بكتاب الله عزّ وجلّ وأن يُحيِيا ما أَحيَى الكتابُ ويُميتا ما أَمات فاختَلفا وخالَفا كتابَ الله وعمِلا بالهوى فنحن على الرأى الأوّل فى قتالهم قال الخَوارجُ أمّا نحن فلا ريبَ أنّا رَضِينا بالتحكيم فى أوّل الأمر لكنّنا نَدِمْنا عليه وعلمنا أنّا كنّا مُخْطِئين فأنت إن أَقررتَ على نفسك بالكُفْر واستَغفرتَ الله مِن خطئتك وتضييعِك وتحكيمِك الرجالَ رجعْنا معك الى قتال عدوّك وعدوّنا وإلّا فها نحن قد نابَذْناك فوعظهم بكلّ قول وبصَّرهم بكلّ وجه فلم يَرجعوا واجتَمعوا أُممًا من أهل البَصْرة والكوفة وغيرهم وقصدوا النَّهْرُوان وكان رأيُهم أن يأتوا بعضَ المُدُن الحصينة فيَتحصّنوا بها ويقاتِلون فيها وصدرتْ منهم أُمور متناقِضة تَدلّ على أنّهم يَخبطون خَبْطَ عَشْواءَ منها أنّ رُطْبَةً سقطت من نَخْلة فتناوَلها رجل ووضعها فى فيه فقالوا له أَكلتَها غصْبا وأَخذتَّها بلا ثَمَن فأَلقاها ومنها أنّ خِنْزيرا لبعض أهل القُرَى مَرَّ بهم فضربه أحدهم بسيفه فعقره فقالوا هذا فَسادٌ فى الأرض فمضى الرجل الى صاحب الخنزير وأَرضاه ومنها أنّهم كانوا

يَقتلون النفس الّتى حُرّمتْ إلّا بالحقّ قتلوا عبد الله بن خَبّابٍ وكان خَبّابٌ مِن كبارِ الصَّحابة وقتلوا عِدّةَ نساء وسَبَوْا وفعلوا أَفاعيلَ مِن هذا القَبيل فلمّا بلغ عليّا عمّ أمرهم وقد كان خطَبَ الناسَ فى الكوفة وندبهم الى قتال أهل الشأم وإعادة الحرب جَذَعةً قالوا يا أمير المؤمنين أين نَمضى ونَدَعُ هؤلاء الخَوارجَ يَخلفوننا فى عِيالنا وأموالنا سِرْ بنا اليهم فاذا فرغْنا من قتالهم رجعْنا الى قتال أَعدائنا من أهل الشأم فسار عمّ بالناس الى الخَوارج فلقيهم على النَّهْرُوان وأبادهم فكأنّما قيل لهم موتوا فماتوا كَرامةٌ لأمير المؤمنين علىٍّ صلوات الله عليه لمّا التَقى الخَوارج بالنَّهْرُوان أَجفلوا قُدّامَه الى ناحية الجِسْر فظَنَّ الناس أنّهم قد عبروا الجسر فقالوا لعلىّ عمّ يا أمير المؤمنين إنّهم قد عبروا الجسر فالْحَقهم قبل أن يَبعدوا فقال أمير المؤمنين عمّ ما عبروا وإنّ مَصارعهم دون الجسر ووالله لا يُقتَل منكم عشرة ولا يَبقى منهم عشرة فشَكَّ الناس فى قوله فلمّا أَشرفوا على الجسر رأوهم لم يَعبروا فكبَّر أَصحابُ أمير المؤمنين عمّ وقالوا له هو كما قلتَ يا أمير المؤمنين قال نعمْ والله ما كَذَبْتُ ولا كُذِبْتُ فلمّا انفصلت الوقعةُ وسكنت الحربُ أُعتُبر القتلى من أصحاب علىّ

عمّ فكانوا سبعة وأمّا الخَوارج فذهبتْ طائفة منهم قبل أن تَنشَب الحربُ وقالوا والله ما نَدرى على أىّ شىء نقاتِل علىّ ابن أبى طالب سنَأخذ ناحيةً حتّى نَنظر الى ما ذا يَؤول الأمر وأمّا الباقون فثبتوا وقاتلوا فهلكوا جميعُهم ثمّ إنّ أمير المؤمنين عمّ لمّا انقضى أمر الخَوارج رجع الى الكوفة وندب الناسَ الى قتال أهل الشأم فتثاقلوا فأعاد القول عليهم ووعظهم وحَثّهم على الجِهاد فقالوا يا أمير المؤمنين كَلّتْ سيوفنا وفَنِيَتْ نِبالنا ومَلِلْنا من الحرب فأمهِلْنا نُصْلِحْ أُمورنا ونَتوجّهْ وكان قد عَسْكَرَ ظاهر الكوفة فأَمهلَهم وأمرهم أن يوطِّنوا نفوسَهم على الحرب ونهاهم عن غِشْيانِ أهاليهم حتّى يَرجعوا من الشأم فصاروا يَتسلّلون ويَدخلون الكوفةَ حتّى خَلا المُعَسْكَر منهم فبطل رأيُه عمّ وكان ذلك فى سنة ثمان وثلاثين وفاةُ الأربعة وفاةُ أبى بَكْرٍ أوّلُ من مات منهم أبو بَكْرٍ مات بالمدينة حَتْفَ أَنْفِهِ فى سنة ثلاث عشرة وكان مرضُه انتقاضَ لَسْعة الحَيّة التّى لسعتْه ليلةَ الغارِ ودُفن عند النبىّ صلوات الله عليه وسلامه فى بيت عائشة ابنتِه زوج الرسول وكان الرسولُ صلوات الله عليه لمّا قُبض قُبض في بيتها فدُفن

أبو بَكْرٍ عنده وعَهِدَ الى عُمَرَ بن الخَطّاب واستَخلفه على الأُمّة بعده مَقْتَلُ عُمَرَ بن الخَطّاب لمّا وَضَعَ عُمَرُ بن الخَطّاب الخَراجَ اُغتاظ من ذلك أبو لُؤْلُؤَةَ غلامُ المُغيرة بنِ شُعْبة لأنّه كان قد وضع الخَراج على مولاه وكان عُمَرُ بن الخَطّاب لقى أبا لُؤْلُؤَةَ فقال له اصنَعْ لى رَحًى فقال أبو لُؤْلُؤَةَ لأَصنعنّ لك رَحًى تدور مع الدهر فقال عُمَرُ يهدِّدُنى العبدُ فطعنه وهو فى الصلاة فبقى ثلاثة أيّام ومات ودُفن فى تُرْبة النّبى عم وذلك فى سنة ثلاث وعشرين من الهجرة وأمّا أبو لُؤْلُؤَةَ فاجتَمع الناس عليه فقَتل منهم جماعةً ثمّ أُخذ وقُتل ذكرُ الشُّورَى وصفة الحال فى ذلك لمّا طُعن عُمَرُ اجتَمع اليه الناس وسألوه عمّن يَتولّى الأمر بعده فجَعل الأمر شُورَى والشُّورَى فى اللُّغة هى المشاوَرة ومعنى هذا أنّ عُمَر لمّا أَحسّ بالموت نظر فيمن يَعهد اليه ويولّيه أمر الأُمّة فلم يَصحّ رأيُه فى رجُل واحد فجعلها فى ستّة من أكابر الصَّحابة وهم أَصحاب الشُّورَى أميرُ المؤمنين علىٌّ عم وعُثْمانُ بن عَفّانَ وطَلْحة والزُّبَيْر وعبد الرحمن ابن عَوْف وسَعْد بن أبى وَقّاصٍ وقال كلٌّ من هؤلاء صالحٌ للأمر بعدى وأَمرهم أن يَتشاوروا ثلاثة أيّام ثمّ يُجمِعوا على

واحد من هؤلاء السّتّة وكان طَلْحة غائبا فقال عُمَرُ إن قَدِمَ طَلْحة قبل الأيّام الثلاثة وإلّا فأمضوا أمرَكم وأقام عليهم رجلا من الأنصار وقال إنّ الله أعزَّ بكم الإسلام فأختَرْ خمسين رجلا من الأنصار وأستَحِثَّ هؤلاء الرَّهْطَ حتّى يَختاروا رجلا وقال إن اجتَمع خمسةٌ ورَضُوا واحدا منهم وأَبَى واحد فأشدَخْ رأسَه بالسيف وإن اتَّفق أربعةٌ وأَبَى اثنان فأضربْ رؤوسهما وإن رضى ثلاثةٌ منهم رجلا وثلاثةٌ رجلا فحكِّموا عبدَ الله بن عُمَر يَعنى ابنه فبأيِّ الفريقينِ حَكَمَ فلْيَختاروا رجلا منهم وكان قد أَمر بحضور ابنه فى ذلك المَقام مُشيرا ولم يَجعل له من الأمر شيئا فإن لم تَختاروا بحُكم عبد الله بن عُمَر فكُونُوا مع الّذين فيهم عبد الرحمن بن عَوْف وأُقتلوا الباقينَ إن رَغِبوا عمّا اجتمع عليه الناس فلم يَجر ممّا قال شىء بل لمّا مات بويِعَ عُثْمانُ بن عَفّانَ وكان من الأمر ما كان مَقْتَلُ عُثْمان بن عفّانَ وسببُه إنّ ناسا من المسلمين نَقِموا عليه تجاوُزَه لطريقة صاحبَيْه أبى بَكْرٍ وعُمَرَ مِن التقلُّل والكفِّ عن أموال المسلمين وكان هو قد فرّق جُمْلة منها على أَقاربه ووسَّع على عِياله وأهله فمِن جُمْلة ما فعل أنّه أَعطى عبدَ الله بن خالِد بن أَسِيدٍ خمسين

ألف درهم وأَعطى مَرْوانَ بن الحَكَم خمسة عشر ألفا ولم يكن المسلمون اُعتادوا مِثْل هذا التبذير وعهدُهم قريب بضَبْط أبى بَكْرٍ وعُمَر فنفروا من ذلك وجرتْ بينهم وبينه معاتَباتٌ ومقاوَلات فاُعتَذر اليهم بأنّ أبا بَكْرٍ وعُمَر مَنَعا أنفسَهما وأهلهما احتسابا لله وتَرَكا حقّ نفوسهما وأنا صاحبُ عِيال مددتُّ يدى فوسَّعتُ علىّ وعلى أهلى بشئ من هذا المال فإن سَخِطتم هذا فأمرى لِأمركم تَبَعٌ فقالوا أَأَحسنتَ وأَأَنصفتَ[1] قد أَعطيتَ عبدَ الله ابن خالِد خمسين ألفا ومَرْوانَ خمسة عشر ألفا قال فإنّى أَستعيد ذلك منهما واُستعاد ما أَعطاهما وكان اذا عاتبوه على صادرات أموره الّتى يَحمله عليها ويحسِّنها له مَرْوانُ بن الحَكَم يَعتذر مرّةً ويَلتزم لهم ما يُشيرون به عليه ويَحتجّ مرّةً وفَشا الأمر فاُجتَمع ناس من أهل الأَمصار على حربه فجاء أهل مِصْرَ وناس من كلّ صُقْع وعزموا على قتله فخرج ليلا وجاء الى أمير المؤمنين عمّ وقال له يا ابن عمّ لى عليك حقٌّ وقد قصدتُّك ولك عند هؤلاء القوم منزلة وهم يَقبَلون قولك وقد تَرى جُرْأتهم علىّ فاُخرجْ اليهم ورُدَّهم عنّى فركِب علىٌّ عمّ وردَّ الناس عنه

[1] A أحسنتَ وأنصفتَ.

وضَمِنَ لهم عنه حُسْنَ السيرة فرجعوا ثمّ أَعضل الخَطْبُ وزيَّن له مَرْوانُ بن الحَكَم أمورا نَقِمَها الناس فاجتمعوا عليه من كلّ صَوْب وأحاطوا به وحصروه فى داره فأرسل الى علىّ عم يَستنصره فأَرسل له ابنه الحَسَن عم فقاتَل عنه قتالا شديدا حتّى كان يَستكفّه وهو يقاتِل عنه ويَبذل نفسه دونه وتكاثَرَ الناس عليه فدخلوا عليه الدارَ وخبطوه بالسيوف وهو صائم والمُصْحَفُ فى حِجْره وهو يَقرأ فيه فوقع المُصْحَفُ بين يدَيْه وسال الدم عليه فقامت زوجتُه نائلةُ لتَلتقىَ عنه الضربَ بيدها فأصاب السيفُ أصابعها فأبانها وهى الأَصابع الّتى كان يعلّقها مُعوِيَة على مِنْبَر الشأم مع قَميص عُثْمان ليرقِّق الناسَ بذلك فولّتِ المرأةُ دَهِشةً فغَمَزَ ضاربُها أوراكَها وقال إنّها لكبيرةُ العَجْز ثمّ قُتل عُثْمان واحتَزّوا رأسه فوقع نساؤه عليه وصِحْنَ وبكين فقال بعضهم دَعُوه فتركوه ثمّ داس رجُل من أهل الكوفة يقال له عُمَيْر ابن ضابِئٍ البُرْجُمىُّ أَضلاعَه فكسرها ثمّ نُهبتْ دارُه حتّى أُخذ ما على النساء ثمّ حُمل فى تابُوتٍ بعد أيّام ليُدفَن فقعد جماعةٌ على الطريق يريدون رَجْمه فأَرسل أميرُ المؤمنين علىّ عم اليهم فردَّهم عن ذلك ودُفن قريبا من البَقيع ثمّ بعد ذلك

اشتَرى مُغوِيَة ما حول قبره ومزجه بمَقابر المسلمين وأباح للناس الدَّفن حوله وكان ذلك فى سنة خمس وثلاثين من الهجرة وسُمّى يومُ قَتْله يومَ الدار لانّهم هجموا عليه فى داره وقتلوه بها

مَقْتَلُ أمير المؤمنين عَلِىٍّ عم نُقل من عِدّة جهات أنّ أمير المؤمنين عم كان يقول دائمًا ما يمنع أشقاكم أن يَخضب هذه مِن هذا يَعنى لِحيتَه بدم رأسه وكان اذا رأى عبد الرحمن بن مُلْجِم لعنه الله يُنشِد [وافر]

أُريدُ حِباءَهُ فيُريدُ قَتْلى عَذيرُك مِن خَليلِك مِن مُرادِ

وكان يقال له اذا جرى على لفظه مِثْلُ هذا يا أمير المؤمنين فلِمَ لا تَقتلُه فيقول كيف أَقتلُ قاتِلى وهذا يَدلّ على أنّ رسول الله صلعم أَعلمَه بذلك فى جُمْلة ما أَعلمَه به وممّا يؤكّد هذا ما رُوى عن أَنَسِ بن مالك رضه قال مَرِضَ علىّ عم فدخلتُ عليه أَعوده وعنده أبو بَكْرٍ وعُمَر فجلسْنا عنده ساعة فأَتَى رسول الله صلوات الله عليه فنظر فى وجهه فقال له أبو بَكْرٍ يا نبىّ الله إنّا نَراه لَمائتٌ فقال لن يموت هذا الآن ولن يموت حتّى يُملَأَ غيظا ولن يموت إلّا مقتولا وكان علىّ عم دائمًا يُحسِن الى

ابن مُلْجَمٍ لعنه الله قالوا فلمّا دخل شهرُ رَمَضانَ مِن سنة أربعين كان علىّ عمّ يُفطِر ليلةً عند الحَسَن وليلةً عند الحُسَيْن وليلةً عند ابن أخيه عبد الله بن جَعْفَرِ الطَّيّارِ عليهم السلام فاذا أَكل لا يَزيد على ثلاث لُقَمٍ ويقول انّما هى ليلةٌ او ليلتانِ ويأتى أمرُ الله وأنا خَميصٌ فلم يَمْضِ إلّا لَيالٍ قَلائلُ حتّى قُتل عمّ

وقيل إنّه قُتل فى شهر رَبيعٍ الاخِرِ والأوّلُ أصحّ وهو المعمولُ عليه وأمّا كيفيّة قَتْله عمّ فإنّه خرج من داره بالكوفة أوّلَ الفَجْر فجعل يُنادِى الصلاةَ يَرْحَمُكم الله فضربه ابنُ مُلْجَمٍ لعنه الله بالسيف على أُمّ رأسه وقال الحُكْمُ لله لا لك يا علىُّ وصاح الناس وهرب ابنُ مُلْجَمٍ فقال أمير المؤمنين لا يَفوتكم الرجلُ فشَدّ الناسُ عليه فأخذوه واستناب علىٌّ عمّ فى صلاة الصُّبْح بعضَ أصحابه وأُدخلَ دارَه فقال أَحضِروا الرجل عندى فلمّا حضر عنده قال له يا عدوَّ الله أَلم أُحسِن اليك قال بَلَى قال فما حملك على هذا قال شحذتُه أربعين صباحا وسألتُ الله ان يَقتل به شرَّ خَلْقه فقال أميرُ المؤمنين لا أَراك إلّا مقتولا به ولا أَراك إلّا مِن شرّ خَلْق الله ثمّ قال عمّ النفسُ بالنفس إن هلكتُ فأقتلوه كما قتلنى وإن بقيتُ رأيتُ فيه رأيى يا بنى عبد المطّلِب لا

تَجَمَّعوا من كلّ صَوْب تقولون قُتل أمير المؤمنين ألا لا يُقتَلنّ بى إلّا قاتِلى ثمّ التفت الى ابنه الحسَن عم وقال انظرْ يا حسَن اذا أنا مُتُّ مِن ضَربَتى هذه فاضربْه ضَربةً بضَرْبة ولا تُمثِّلَنّ بالرجل فإنّى سمعت رسول الله صلوات الله عليه يقول إيّاكم والمُثْلَةَ ولَوْ بالكلب العَقُور ثمّ وصّى بنيه بتَقْوَى الله تعالى وبإقامة الصلاة لوقتِها وإيتاء الزكاة عند مَحِلّها وحُسْن الوُضوء وغَفْر الذنب وكَظْم الغيظ وصِلة الرَّحِم والحِلْم عن الجاهل والتفقُّه فى الدّين والتثبُّت للأمر والتعاهُد للقرآن وحُسْن الجِوار والأمر بالمعروف والنهى عن المُنكَر واجتناب الفواحش ثمّ كَتَبَ وصيّتَه ولم يَنطق إلا بلَا إلهَ إلّا اللهُ حتّى قُبض صلوات الله عليه وسلامه فلمّا قُبض بَعَثَ الحسَنُ عم الى ابن مُلْجَم فأحضره فقال للحسَن هل لك فى أمر أنّى والله قد أعطيتُ اللهَ عهدا أن لا أُعاهِد عهدا إلّا وَفيتُ به وأنّى عاهدتُ اللهَ عند الحطيم أن أَقتل عليّا ومُعْوِيَةَ او أَموتَ دونهما فخَلِّ بينى وبين مُعوِية حتّى أَمضى وأَقتله ولك عهدُ الله علىّ أنّى إن لم أَقتله او قتلتُه وسَلِمتُ أن أجىء اليك حتّى أَضَعَ يدى فى يدك فقال الحسَن لا والله حتّى تذوق النار ثمّ قدّمه فقتله

وأخذه النـاس فأدرجوه فى بَوارِىَّ وأَحرقوه بالنـار وأمّا مَدْفَن أمير المؤمنين عـم فإنّه دُفن ليلا بالغَرِىّ ثمّ عُفى قبرُه الى أن ظهر حيث مَشْهَدُه الآن صلوات الله عليه وسلامه وأمّا السبب الّذى حمل ابنَ مُلْجَمٍ لعنه الله على فعلـه فهو أنّ ابن مُـلْجَم كان أحد الـخَوارج فاجتمع برجُلـينِ من الخَوارج وتذاكَروا مَن قَتَلَ أميرُ المؤمنين عـم منهم بالنَّهْرُوان وقـالوا مـا فى الحياة بعد أصحـابنـا نفعٌ وتواعَدوا على أن يَقتل كلٌّ واحد منهم واحدا من ثـلاثـة علىٌّ بن أبى طالب ومُعْوِيَةُ وعَمْرو ابن العـاصِ فـقـال ابن مُلْجَمٍ أنا أكفيكم عليًّا وقال الآخر أنا أَكفيكم مُعْوِيـةَ وقـال الآخر أنا أكفيكم عَمْرا فـأمّـا ابن مُلْجَمٍ لعنه الله فإنّه رأى امرأةً جميلة من بنات الخَوارج فهوِيَها فخطبـها فقالت لـه أريد كـذا وكـذا وأريد أن تَقتل علىّ بن أبى طالب فقال لها ما جئتُ إلّا لقتله وأُلتزم لها أنّه يَقتلـه ثمّ قتله وقُتل بعده وأمّا الآخَر فإنّه مضى الى مُعْوِيَة فقَعَدَ لـه حتّى خرج فضربه بالسيف على طَرَف أَلْيته فلم يَصنـع طائـلا وتطبَّبَ لها مُعْوِيَةُ فبرِئَ وقُتل الرجُلُ وقيل لم يَقتلـه وأمّـا الآخَر فمضى الى مِصرَ لقتل عَمْرو بن العاصِ فقَعَدَ له فاتّفق أنّ

عَمْرا انحرف مزاجُه فى تلك الليلة فلم يَخرج فى صَبيحتها الى الصلاة واستناب بعضَ أصحابه فلمّا طلع اعتَقده الرجُلُ عَمْرا فضربه فقتله فقبضوه وأحضروه الى عَمْرو فلمّا رأى النّاسَ يسلِّمون عليه بالإمارة قال مَن هذا قالوا الأمير عَمْرو بن العاصِ قال فمَن قتلتُ قالوا نائبَه وكان اسمُه خارِجةَ فقال الرجلُ لعَمْرو بن العاصِ أما والله يا فاسِقُ ما أَردتُّ غيرك فقال عَمْرو أَردتَّنى وأراد اللهُ خارِجةَ ثمّ قدّمه عَمْرو فقتله ولمّا بلغ عائشةَ قتلُ علىّ عمّ قالت [طويل]

فألقتْ عَصاها واستَقرّتْ بها النَّوَى كما قرَّ عَينًا بالإيابِ المُسافِرُ

الدولةُ الأُمويّةُ

وهى التى تسلَّمتِ المُلْكَ من الدولة الأُولَى

لمّا قُتل أمير المؤمنين صلوات الله عليه بايَعَ النـاسُ الحَسَنَ بن علىّ عليهمـا السلام فمكث شهورا حتّى اجتَمع هو ومُعوِيـةُ فتَصالحا للمصلحة الحاضرة التى كان الحَسَنُ عمّ أَعلمَ بهـا وسلَّم الخلافة اليه وتوجّه نحوَ المدينة وبُويِـعَ مُعوِيةُ بالخلافة العامّةِ ودُعى بأَمير المؤمنين وذلك فى سنة أربعين من الهجرة ذكـرُ شىء من سيرة مُعوِيةَ ووصفُ طَرَف من حاله هو مُعوِيةُ بن أبى سُفْيـانَ صَخْرِ بن حَرْب بن أُميّةَ بن عبد شمسَ[1] بن عبد مَنافٍ كان أبوه ابو سُفْيان أحدُ أَشيـاخ مـكّـةَ أَسلمَ فى السنة التى فتح الرسولُ صلّى اللهُ عليه وآلِه وسَلَّمَ فيها مكّةَ وأَسلم مُعوِيةُ وكتب الوَحْىَ فى جُمْلة مَن كتبه بين يدى الرسول صلّى

[1] عبد شمسٍ A.

الله عليه وآله وكانت أُمُّه هِنْدُ بِنْتُ عُتْبَةَ شريفةً فى قُرَيْشٍ أَسلمتْ عامَ الفتح وكانت فى وقعة أُحُدٍ لمّا صُرِعَ حَمْزة بن عبد المطَّلِب عمُّ سيّدنا رسول الله صلّى الله عليه وآله من طَعْنَةِ الحَرْبة التّى طُعنها جاءت هِنْدُ فمثَّلتْ بحَمْزة وأخذت قِطْعةً من كَبِده فمضغتْها حَنَقا عليه لأنّه كان قد قتل رجالا من أقاربها فلذلك يقال لمُعوِيَةَ ابنُ آكِلَة الأَكباد ولمّا فتح النبىّ صلّى الله عليه وآله وسلّم مكّةَ حضرتْ اليه متنكّرةً فى جُملة نساءٍ من نساء مكّة أتين ليُبايِعنه فلمّا تقدّمتْ هندُ لمبايعته اشترط صلواتُ الله عليه وآله شروطَ الإسلام عليها وهو لا يَعلم أنّها هندُ فأجابتْه بأجوبةٍ قويّة على خوفها منه فممّا قال لها وقالت قال لها صلواتُ الله عليه وآله تُبايِعْنَنى على أن لا تَقتلن أولادَكنّ وكانوا فى الجاهليّة يَقتلون الأولاد فقالت هِنْدُ أمّا نحن فقد رَبّيْناهم صغارا وقتلتَهم كِبارا يومَ بَدْرٍ فقال وعلى أن لا تَعصينَنى فى معروف قالت ما جلسْنا هذا المجلسَ وفى عزمنا أن نَعصيك قال وعلى أن لا تَسرقن قالت والله ما سرقتُ عُمرى شيئا اللّهمّ إلّا أنّنى كنت آخُذُ من مال ابى سُفْيان شيئا فى بعض الوقت وكان ابو سُفْيان زوجُها حاضرا فحينئذ علم رسولُ الله صلّى

الله عليه وآله أنّها هِنْدُ فقال هِنْدُ قالت نعمْ يا رسول الله فلم يَقل شيئا لأنّ الإسلام جَبّ ما قبله ثمّ قال وعلى أن لا تَزنين قالت وهل تَزنى الحُرّةُ قالوا فالتَفت رسول الله صلّى الله عليه وآله الى العَبّاس رضه وتبسّم وأمّا مُعْوِية فكان عاقلا فى دُنْياه لبيبا عالما حليما مَلِكا قويّا جيّد السياسة حَسَن التدبير لامور الدُّنْيا عاقلا حكيما فصيحا بليغا يَحلم فى موضع الحِلْم ويَشتدّ فى موضع الشِدّة إلّا أنّ الحلم كان أَغلبَ عليه وكان كريما باذلا للمال مُحِبّا للرئاسة مشغوفا بها كان يُفضِل على أَشراف رعيّته كثيرا فلا يَزال أَشرافُ قُرَيْش مثلُ عبد الله ابن العَبّاس وعبد الله بن الزُّبَيْر وعبد الله بن جَعْفَر الطَّيّارِ وعبد الله بن عُمَرَ وعبد الرحمن بن ابى بكر وأَبانِ بن عُثْمان بن عَفّان وناسٌ من آل ابى طالب يَفِدون عليه بدمشق فيُكرِم مَثْواهم ويُحسِن قِراهم ويَقضى حوائجَهم ولا يَزالون يحدّثونه أَغلظَ الحديث ويَجبهونه أَقبحَ الجَبْه وهو يُداعِبهم تارةً ويَتغافل عنهم أخرى ولا يُعيدهم إلّا بالجوائز السَّنيّة والصِّلات الجَمّة قال يوما لقَيْس بن سَعْد بن عُبادَةَ وهو رجل من الأنصار يا قَيْس والله كنتُ أَوَدُّ أن تَنكشف الحروبُ الّتى كانت بينى وبين

عَلِيٌّ وانتَ حيٌّ فقال قَيْس والله إنّي كنت أَكرهُ أن تَنكشف تلك الحروبُ وانتَ أميرُ المؤمنين فلم يقل له شيئا وهذا من أَجملِ ما كانوا يخاطِبونه به وبعث الى رجل من الأنصار بخمس مائة دينار فاستَقلّها الأَنصاريُّ وقال لابنه خُذْها وامضِ الى مُعْوِيَة فاضربْ بها وجهه ورُدَّها عليه وأَقسمَ على ابنه أن يفعل ذلك فجاء ابنُه الى مُعْوِيَة ومعه الدراهمُ فقال يا أميرَ المؤمنين إنّ أبي فيه حِدّةٌ وسُرْعةٌ وقد امرني بكَيْتَ وكَيْتَ وأَقسمَ عليّ وما أَقدرُ على مخالفته فوضع مُعْوِيَةُ يدَه على وجهه وقال اِفعلْ ما امرك ابوك وارفقْ بعمّك فاستَحيي الصبيُّ ورمى بالدراهم فضاعَفَها مُعْوِيَةُ وحملها الى الأنصاريّ وبلغ الخبرُ يَزِيدَ ابنَه فدخل على مُعْوِيَة غَضْبانَ وقال لقد أَفرطتَ في الحلم حتّى خِفْتُ أن يُعَدّ ذلك منك ضعفا وجُبْنا فقال مُعْوِيَة أَيْ بُنَيَّ إنّه لا يكون مع الحلم نَدامةٌ ولا مَذَمّةٌ فامْضِ لشأنك ودَعْنى ورأيي وبِمِثْلِ هذه السِّيرة صار خليفةَ العالَمِ وخضع له مِن أبناء المُهاجِرِينَ والأَنصار كلُّ مَن يَعتقد أنّه أَوْلَى منه بالخلافة وكان مُعْوِيَة مِن أَدْهَى الدُّهاة رُوِى أنّ عُمَرَ بن الخَطّاب قال لجلسائه تذكرون كِسْرَى وقَيْصَرَ ودَهاءَهما وعندكم مُعْوِيَةُ ومِن دَهائه ما اعتَهده مِن استمالة عمرِو بن

العاصِ وكان عمرو بن العاصِ احدَ الدُّهاة وكان أوّلَ مـا نَشِبتِ الفِتْنةُ بين أمير المؤمنين عمّ ومُعْوِيـة معتزِلا للفَريقينِ فرأى مُعْوِيةُ أن يستميله ويَتقوّى برأيه ودَهـائه ومكرِه فـاستماله ووَصلَ حبلَه بحبله وولّاه مِصْرَ ودخلٍ معه فى تلك المَداخل وفعل فى صِفّينَ تلك الأَفاعيلَ ولم يكن بينهما مع ذلك مَودّةٌ قَلْبيّةٌ وكانا يَتباغضان سِرًّا ورُبّما ظهر ذلك على صَفَحات وجوههما وفَلَتات أَلسنهما طَلَبَ اميرُ المؤمنين عمّ فى صِفّينَ مِن مُعْوِيةَ أن يَخرج الى مبارزته فقال لـه عمرو بن العاصِ قد أَنصفَك ولا يَحسن بك النكولُ عن مبارزته فقال له مُعْوِيـة غششتَنى وأَحببتَ قتلى أَلستَ تَعلم أنّ ابن ابى طالبٍ لا يَبرز له احدٌ إلّا قتله وقـال مُعْوِية يومـا لجلسائه مـا أَعجبُ الاشياء فقال يَزِيدُ أَعجبُ الاشيـاء هذا السَّحاب الراكِدُ بين السماء والارض لا يَدعمه شىءٌ من تحته ولا هو مَنُوطٌ بشىء من فوقه وقال اخرُ أَعجبُ الاشياء حَظٌّ يَنـاله جاهلٌ وحِرْمـانٌ يَناله عاقلٌ وقـال اخرُ أَعجبُ الاشياء ما لم يُرَ مِثْلُه وقـال عمرو ابن العاصِ أَعجبُ الاشيـاء أنّ المُبطِل يَغلب المُحِقَّ يعرِّضُ بعلىّ عمّ ومُعْوِيةَ فقال مُعْوِيةُ بل أَعجبُ الاشياء أن يُعْطَى الانسانُ مـا لا يَستحقّ اذا كان لا يُخـافُ يُعرِّضُ بعمرو ومِصْرَ فنَفَثَ كلٌّ

منهما بما فى صدره مِن الآخَر ، واعلمْ أنّ مُعوية كان مُربّي دُوَلٍ وسائسَ أُمَم وراعِيَ ممالك ابتكر فى الدولة اشياء لم يَسبقه احدٌ اليها منها أنّه اولُ مَن وضع الحَشَمَ للملوك ورفَعَ الحِرابَ بين ايديهم ووَضَعَ المقصورة التى يُصلِّي المَلِك او الخليفةُ بها فى الجامع منفرِدا من الناس وذلك لخوفه ممّا جرى لامير المؤمنين عم فصار يصلِّي منفرِدا فى مقصورة فاذا سجد قام الحَرَسُ على رأسه بالسيوف وهو اولُ مَن وضع البَريدَ لوصول الأخبار بسُرْعة كلامٌ فى معنى البَرِيد البَرِيدُ أن يُجعل خَيْلُ مضمَّراتٌ فى عدّة أَماكن فاذا وصل صاحبُ الخبر المُسْرِعُ الى مكان منها وقد تَعِبَ فرسُه رَكِبَ غيرَه فرسا مُستريحًا وكذلك يَفعل فى المكان الآخَر والآخر حتّى يَصل بسُرْعة وأمّا معناه اللُّغَوىّ فالبَرِيد هو اثنا عشر مِيلًا وأَظُنُّ أنّ الغاية التى كانوا قدّروها بين بَرِيد وبَرِيد هى هذا القدرُ وقال الصاحبُ علاءُ الدين عطَا مَلِكٍ فى جِهانْ كُشاىْ ومِن جُملة الاشياء وضعُهم البَرِيدَ بكلّ مكان طَلَبًا لحفظ الاموال وسُرْعةِ وصول الأخبار ومتجدِّداتِ الاحوال وما أَرَى للبَرِيد فائدةً سِوى سُرْعة وصول الأخبار فأمّا حفظ الاموال فأَىُّ تعلُّق له بذلك ومّما اخترَع

مُعْوِيــة من امور المُلْك ديوانُ الخــاتَم وهذا ديوانٌ مُعتَبَرٌ من أكابر الدواوين لم تَزل السُّنّةُ جاريةً بـه الى أواسط دولة بنى العبّاس فأُسقطَ ومعناه أن يكون ديوانٌ وبه نُوّابٌ فاذا صدر توقيعٌ من الخليـفـة بامر من الامور أحضرَ التوقيعُ الى ذلك الديوان وأُثبتتْ نُسْختُه فيه وخُزم بخَيْط وخُتم بشمع كمـا يُفعَل فى هذا الزمـان بكُتُب القضاة وخُتم بخـاتَم صاحب ذلك الديوان

وكان الذى حَمَلَ مُعْوِيَة على اختراع هذا الديوان أنّه أَحالَ رجُلا على زِياد بن ابيـه اميرِ العِراق بمائـة الـف درهم فمضى ذلك الرجلُ وقرأ الكتاب وكانت تَواقيعُهم تَصدر غيرَ مختومة فجعل المائةَ مائتينِ فلمّا رَفَعَ زِيادٌ حِسابَه الى مُعْوِيَة أَنكرَ مُعْوِيَة ذلك وقال مـا أَحَلْتُه إلّا بمائة الف ثمّ استعادهـا منه ووضع ديوانَ الخـاتَم فصارت التواقيعُ تَصدر منه مختومـةً لا يَدرى احدٌ مـا فيها ولا يَتمكّن احدٌ من تغييرها وكان مُعْوِيـة مصروف الهِمّة الى تدبير امر الدُّنْيا يَهون عليـه كلُّ شىء اذا انتَظم امرُ المُلْك فأنظرْ الى وصف عبد المَلِك بن مَرْوٰنَ له فإنّه لَحَظَ فيه هذا المعنى قالوا إنّ عبد المَلِك بن مَرْوٰنَ مَرَّ بقبر مُعْوِيـة فترحَّم عليه فقال له رجل قبرُ مَن هذا يا امير المؤمنين قـال قبرُ

رجل كان والله فيما علمتُه يَنطق عن عِلْم، ويَسكت عن حِلْم، كان اذا أَعْطَى أَغْنَى، واذا حارَبَ أَفْنَى، ووصفه ايضا عبد الله بن العبّاس وكان من النُّقّاد فقال ما رأيتُ أَلبقَ مِن أعطافِ مُعْوِيَة بالرئاسة والمُلْك وقال له بعض بنى أُمَيّة والله لو قَدِرتَ أن تَستكثر بالزَّنْج لأَستكثرتَ بهم لِيَنتظم لك امرُ المُلْك وكان مُعْوِيَة نَهِما شحيحا عند الطعام على كَرَمه وسماحته فأمّا نَهَمُه فقالوا إنّه كان يأكل فى كلّ يوم خمسَ أَكَلات اخِرُهنّ أَغلظُهنّ ثمّ يقول يا غلامُ اُرْفَعْ فوالله ما شَبِعْتُ ولكن مَلِلْتُ ورُوِى أنّه أُصلِحَ له عِجْلٌ مشوىٌّ فأكل معه دَسْتا من الخُبز السَّمِيذِ واربعَ فَرانِىَّ وَجَدْيًا حارّا واخَرَ باردًا سِوى الأَلوان ووَضَعَ بين يديه مائةَ رَطْلٍ مِن الباقِلّى الرَّطْبِ فأَتَى عليه وأمّا شُحّه على الاكل فإنّ ابن ابى بَكْرَة دخل عليه ومعه ابنُه فجعل ابنُه يأكل اكلا مُفرِطا ومُعْوِيَةُ يَلحظه وفَطِنَ ابنُ ابى بَكْرَةَ لِحَنَقِ مُعْوِيَة واراد أن يَنهى ابنَه عن كثرة الاكل فلم يَتّفق له ذلك وخرجا من عند مُعْوِيَة ففى الغد حضر الابُ وليس معه ابنُه فقال له مُعْوِيَة ما فعل ابنُك قال يا امير المؤمنين انحرف مِزاجُه قال قد علمتُ أنّ

تلك الأَكْلة ما كانت تَتركه حتّى تَهِيضَه   وهاهنا موضعُ حكاية
حسنة تَدلُّ على كَرَم ومُروءة ونُبْل كان بعضُ الوزراء مشغوفا
بالاكل ويُحِبّ كلَّ مَن يأكل معه وكلُّ مَن كان
أَكثرَ أَكْلًا كان أَقربَ الى قلبه فاتّفق أنّه قصد بعضَ
الاكابر من العَلَوِيّينَ وكَّل عليه وجوها من خَراجٍ وضَمانٍ
وغير ذلك وطالَبَه بها فوكَّل عليه فى نفس داره أَعنِى دارَ الوزير
ففى بعض الايّام مُدَّ السِّماطُ بين يدى الوزير فقال العَلَوىُّ
للموكَّلينَ به إنّى جائعٌ فهل تَأذنون أن أَخرج الى السِّماط واتم
معى فآكُلُ وأَعود الى هذا الموضع وكان العَلَوىُّ قد فَطِنَ
لطبع الوزير فى ذلك فاستَحيوا منه وأذنوا له فى ذلك فخرج وجلس
فى أُخْرياتِ السِّماط وجعل يأكل بنَهَم فلحظه الوزيرُ وهو مُقبِل
على الاكل فاستَدناه ورفعه الى صدر المجلس وقدَّم اليه مِن.
أَطائب ذلك الطعام وكلّما بالَغَ فى الاكل زادت بَشاشةُ
الوزير وصَلاقتُه فلمّا رُفع الطعامُ استَدعى الوزيرُ كانونا فيه نار
وأَحضر الحِساب الذى رُفع على الرجل به وقال أيّها السيّد
قد أَراحك الله من هذا المال وانت فى حِلّ منه ووالله وحقِّ
جَدّكَ صلواتُ الله عليه ليس عندى بهذا الحِساب ولا فى الديوان

به غيرُ هذه النُّسْخة ثمّ ألقاها فى الكانون فاحترقتْ وأَفرجَ عنه وأَذن له فى الرَّواح الى منزله وممّا عظُم على الناس عامّةً وعلى بنى أُميّةَ خاصّةً قضيّةُ الاستلحاق وهى أنّ مُعوِيةَ استلحق زِيادَ بن أبيه وجعله أخا له ليَتكثّر به ويَتقوّى برأيه ودَهائه

شرحُ كيفيّة الاستلحاق على وجه الاختصار كانت سُمَيّةُ أمُّ زِياد بَغِيًّا من بَغايا العرب ولها زوج اسمه عُبَيْدٌ فاتّفق أنّ ابا سُفْيانَ وهو ابو مُعوِيةَ نزل بخمّار يقال له ابو مَرْيَمَ فطلب ابو سُفْيانَ منه بَغِيًّا فقال له ابو مَرْيَمَ هل لك فى سُمَيّةَ وكان ابو سُفْيانَ يَعرفها فقال هاتِها على طُولِ ثَدْيِها وذَفَرِ بطنها والذَّفَرُ الصُّنانُ ونَتْنُ الريح فأتاه بها فوقع ابو سُفْيانَ عليها فعَلِقتْ منه بزِياد ثمّ وضعتْه على فراش زوجها عُبَيْد فلمّا نشأ زِياد تأدّب وبرع وتقلّب فى الأعمال فولّاه عمرُ بن الخطّاب رضه عَملا فأَحسنَ القيامَ به فحضر يوما مجلسَ عُمَرَ وفيه أَكابرُ الصَّحابة وابو سُفْيانَ فى جملة القوم فخطب زِيادٌ خُطْبةً بليغة لم يَسمعوا بمثلها فقال عمرو بن العاصِ لله درُّ هذا الغلام لو كان ابوه من قُرَيْش لساقَ العربَ بعصاه فقال ابو سُفْيانَ والله إنّى لأَعرف اباه الذى وضعه فى رَحِم أمّه وعَنَى نفسَه فقال له اميرُ المؤمنين علىٌّ عمّ يا ابا

سُفْيانَ اُسكتْ فإنّك لتَعلم أنّ عُمَر لو سمِع هذا القول منك لكان اليك سريعا فلمّا وَلِيَ عمّ الخلافة استَعمل زِيادا على فارِسَ فضبطها وحمى قلاعها وقام فيها مقاما مرضيّا واشتَهرتْ كَفاءتُه واتّصل الخبرُ بمُعوِيَة فساءه أن يكون من أصحاب علىّ عمّ رجل مثلُ زِياد وأراده لنفسه فكتب اليه كتابا يَتهدّده ويعرِّض له بوِلادةِ ابى سُفْيانَ ويقول له انت أخى فلم يَلتفت زِياد اليه وبلغ الخبرُ اميرَ المؤمنين عليّا عمّ فكتب الى زِياد إنّى ولّيتُك ما ولّيتُك وانا أراك له أهلا وقد كانت من ابى سُفْيانَ فَلْتةٌ مِن أمانى الباطلِ وكَذِبِ النفس لا تُوجِب لك مِيراثا ولا تُحِلّ له نَسْبا وإنّ مُعوِيَة يأتى الانسانَ من بين يديه ومِن خَلْفه وعن يمينه وعن شماله فاُحذَرْ ثمّ اُحذَرْ والسلام فلمّا قُتل علىّ عمّ جَدَّ مُعوِيَة فى استصفاء مودّةِ زِياد واستمالتِه وترغيبه الى الانخراط فى زُمْرته فنشأ بينهما حديثُ وِلادة ابى سُفْيانَ واتّفقا على الاستلحاق وحضر شهودٌ مجلسَ مُعوِيَة فشهدوا بأنّ زِيادا ولدُ ابى سُفْيانَ فمِن جملة الشهود ابو مَرْيَمَ الخمّار الذى أَحضر سُمَيّةَ الى ابى سُفْيانَ وكان هذا ابو مَرْيَمَ قد أَسلمَ وحسُن إسلامُه فقال له بِمَ تَشهد يا ابا مَرْيَمَ فقال أَشهدُ أنّ ابا سُفْيانَ حضر عندى

وطلب منّى بَغِيًا فقلتُ له ليس عندى إلّا سُمَيّةُ فقال هاتِها على قَذَرها ووَضَرها فأتيتُه بها فخَلَا معهـا فخرجتْ من عنده وإنّهـا لتقطرُ مَنِيًّا فقال له زِياد مَهْلا يا ابا مَرْيَمَ فانّما دُعيتَ شاهدا ولم تُدْعَ شاتما فاستَلحقه مُعْوِيَة قالوا وكان هذا الاستلحـاقُ أوّلَ مـا رُدَّتْ به أَحكامُ الشريعة عَلانِيَةً فإنّ رسول الله صلواتُ الله عليـه قَضَى بالوَلَد للفراش وللعاهِر الحَجَرُ واعتَذر قومٌ لمُعْوِيَة بأن قالوا انّما جاز استلحاقُ مُعْوِيَة زِيادا لأنّ أَنكِحة الجاهليّة كانت أنواعـا فمن جملتهـا أنّ الجَماعـة اذا جامَعـوا بَغِـيّـا ثمّ ولدتْ تلك الـبَغِيّ أَلحقت الولدَ بمن شاءت منـهم والـقولُ فى ذلك قولُهـا فلمّا جـاء الإسلامُ حرَّم هذا النكاحَ إلّا أنّه أَقرَّ كلَّ ولد على نَسَبه الى الاب الذى عُرف به من أىِّ نكاح كان مِن أَنكحتـهم ولم يَفرق الإسلامُ بين شىء مِن ذلك

قـال اخرون صدقـتم فى هـذا لكنّ مُعْوِيـة توهَّم أنّ ذلك على هذه الصورة ولم يفـرق بـين مـا استُلحق فى الجاهليّـة والإسلام فـإنّ زِيادا لم يكن يُعرَف فى الجاهليّة بابى سُفيـانَ ولم يكن منسوبا إلّا الى عُبَيْد فكان يـقـال زِيادُ بنُ عُبَيـد وبين الصورتين بَوْنٌ وقـال الشاعر مشيرا

الى هذه القضيّة [وافر]

أَلا أَبلغْ مُعْوِيَةَ بنَ حَرْبٍ مُغَلْغَلَةً عن الرَّجُلِ اليَمانى
أَتَغْضَبُ أن يقال أبوكَ عَفٌّ وتَرْضَى أن يقال أبوكَ زانِ
فأُقسِمُ إنّ رِحْمَك مِن زِيادٍ كرِحْمِ الفيلِ مِن وَلَدِ الأَتانِ

الرِّحْمُ القَرابة ثمّ صار زِياد من رجال مُعْوِيَة وأَعضادِه فولّاه البَصْرَةَ وخُراسانَ وسِجِسْتانَ وأَضاف اليه الهِنْدَ والبَحْرَيْنِ وعُمانَ وأَضاف اليه فى اخِر الامر الكوفةَ وكتب زِيادٌ على كُتُبه مِن زِياد بن ابى سُفْيانَ وكانوا قبل ذلك يقولون له زِيادُ بن عُبَيْد تارةً وتارةً زِيادُ بن سُمَيّةَ ومن يَتحرّى الصِّدْق يقول زِيادُ ابن ابيه وكان زِيادٌ احدَ الدُّهاة عظيمَ السياسة قوىَّ الهَيْبَة صحيح العقل سديدا شَهْما فَطِنا بليغا وكانت وفاةُ مُعْوِيَة فى سنة ستّين من الهجرة ولمّا أَدركتْه الوفاةُ أَوصى الى ابنه يَزِيدَ وصيّةً تَدلّ على عقله ولُبّه وخِبْرته بالامور ومعرفته بالرجال فلم يَعمل يَزِيدُ بشىء منها وقد أَثبتُّها هاهنا لحسنها وسَدادها

قالوا لمّا مَرِضَ مُعْوِيَة مَرَضَه الذى مات فيه دَعَى ابنه يَزِيدَ فقال له يا بُنَىَّ إنّى قد كفيتُك الشَّدَّ والتَّرْحال ووطّأتُ لك

الامورَ وذلّلَتْ لك الأعداءَ وأخضعتْ لك رِقابَ العرب وجمعتْ لك ما لم يَجمعه احدٌ فأنظرْ اهل الحِجاز فإنّهم أصلك فأكرِمْ من قَدِمَ عليك منهم وتعهّدْ من غاب وأنظرْ اهل العِراق فإن سألوك أن تعزل كلَّ يوم عاملا فأفعلْ فإنّ عَزْلَ عامل أيسرُ مِن أن يُشهَر مائةُ سيف وأنظرْ اهل الشأم وليكونوا بِطانتَك فإن رابك مِن عدوّك شيء فأنتصرْ بهم فاذا أَصبتَهم فأرددْ اهلَ الشأم الى بلادهم فإنّهم إن اقاموا بها تغيّرتْ أخلاقُهم وإنّى لستُ أخاف عليك أن ينازِعك فى هذا الامر إلّا اربعةٌ مِن قُرَيْش الحُسَيْنُ بن عليٍّ وعبدُ الله بن عمر وعبدُ الله بن الزُّبَيْر وعبدُ الرحمن بن ابى بَكْر فأمّا ابن عمر فرجلٌ قد وقذتْه العبادةُ واذا لم يَبق احدٌ غيرُه بايَعَك وأمّا الحُسَيْن بن علىّ فهو رجلٌ خفيف ولن يتركَه اهلُ العِراق حتّى يُخرِجه فإن خرج وظَفِرتَ به فأصفحْ عنه فإنّ له رَحِما ماسّةً وحقّا عظيما وقَرابة من محمّد صلواتُ الله عليه وأمّا ابنُ ابى بَكْر فإن رأى أصحابَه صنعوا شيئا صنع مثلَه ليست له هِمّةٌ إلّا فى النساء واللّهْوِ وأمّا الذى يَجثم لك جثومَ الأسد ويُراوِغك مراوغةَ الثعلب فإن أمكنتْه فُرصةٌ وَثَبَ فذاك ابنُ الزُّبَيْر فإنْ هو وَثَبَ عليك

فظَفِرتَ بـه فقَطّعه إرْبًا إرْبًا واُحقنْ دِماءَ قومك مـا استطعتَ

وفى هذه الوصيّة دليلٌ على ما سبق من وفور رَغْبته فى تدبير المُلْك وشِدّة كَلَفه بالرِّئاسة

ثمّ ملك بعده ابنه يَزِيدُ   كان موفَّرَ الرَّغْبة فى اللَّهْو والقَنَص والخَمْر والنساء والشِّعْر وكان فصيحا كريما شاعرا مُفْلِقا قالوا بُدِئَ الشعرُ بمَلِك وخُتم بمَلِك إشارةً الى امرئ القيس واليه

فمن شعره [بسيط]

جاءتْ بوجه كأنّ البدر بُرْقُعُه   نُورًا على مائسٍ كالغُصْن مُعتدِلِ

إحدى يديها تُعاطِينِى مُشَعْشَعةً   كخَدّها عَصْفَرَتْهُ صِبْغةُ الخَجَلِ

ثمّ استبَدّتْ وقالت وهْى عالِمةٌ   بما تقول وشمسُ الراحِ لم تَفِلِ

لا تَرحلنَّ فما أبقيتَ مِن جَلَدى   ما أستطيعُ به توديعَ مُرْتَحِلِ

ولا مِن النوم ما أَلقى الخَيالَ به   ولا مِن الدمع ما أَبكِى على الطَّلَلِ

كانت ولايتُه على أصحّ القولينِ ثلاث سنين وسِتّة اشهر ففى السنة الأُولى قَتَلَ الحُسَيْن بن علىّ عليهما السلام وفى السنة الثانية نَهَبَ المدينة وأَباحها ثلاثة ايّام وفى السنة الثالثة غَزا الكَعْبة فنبدأُ بشرح قتل الحُسَيْن عم   شرحُ كيفيّة الحال فى ذلك

على وجه الاختصار هذه قضيّةٌ لا أُحِبُّ بَسْطَ القول فيها استعظاما لها واستفظاعا فإنّها قضيّة لم يَجر فى الإسلام أَعظمُ فُحْشا منها ولَعَمْرى إنّ قتل امير المؤمنين عم هو ٱلطَّآمَّةُ ٱلْكُبْرَى[1] ولكنْ هذه القضيّةُ جرى فيها مِن القتل الشنيع والسبى والتمثيل ما تَقْشَعِرُّ له الجلودُ واكتَفيتُ ايضا عن بَسْط القول فيها بشُهْرتها فإنّها أَشهرُ الطامّات فلَعَنَ اللهُ كلَّ من باشَرَها وأَمَرَ بها ورضى بشىء منها ولا تَقَبَّلَ اللهُ منه صَرْفا ولا عَدْلا وجعله من ٱلْأَخْسَرِينَ أَعْمَالًا ٱلَّذِينَ ضَلَّ سَعْيُهُمْ فِى ٱلْحَيٰوةِ ٱلدُّنْيَا وَهُمْ يَحْسَبُونَ أَنَّهُمْ يُحْسِنُونَ صُنْعًا[2] وجملةُ ما جرى فى ذلك أنّ يَزِيدَ لعنه الله لمّا بويِعَ لم يكن له هَمٌّ إلّا تحصيلُ بَيْعةِ الحُسَيْن والنَّفَرِ الذين حذَّره ابوه منهم فأَرسل الى الوَلِيد ابن عُتْبة بن ابى سُفْيانَ وهو يومئذ اميرُ المدينة يأمره بأخذ البَيْعة عليهم فاستَدعاهم فحضر الحُسَيْن عم عنده فأَخبره بموت مُعْوِيةُ ودعاه الى البَيْعة فقال له الحُسَيْن عم مِثْلى لا يبايِعُ سِرّا ولكن اذا اجتمع الناسُ نَظَرْنا ونَظَرْتَ ثمّ خرج الحُسَيْن عم من عنده

[1] *Coran*, LXXIX, 34.

[2] *Coran*, XVIII, 103 et 104.

وجمع أَصحابَه وخرج من المدينة قاصدا مَكّةَ مُتأَبِّيًا مِن بَيْعة يَزِيدَ آنِفًا من الانخراط فى زُمْرة رعيّته فلمّا استقرَّ بمكّة اتَّصل باهل الكوفة تأَبِّيه من بَيْعة يَزِيدَ وكانوا يَكرهون بنى أُمَيّةَ خصوصا يَزِيدَ لقُبْح سيرته ومجاهرته بالمَعاصى واستهتاره بالقبائح فراسلوا الحُسَيْنَ عمّ وكتبوا اليه الكتب يَدعونه الى قدوم الكوفة ويَبذلون له النُّصْرة على بنى أُمَيّةَ واجتَمعوا وتحالفوا على ذلك وتابعوا الكُتُبَ اليه فى هذا المعنى فأَرسل اليهم ابنَ عَمّه مُسْلِمَ بن عَقِيلِ بن ابى طالب رضه فلمّا وصل الى الكوفة فَشَا الخبرُ الى عُبَيْد الله بن زِياد لعنه الله وأَحلّه دارَ الخِزْيِ وكان يَزِيدُ قد أَمَّره على الكوفة حين بلغه مراسلةُ اهلها الحُسَيْنَ عمّ وكان مُسْلِمٌ قد التَجأ الى دار هانِئِ بنِ عُرْوةَ وكان من أَشراف اهل الكوفة فاستدعاه عُبَيْد الله بن زِياد وطلبه منه فأَبَى فضَرَبَ وجهه بالقضيب فهشَّمه[1] ثمّ أُحضرَ مُسْلِمُ بن عَقِيلٍ رضهما فضُربتْ عُنُقُه فوق القَصْر فهوَى رأسُه وأُتْبِعَ جُثّتَه رأسَه وأمّا هانِئٌ فأُخرج الى السُّوق فضُربت عُنُقُه وفى ذلك يقول الفَرَزْدَق

[طويل]

[1] A فهَشَمَهُ.

وإن كنتِ لا تَدْرِينَ ما الموتُ فَٱنْظُرِى   الى هانِئٍ فى السُّوق وابنِ عَقِيلِ
الى بَطَلٍ قد هَشَّمَ السيفُ وجهَه   واخَرَ يَهْوِى مِن طَمارِ قَتِيلِ

ثمّ إنّ الحُسَيْن عم خرج من مكّة متوجّها الى الكوفة وهو لا يَعلم بحال مُسْلِم فلمّا قرب من الكوفة علم بالحال ولقيه ناسٌ فأَخبروه الخبر وحذَّروه فلم يَرجع وصمَّم على الوصول الى الكوفة لأمر هو أعلمُ به من الناس فأَرسل ابنُ زِياد اليه عسكرا اميرُه عُمَر بن سَعْد بن ابى وَقّاصٍ فقاتَلَ الحُسَيْنُ عم وأصحابُه حين ٱلْتَقَى ٱلْجَمْعَانِ[1] قتالا لم يُشاهِد احدٌ مِثْلَه حتّى فَنِىَ أصحابُه وبَقِىَ هو عم وخاصّتُه فقاتلوا أشدَّ قتال رآه الناسُ ثمّ قُتل الحُسَيْن عم قَتْلةً شنيعة ولقد ظهر منه عم مِن الصبر والاحتساب والشجاعة والوَرَع والخِبْرة التامّة بآداب الحرب والبلاغة ومِن اهله وأصحابه رضهم مِن النصر له والمُواساةِ بالنفس وكراهيةِ الحياة بعده والمقاتلة بين يديه عن بَصيرةٍ ما لم يُشاهَد مِثْلُه ووقع النهبُ والسبىُ فى عسكره وذراريه عليهم السلام   ثمّ حُمِل النساء ورأسه صلواتُ الله عليه الى يَزِيدَ بن مُعْوِيَة بدمشق فجعل يَنكت ثنايا الحُسَيْن

[1] *Coran*, III, 149 et 160; VIII, 42.

عمّ[1] بالقضيب ثمّ رَدَّ نساءه الى المدينة وكان قتلُ الحُسَيْن عمّ فى يوم عاشوراءَ مِن سنة إحدى وستّين شرحُ كيفيّة وقعة الحَرّة ثمّ ثَنّى بقتال اهل مدينة سيّدنا رسول الله صلواتُ الله عليه وسلامه وهى وقعةُ الحَرّة بالحاء المفتوحة غير مُعجَمة ومَبدأُ الامر فيها أنّ اهل المدينة كرهوا خلافةَ يَزِيدَ وخلعوه وحصروا من كان بها من بنى أُمَيّةَ واخافوهم فأَرسل بنو أُمَيّةَ رسولا الى يَزِيدَ يُعلِمه حالهم فلمّا وصل الرسول الى يَزِيدَ وأَخبره بذلك تَمَثَّلَ [طويل]

لقد بدَّلوا الحِلْمَ الّذى فى سَجِيّتى فبدَّلتُ قومِى غِلظةً بليانِ

ثمّ نَدَبَ اليها عَمْرَو بن سَعِيدٍ فأَحجمَ عنها وأَرسلَ يقول له إنّى قد ضبطتُ لك الامور والبلاد وأمّا الآنَ اذ صارت دِماءُ قُرَيْشٍ تُهْراقُ بالصَّعيد فلا أُحِبُّ أن أَتولّى ذلك فنَدَبَ عُبَيْدَ الله بن زِياد لذلك فاعتَذر وقال والله لا جمعتُهما للفاسق أَقتلُ ابنَ رسول الله وأَغزو مدينتَه والكَعْبة فنَدَبَ اليها مُسْلِمَ بن عُقْبةَ المُرّىّ وكان شيخا كبيرا مريضا إلّا أنّه كان احدَ جَبابِرةِ العرب وشياطينهم وقيل إنّ اباه قال له إن خالَفك اهلُ المدينة فأَرْمِهم

[1] A عليه, sans السلام.

بمُسْلِم بن عُقْبة فتوجَّه اليها مُسْلِم بنُ عُقْبة وهو مريض فحاصَرَها مِن جهة الحَرّة وهو موضع بظاهر المدينة فنُصب لمُسْلِم بن عُقْبة كُرْسِىٌّ بين الصَّفَّيْنِ وجلس يحرِّض أصحابه على القتال حتّى فتحها وقتل فى ذلك الوقعة جماعةً مِن أعيانها فيقال إنّ ابا سَعِيدٍ الخُدَرىَّ صاحب رسول الله صلّى الله عليه وآلِه خاف فأخذ سيفه وخرج الى كهف هناك ليَدخل اليه ويَعتصم به فتبعه بعضُ اهل الشأم فخافه ابو سَعِيدٍ وسَلَّ سيفه عليه ليروِّعه فسَلَّ الآخَرُ سيفه فلمّا وصل الى ابى سَعِيدٍ قال له لَئن بسطتَ يدكَ الىَّ لتقتلنى ما انا بباسطٍ يدى اليك لأَقتلك فقال له الشأمىّ من انت قال انا ابو سَعِيدٍ قالَ صاحبُ رسول الله قال نعمْ فمضى وتركه ثمّ أَباح مُسْلِمُ بن عُقْبة المدينةَ ثلاثا فقَتَلَ ونهب وسبى فقيل إنّ الرجل من اهل المدينة بعد ذلك كان اذا زوَّج ابنتَه لا يَضمن بَكارتَها ويقول لعلّها قد اقتُضَّتْ فى وَقْعة الحَرّة وسُمّى مُسْلِمُ بن عُقْبة مُسْرِفًا

شرحُ كيفيّة غَزْوِ الكَعْبة ثمّ ثَلَّثَ يَزِيدُ بغَزْوِ الكَعْبة فأَمر مُسْلِمَ بن عُقْبة بقصدها وغَزْوِها بعد فَراغه من امر المدينة فتوجَّه مُسْلِمٌ اليها وكان عبدُ الله بن الزُّبَيْر بها وقد دعا الى نفسه وتَبِعَه اهل مكّة فمات مُسْلِمٌ فى الطريق واستخلف على

الجيش رجلا كان يَزِيدُ أوصاه بتأميره إن هَلَكَ فمضى بالجيش الى مكّة وحصرها وبرز ابنُ الزُّبَيْر اليه فى اهل مكّة ونَشِبتِ الحربُ وقال راجزُ اهل الشأم [رجز]

خَطّارةٌ مِثْلُ الفَنيق المُزْبِدِ يَرمى بها أعوادَ هذا المَسْجِدِ

وهم فى ذلك اذ ورد نَعِيُّ يَزِيدَ فرجعوا

ثمّ ملك بعده ابنُه مُعٰوِيَة بن يَزِيدَ بن مُعٰوِيَة كان صَبِيّا ضعيفا مَلَكَ اربعين يوما وقيل ثلاثة اشهر ثمّ قال للناس إنّى ضعفت عن امركم فالتَمستُ لكم مِثْلَ عمر بنِ الخَطّاب فلم أجد فالتَمستُ ستّةً مِثْلَ اهل الشُّورَى فلم أجد فانتم أَوْلَى بامركم فاختاروا له مَن أَحببتم فما كنتُ لأَتزوّدَها مَيّتا وما استَمتعتُ بها حَيّا ثمّ دخل دارَه وتغيَّب ايّاما ومات وقيل مات مسموما وليس له من الأخبار ما يؤثَر

ثمّ ملك بعده مَرْوٰنُ بن الحَكَم هو مَرْوٰنُ بن الحَكَم ابن ابى العاصِ بن أُمَيّةَ بن عبد شَمسَ[1] بن عبد مَنافٍ ولمّا مات مُعٰوِيَة ابن يَزِيدَ بن مُعٰوِيَة ماجَ الناسُ فأراد اهلُ الشأم بنى أُمَيّةَ وأراد

[1] شمسٍ A.

غيرُهم عبد الله بن الزُّبَيْر ثمّ غَلَبَ مَن رأيُه فى بنى أُمَيّة لكنّهم اختَلفوا فيمن يولّونه فمالَ ناس منهم الى خالد بن يَزِيدَ بن مُعوِيَة وكان فصيحا بليغا وقيل أنّه أصاب عَمَلَ الكِيمِياء وكان صَبِيّا ومالَ ناس الى مَرْوٰنَ بن الحَكَم لِسِنّه وشَيْخُوخته وكرهوا خالدا لصُبُوّته ثمّ بايعوا مَرْوٰنَ وقاد الجنود وفتح مِصْرَ وكان يقال له ابنُ الطَّرِيد وذلك لانّ اباه الحَكَم طرده رسولُ الله صلعم عن المدينة فلمّا وَلِىَ عُثْمانُ بن عَفّانَ رَدَّه اليه وأَنكرَ المسلمون ذلك منه فأُحتجَّ بأنّ رسول الله صلّى الله عليه وآله وعده بردّه ورُوِيتْ أحاديثُ وأخبار فى لَعْنة الحَكَم بن العاصِ ولَعْنةِ مَن فى صُلْبه وضَعَّفها قومٌ وكان من اراد ذَمَّ مَرْوٰنَ وعيبَه يقول له يا ابنَ الزَّرْقاء قالوا وكانت الزَّرْقاء جَدَّتُهم[1] مِن ذوات الرايات التى يُستدلّ بها على بيوت البَغايا فى الجاهليّة فلذلك كانوا يُذَمّون بها وكان مَرْوٰنُ حين بويع قد تزوّج أُمَّ خالد زوجةَ يَزِيدَ بن مُعوِيَة لِيَصغر بذلك شأنُ خالد فيَسقطَ عن دَرَجة الخلافة فدخل خالدٌ يوما على مَرْوٰنَ فقال له مَرْوٰنُ يا ابنَ الرَّطْبة ونَسَبه الى الحُمْق لِيَصغر امره عند اهل الشأم فخَجِلَ خالدٌ ودخل على أُمّه

[1] A جَدَّتَهم.

وأَخبرها بما قال له مَرْوَنُ فقالت لا يَعلمنّ احدٌ أنّك أَعلمتنى وانا أَكفيك ثمّ إنّ مَرْوَنَ نام عندها ليلةً فوضعتْ على وجهه وَسادةً ولم تَرفعها حتّى مات واراد ابنُه عبدُ المَلِك أن يقتلها فقيل له يَتحدّثُ الناسُ أنّ اباك قتلتْه امرأةٌ فتركها وكانت ولايةُ مَرْوَنَ تسعة اشهر وبعضَ شهر وذلك تأويلُ قول امير المؤمنين إنّ له إمْرةً كَلَعْقةِ الكَلْب أَنْفَه وفى تلك الايّام أَخذتِ الشّيعةُ بثأر الحُسَيْن عم شرحُ كيفيّة ذلك على وجه الاختصار لمّا هَدأَتِ الفِتْنةُ بعد قتل الحُسَيْن عم وهَلَكَ يَزِيدُ بن مُعْوِيَة اجتمع ناسٌ من اهل الكوفة وندموا على خِذْلانهم الحُسَيْنَ عم ومقاتلتِهم له ونصرِهم لقَتَلَته بعد إرسالهم اليه واستدعائهم منه القدومَ عليهم وبذلِهم له النصرَ وتابوا مِن ذلك فسُمّوا التّوّابينَ ثمّ إنّهم تحالَفوا على بذل نفوسهم وأموالهم فى الطّلَب بثأره ومقاتلةِ قَتَلَته وإقرارِ الحقّ مَقرّه فى رجل مِن آل بيت نبيّهم صلواتُ الله عليه وسلامه وأَمّروا عليهم رجلا منهم يقال له سُلَيْمنُ بن صُرَدٍ فكاتَبَ الشّيعةَ بالأَمصار يَندبهم الى ذلك فاجابوه بالموافقة والمسارعة ثمّ ظهر فى تلك الايّام المُخْتارُ بن عُبَيْد الثَّقَفىُّ وكان رجلا شريفا فى نفسه عالىَ الهِمّة

كريما فدعا الى محمّد بن علىّ بن ابى طالب عمّ وهو المعروف بابن الحَنَفيّة وكانت تلك الايّامُ ايّامَ فِتَنٍ وذلك أنّ مَرْوَنَ كان خليفةً بالشأم ومِصْرَ مبايَعا جالسا على سرير المُلْك وعبدُ الله بن الزُّبَيْر خليفةٌ[1] بالحِجاز والبَصْرة مبايَعٌ معه الجنودُ والسلاح والمُخْتارُ بن ابى عُبَيْد بالكوفة ومعه الناسُ والجنود والسلاح وقد أَخرج اميرَ الكوفة عنها وصار هو اميرَها يَدعو الى محمّد بن الحَنَفيّة ثمّ إنّ المُخْتار قَوِيتْ شَوْكتُه ففَتَكَ بقَتَلة الحُسَيْن فضَرَبَ عُنُقَ عمر بن سَعْد وابنِه وقال هذا بالحُسَيْن وابنِه علىٍّ ووالله لو قتلتُ به ثُلُثَىْ قُرَيْش ما وَفَوْا بأَنملةٍ مِن أَناملِه ثمّ إنّ مَرْوَنَ أَرسل عُبَيْد الله بن زِياد فى جيش كثيف فأَرسل اليه المُخْتارُ إبرهيمَ بن مالك الأَشْتَر فقتله بنواحى الموصل وأَرسل برأسه الى المُخْتار فأُلقِى فى القصر فيقال أنّ حيّة دقيقة تخطَّتْ رؤوسَ القَتْلَى ودخلتْ فى فَمِ عُبَيْد الله فخرجتْ من مَنْخِره ثمّ دخلتْ فى مَنْخِره فخرجتْ مِن فِيهِ فعلتْ ذلك مِرارا ثمّ إنّ عبد الله[2] بن الزُّبَيْر أَرسل اخاه مُصْعَبا وكان شُجاعا الى

[1] A وعبدُ الله . . . . خليفةً.

[2] A عُبَيْد الله.

المُخْتار فقتله   ومات مَرْوٰنُ بن الحَكَم فى سنة خمس وستّين وبويـع ابنُه عبد المَلِك

ثمّ ملك ابنُه عبد المَلِك بن مَرْوٰنَ   كان عبدُ المَلِك لبيبـا عاقلا عالما مَلِكا جبّارا قوىَّ الهَيْبه شديدَ السياسة حسنَ التدبير للدنيا فى ايّامه نُقل الديوانُ مِن الفارِسيّـة الى العَرَبيّة واختُرعتْ سِياقـةُ المستَـعرِبينَ وهو أوّلُ مَن نَـهَى الرعيّـةَ عن كثرة الحديث بحضرة الخلـفـاء ومراجعتِهم وكانوا يَتجرّؤون عليهم وقد تقدّم شرحُ ذلك وهو الذى سلَّط الحَجّاجَ بن يوسف على الناس وغزا الكَعْبة وقتل عبدَ الله بن الزُّبَيْر واخاه مُصْعَبا من قبله

ومِن طَريف مـا وقع فى ذلك أنّ عبد المَلِك لمّا أرسل يَزِيـدُ بن مُعْوِيَة الجيشَ لقتال اهل المدينة وغَزْوِ الكعبة امتَعض عبدُ المَلِك من ذلك غايةَ الامتعاض وقـال ليت السماءَ انطبقتْ على الارض فلمّا صار خليفة فعل ذلك وأَشدَّ مِنه فـإنّه أَرسل الحَجّاج لِحصار ابن الزُّبَيْر وغَزْوِ مكّة وكان عبدُ المَلِك قبل الخلافة احدَ فقهاء المدينة وكان يسمّى حَمامةَ المَسْجِد لمداومته تِلاوةَ القرآن فلمّا مات ابوه وبُشّر بالخلافـة أَطبـقَ المُصْحَفَ وقـال هذا فِراقٌ بينى وبينك وتصدّى لامور الدنيـا وقيل أنّه قـال يومـا لسَعِيد بن

المُسَيَّب يا سَعِيدُ قد صرتُ أَفعلُ الخير فلا أُسَرُّ به وأَصنعُ الشَّرَّ فلا أُساءُ بـه فقال له سَعِيد بن المُسَيَّب الآن تَكامَلَ فيـك موتُ الـقلب فى ايامـه قُتل عبـدُ الله بن الزُّبَيْر واخوه مُصْعَب امير العراق فامّا عبد الله بن الزُّبَيْر فإنّـه كان قد اعتَصم بمكّة وبايعـة اهلُ الحجاز واهلُ العراق وكان عظيم الشُّحّ فلذلك لم يَتمّ امرُه فأَرسل الحَجّاج اليه فحاصره بمكّة ورمى الكعبة بالمِنْجَنيق وحارَبَه وخذله اهلُه وأصحابـه فدخل على أُمّه وقـال لها يا أُمَّتِ قد خذلنى الناس حتّى ولدى واهلى ولم يَبق معى غيرُ نَفَرٍ[1] يَسيرٍ ومَن ليس عنده اكثرُ مِن صبرِ ساعةٍ والقومُ يُعطوننى ما اردتُّ من الدنيـا فما رأيُكِ فقـالت لـه انتَ أَعلمُ بنفسك إن كنتَ تَعلم أنّك على حقّ فأَمضِ لشـأنـك ولا تُمكِّنْ مِن رَقَبتك غِلْمانَ بنى أُميّةَ وإن كنتَ انّما اردتَّ الدنيا فبِئْسَ العبدُ انتَ أَهلكتَ نفسك ومَن معـك وكم خلودُكَ فى الدنيـا القتلُ أَحسنُ فـقـال يا أُمَّتِ إنّى أخاف إن قتلونى أن يمثّلوا بى قـالت يا بُنَىَّ إنّ الشاة لا يَضرّهـا سَلْخُهـا بعد ذبحها ومـا زالت تحرّضه بهذا وأشباهـه حتّى خرج فصمّم

[1] A sans نفر.

على المناجزة فقُتل وأرسل الحَجّاجُ بالبَشارة الى عبد المَلِك وكان ذلك سنةَ ثلاث وسبعين وأمّا اخوه مُصْعَبُ بن الزُّبَيْر امير العراق فكان شُجاعا جميلا جليل القدر ممدَّحا تَزوّج سُكَيْنةَ بنتَ الحُسَيْن عمّ وعائشةَ بنتَ طَلْحةَ وجمعهما فى داره وكانتا[1] مِن أعظمِ النساء قدرا ومالا وجَمالا فقال عبدُ المَلِك يوما لجلسائه مَن أشجعُ الناس قالوا انت قال لا لكنْ أشجعُ الناس مَن جمع فى داره بينَ عائشةَ بنتِ طَلْحةَ وسُكَيْنةَ بنتِ الحُسَيْن يَعنى مُصْعَبا ثمّ تَجهّز عبدُ المَلِك لقتال مُصْعَب وودّع زوجتَه عاتِكةَ بنتَ يَزيدَ بنِ مُعْوِيةَ فلمّا ودّعها بكتْ فبكى جوارِيها لبُكائها فقال عبدُ المَلِك قاتَلَ اللهُ كُثَيِّرَ عزّةَ كأنّه شاهَدَ هذا حين قال [طويل]

اذاما أراد الغَزْوَ لم يَثْنِ هَمَّه   حَصانٌ عليها نَظْمُ دُرٍّ يَزِينُها
نَهَتْه فلمّا لم تَرَ النَّهْىَ نافِعًا   بَكتْ فبَكَى ممّا شَجاها قَطِينُها

ثمّ ثارَ الى حَرْبِ مُصْعَب فالتَقيا بارض دُجَيْلٍ فاقتَتلوا قتالا شديدا وقُتل مُصْعَب وذلك فى سنة إحدى وسبعين وكان

[1] A وكانت.

عبدُ المَلِك اديبا ذَكِيًّا فاضلا قال الشَّعْبِىُّ ما ذاكرتُ احدا إلّا وجدتُّ لى الفضلَ عليه إلا عبدَ المَلِك بن مَرْوَنَ فإنّى ما ذاكرتُه حديثا إلّا زادنى فيه ولا شِعْرا إلّا زادنى فيه

وقيل لعبد المَلِك لقد أَسرعَ اليك الشيبُ قال شيّبنى صعودُ المَنابِر والخوفُ مِن اللَّحْن وكان اللَّحْنُ عندهم فى غاية القُبْح ومِن أَرْآئه ما أَشار به وهو صبىٌّ على مُسْلِم بنِ عُقْبَةَ المُرّىّ حين أَرسله يَزِيدُ بن مُعوِيَة لقتال اهل المدينة فوصلها وبنو أُمَيّةَ محاصَرون بها ثمّ أُخرجوا فلمّا لقيهم مُسْلِمُ بن عُقْبة استَشار بعبد المَلِك بن مَرْوَنَ وكان حَدَثا فقال له الرأىُ أن تَسير بمَن معك فاذا انتَهيتَ الى أَدْنَى نَخْلها نَزلتَ فاستَظلّ الناسُ فى ظِلّه واكلوا مِن صَفْوِه فاذا أَصبحتَ مضيتَ وتركتَ المدينة على اليَسار ثمّ دُرْتَ بها حتّى تأتيهم من قِبَل الحَرّة مُشَرِّقا ثمّ تَستقبل القومَ فاذا استَقبلتَهم وقد طلعتِ الشمسُ عليهم طلعتْ بين أكتاف أصحابك فلا تُؤذيهم بل يُصيب اهلَ المدينة أَذاها ويَرون مِن أيتِلافِ بَيضكم وأَسنّة رماحكم وسيوفكم ودروعكم ما لا تَرونه انتم ما داموا مُغَرِّبينَ ثمّ قاتِلْهم واستعِنْ بالله وقال عبد المَلِك يوما لجلسائه ما

تقولون فى قول القائل [طويل]

أَهِيمُ بِدَعْدٍ ما حَيِيتُ فإن أَمُتْ فوَا حَرَبَا ممّن يَهِيم بها بعدِى

قالوا معنًى حَسَنٌ قال هذا مَيّتٌ كثيرُ الفضول ليس هذا معنًى جيّدا قالوا صدقتَ قال فكيف كان ينبغى أن يقول فقال رجلٌ منهم كان ينبغى أن يقول [طويل]

أَهِيمُ بِدَعْدٍ ما حَيِيتُ فإن أَمُتْ أُوَكِّلْ بِدَعْدٍ مَن يَهِيم بها بعدِى

قال عبد المَلِك هذا مَيّتٌ دَيُّوثٌ قالوا فكيف ينبغى أن يكون قال كان ينبغى أن يقول [طويل]

أَهِيمُ بِدَعْدٍ ما حَيِيتُ فإن أَمُتْ فلا صَلُحَتْ دَعْدٌ لذى خُلّةٍ بعدِى

قالوا انت يا امير المؤمنين أَشعرُ الثلاثة ولمّا اشتدّ مرضُه قال أَصعِدونى على شَرَف فأَصعدوه الى موضع عالٍ فجعل يَتنسّم الهَواءَ ثمّ قال يا دُنْيا ما أَطيبَكِ إنّ طويلَكِ لَقصيرٌ وإنّ كثيرَكِ لَحقيرٌ وإن كُنّا منكِ لَفى غُرورٍ وتَمثَّلَ بهذين البيتين [خفيف]

إن تُناقِشْ يكنْ نِقاشُكَ يا رَ بِّ عذابًا لا طَوْقَ لى بالعَذابِ
او تَجاوَزْ فأنتَ رَبٌّ صَفُوحٌ عن مُسِيءٍ ذُنوبُه كالتُّراب

ولمّا مات صلّى عليه ابنُه الوَلِيدُ فتمثّلَ هِشامُ ابنُه الآخر [طويل]

فما كان قَيسٌ هُلْكُه هُلْكَ واحدٍ ولكنّه بُنيانُ قومٍ تَهَدَّمَا

فقال له الوَلِيد اسكتْ فانت تَتكلّم بلسانِ شيطانٍ ألّا قلتَ كما قال الآخر [طويل]

اذا سَيّدٌ منّا مضى قام سَيّدٌ قَؤُولٌ لِما قال الكِرامُ فَعُولُ

وأَوْصَى عبد المَلِك بن مَرْوَنَ اخاه عبدَ العزيز حين مضى الى مِصْرَ اميرا عليها فقال له ابسُطْ بِشْرَك وأَلِنْ كَنَفَك وآثِرِ الرِّفْقَ فى الامور فإنّه أَبلغُ بك وأُنظرْ حاجبَك فليكنْ من خير اهلك فإنّه وجهُك ولسانك ولا يَقفنَّ احدٌ ببابك إلّا أَعلمك مكانه لتكون انت الذى تأذَن له او تَردّه واذا خرجتَ الى مجلسك فأَبدأْ بالسلام يأنَسوا بك وتَثبت فى قلوبهم محبّتُك واذا انتهى اليك مُشْكِل فأَستظهِرْ عليه بالمشاورة فإنّها تَفتح مغاليق الامور واذا سَخِطتَ على احد فأَخّرْ عقوبتَه فإنّك على العقوبة بعد

التوقُّف عنه أَقدرُ مِنك على ردّها بعد إمضائها وكانت وفاتُه في سنة ستّ وثمانين

ثمّ ملك ابنُه الوَلِيدُ كان الوَلِيدُ مِن أَفضل خلفائهم سيرةً عند اهل الشأم بَنَى الجَوامِعَ جامِعَ دمشق وجامِعَ المدينة على ساكنها أَفضلُ السلام والمسجدَ الأَقصى وأَعطى المجذَّمينَ ومنعهم مِن سُؤال الناس وأَعطى كلّ مُقْعَد خادما وكلّ ضَرير قائدا وفَتَحَ في خلافتَه فتوحا عظاما منها الأَنْدَلُس وكاشْغَر والهِنْد وكان شديد الكَلَف بالعِمارات والأَبنية واتّخاذِ المَصانع والضِياع وكان الناسُ يَلتقون في زمانه فيَسئلُ بعضُهم بعضا عن الأَبنية والعِمارات وكان اخوه سُلَيْمٰن يُحِبّ الطعام والنِكاح فكان الناسُ في خلافته اذا اْلتَقَوْا سأل بعضُهم بعضا عن الطعام والنِّكاح وكان عُمَرُ بن عبد العزيز صاحبَ عِبادة وتِلاوة فكان الناسُ اذا تلاقَوْا في ايّامه سأل بعضُهم بعضا ما وِرْدُك الليلةَ وكم تَحفظ من القرآن وكم تقوم من الشهر

وهذا من خواصّ المَلِك التى تقدَّمَ شرحها وكان لحّانا لا يُحسِن النحوَ فدخل عليه يوما بعضُ الأَعراب فتقرَّبَ اليه بقَرابة بينه وبينه فقال له الوَلِيدُ مَن خَتَنَك وفَتَحَ النُّونَ فظَنَّ

الأَعرابىُّ أنّه يَسْئل عن الخِتان فقال بعضُ الأَطبّاء فقال له سُلَيْمٰنُ اخوه انّما يقول لك اميرُ المؤمنين مَن خَتَنُك وضَمَّ سُلَيْمٰنُ النُّونَ فقال الأعرابىُّ نَعَمْ خَتَنى فلانٌ وذَكَرَ قرابته وعاتَبه ابوه عبد المَلِك على اللحن وقال له إنّه لا يَلى العربَ إلّا مَن يُحسِن كلامَهم فدخل الوَلِيدُ بيتا واخذ معه جماعة من علماء النحو واقام مدّةً يَشتغل فيه فخرج أَجهلَ ممّا كان يومَ دخوله فلمّا بلغ ذلك عبدَ المَلِك قال قد أَعذرَ

ثمّ ملك بعده اخوه سُلَيْمٰنُ بن عبد المَلِك كانت ايّامُه ذاتَ فتوح متوالِية وكان غَيُورا شديدَ الغَيْرة وكان نَهِما فيقال أنّ الطَّبّاخ كان يأتيه بالشِّواء فلا يَصبر حتّى يَبرد فيأخذُه بكُمّه وكان فصيحا بليغا وهاهنا موضع حكاية قال الأَصْمَعِىُّ كنتُ مرّة أُفاوِض هٰرُونَ الرَّشِيدَ فجرى حديثُ أصحاب النَّهم فقلتُ كان سُلَيْمٰنُ بن عبد المَلِك شديد النهم وكان اذا أتاه الطَّبّاخ بشِواء تَلقّاه فأخذه بأكمامه فقال الرَّشيدُ ما أَعلمَك يا أَصمَعِىُّ بأخبار الناس لقد اعترضتُ منذ ايّام جِبابَ سُلَيْمٰنَ فوجدتُّ أثر الدُّهْن فى أكمامها فظننتُه طبيبا قال الأَصْمَعِىُّ ثمّ أمر لى بجُبّة منها وقيل إنّ سُلَيْمٰن لبس

يوما حُلّةً خضراءَ وعِمامةً خضراءَ ونظر فى المِرآة فقال انا المَلِكُ الفَتَى ثمّ نظرتْ اليه جاريةٌ من جواريه فقال ما تَنظرين قالت [خفيف]

انتَ نِعمَ المَتاعُ لو كنتَ تَبْقَى   غيرَ أنْ لا بَقاءَ للإنسانِ

ليس فيما علمتُه فيك عَيبٌ   كان فى الناس غيرَ أنّك فانِ

فلم تَمضِ إلّا جُمْعةٌ واحدة حتّى مات وكانت وفاتُه فى سنة تسع وتسعين

ثمّ ملك بعده عُمَرُ بن عبد العزيز بن مَرْوَنَ   لمّا مرِض سُلَيْمٰنُ بن عبد المَلِك مَرْضتَه التى مات فيها عزم على أن يبايع لبعض أولاده فنهاه بعضُ أصحابه وقال له يا امير المؤمنين إنّه ممّا يَحفظ الخليفةَ فى قبره أن يَستخلف على الناس رجلا صالحا فقال سُلَيْمٰن أَستخيرُ اللهَ وأَفعلُ ثمّ استشاره فى عُمَرَ بن عبد العزيز فأَشار عليه به وأَثنى عليه خيرا فكتب سُلَيْمٰن عَهْدَه الى عُمَرَ بن عبد العزيز وختمه ودعا اهل بيته وقال بايِعوا لمَن قد عهِدتُ اليه فى هذا الكتاب ولم يُعلِمهم به فبايَعوا ثمّ لمّا مات جمعهم ذلك الرجُلُ الذى أَشار عليه بعُمَرَ بن عبد العزيز

وقد كَتَمَ موت سُلَيْمٰنَ عنهم وقال لهم بايِعوا مرّةً أُخرى فبايَعوا فلمّا رأى أنّه قد أَحكم الامر أَعلمهم بموت سُلَيْمٰن وكان عُمَرُ بن عبد العزيز مِن خيار الخلفاء عالما زاهدا عابدا تقيّا وَرِعا سار سِيرةً مَرضيّةً ومضى حَميدًا هو الذى قطع السَّبَّ عن امير المؤمنين صلوات اللهَ عليه وسلامه وكان بنو أُمَيّةَ يَسبّونه على المَنابر قال عُمَرُ بن عبد العزيز كان ابى عبدُ العزيز بن مَرْوٰنَ يَمَرّ فى خُطْبته يَهذّها هَذًّا حتّى اذا وصل الى ذكر امير المؤمنين علىٍّ عَمّ تَتَعْتَعَ قال فقلتُ له ذلك فقال يا بُنَىَّ أَدركتَ هذا منّى قلتُ نعمْ قال يا بُنَىَّ اُعلم أنّ العَوامّ لو عرفوا مِن علىٍّ بن ابى طالب ما نَعرفه نحن لتفرّقوا عنّا الى ولده فلمّا وَلِىَ عُمَر بن عبد العزيز الخلافةَ قَطَعَ السَّبَّ وجعل مكانه قولَه تعالى إنَّ ٱللّٰهَ يَأْمُرُ بِٱلْعَدْلِ وَٱلْإِحْسَانِ وَإِيتَاءِ ذِى ٱلْقُرْبَى وَيَنْهَى عَنِ ٱلْفَحْشَاءِ وَٱلْمُنْكَرِ وَٱلْبَغْىِ يَعِظُكُمْ لَعَلَّكُمْ تَذَكَّرُونَ[1] ومدحه الشعراء على ذلك فممّن مدحه على ذلك كُثَيِّرُ عَزّةَ بقوله [طويل]

وَلِيتَ فلم تَشْتِمْ عَلِيًّا ولم تُخِفْ بَرِيًّا ولم تَتْبَعْ مقالةَ مُجْرِمِ
وقلتَ فصدَّقتَ ٱلّذى قلتَ بٱلّذى فعلتَ فأَضحَى راضيًا كلُّ مُسْلِمِ

[1] *Coran*, XVI, 92.

وقد لبستْ لُبْسَ الهَلوكِ ثِيابَهـا　　وأبدتْ لك الدُّنيا بخَدٍّ ومِعْصَمِ
وتُومِضُ أحيـانًا بعينٍ مَريضـةٍ　　وتَبْسِمُ عن مِثْـل الجُمانِ المنظَّمِ
فأعرضتَ عنهـا مُشْمَئِزًّا كأنّمـا　　سَقَتْكَ مَدُوفًا مِن سِمامٍ وعَلْقَمِ
وقد كنتَ مِنها فى جِبالِ أَرُومِها　　ومِن بَحْرِها فى زاخِرِ السَّيْل مُفْعَمِ

ورثاه الشريف الرَّضى المُوسَوِىُّ بقوله　　[خفيف]

يا ابنَ عبد العزيز لو بَكَتِ العَيْـــنُ فَتًى مِن أُمَيّةٍ لَبَكَيْـتُكْ
انتَ أنقذتَنـا مِن السَّبِّ والشَّتْـــمِ فلو أمكنَ الجزاءُ جَزَيْـتُكْ
غيرَ أنِّى أقـول إنّـكَ قد طِبْــتَ وإن لم يَطِبْ ولم يَزْكُ بَيْتُكْ
دَيْرَ سِمْعانَ لا عَدَتْـك الغَوادِى　　خيرُ مَيْتٍ مِنَ الِ مَرْوٰنَ مَيْتُكْ

واليه الإشارةُ بقولهم الأَشَجُّ والنـاقِصُ أعدلَا بنى مَرْوٰنَ وسيَجىءُ ذِكرُ الناقص فيما بعدُ إن شاء الله تعالى وكانت وفاته بدَيْرِ سِمْعانَ فى سنة إحدى ومائة

ثمّ ملك بعده يَزِيدُ بن عبد المَلِك　　كان خَليعَ بنى أُمَيّـة سُعِفَ بجاريتينِ اسمُ إحداهما سَلّامةُ واسمُ الأُخرى حَبّابةُ فـقطع معهما زمانه قالوا فغنّتْ يومـا حَبّابةُ　　[كامل]

بينَ التَّراقِى واللَّهـاة حَرارةٌ　　ما تَطْمَئِنُّ ولا تَسوغُ فتَبْرُدُ

فأَهْوَى يَزِيدُ بن عبد المَلِك لِيَطِير فقالت يا امير المؤمنين لنا فيك حاجة فقال والله لأَطيرنّ قالت فعلى مَن تَدَعُ الأُمّةَ قال عليكِ وقبّل يدها فخرج بعض خدمه وهو يقول سَخِنَتْ عينُكَ فما أَسخفَك فانظرْ الى هذا والى ابيه عبد المَلِك حين خرج الى قتال مُصْعَبِ بن الزُّبَيْر وصدّته عاتِكةُ بنت يَزِيدَ بن مُعوِية فلم يَلتفت اليها واستشهد بذَيْنِك البيتينِ وقد سبق شرحُ ذلك فى تَرْجَمة عبد المَلِك بن مَرْوٰنَ ولم تكن دولةُ يَزِيدَ طائلة ولا وقع فيها مِن الفتوح والوقائع ما تَحسن حكايتُه وكانت وفاته فى سنة خمس ومائة عِشْقًا وصَبابةً

ثمّ ملك بعده اخوه هِشامُ بن عبد المَلِك كان هِشامٌ بخيلا شديدَ البُخْل إلّا أنّه كان غزير العقل حليما عفيفا امتدّتْ ايّامه وجرى فيها وقائعُ فمِن وقائعها الشهيرةِ قتلُ زَيْد ابنِ علىّ بن الحُسَيْن بن علىِّ بن ابى طالب عم شرحُ مقتل زَيْد بن علىّ بن الحُسَيْن إمامِ الزَّيْديّةِ رضه كان زيد مِن عظماء اهل البيت عليهم السلام عِلْما وزُهْدا ووَرَعا وشجاعة ودِينا وكَرَما وكان دائما يُحدِّث نفسه بالخلافة ويَرَى أنّه أَهْلٌ لذلك وما زال هذا المعنى يَتردّد فى نفسه ويَظهر

على صَفَحات وجهه وفَلَتات لسانه حتّى كانت ايّامُ هِشامِ بن عبد المَلك فأُتّهمه بوَديعةٍ لخالدِ بن عبد الله القَسْرىِّ امير الكوفة فحمله الى يوسف بن عُمَرَ اميرِها فى ذلك العصر فاستَحلفه أنّ ما لخالدٍ عنده مالاً وخَلَّى سبيلَه فخرج ليَتوجّه الى المدينة فتبعه اهلُ الكوفة وقالوا له أَيْنَ تَذهب يَرحمُك الله ومعك مائة الف سيف نَضرب بها دونَك وليس عندنا مِن بنى أُميّةَ إلّا نَفَرٌ قليل لو أنّ قَبيلةً واحدة منّا صمدتْ لهم لكفتْهم بإذن الله ورغّبوه بهذا وأمثاله فقال لهم يا قومِ إنّى أَخاف غدرَكم فإنّكم فعلتم بَجدّى الحُسَيْن عمّ ما فعلتم وأَبَى عليهم فقالوا نُناشِدك اللهَ إلّا ما رجعتَ ونحن نَبذل أَنفسنا دونَك ونُعطيك مِن الأَيمان والعهود والمَواثيق ما تَثق به فإنّا نَرجو أن تكون المنصورَ وأن يكون هذا الزمانُ الزمانَ الذى يَهلك فيه بنو أُميّةَ فلم يزالوا به حتّى ردّوه فلمّا رجع الى الكوفة أَقبلتِ الشِّيعةُ تَختلف اليه يبايِعونه حتّى أَحصى ديوانُه خمسةَ عشر الفا من اهل الكوفة سِوى اهل المَدايِن والبَصْرة وواسِطَ والموصل واهل خُراسانَ والرَّىّ وجُرْجانَ والجَزيرة واقاموا بالكوفة شهورا ثمّ لمّا تمَّ الامر لزيد وخَفقتِ الأَلويةُ على رأسه قال الحمد لله الذى أَكمل لى

دينى والله إنّى كنت أستحي مِن رسول الله صلّى الله عليه وآله أن أَرِدَ عليه الحَوْضَ غدًا ولم آمُر فى أُمّته بمعروف ولم أَنْهَ عن مُنكَر فلمّا اجتمع الناس مع زيد أظهر امره ونابَذ مَن خالَفه فجمع له يوسفُ بن عمر جموعا وبرز اليه وعبّى كلٌّ منهما أصحابَه والتَقى الفريقان وجرى بينهم قِتال شديد فتفرّق أصحابُ زيد عنه وخذلوه فبقى فى شِرْذِمة يسيرة فأَبْلَى هو رهٓ بَلَاءً حسَنًا[1] وقاتَلَ قتالا شديدا فجاءه سهم فأصاب جَبينَه فطلب حَدّادا فنَزع السهمَ مِن جَبينه فكانت فيه نفسُه فمات رهٓ مِن ساعته فحَفَرَ له أصحابُه فى ساقِية ودفنوه فيها وأجروا الماء على قبره خوفا أن يمثّلوا به فلمّا استَظهر يوسفُ بن عمر اميرُ الكوفة تطلّب قبرَ زيد فلم يعرفه فدَلّه عليه بعضُ العبيد فنَبَشَه وأخرجه فصلبه فبَقِيَ مدّة مصلوبا ثمّ أُحرق وذُرّى رَمادُه فى الفُرات رهٓ وسلّم عليه ولَعَنَ ظالِميه وغاصِبيه حقَّه فلقد مضى شهيدا مظلوما وفى ايّامه انبَثّتْ دُعاةُ بَنِى العبّاس فى البلاد الشَرْقيّةِ وتحرّكتِ الشِّيعةُ خُفْيةً وغزتْ جنودُ هِشامٍ التُّرْكَ بما وراءَ النَّهر وكانت لجنوده الغَلَبةُ ثمّ بعد ذلك قُتل خاقانُ

[1] *Coran*, VIII, 17.

ثمّ ملك بعده الوَلِيدُ بن يَزِيدَ بن عبد المَلِك كان مِن فِتْيان بَنِي أُميّةَ وظرفائهم وشُجْعانهم وأَجوادِهم وأَشِدّائهم مُنهمِكا فى اللهو والشُّرْب وسَماعِ الغِناء وكان شاعرا مُحسِنا له أَشعارٌ حَسَنةٌ فى العِتاب والغَزَل ووصفِ الخَمْر فمِن جيّد شعره ما كتبه الى هِشامِ بن عبد المَلِك وقد عزم على خَلْعه وكان هِشامٌ لمّا رأى استهتارَ الوَلِيد بالمَعاصى وعكوفَه على اللَّذّات طَمِعَ فى الخلافة لابنه وأراده على أن يَخلع نفسَه وتَناوَلَه بلسانه وتَهدّده فكتب اليه الوَلِيدُ ابن يَزِيدَ [طويل]

كَفرتَ يدا مِن مُنْعِمٍ لو شكرتَها جَزاكَ بها الرَّحمنُ ذو الفضل والمَنِّ
رأيتُك تَبنى جاهدا فى قَطيعتى ولو كنتَ ذا حَزْم لهدّمتَ ما تَبنِى
أَراكَ على الباقِينَ تَجنى ضَغينةً فيا وَيْحَهم إن مُتَّ مِن شَرِّ ما تَجنِى
كأنّى بهم يوما وأَكثَرُ قولهم أَلا لَيتَ أَنّا حين يا لَيتَ لا يُغنِى

وقد سَرَقَ الناسُ معانيَه وأودعوها أشعارَهم فممّن سَرَقَ معانيَه ابو نُواسٍ أَخذ معانيَه فى وصف الخَمْر وممّا يُحكَى عن الوَلِيد بن يَزِيدَ أنّه استَفتَح فألا فى المُصْحَف فخرج وَاسْتَفْتَحُوا

وَخابَ كُلُّ جبَّارٍ عَنِيدٍ[1] فألقاه ورمــاه بسِهام وقــال [وافر]

تُهَدِّدُنى بجَبّــارٍ عَنِـيــدٍ نعمْ انا ذاك جَبّــارٌ عَنِـيدُ
اذا ما جئتَ رَبَّكَ يومَ بَعْثٍ فقُلْ يا ربِّ خَرَّقَنى الوَلِيدُ

فــلم يَلبث بعد هذا إلّا يسيرا حتّى قُتــل وكان السببُ فى قتله أنّه كان قبل الخلافة على مــا وصفْنا مِن اللهو والشُّرْب وانْتِهاكِ حُرُماتِ الله عزّ وجلّ فلمّا أَفضتْ اليه الخلافــة لم يَزْدَدْ إلّا انهماكا فى اللَّذّات واستهتارا بالمَعاصى وضَمَّ الى ذلك ما ارتكبــه مِن إغضابِ أكابر اهله والإساءة اليهم وتنفيرهم فاجتَمعوا عليه مع أَعيان رعيّته وهجموا عليــه وقتلوه وكان المتولِّى لذلك يَزِيدَ بن الوليــد بن عبد المَلِــك وذلك فى سنــة ستّ وعشرين ومائة

ثمّ ملك بعده يَزِيدُ بن الوَلِيد بن عبد المَلِك كان يُظهِر التنسُّك وكان يقال أنّه قَدَرِىٌّ وسُمّى النــاقِصَ لانّه نَقَصَ مِن أَعْطِياتِ اهل الحجاز ما كان قد زادهم الوَلِيدُ بن يَزِيدَ بن عبد المَلِك فسُمّى النــاقِصَ لهذا السبب ولمّا بويِعَ بالخلافــة خَطَبَ

[1] *Coran*, XIV, 18.

الناس وقال لهم كلاما حسنًا انا مُثبِته هاهنا لحسنه خطبهم وذكر الوليد بن يَزِيدَ وإلحادَه وقال إنّ سيرته كانت خبيثة وكانَ منتهكا لحُرُمات الله فقتلتُه ثمّ قال أيّها الناس إنّ لكم عليّ أن لا أَضَعَ حَجَرا على حَجَر ولا لَبِنةً على لَبِنة ولا أكرى نَهْرا ولا أكْنِزُ مالا ولا أَنقلُ مالا من بلد الى بلد حتّى أَسُدَّ ثغرَه وخصاصةَ اهله بما يُغنيهم فما فَضَلَ منه نقلتُه الى البلد الاخَر الذى يَليه ولا أَغلقُ بابى دونكم ولكم أَعطياتُكم فى كلّ سنة وأرزاقُكم كلَّ شهر حتّى يكون أقصاكم كأدناكم فإن وفيتُ لكم بما قلتُ فعليكم بالسَّمْع والطاعة وحُسْنِ الموازرة وإن لم أفِ فلكم أن تَخلعونى إلّا أن أتوب وإن كنتم تعلمون أنّ احدا ممّن يُعرَف بالصّلاح يُعطيكم مِن نفسه ما قد بذلتُ لكم وأردتم أن تبايِعوه فانا اوّلُ مَن يبايِعه معكم إنّه لا طاعةَ لمخلوق فى مَعْصِية الخالق أقول إنّ هذا الكلام حَسَن بالنِّسْبة الى ذلك الزمان والى اصطلاح اهله فإنّ هذه الشَّرائط هى التى كانت معتبَرة عندهم فى استحقاق الرئاسة فأمّا فى هذا العصر فلو افتخر مَلِكٌ من الملوك بأنّه لا يَكرى نهرا ولا يَضَعُ حَجَرا على حَجَر او نَدَبَ رعيّته الى تمليك غيره لعُدَّ سفيها ولكان جديرا

فى اصطلاحهم بأن يملّك غيرُه   وفى تلك الايّام شَرَعَ حَبْلُ بَنِى أُمَيّـةَ يَضطرب وشرعتِ الدولةُ العبّاسيّـةُ تَنبع وانبعثتِ الدُّعـاةُ فى الأَمصـار   وكانت وفـاتـه فى سنة ستّ وعشرين ومـائـة

ثمّ ملك بعده اخوه إبرهيمُ بن الوَلِيد بن عبد المَلِـك بن مَرْوٰنَ

كانت تلك الايّامُ ايّامَ فِـتَن وكان حَبْلُ بَنِى أُميّـةَ قد اضطَرب فلمّا مات يَزِيدُ بن الوَلِيد بن عبد المَلِك بويِـعَ اخوه إبرهيمُ بَيْعةً لم تَكن بطائل فكان ناسٌ يسلِّمون عليه بالخلافة وناسٌ بالإمارة وناسٌ ربّما لا يسلّمون عليه بواحدة منهما واضطَرب امرُه فمكث سبعين يوما وسار اليه مَرْوٰنُ بن محمّد بن مَرْوٰنَ فخلعه وبويِـعَ له بالخلافة وجلس على سرير المملكة وذلك بعد حروب وفِتَن ووقائع يَشيب منها الطِّفْلُ

ثمّ ملك بعده مَرْوٰنُ بن محمّد بن مَرْوٰنَ   هو اخِر خُلفـاء بَنِى أُمَيّةَ وعنه انتقلتِ الدولةُ الى بَنِى العبّاس ويقال له الجَعْدىُّ ويقال له الحِمارُ وانّما لُقّب بالحِمار قالوا لصبره فى الحرب وكان شُجاعـا صاحب دَهاء ومكر وكانت ايّامُه ايّامَ فِتَن وهَرْج ومَرْج ولم تَطل ايّامه حتّى هزمتْـه الجيوشُ العَبّاسيّةُ وتبعتْـه الى بلاد مِصْرَ فقُتل

بقَرْية اسمُها بُوصِيرُ من قُرَى الصَّعِيد وذلك سنة اثنتين وثلاثين ومائة في ايّامه خرج عبدُ الله بن مُعْوِية بن عبد الله بن جَعْفَرِ بن ابى طالب شرحُ كيفيّة الحال في ذلك على سبيل الاختصار لمّا اضطَرب حَبْلُ بَنِى أُمَيّةَ وبويِعَ مَرْوٰنُ ثارتِ الفِتَنُ بين الناس واختلفت كَلِمتُهم فكلٌّ يرَى رأيا ويَذهب مَذْهَبا وكان بالكوفة رجلٌ من ولد جعفرِ الطَّيّارِ عمّ اسمُه عبدُ الله بن مُعْوِية بن عبد الله بن جَعْفَرِ بن ابى طالب وكان فاضلا شاعرا فحدَّثَتْه نفسُه بالامر ورأى اهلُ الكوفة اختلاف الامور بدمشق واضطرابَ حَبْلِ بَنِى أُمَيّةَ فحضروا الى هذا عبد الله وبايَعوه واجتمعوا حوله خَلائقُ فبرز اليهم اميرُ الكوفة يومئذ فقاتَلَهم بمن معه وتَصابر الفريقانِ مدّة ففى اخرِ الامر طَلَبَ اهلُ الكوفة لأَنفسهم ولعبد الله بن مُعْوِية بن عبد الله بن جَعْفَرٍ الأَمانَ مِن امير الكوفة ليَتوجّهوا اين شاءوا مِن بلاد الله وكان اميرُ الكوفة ومن معه قد مَلّوا مِن القتال فأَعطاهم الأَمانَ فتوجَّه عبدُ الله الى المَدائِن وعَبَرَ دِجْلَةَ وغلب على حُلْوانَ وما قارَبَها ثمّ توجّه الى بلاد العَجَم فغلب على تلك الجبال وهَمَذانَ وإِصْفَهانَ والرَّىّ وٱلتَحق به قومٌ مِن بنى هاشِمٍ

وبقى على ذلك مُدّةً   وكان ابو مُسْلِمٍ الخُراسانىُّ قد قويتْ شَوْكتُه فسار الى هذا عبد الله فقتله ثمّ أَظهر الدولةَ العَبّاسيّةَ   ثمّ ظهرتِ الدولةُ العبّاسيّة واشتهرتْ دَعْوتُها   ذكرُ انتقال المُلْك من بنى أُمَيّةَ الى بنى العَبّاس

لا بُدَّ قبل الخَوْض فى ذلك من مقدّمة يُشرَح فيها ابتداء امر ابى مُسْلِمٍ الخُراسانىّ فإنّه رجُلُ الدولة وصاحبُ الدَّعْوة وعلى يده كان الفتحُ   شرحُ ابتداء امر ابى مُسْلِمٍ الخُراسانىِّ ونَسَبه

أمّا نَسَبه ففيه اختلاف كثير لا فائدةَ فى استقصاء القول فيه   فقيل هو حُرٌّ مِن ولد بُزُرْجْمِهرَ وإنّه وُلد بإصْفَهانَ ونشأ بالكوفة فاتّصل بإبرهيمَ الإمام ابن محمّد بن علىّ بن عبد الله بن العَبّاس فغيّر اسمَه وكنّاه بأبى مُسْلِمٍ وثَقَّفَهُ وفقّهه حتّى كان منه ما كان   وقيل هو عبدٌ تنقّلَ فى الرِّقّ حتّى وصل الى إبرهيمَ الإمام فلمّا رآه أَعجبه سَمْتُه وعقله فأبتاعه مِن مولاه وثقّفه وفهّمه وصار يُرسِله الى شِيعته وأصحاب دَعْوته بخُراسانَ وما زال على ذلك حتّى كان من الامر ما كان   وأمّا هو فإنّه لمّا قويتْ شَوْكتُه ادّعى أنّه ابن سَلِيطِ بن عبد الله بن العَبّاس ولهذا سَلِيطٍ خبرٌ هذا موضعُ شرحه على سبيل الاختصار

كان لعبد الله بن عبّاس جاريةٌ فوقع عليها مرّةً من المرّات ثمّ اعتزلها مدّة فاستنكحتْ عبدا فوطِئها فولدتْ منه غلاما سمّتْه سَلِيطا ثمّ ألصقتْه بعبد الله بن العبّاس وأنكره عبدُ الله ولم يَعترف به ونشأ سَلِيطٌ وهو أكرهُ الخلق الى عبد الله بن عبّاس فلمّا مات عبد الله نازعَ سَلِيطٌ ورَثتَه فى ميراثه وأَعجبَ ذلك بنى أُميّةَ ليغضّوا مِن علىّ بن عبد الله بن عبّاس فأعانوه وأوصوا قاضىَ دمشق فى الباطن فمالَ اليه فى الحُكْم وحكَمَ له بالميراث وجرتْ فى ذلك خطوبٌ ليس هذا موضِعا لشرحها فادّعى ابو مُسْلِم حين قويتْ شوكتُه أنّه مِن ولد هذا سَلِيطٍ ثمّ ترسّلَ ابو مُسْلِم لإبرهيم الإمام الى خُراسانَ ودعا اليه سِرّا وما زال على ذلك حتّى ظهرتِ الدّعوةُ وتمّ الامر   مقدّمة أُخرى قبل الخوض فيها   قال الله تعالى تِلْكَ ٱلْأَيَّامُ نُدَاوِلُهَا بَيْنَ ٱلنَّاسِ[1]

وعَزّى بعضُ الحكماء بعضَ الملوك عن مملكة خرجتْ عنه فقال لو بقيتْ لغيرك لما وصلتْ اليك   واعلمْ علمتَ الخيرَ أنّ هذه دولة مِن كبار الدُّوَل ساست العالَمَ سياسةً ممزوجةً بالدِّين والمُلْك فكان أَخيارُ الناس وصلحاؤهم يُطيعونها

[1] *Coran*, III, 134.

تديُّنا والباقون يُطيعونها رَهْبةً او رَغْبةً ثمّ مكثتْ فيها الخلافةُ والمُلْك حُدودَ ستّمائة سنة ثمّ طرتْ عليها دُوَلٌ كدولة بنى بُوَيْهِ وكانت عَظَمَتُها كما عامتَ وفيها كَبْشُهم وفَحْلُهم عَضُدُ الدولة فَنّاخُسْرُو وكدولة بنى سَلْجُوقَ وفيها مِثْلُ طُغْرُلْبَك وكالدولة الخُوارَزْمْشاهِيّةِ وفيها مثلُ علاء الدين وجريدةُ عسكره مشتمِلة على اربع مائة الف مقاتِل وكدولة الفاطِميّينَ بمِصْرَ وقد وجَّهوا عسكرا صُحبةَ عبد من عبيدهم اسمُه جَوْهَرٌ لم يُرَ عسكر أكثفُ منه حتّى قال فيه شاعرهم وهو محمّد بن هانِئٍ المَغرِبىُّ [طويل]

فلا عسكرٌ مِن قَبل عسكر جَوْهَرٍ تَخُبُّ المَطايا فيه عَشرا وتُوضِعُ

وكخوارِجَ خرجوا فى أثنائها بجموع كثيرة وحُشود عظيمة كلُّ ذلك ولم يَزُلْ مُلْكُهم ولم تَقْوَ دولةٌ على إزالة مُلْكهم ومَحْوِ أثرهم بل كان المَلِكُ من هؤلاء المذكورين يجمع ويَحتشد ويَجُرّ العساكرَ العظيمة حتّى يَصل الى بَغْداذَ فاذا وصل ٱلتَمس الحضور بين يدىِ الخليفة فاذا حضر قبَّل الارض بين يديه وكان قُصارَى ما يتمنّاه أن يولّيه الخليفةُ ويَعقد له لِواءً ويَخلع

عليه فاذا فعل الخليفةُ ذلك قبَّل المَلِكُ الارض بين يديه ومشى
فى رِكابه راجلا والغاشِيةُ تحت إبطه كما فعل مَسْعودُ السُّلطانُ
مع المُسْتَرْشِد فإنّ المسترشِد وقعتْ بينه وبين مسعود منابذة أدّتْ
الى مُحاربة فخرج المسترشِد بعسكر كثيف وصُحبتُه جميعُ أرباب
الدولة فألتقى هو والسلطانُ مسعودٌ بظاهر مَراغةَ فأقتتلوا ساعة
ثمّ انكشف الغُبارُ وقد انهزم أصحابُ المشترشِد واستولى عسكرُ
مسعود فانجلى الغُبارُ والخليفةُ ثابتٌ على ظهر فَرَسه وفى يده
المُصْحَفُ وحوالَيْه القُرّاء والقُضاة والوزراء لم يَنهزم احد منهم وانّما
انهزم المقاتِلون فلمّا نظر السلطانُ مسعودٌ اليهم أرسل من قاد
دابّة الخليفة وأَدخله الى خَيْمة قد نُصبت له وأَخذ أربابَ دولته
فحبسهم فى قلعة قريبة من تلك النواحى ثمّ غنموا جميع ما
كان فى عسكر الخليفة وبعد ايّام اجتمع السلطانُ بالخليفة
وعاتَبه على فعله ثمّ تقرَّرَ بينهم امرُ الصُّلح فأصطلحا وركب
الخليفة الى مخيَّم عظيم ضربه لاجله السلطانُ فلمّا ركب
الخليفةُ أَخذ السلطان مسعودٌ الغاشيةَ ومشى فى رِكابه ثمّ جرى
مِن قتل المسترشِد ما نَذكره بعد هذا   فهذه الدُّوَل جميعها
طَرَتْ على دولة بنى العبّاس ولم تَقْوَ نفسُ احدٍ على إزالة مُلْكهم

ومَحْوِ آثارهم وكانت لهم فى نفوس الناس منزلةٌ لا تُدانيها منزلةُ احد اخرَ مِن العالَم حتّى أنّ السلطـان هُولَاكُو لمّا فتح بغداذَ وأراد قتل الخليفة أبى أَحْمَدَ عبدِ الله المُسْتَعْصِمِ أَلقوا الى سمعـه أنّه متى قُتل الخليفةُ اختَلّ نِظامُ العالَم واحتَجبتِ الشمسُ وامتَنع القطرُ والنباتُ فاستَشعر لذلك ثمّ سأل بعض العلماء فى حقيقـة الحال عن ذلك فذكر ذلك العالِمُ له الحقَّ فى هذا وقـال إنّ عَلِيّ بن ابى طالب كان خيرا من هذا الخليفة بإجماع العـالَمَ ثمّ قُتل ولم تَجر هذه المحذوراتُ وكذلك الحُسَيْن وكذلك أَجدادُ هذا الخليفة قُتلوا وجرى عليهم كلُّ مكروه وما احتَجبتِ الشمسُ ولا امتَنع القطرُ فحين سَمع ذلك زال مـا كان قد حصل فى خاطره واعتَذر ذلك العالِمُ عن هذا القول بأنّ هَيْبة السلطان كانت عظيمـة وسَطْوته مرهوبـةً فما تَجاسرتُ أن أقول بين يديه غيرَ الحقّ فهذا كان اعتقادَ الناس فى بنى العبّاس ومـا قويتْ دولةٌ من الدُّوَل على إزالة مملكتهم ومَحْوِ أَثَرهم سِوى هذه الدولة القاهرة نَشَرَ الله إحسانها وأعلى شأنها فإنّ السلطان هُولَاكُو لمّا فتح بغداذَ وقتل الخليفةَ مَحَا أَثَرَ بنى العبّاس كلَّ المَحْو وغيّر جميع قواعدهم حتّى أنّ الذى كان يَتلفّظ باسم

بنى العبّاس كان على خَطَر من ذلك   وهاهنا موضعُ حكاية حدّثنى نَصْرٌ المُلَيّسىُّ الحَبَشىُّ احدُ خُدّام السلطان مَدَّ الله مَعْدِلته وأَعلى فى الدارينِ دَرَجته وكان قبل ذلك للخليفة المستعصِم قال لمّا مُلكت بغداذُ أَخرجونى وانا صغير فى جُمْلة الخَدَم فلازَمْنا خِدْمةَ الدَّرْكاه ايّامًا فلمّا بَعُدْنا عن بغداذ أَحضرنا السلطانُ هُولَاكُو يوما بين يديه وكان علينا زِىُّ دار الخلافة فقال انتم كنتم قبل هذا للخليفة وانتم اليومَ لى فينبغى أنّكم تَخدمون خِدْمةً جيّدة بنصيحة وتُزيلون مِن قلوبكم اسمَ الخليفة فذاك شىءٌ كان ومضى وإن آثَرْتم تغييرَ هذا الزِىّ والدخولَ فى زِيّنا كان أَصلحَ قال فقلنا السَّمْعُ والطاعةُ ثمّ غيّرْنا زِيَّنا ودخلْنا فى زِيّهم

شرحُ ابتداء الدولة العبّاسيّة   رُوى أنّ الرسول صلوات الله عليه وسلامه كان يَجرى على لفظه الشريف ما معناه البِشارةُ بدولةٍ هاشِميّةٍ فزعم ناس أنّه قال تكون لرَجُل من وُلْدى وزعم ناس أنّه عمّ قال لعمّه العبّاس رضه وسلّم عليه إنّها تكون فى وُلْدك وإنّه حين أتاه بابنه عبدِ الله أذّن فى أُذْنه وتَفَلَ فى فِيه وقال اللّهمّ فقّهْه فى الدّين وعلّمْه التأويلَ ثمّ دفعه الى ابيه وقال له خُذْ اليك ابا الأَملاك فمَن زعم هذا الزُّعْمَ

قال إنّ الدولة العبّاسيّة هى الدولة المبشَّرُ بها وكانت دولةُ بنى أُميّةَ مكروهة عند الناس ملعونة مذمومة ثقيلةَ الوطْأة مستهْتِرة بالمَعاصى والقبائح فكان الناسُ من اهل الأَمصار يَنتظرون هذه الدولةَ صَباحَ مَساءَ وكان محمّدُ بن علىِّ بن ابى طالب عم وهو المعروف بابن الحَنَفيّة قد اعتَقد فيه الناسُ أنّه صاحبُ الدولة بعد قتل اخيه الحُسَيْن عم ما عدَا الإماميّةَ فإنّ اعتقادهم إمامةُ علىّ بن الحُسَيْن زَيْنِ العابِدينَ عم وإمامةُ بَنيه واحدٍ بعد واحد الى القائم محمّد بن الحَسَن عم فلمّا ماتَ محمّد ابن الحَنَفيّة عم أَوصى الى ابنه ابى هاشِم عبدِ الله وكان ابو هاشِم من رجال اهل البيت عليهم السلام فاتَّفق أنّه قصد دمشق وافدا على هِشام بن عبد المَلِك فبرّه هِشامٌ ووصله ثمّ رأى من فصاحته ورئاسته وعلمه ما حسده عليه وخاف منه فبعث اليه وقد رجع الى المدينة مَن سَمَّه فى لَبَن فلمّا علم بذلك عدَلَ الى محمّد بن علىّ بن عبد الله بنِ العبّاس وكان نازلا بالحُمَيْمة من ارض الشأم فأَعلمه أنّه ميّت وأَوصى اليه وكان صُحْبَتَه جماعةٌ من الشّيعة فسلَّمهم اليه وأَوصاه فيهم ثمّ مات رَه فتهوّسَ محمّدُ بن علىّ بن عبد الله بالخلافة منذ يومئذ

وشرع فى بَثّ الدُّعاة سِرًّا وما زال الامر على ذلك حتّى مات وخلَّف أولادَه وهم جماعةٌ منهم إبرهيمُ الإمامُ والسَّفّاح والمَنْصور فقام إبرهيمُ الإمام بالامر بعد أبيه واستكثر مِن إرسال الدُّعاة الى الأطراف خصوصا الى خُراسان فإنّهم كانوا أشدَّ وُثوقًا باهل خُراسان من غيرهم من اهل الأَمصار

أمّا اهل الحِجاز فقليلون وأمّا اهل الكوفة والبَصْرة فكان اهلُ البيت مذعورِينَ منهم لما جرى منهم على امير المؤمنين عمّ الحَسَنِ والحُسَيْن عليهما السلام مِن الخِذْلان والغدر وسفك الدم وأمّا اهل الشأم ومِصْرَ فهَواهم فى بنى أُمَيّةَ وحُبُّ بنى أُمَيّةَ قد رَسَخَ فى قلوبهم فلم يَبقَ لهم مَن يَسكنون اليه مِن اهل الأَمصار إلّا اهل خُراسانَ وكان يقال أنّ الراياتِ السُّود الناصِرة لاهل البيت تَخرج مِن خُراسان فأرسل إبرهيمُ الإمام جماعة من الدُّعاة الى خُراسان وكانت مَشايِخها ودَهاقِينها فاجابوه ودعوا اليه سِرًّا وأَرسل فى اخِر الامر أبا مُسْلِم فمضى الى هناك وجمع الجموع كلُّ ذلك والامرُ سِرٌّ والدَّعْوةُ مَخفيّةٌ لم تَظهر بعدُ فلمّا كانت ايام مَرْوَنَ الحِمارِ بن محمّد بن مَرْوَنَ اخِر خلفاء بنى أُميّةَ كَثُرَ الهَرجُ والمَرْجُ ونَمى الشرُّ وثارتِ الفِتَنُ واضطَرب

حبلُ بنى أُمَيّةَ واختلفتْ كَلِمتُـهم وقتل بعضُهم بعضا أَظهرَ ابو مُسْلِمٍ دَعْوةَ بنى العبّاس واجتَمع اليـه كلُّ مَن له فى ذلك رأىٌ من اهل خُراسانَ وجَرَّ عسكرًا كثيفا ليقاتِل به أميرَ خُراسانَ وهو نَصْرُ بن سَيّارٍ فلمّا بلغ نَصْرا حالُ ابى مُسْلِمٍ وجموعُه راعه ذلك فكتب الى مَرْوٰنَ الحِمار [وافر]

أرَى بين الرَّماد وَمِيضَ نارٍ ويُوشِكُ أن يكون لها ضِرامُ
فـإن لم يُطفِهـا عُقلاءُ قومٍ يكون وَقُودَهـا جُثَثٌ وهـامُ
فإنّ النار بالعُودَيْنِ تُـذكَى وإنّ الحرب أوّلُهـا كَلامُ
فقلتُ مِن التَّعَجُّب لَيتَ شِعرِى أَأَيـقاظٌ أُمَيّةُ أم نِيـامُ

فكتب اليه مَرْوٰنُ إنّ الحاضر يَرى ما لا يَرى الغـائبُ فأَحسِمْ انت هذا الداءَ الذى قد ظهر عندك فقال نَصْرُ بن سَيّارٍ لأصحابه أمّا صاحبكم فقد أَعلمكم أنّه لا نصرَ عنده وتواترتِ الأخبارُ الى مَرْوٰنَ بهذا الامر وحَبْلُه كلّما جاء اضطَرب وامرُه فى كلّ يوم يَضعف ثمّ بلغه أنّ الذى تَدعو الدُّعاةُ اليه هو إبرهيمُ بن محمّد ابن علىّ بن عبد الله بن العبّاس اخو السَّفّاح والمَنْصور فأَرسل اليه وقَبَضَ عليه وأَحضره الى حَرّانَ فحبسه فيها ثمّ سَمَّـه فى الحبس

فمات ثمّ جرتْ بين ابى مُسْلِم وبين نَصْر بن سَيّارٍ وغيرِه من أُمراء خُراسانَ حروبٌ ووقائعُ كانت الغَلَبَةُ فيها للمُسَوِّدَةِ وهم عسكرُ ابى مُسْلِمٍ وانّما سُمّوا المُسَوِّدَةَ لانّ الزِيّ الذى اختاروه لبنى العبّاس هو لونُ السَّوادِ فأنظرْ الى قُدْرة الله تعالى وأنّه اذا اراد امرا هيّأ أسبابه واذا اراد امرا فلا مَرَدَّ لامره لمّا قدّر انتقالَ المُلْك الى بنى العبّاس هيَّأَ لهم جميعَ الأَسباب فكان إبرهيم الإمام بن محمّد بن علىّ بن عبد الله بن العبّاس بالحِجاز او بالشأم جالسا على مُصَلّاه مشغولا بنفسه وعبادتِه ومَصالح عِيالِه ليس عنده من الدنيا طائلٌ واهلُ خُراسان يقاتِلون عنه ويَبذلون نفوسَهم وأموالهم دونَه واكثرُهم لا يَعرفه ولا يَفرق بين اسمه وشَخْصه وأنظرْ الى إبرهيمَ الامام هو بتلك الحالة من الانقطاع بداره واعتزال الدنيا وهو بالحِجاز او بالشأم وله مثلُ هذا العسكر العظيم فى خُراسان يَبذلون نفوسَهم دونَه لا يُنفِق عليهم مالا ولا يُعطِى احدَهم دابّةً ولا سِلاحا بل هم يَجبون اليه الأَموالَ ويَحملون اليه الخَراجَ فى كلّ سنة ولمّا قدّر الله تعالى خِذْلانَ مَرْوَنَ وانقراضَ مُلْك بنى أُميّةَ كان مَرْوَنُ خليفةً مبايَعا ومعه الجنودُ والأَموالُ والسلاح والدنيا بأجمعها

عنده والناسُ يَتفرّقون عنه وامرُه يَضعف وحَبْلُه يَضطرب فما زال يَضْمَحِلُّ حتّى هُزم وقُتل فتعالى الله ولمّا غلب ابو مُسْلِمٍ على خُراسان واستَولى على كُورها وقويتْ شَوْكَتُه سار الى العِراق بالجنود وكان لمّا قبض مَرْوَنُ على إبرهيم الإمام وحبسه بحَرّانَ خاف اخواه السَّفّاح والمنصور وجماعة من أقاربهم فهربوا وقصدوا الكوفة وكان لهم بها شِيعةٌ منهم ابو سَلَمَةَ حَفْص ابن سُلَيمان الخَلّالُ وكان من كبار الشِّيعة بالكوفة وصار بعد ذلك وزيرا للسَّفّاح ثمّ قتله السَّفّاحُ وسيَرِد ذكرُه عند ذكر الوزراء فأَخْلَى لهم ابو سَلَمَةَ الخَلّالُ دارا بالكوفة وامر لهم بها وتولّى خِدْمتهم بنفسه وكَتَمَ امرهم واجتَمعت الشِّيعةُ اليه وقويتْ شَوْكَتُهم فوصل ابو مُسْلِم بالجنود من خُراسان الى الكوفة فدخل على بنى العبّاس وقال أيُّكم ابن الحارِثيّةِ فقال له المنصورُ هذا وأشار الى السَّفّاح وكانت أُمُّه حارِثيّةً فسلَّم ابو مُسْلِم عليه بالخلافة وخرج السَّفّاح ومعه إخوتُه وعُمومتُه وأَقاربُه وأَكابر الشِّيعة وابو مُسْلِمٍ بين يديه الى الجامِع فصلَّى وصعِد المِنْبَرَ وأَظهر الدَّعْوة وخَطَبَ الناس وبويِعَ بالخلافة وذلك فى سنة مائة واثنتين وثلاثين وهذا أوّلُ دولةِ بنى العبّاس واخِر

دولة بنى أُمَيّةَ ثمّ عَسْكَرَ السَّفّاحُ ظاهرَ الكوفة ووَفَدَ عليه الناس من الأَمصار يُبايِعونه فلمّا اجتمع عنده الناس وقويتْ شَوْكتُه نَدَبَ رجلا من أَقاربه لِقتال مَرْوَنَ الحِمارِ فانتَدب لذلك عَمُّه عبدُ الله ابن علىٍّ وكان من رجال بنى العبّاس فتوجّهَ عبدُ الله بن علىٍّ الى مَرْوَنَ فلقيه بالزاب ومع مَرْوَنَ مائةٌ وعشرون الفَ مقاتِل ولا يكون مع عبد الله بن علىّ إلّا الاقلُّ من ذلك فصنع اللهُ تعالى لعبد الله بن علىّ أَنواعَ الصُّنْع وخَذل مَرْوَنَ كلَّ الخِذْلان فأَنظرْ وأعتبرْ شرحُ كيفيّة الوقعة بالزاب وخِذْلانِ مَرْوَنَ وانهزامِه لمّا التَقى على الزاب مَرْوَنُ الحِمارُ وعبدُ الله ابن علىّ قال مَرْوَنُ لبعض أَصحابه إن غابت شمسُ هذا النهار ولم يقاتِلونا فالخلافةُ فينا ونحن نُسلِّمها فى اخِرِ الزمان الى المَسيح عم وأَمر أَصحابَه بالكفّ عن القتال وقَصَدَ أن يَنقضىَ النهار ولا يَقع قِتالٌ ثمّ أَرسل الى عبد الله بن علىّ يسئله الموادعة فقال عبد الله كَذَبَ لا تَزول الشمسُ حتّى أُوطِئَه الخيلَ إن شاء الله تعالى فكان من الاتّفاقات الطريفةِ أنّ صِهر مَرْوَنَ حمل على قِطْعةٍ من عسكر عبد الله بن علىّ فردّه مَرْوَنُ وشتمه فلم يَقبل ونَشِبَ القِتال فأَمر عبد الله بن

علىّ أَصحابَه بالمناجزة فجثَوْا على الرُّكَب وأَشرعوا الرِّماحَ ونادَى عبدُ الله بن علىّ يا ربِّ حتّى متَى نُقتَل فيك ونادَى يا اهل خُراسان يا لَثأراتِ إبرهيمَ الإمام واُشتدّ القِتالُ فصار مَرْوٰنُ اذا أَمر طائفةً من العسكر بشىء قالوا قُلْ للطائفة الأُخرى وبَلَغَ مِن امره أنّه قال لصاحب شُرْطته اِنْزِلْ الى الارض فقال لا والله لا أُلقِى نفسى فى التَّهلكة فقال له مَرْوٰن لأَفعلنّ بك وتَهدّده فقال وَدِدتُّ أنّك تَقدر على ذلك ثمّ رأى مَرْوٰنُ فَتْرةَ أَصحابه ومناجزةَ أَصحاب عبد الله بن علىّ فوضع مَرْوٰنُ ذهبا كثيرا قُدّامَ الناس وقال أَيُّها الناس قاتِلوا وهذا المالُ لكم فصار الناس يمدّون أيديَهم الى المال ويَتناولون منه شيئا شيئا فقال بعض الناس لمَرْوٰنَ إنّ الناس قد مدّوا أيديَهم الى المال ولا نَأمن أنّهم يَذهبون به فأَمر ابنَه أن يَسير فى أَواخر العسكر فمَن وجد معه شيئا من المال قتله فرجع ابنُه برايته ليَعتهد ما قال فرأى الناسُ الرايةَ راجعةً فنادوا الهزيمةَ الهزيمةَ فاُنهزم الناسُ ومَرْوٰنُ ايضا وعبروا دِجْلةَ فكان مَن غرِقَ اكثرَ ممّن قُتل وتَلَا عبدُ الله بن علىّ[1] وَإِذْ فَرَقْنَا بِكُمُ ٱلْبَحْرَ فَأَنْجَيْنَاكُمْ وَأَغْرَقْنَا آلَ فِرْعَوْنَ وَأَنْتُمْ

[1] *Coran*, II, 47.

تَنْظُرُونَ ثمّ انتَقل الى عسكر مَرْوٰنَ وغَنِمَ ما فيه واقام به سبعة ايّام شرحُ مقتل مَرْوٰنَ الحِمارِ ثمّ إنّ مَرْوٰنَ مضى منهزما حتّى وصل الموصلَ فقطع اهلُها الجِسْر ومنعوه من العبور فنادَى أصحابُه يا اهل الموصل هذا اميرُ المؤمنين يريد العبور فناداهم اهلُ الموصل كذبتم اميرُ المؤمنين لا يَفِرّ وسَبَّه اهلُ الموصل وقالوا له الحمدُ لله الذى ازال سلطانَكم وذَهَبَ بدولتكم الحمدُ لله الذى اتانا باهل بيت نبيّنا فلمّا سمع ذلك سار الى بَلَدَ وعَبَرَ دِجْلةَ وأتى حَرّانَ ثمّ منها الى دمشق ثمّ منها الى مِصْرَ وتَبِعَه عبدُ الله بن علىّ ثمّ أَرسل خلفه بعضَ أصحابه فرآه بقَرْيَة من قُرَى الصَّعِيد اسمُها بُوصِيرُ فخرج اليهم ليلا مَرْوٰنُ وقاتَلَهم فقال لجُنْد بنى العبّاس اميرُهم إن أَصبحْنا ورأوا قِلّتَنا أَهلكونا ولم يَنْجُ منّا احد فناجَزوا القومَ وكَسَرَ جَفْنَ سيفه وفَعَلَ أصحابُه مِثْلَه وحملوا عليهم فانْهزموا وحمل رجلٌ على مَرْوٰنَ فطعنه وهو لا يَعرفه فصرعه وصاح صائحٌ صُرِعَ اميرُ المؤمنين فابتَدروه فسبق اليه رجلٌ من اهل الكوفة فاحتَزّ رأسَه ثمّ نُفِضَ الرأسُ وقُطع لسانُه فأَكلتْه هِرّةٌ كانت هناك ثمّ حُمل الرأسُ الى السَّفّاح

فوصل اليــه وهو بالكوفــة فلمّا رآه سجد ثمّ رَفَعَ رأسه وقــال الحمدُ لله الذى أَظهرنى عليك وأَظفرنى بك ولم يُبْقِ ثأرى قِبَلَك وتمثّلَ [بسيط]

لو يَشرَبون دمى لم يَرْوَ شاربُهم ولا دِمــاءهمُ لـلغيظ تَرْوِينى

ثمّ صَفَا المُلْكُ للسَّفّاح

الدولة العبّاسيّة

وهى التى تسلّمت المُلكَ من الدولة الأمويّة[1]

وأعلمْ أنّ الدولة العبّاسيّة كانت دولةً ذاتَ خُدَع ودَهاء وغَدْر وكان قِسْمُ التحيُّل والمخادعة فيها أوفرَ من قِسْم القوّة والشّدّة خصوصا فى أواخرها فإنّ المتأخِّرينَ منهم بطّلوا قوّةَ الشِدّة والنَّجدة وركنوا الى الحِيَل والخُدَع وفى مِثْل ذلك يقول كُشاجِمُ مُشيرا الى موادعةِ أصحاب السيوف وعَداوةِ أصحاب الأقلام ومقاتلةِ بعضِهم لبعض [طويل]

هَنِيئًا لأصحابِ السيوف بَطالةٌ ... تُقَضَّى بها أوقاتُهم فى التنعُّمِ

فكم فيهمُ مِن وادِعِ العَيْش لم يَهِجْ ... لحَرْبٍ ولم يَنهَد لقِرْنٍ مُصَمِّمِ

يَرُوحُ ويَغْدُو عاقِدًا فى نِجاده ... حُسامًا سَلِيمَ الجَدّ لم يَتثلّمِ

ولكنْ ذَوُو الأقلام فى كلّ ساعة ... سيوفُهمُ ليستْ تَجِفُّ مِن الدمِ

[1] Ce titre, imité de celui qui est en haut de la page ١٤٣, manque dans le manuscrit.

وفيها يقول بعضُ الشعراء حين قَتَلَ المُتوكّلُ وزيرَه محمّد بن عبد المَلِك الزّيّاتِ [وافر]

يَكادُ القلبُ مِن جَزَعٍ يَطيرُ   اذا ما قِيلَ قد قُتل الوَزيرُ
أميرَ المؤمنين قَتلتَ شَخصا   عليه رَحاكُمُ كانت تَدورُ
فمَهلًا يا بنى العبّاس مَهلًا   لقد كُوِيَتْ بغَدرِكُمُ الصُّدورُ

إلّا أنّها كانت دولةً كثيرةَ المَحاسن جَمّةَ المَكارم أسواقُ العلوم فيها قائمة وبَضائعُ الآداب فيها نافقة وشَعائرُ الدِّين فيها معظَّمة والخيراتُ فيها دارّة والدنيا عامرة والحُرُماتُ مَرعيّة والثغورُ محصَّنة وما زالت على ذلك حتّى كانت أواخرُها فانتَشر الجَبْر، واضطَرب الأَمر، وانتَقلت الدولةُ وسيَرِد ذلك فى موضعه مشروحا إن شاء الله تعالى   وهذا أوانُ الشروع فى ذكر خليفةٍ خليفةٍ

اوّلُ خليفة ملك منهم السَّفّاح   هو ابو العبّاس عبدُ الله بن محمّد بن عليِّ بن عبد الله بن العبّاس بن عبد المُطَّلِب   بويِعَ فى سنة مائة واثنتين وثلاثين   كان كريما حليما وَقورا عاقلا كاملا كثيرَ الحَياء حسن الأَخلاق ولمّا بويِعَ واستَوسق له

الامرُ تتبَّعَ بقايا بنى أُميّةَ ورجالَهم فوَضع السيفَ فيهم وفى بعض ايّامه كان جالسا فى مَجْلِس الخلافة وعنده سُلَيْمٰنُ بن هِشامِ بن عبد المَلِك وقد أكرمه السَّفّاحُ فدخل عليه سُدَيْفٌ الشاعر فأنشده [خفيف]

لا يَغُرَّنْكَ ما تَرَى من رجالٍ   إنّ تحت الضلوع داءً دَوِيّا
فضَعِ السيفَ وٱرفعِ السوطَ حتّى   لا تَرَى فوق ظَهْرها أُمَوِيّا

فالتفت سُلَيْمٰنُ وقال قتلتنى يا شيخُ ودخل السَّفّاحُ وأُخذ سُلَيْمٰنُ فقُتل ودخل عليه شاعر اخرُ وقد قُدّم الطعامُ وعنده نحوُ سبعين رجلا من بنى أُمَيّةَ فأنشده [خفيف]

أَصبحَ المُلْكُ ثابتَ الآساسِ   بالبَهاليل مِن بنى العَبّاسِ
طلبوا وِتْرَ هاشمٍ فشَفَوْها   بعد مَيْلٍ من الزمان ويأْسِ
لا تُقِيلَنَّ عبدَ شَمْسٍ عِثارًا   وٱقْطَعَنْ كلَّ رَقْلةٍ وغِراسِ
ذُلُّها أظهرَ التودُّدَ منها   وبها منكم كحَزِّ المَواسِى
ولقد غاظنى وغاضَ سَوائى   قُربُهم مِن نَمارِقٍ وكَراسِى
أَنزِلوها بحيث أَنزلها اللّٰــهُ بدار الهَوان والإتعاسِ

وأذكروا مَصْرَعَ الحُسَينِ وزَيْدٍ وقَتِيلاً بجانب المِهْراسِ
والقَتِيلَ الذى بحَرّانَ أضحَى ثاويا بين غُرْبَةٍ وتَنَاسِ

فالتفت احدُهم الى من بجانبه وقال قتلَنا العبدُ ثمّ أَمر بهم السَّفّاحُ فضُربوا بالسيوف حتّى قُتلوا وبَسَطَ النطوعَ عليهم وجلس فوقهم فأَكل الطعامَ وهو يَسمع أَنِينَ بعضهم حتّى ماتوا جميعا

وبالَغَ بنو العبّاس فى استئصال شأفة بنى أُمَيّةَ حتّى نَبَشوا قبورهم بدمشق فنبشوا قبر مُعْوِيَة بن ابى سُفيان فلم يجدوا فيه إلّا خيطا مِثلَ الهَباء ونبشوا قبر يَزِيدَ فوجدوا فيه حُطاما كأنّه الرَّماد ولمّا قَتَلَ رجالهم وأستصفى أموالهم قال [بسيط]

بَنِى أُمَيّةَ قد أَفنيتُ جَمْعَكُمُ فكيف لى منكمُ بالأوّل الماضِى
يطيبُ النفسَ أنّ النار تَجمعكمْ عُوّضتمُ مِن لَظاها شَرَّ مُعتاضِ
مُنِيتمُ لا أَقالَ اللهُ عَثرتَكمْ بلَيثِ غابٍ الى الأعداء نَهّاضِ
إن كان غَيظى لِفَوت منكمُ فلقد رَضِيتُ منكمْ بما رَبّى به راضِ

ثمّ لم تطل مُدّةُ السَّفّاح حتّى مات بالأَنبار فى سنة مائة وستّ وثلاثين

شرحُ حال الوِزارة فى ايّامه لا بُدَّ قبل الخوض فى ذلك

مِن تقديم كلمات فى هذا المعنى فأقول الوَزِيرُ وَسِيطٌ بين المَلِك ورعيّته فيَجب أن يكون فى طَبْعه شَطْرٌ يُناسِب طِباعَ الملوك وشَطْرٌ يُناسِب طِباعَ العَوامّ ليُعامِل كُلًّا مِن الفريقين بما يوجِبُ له القَبُول والمحبّة والأَمانة والصِدْقُ رأسُ ماله قيل اذا خانَ السَّفير، بَطَلَ التدبير، وقيل ليس لمكذوب رأىٌ والكَفاءةُ والشَّهامة مِن مُهِمّاته والفِطْنةُ والتيقُّظ والدَّهاء والحزم مِن ضَرُوريّاته ولا يَستغنى أن يكون مِفضالا مِطْعاما ليَستميل بذلك الأَعناقَ وليكون مشكورا بكلّ لسان والرِّفْقُ والأَناة والتثبُّت فى الامور والحِلْم والوَقار والتمكُّن ونَفاذُ القول ممّا لا بُدَّ له منه لمّا استَوزر الناصِرُ وزيرَه مُؤَيَّدَ الدين محمّد بنَ بَرْزٍ القُمّىّ خَلَعَ عليه خِلَعَ الوزارة ثمّ جلس القُمّىُّ فى مَنصِب الوزارة والناسُ جميعا بين يديه فبرز مِن حضْرة الخليفة مكتوبٌ لطيف فى قدر الخِنصِر بخطّ يد الناصِر فقُرِئَ على الجمع فكان فيه باسم الله الرحمن الرحيم محمّدُ بن بَرْزٍ القُمّىُّ نائبُنا فى البلاد والعباد فمَن أَطاعه فقد أَطاعنا ومن أطاعنا فقد أَطاع الله ومن أَطاع الله أَدخله الجَنّةَ ومَن عصاه فقد عصانا ومن عصانا فقد عصى اللهَ ومَن عصى اللهَ أَدخله النارَ فنَبُلَ القُمّىُّ بهذا التوقيع فى عيون الناس

وجَلّتْ مَكانتُه وقامت له الهيبةُ فى الصدور والوزارةُ لم تَتمهّد قواعدُها وتَتقرّرْ قوانينُها إلّا فى دولة بنى العبّاس فأمّا قبل ذلك فلم تكن مقنَّنةَ القواعدِ ولا مقرَّرةَ القوانينِ بل كان لكلّ واحد من الملوك أتباعٌ وحاشيةٌ فاذا حدث امرٌ استشار بذوِى الحِجَى والأَراء الصائبةِ فكلٌّ منهم يَجرى مجرى وزير فلمّا ملك بنو العبّاس تَقرّرتْ قوانينُ الوزارة وسُمّى الوزيرُ وَزِيرًا وكان قبل ذلك يُسمَّى كاتِبا او مُشيرا قال اهل اللُّغة الوَزَرُ المَلْجأُ والمُعتصَم والوِزْرُ الثِّقْلُ فالوَزِيرُ إمّا مأخوذ مِن الوِزر فيكون معناه أنّه يَحمل الثِّقْل او يكون مأخوذا مِن الوَزَر فيكون المعنى أنّه يُرجَع ويُلجأ الى رأيه وتدبيره وكيف تَقلّبتْ لَفظةُ وَزَرَ كانت دالّةً على المَلْجا والثِّقْل

أوّلُ وزيرٍ وَزَرَ لأَوّلِ خليفةٍ عباسىٍّ حَفْص بن سُلَيْمن ابو سَلَمةَ الخَلّالُ كان مَولًى لبنى الحرِث بن كَعْبٍ قيل فى تلقيبه بالخَلّال ثلاثةُ أوجه احدُها أنّ منزله بالكوفة كان قريبا من محلّة الخَلّالينَ وكان يجالِسهم فنُسب اليهم كما نُسب الغَزّالى[1]

[1] L'auteur a évidemment lu ainsi le nom du philosophe Al-Gazâlî, qu'il est plus correct d'orthographier الغَزَالى, sans *taschdîd* sur le *zây*.

الى الغَزّالينَ وكان يجالسهم كثيرا ورأيتُ فى تسميـة الغَزّالىّ وجها اخَر قيل كان من رأيه الصَّدَقةُ على النساء العجائزِ اللواتى يَحضرن الى دار الـغَزل ليَبعن غَزلَهنّ فيَرى ضعفَهنّ وفـقـرَهنّ ونزارةَ مَكْسَبهنّ فيَرِقّ لهنّ فـيَـتصدّق عليهنّ كثيرا ويأمر بالصَّدَقة عليهنّ فنُسب الى ذلك وثانيها أنّه كان له حَوانيتُ يَعمل فيها الخَلّ فنُسب الى ذلك وثالثُها أنّها نِسبـةٌ الى خِلَل السيوف وهى أغمادهـا كان ابو سَلَمةَ مِن مَياسيرِ اهل الكوفـة وكان يُنفِق ماله على رجال الدَّعْوة وكان سببُ وُصْلته الى بنى العبّاس أنّه كان صِهْرا لبُكَيْر بن ماهانَ وكان بُكَيْرُ بن مـاهانَ كاتبا خَصيصا بإبرهيم الإمام فلمّا أَدركتْه الوفـاةُ قـال لإبرهيم الإمام إنّ لى صِهْرا بالكوفـة يقال له ابو سَلَمةَ الخَلّالُ قد جعلتُه عِوَضى فى القيـام بأمر دَعْوتكم ثمّ مـات فكتب إبرهيمُ الإمام الى ابى سَلَمةَ يُعلِمه بذلك ويـأمره بما يريد من امر الدَّعْوة وقـام ابو سَلَمةَ بامر دَعْوتهم قيـامـا عظيما فـلمّا سَبَرَ أحوالَ بنى العبّاس عزم على العدول عنهم الى بنى عَلِيٍّ عمّ فـكاتَب ثلاثةً من أَعيانهم جَعْفَرَ بن محمّد الصادقَ عليهما السلام وعبدَ الله المَحْضَ[1]

[1] المحّض A.

ابن حَسَن بن حَسَن بن علىّ بن ابى طالب عَمّ وعُمَرَ الأَشرف
ابن زَيْنِ العابدينَ عَمّ وأَرسلَ الكتب مع رجل مِن مَواليهم
وقال له اِقصدْ أَوّلا جَعْفَرَ بن محمّد الصادقَ فإن اجاب
فأَبطِلِ الكتابين الآخرين وإن لم يُجب فأَلْقَ عبدَ الله المَحْضَ[1]
فإن اجاب فأَبطِلْ كتابَ عُمَرَ وإن لم يُجب فالْقَ عُمَرَ فذهب
الرسول الى جَعْفَرِ بن محمّد عَمّ أَوّلا ودفع اليه كتاب ابى سَلَمَة
فقال ما لى ولابى سَلَمَةَ وهو شِيعةٌ لغيرى فقال له الرسول اِقرإ
الكتاب فقال الصادِقُ عَمّ لخادمه أَدْنِ السراجَ منّى فأَدناه فوضع
الكتاب على النار حتّى احترق فقال الرسول أَلّا تُجيبه قال قد
رأيتَ الجواب ثمّ مضى الرسول الى عبد الله المَحْضِ[2] ودفع اليه
الكتاب فقرأه وقَبِلَه وركب فى الحال الى الصادِق عَمّ وقال
هذا كتاب ابى سَلَمَةَ يدعونى فيه الى الخلافة قد وصل على
يد بعض شِيعتنا من اهل خُراسانَ فقال له الصادِق عَمّ ومتى
صار اهلُ خُراسانَ شِيعتَك أَأَنت وجّهت اليهم ابا مُسْلِمٍ هل
تَعرف احدا منهم باسمه او بصورته فكيف يكونون شِيعتَك

[1] A المحصَّ.
[2] A المحضَّ.

وانت لا تعرفهم وهم لا يعرفونك فقال عبد الله كأنّ هذا الكلام منك لشىء فقال الصادِق قد علِمَ اللّهُ أنّى أُوجِب النُّصْحَ على نفسى لكلّ مُسْلِم فكيف أذخرُه عنك فلا تُمَنِّ نفسَك الأَباطيلَ فإنّ هذه الدولة ستَتِمُّ لهؤلاء وقد جاءنى مِثْلُ الكتاب الذى جاءك فأنصرفَ عبد الله من عنده غيرَ راض وأمّا عُمَرُ بن زَيْن العابدينَ فإنّه رَدَّ الكتاب وقال انا لا أعرفُ صاحبه فأُجيبَه ثمّ غَلب ابو سَلَمَةَ على رأيه وعمِلتِ الدَّعْوةُ عمَلَها وبويِعَ السَّفّاحُ ونُمَّ[1] الخبرُ اليه فحقدها على ابى سَلَمَةَ وقتله ذكرُ شىء من سِيرته ومقتله كان ابو سَلَمَةَ سَمْحا كريما مِطْعاما كثيرَ البذل مشغوفا بالتنوُّق فى السلاح والدوابّ فصيحا عالما بالأخبار والأَشعار والسِّيَر والجَدَل والتفسير حاضرَ الحُجّة ذا يَسارٍ ومُروءة ظاهرة فلمّا بويِعَ السَّفّاح استوزره وفوَّض الامور اليه وسلَّم اليه الدَّواوين ولُقِّب وزيرَ آلِ محمّدٍ وفى النفس اشياء وخاف السَّفّاحُ إن هو قَتَلَ وزيره ابا سَلَمَةَ أن يَستشعر ابو مُسْلِمٍ ويَتنمّر فتلطَّفَ لذلك وكتب الى ابى مُسْلِمٍ كتابا يُعلِمه فيه بما عزم عليه ابو سَلَمَةَ مِن نقل الدولة عنهم ويقول له إنّنى قد

[1] A وَنَمَّ.

وهبت جُرْمَـه لك وباطنُ الكتاب يَقتضى تصويبَ الرأى فى قتل ابى سَلَمَةَ[1] وأَرسلَ الكتـاب مع اخيه المنصور فـلمّا قرأ ابو مُسْلِمٍ الكتابَ فَطِنَ لـغَرَض السَّفّاح فأَرسل قومـا من اهل خُراسانَ فقتلوا ابا سَلَمَةَ فقال الشاعر. [كامل]

إنّ الوزيرَ وزيرَ آلِ محمّـدٍ أَوْدَى فمن يَشناكَ كان وزيرَا
إنّ السَّلامـة قد تَبينُ ورُبّما كان السرورُ بما كَرِهْتَ جَدِيرَا

انقضتْ وزارةُ ابى سَلَمَةَ

اختَلفوا فيمن وزر للسَّفّاح بعده فقيل ابو الجَهْم وقيل عبدُ الرحمن فامّا ابو الجَهْم فوُزّر للسَّفّاح مُدّةً فلمّا أَفضت الخلافةُ الى المنصور كان فى نفسه منه امور فسَمَّه فى سَوِيقِ اللَّوْز فـلمّا أَحسَّ بالسَّمّ قـام ليَذهب فـقال له المنصور الى أَيْنَ قال الى حيثُ بعثّنى يا امير المؤمنين

وأمّـا الصُّولىّ فـقـال إنّ السَّفّاح استوزر بعد ابى سَلَمَةَ خالِدَ ابنَ بَرْمَكٍ ذكرُ وزارة خالِد بن بَرْمَكٍ وشىءٍ من سيرته

هذا خالِدُ هو جَدُّ البَرامِكة وفى تلك الايّام نبَغتِ الدولةُ

[1] فى قتل ابى مُسْلم A.

البَرْمَكيّةُ وامتدّتْ الى أن انقضت فى ايّام الرَّشِيد   وكان خالِدُ بن بَرْمَكٍ من رجال الدولة العبّاسيّةِ فاضلا جليلا كريما حازما يَقِظا استوزره السَّفّاح وخَفَّ على قلبه وكان يُسمَّى وزيرا وقيل إنّ كلّ مَن استُوزر بعد ابى سَلَمَةَ كان يَتجنّب أن يُسمَّى وزيرا تطيُّرًا ممّا جرى على ابى سَلَمةَ ولقولِ من قال [كامل]

إنّ الوزير وزيرَ آلِ محمّدٍ   أَودَى فمن يَشناكَ كان وزيرَا

قالوا فكان خالِدُ بن بَرْمَكٍ يَعمل عَمَلَ الوزراء ولا يُسمَّى وزيرا   كان خالِدٌ عظيمَ المنزلة عند الخلفاء   قيل أنّ السَّفّاح قال له يوما يا خالِدُ ما رَضِيتَ حتّى استَخدمتَنى ففَزِعَ خالد وقال كيف يا امير المؤمنين وأنا عبدك وخادمك فضَحِكَ وقال إنّ رَيطةَ ابنتى تَنام مع ابنتك فى مكان واحد فأَقومُ بالليل فأَجدهما قد سَرَحَ الغطاءُ عنهما فأَردُّه عليهما فقبّل خالد يده وقال مَوْلًى يَكتسب الأَجر فى عبده وأَمته   وكثُر الوافدون على باب خالد بن بَرْمَكٍ ومدحه الشعراءُ وانتجعه الناسُ وكان الوافدون قبل ذلك يُسَمَّوْنَ سُؤّالا فقال خالد إنّى أَستقبحُ

هذا الاسم لِمثْل هؤلاء وفيهم الأَشرافُ والأَكابر فسمّاهم الزُّوّارَ وكان خالد أوّلَ من سمّاهم بذلك فقال له بعضُهم والله ما ندرى أىُّ أياديك عندنا أجلُّ أَصِلتُنا أم تسميتُنا وقيل إنّ أوّل مَن فعل ذلك المُساوِر بن النُّعْمان فى دولة بنى أُمَيّةَ ولمّا بَنَى المنصورُ مدينة بَغْداذَ عظُمت النَّفَقةُ عليه فأَشار عليه ابو أَيُّوبَ المُورِيانىُّ بهَدْم إيوانِ كِسْرَى واستعمال أَنقاضه فاستشار المنصور خالدَ بن بَرْمَكٍ فى ذلك فقال لا تفعلْ يا امير المؤمنين فإنّه آيةُ الإسلام فاذا رآه الناس علموا أنّ مِثْل هذا البناء لا يُزيله إلّا امرٌ سَماوىٌّ وهو مع ذلك مُصَلَّى عَلِىّ بن ابى طالب عمّ والمَؤُونةُ فى نقضه اكثرُ مِن نفعه فقال له المنصور أَبيتَ يا خالدُ إلّا مَيْلًا الى العَجَميّة ثمّ أمر المنصور بهدمه فهُدمتْ منه ثُلْمةٌ فبلغت النفقةُ عليها اكثر ممّا حصل منها فأَمسكَ المنصور عن هدمه وقال يا خالد قد صِرْنا الى رأيك وتركْنا هدم الايوان قال يا امير المؤمنين انا الآنَ أُشير بهدمه لئلّا يَتحدّث الناس أنّك عجزت عن هدم ما بناه غيرُك فأَعرضَ عنه وأَمسكَ عن هدمه

كتب بعضُ الشعراء الى خالد بن بَرْمَكٍ فى يوم نَوْرُوز وقد أَهدى الناسُ الى خالد هَدايَا فيها جاماتٌ مِن فِضّة

وذَهَب [خفيف]

ليت شِعْرى أمالَنا منكِ حَظٌّ   يا هدايا الوزير فى النَّوْرُوزِ
ما على خالد بن بَرْمَكَ فى الجُو   د نَوالٌ يُنيلـه بعَزيزِ
ليت لى جامَ فِضّة من هدايا   ه سِوى ما به الأَميرُ مُجيزِى
انما أَبتغيه للعَسَل الممزوج بالماء لا لبَوْلِ العَجُوزِ

فأَمر له بجميع ما كان حاضرا بين يديه من الجامات والأَوانى الفِضّيّةِ والذَّهَبيّة فبلغتْ مالا جليلا ولمّا تولّى المنصور الخلافة أَقرّه على وزارته وأَكرمه واستشاره

انقضتْ وزارةُ وزراء السَّفّاح وبانقضائها انقضى الكلام على دولته

ثمّ ملك بعده اخوه ابو جَعْفَرٍ المنصورُ بويِعَ فى سنة مائة وستّ وثلاثين ذكرُ شىء من سيرته وما وقع فى ايّامه مِن الحوادث والوقائع كان المنصور من عظماء الملوك وحزمائهم وعقلائهم وعلمائهم وذوى الأَراء الصائبة منهم والتدبيراتِ السديدة وَقُورا شديدَ الوَقار حَسَنَ الخُلُق فى الخَلْوة مِن أَشدّ الناس احتمالا لما يكون مِن عَبَث او مُزاحٍ فاذا

لبس ثيابه وخرج الى المجلس العامّ تغيّر لونه واُحمَّرتْ عيناه وانقلبتْ جميعُ أوصافه قال يوما لبنيه يا بَنِيَّ اذا رأيتمونى قد لبستُ ثيابى وخرجتُ الى المجلس فلا يَدْنُوَنَّ احدٌ منّى مخافةَ أن أُعَرّه بشىء قالوا وكان المنصور يلبس الخَشِنَ وربّما رَقَعَ قميصه وقيل ذلك لجعْفَر بن محمّد الصادِق عم فقال الحمدُ لله الذى أبتلاه بفقر نفسه فى مُلْكه قالوا ولم يكن يُرَى فى دار المنصور لَهْوٌ ولَعِبٌ او ما يُشبِه اللَّهوَ واللَّعِبَ حدَّث بعض مواليه قال كنتُ مرّةً واقفا على رأسه فسمع صوتا عاليا فقال لى انظرْ ما هذا الصوت قال فنظرتُ فاذا هو بعض خَدَمه يَلعب بالطُّنْبور وحوله جماعة من جَواريه يَضحكن منه قال فأخبرتُه الخبرَ فتنمَّر وقال وأىُّ شىء يكون الطُّنْبور قال فوصفتُه له فقال وانتَ ما يُدْرِيك بالطُّنْبور قلتُ يا امير المؤمنين رأيتُه بخُراسانَ فقام المنصور حتّى جاء الى الخادم فلمّا بَصُرَ به الجوارى تفرّقن فأمر فضُرب رأسُ الخادم بالطُّنْبور حتّى تكسَّر الطُّنْبور ثمّ أخرجه فباعه وكان المنصور مِن أشدّ الناس شَغَفا بأبنه المَهدِىّ فكان اذا جَنَّى احدا جِنايةً او أَخذ من احد مالا جعله فى بيت المال مُفرَدا وكتب عليه اسمَ صاحبه فلمّا

أَدركتْــه الوفــاةُ قــال لابنــه المَهْدىّ يا بُنَىَّ إنّى قد أفردتُّ كلَّ شىء اخذتُّــه من النــاس على وجه الجِنايــة والمُصادرة وكتبتُ عليه أَسماءَ أصحابه فاذا وَلِيتَ انت فأَعِدْه على أربابــه ليَدعو لك الناسُ ويُحِبّوكَ   قال يَزِيدُ بن عُمَرَ بن هُبَيْرةَ ما رأيتُ رجلا فى حَرْب او سِلْم أمكرَ ولا أنكرَ ولا أَشدَّ تيقُّظا مِن المنصور لقد حاصرنى تسعةَ شهور ومعى فُرسانُ العرب فجهدْنا كلَّ الجهد حتّى نَنال من عسكره شيــًٔا فما قدرْنا لشِدّة ضَبْطه لعسكره وكثرةِ تيقُّظه ولقد حصرنى وما فى رأسى شَعْرةٌ بَيْضاءُ ثمّ انقضى ذلك ومــا فى رأسى شَعْرةٌ سَوْداءُ   واعلمْ أنّ المنصور هو الذى أَصّلَ الدولة وضبط المملكة ورتّب القواعد وأَقــام النــامُوس واخترَع اشياءَ   فمِن جُمْلــة مــا اخترع فَرَسُ النَّوْبــةِ ولم يكن الملوكُ قبلــه يعرفون ذلك وسببُ ذلك يــأتى فيما بعدُ   ومِن جُمْلةِ مــا اخترَع عملُ الخَيش الكَتّانِ فى الصَّيف ولم يكن الناسُ قبلــه يعرفون ذلك وكان الأَكاسرةُ يطيِّنون كلَّ يوم من ايّام الصيف بيتــا يَسكنونه ثمّ فى الـغَد يُطيَّن بيتٌ اخَر   وكان المنصور مبخَّلا يُضرَب بشُحّه الأَمثالُ وقيل كان كريما وإنّه لمّا حَجَّ أَفضلَ على اهل الحجاز فكانوا يُسمّون عامَه عــامَ الخِصْب

والصَّحيحُ أنّه كان رجلا حازما يُعطِى فى موضع العطاء ويَمنعُ فى موضع المنع وكان المنعُ عليه أغلبَ   وجرى فى ايّامه شىء طريف وهو أنّ قوما من اهل خُراسانَ يقال لهم الراوَنْدِيّةُ كانوا يقولون بتناسُخِ الأَرواح ويَزعمون أنّ رُوحَ آدَمَ انتقلتْ الى فُلانٍ رَجُلٍ من كبارهم وأنّ ربّهم الذى يُطعِمهم ويَسقيهم هو المنصور وأنّ جَبْرَئيلَ هو فُلانٌ عن رَجُلٍ آخَرَ فلمّا ظهروا أَتوا قصرَ المنصور فطافوا حوله وقالوا هذا قصرُ ربّنا فأَخذ المنصور رؤساءهم فحبس منهم مائتَىْ رجل فغضب الباقون واجتَمعوا وفتحوا السجون وأَخرجوا أَصحابهم منها وقصدوا المنصور وحارَبوه فخرج المنصور اليهم ماشيا ولم يكن فى بابه فى ذلك الوقت دابّةٌ فصار بعد ذلك اليوم تُربَط له دابّةٌ فى باب القصر لا تَزال واقفةً وصارت تلك سُنّةً للخلفاء بعده وللملوك فلمّا خرج المنصور أُتِىَ بدابّة فركبها وهو يريدهم حتّى تكاثروا عليه وكادوا يقتلونه وجاء مَعْنُ بن زائدةَ وكان مستخفِيا مِن المنصور جاء متلثّما ووقف بين يدى المنصور والمنصورُ لا يعرفه فقاتَلَ بين يديه قتالا شديدا وأَبلى بَلاءً حَسَنًا[1]   وكان المنصور راكبا على بَغْلة ولِجامُها بيد حاجبه

[1] *Coran*, VIII, 17.

الرَّبيعِ فأَتى مَعْنٌ وقال تَنَحَّ فأنا أحقُّ منك بهذا اللِّجام فى هذا الوقت فقال المنصور صَدَقَ اُدفع اللِّجامَ اليه فلم يزل يقاتِل حتّى انكشفتِ الحالُ وظَفِرَ بالراوَنْديّة فقال له المنصور مَن انت قال طَلِبَتُك يا امير المؤمنين مَعْنُ بن زائدةَ فقال قد آمَنَك اللهُ على نفسك واهلك ومالك ومِثْلُك يُصطَنَع وأَحسنَ اليه ووَلّاه اليَمَن والمنصورُ هو الذى بنى مدينةَ بَغْداذَ شرحُ كيفيّة الحال فى بِناء بَغْداذَ كان المنصور قد بنى فى اوائل دولتهم مدينة بنواحى الكوفة وسَمّاها الهاشِميّةَ ووقعتْ وقعةُ الراوَنْديّة فيها فكَرِهَ سُكْناها لذلك ولمجاورة اهل الكوفة فإنّه كان لا يَأمَنهم على نفسه وكانوا قد أَفسدوا جنده فخرج بنفسه يَرتاد له موضعا يَسكنه ويَبنى فيه مدينة له ولِعيالِه ولاهله ولجنده فانحدر الى جَرْجَرايَا وأَصعد الى الموصل ثمّ أَرسل جماعة من الحكماء ذوى اللُّبّ والعقل وأمرهم بارتياد موضع فاختاروا له مدينتَه التى تُسَمَّى مدينةَ المنصور وهى بالجانب الغَرْبىّ قريبةٌ من مَشْهَدِ موسَى والجَوادِ عليهما السلام فحَضَرَ الى هناك واعتَبر المكانَ ليلا ونهارا فاستطابه وبنى به المدينةَ ومِن طريف ما اتَّفق فى ذلك أنّ راهبا من رُهْبان الدَّيْرِ المعروفِ الان بدَيْر

الروم سأل بعض اصحاب المنصور مَن يريد أن يَبنى فى هذا الموضع مدينةً فقال له ذلك الرجلُ اميرُ المؤمنين المنصور خليفةُ الناس قال ما اسمُه قال عبدُ الله قال فهل له اسمٌ غيرُ هذا قال اللّهُمَّ لا إلّا أنّ كُنْيته ابو جَعْفَرٍ ولَقَبُه المنصور قال الراهب فاْذهبْ اليه وقلْ له لا يُتعِبْ نفسه فى بناء هذه المدينة فإنّا نَجد فى كتبنا أنّ رجلا اسمه مِقْلاصٌ يَبنى هاهنا مدينة ويكون لها شأنٌ من الشأن وأنّ غيره لا يَتمكّن من ذلك فجاء ذلك الرجلُ الى المنصور وأخبره بما قال الراهب فنزل المنصور عن دابّته وسجد طويلا ثمّ قال أما والله كان اسمى مِقْلاصًا وكان هذا اللقبُ قد غَلَبَ علىَّ ثمّ ذهب عنّى وذاك أنّ لِصًّا كان فى صَباىَ يُسمَّى مِقْلاصا وكان تُضرَب به الأَمثالُ وكانت لنا عجوزٌ تُرَبِّينى فاتَّفق أنّ صِبيان المَكْتَب جاءوا يوما الىَّ وقالوا لى نحن اليومَ أَضيافُك ولم يكن معى ما أُنفِقه عليهم وكان للعجوز غَزْلٌ فأخذتُّه وبِعْتُه بما أَنفقتُه عليهم فلمّا علمتْ أنّى سرقت غزلها سَمَّتْنى مِقْلاصا وغلب هذا اللقبُ علىَّ ثمّ ذهب عنّى والان عرفتُ أنّى أَبنى هذه المدينة ونبَّهه بعضُ عقلاء النَّصارَى على فضيلة مكانها فقال يا امير المؤمنين

تكون على الصَّراة بين دِجْلةَ مع الفُرات فاذا حاربَك احدٌ كانت دِجْلةُ والفُراتُ خنادِقَ لمدينتك ثمّ إنّ المِيرة تأتيك فى دِجْلة مِن دِيارِ بَكْرٍ تارةً ومِن البحر والهِنْد والصِّين والبَصْرة وفى الفُراتِ مِن الرَّقّة والشأم وتجيئُك المِيرةُ ايضا مِن خُراسانَ وبلاد العَجَم فى شَطِّ تامَرًّا وانت يا امير المؤمنين بين أنهار لا يَصل عدوُّك اليك إلّا على جِسْر او قَنْطَرة فاذا قطعتَ الجِسْر او أخربتَ القَنْطَرة لم يَصل اليك عدوُّك وانت متوسِّط للبَصْرة والكوفة وواسِطَ والموصل والسَّواد وانت قريب مِن البَرّ والبحر والجبل فازداد المنصورُ جِدًّا وحِرْصا على بنائها وكاتَبَ الأَطرافَ بإنفاذ الصُّنّاع والفَعَلة وأمر باختيار قوم من ذوى العَدالة والعقل والعلم والأَمانة والمعرفة بالهَنْدَسة ليَتولّوا قِسْمة المدينة وعمَلَها وشرع فيها فى سنة خمس واربعين ومائة وكان ابو حَنيفةَ صاحبُ المَذْهَب يَعُدُّ اللَّبِنَ والآجُرَّ وهو الذى اخترع عَدَّه بالقَصَب اختصارا وجعل المنصورُ عَرْضَ السُّور مِن أَساسه خمسين ذراعا ومِن أَعلاه عشرين ذراعا ووضع بيده أَوّلَ لَبِنة وقال بسم الله والحمد لله الارضُ لله يُورِثُهَا مَنْ يَشَاءُ مِنْ عِبَادِهِ وَٱلْعَاقِبَةُ لِلْمُتَّقِينَ[1] ثمّ قال

[1] *Coran*, VII, 125.

اِبنو فابتَدأَ بها فى سنة خمس واربعين ومائة وتمّها فى سنة ستّ واربعين ومائة وجعلها مدوَّرةً وجعل قصره فى وسطها لئلّا يكون احدٌ أقربَ اليه من الاخَر وبلغ الخَرْجُ عليها اربعة ألف ألف وثمانى مائة وثلاثة وثلاثين درهما ولمّا فَرغتْ حاسَبَ القُوّادَ بما كان حُوّل عليهم لعمارتها فألزمهم بالبَواقى حتّى استوفى مِن بعضهم ما اقتضاه الحِسابُ خمسة عشر درهما أسماؤها يقال بَغدادُ وكان هناك موضع يُسمَّى بَغدادَ فسُمّيتْ المدينة باسمه ويقال بَغْداذُ بالذال المُعْجَمة ويقال بَغْدانُ بالنون ويقال الزَّوْراء وكان موضعُها يُسمَّى الزَّوْراء قديما وقيل لانّ قِبْلتها غيرُ مستقيمة يَحتاج المصلِّى فى مسجدها الجامعِ أن يَنحرف الى جِهةِ اليَسار قليلا ويقال مدينةُ المنصور ويقال دارُ السَّلام وقيل إنّها مدينة مباركة مسعودة لم يمت فيها خليفة قَطُّ فمدينةُ المنصور هى بَغْداذُ القديمةُ وهذه بَغْداذُ التى هى بالجانب الشرقىّ استُجدّتْ بعد ذلك وهو الذى فعل ببَنِى الحَسَن ما فعل أَخذ مَشايخَ السادات منهم وهم عبدُ الله المَحْضُ بن الحَسَن بن الحَسَن بن علىّ بن ابى طالب عليهم السلام وكان شيخَ الطالبِيّينَ فى عصره وبَنِيه

وإخوتَه وبَنى إخوته ساداتِ بنى الحَسَن عليهم السلام فحبسهم عنده وماتوا فى حبسه   رُوى أنّه خرج حاجبُه فقال من كان على الباب مِن بَنِى الحُسَيْن فلْيَدخلْ فدخل مَشايخُ بنى الحُسَيْن عليهم السلام ثمّ خرج فقال من كان بالباب مِن بنى الحَسَن فلْيَدخل فدخل مَشايخُ بنى الحَسَن عمّ فعُدل بهم الى مقصورة ثمّ أَدخلَ الحَدّادينَ مِن بابٍ اخَر فقيَّدهم وحملهم الى العِراق فحبسهم حتّى ماتوا فى حبسه بالكوفة لا جَزاه اللهُ خيرا عن فِعْله   ومِن طَريف ما وقع فى ذلك أنّ رجلا من بنى الحَسَن عمّ جاء حتّى وقف على المنصور فقال ما جاءَ بك قال جئتُ حتّى تَحبسنى عند اهلى فإنّى لا أُريد الدنيا بعدهم فحبسه معهم وكان ذلك الرجل عَلِيَّ بن حَسَن بن الحَسَن بن عَلِيّ بن أبى طالب وكان منهم محمّدُ بن إبرهيم بن الحَسَن بن الحَسَن بن علىّ ابن ابى طالب عليهم السلام وكان مِن أَحسن الناس صُورةً وكان يُسمَّى الدِّيباجَ الأَصفرَ لحُسْنه وجَماله فأَحضره المنصور وقال له انت الدِّيباجُ الأَصفرُ قال كذا يقولون قال لأَقتلنَّك قَتْلةً لم أَقتلها احدا ثمّ أَمر به فبُنى عليه أُسْطوانةٌ وهو حَىٌّ فمات فيها   ذكرُ السبب فى فِعْل المنصور ما

فعل ببني الحَسَن عليهم السلام كان بنو هاشِمٍ الطالِبيّون والعبّاسيّون قد اجتمعوا فى ذَيْلِ دولة بنى أُمَيّة وتذاكروا حالهم وما هم عليه من الاضطهاد وما قد آلَ اليه امرُ بنى أُمَيّة من الاضطراب وميلِ الناس اليهم ومحبّتِهم لان تكون لهم دَعْوةٌ واتَّفقوا على أن يَدْعوا الناسَ سِرّا ثمّ قالوا لا بُدّ لنا مِن رئيس نبايِعُه فاتَّفقوا على مبايعة النفس الزَّكِيّةِ محمّد بن عبد الله بن الحَسَن بن الحَسَن ابن علىّ بن ابى طالب عليهم السلام وكان محمّدٌ مِن سادات بنى هاشِم ورجالهم فضلا وشرفا وعلما وكان هذا المجلسُ قد حضره أعيانُ بنِى هاشِم عَلَويُّهم وعَبّاسيُّهم فحضره مِن أَعيانِ الطالِبيّينَ الصادِقُ جَعْفَرُ بن محمّد عليهما السلام وعبد الله بن الحَسَن بن الحَسَن بن علىّ بن ابى طالب وأُبناه محمّدٌ النفسُ الزَّكِيّةُ وإبرهيمُ قَتيلُ بَاخَمْرَى وجماعةٌ من الطالِبيّينَ ومِن أَعيان العبّاسيّينَ السَّفّاحُ والمنصور وغيرهما مِن آل العبّاس فاتَّفق الجميعُ على مبايعة النفس الزَّكِيّةِ إلّا الإمامَ جعْفَرَ بن محمّد الصادِقَ فإنّه قال لابيه عبد الله المَحْضِ إنّ ابنك لا يَنالها يعنى الخلافةَ ولن يَنالَها إلّا صاحب القَباء الأَصفر يعنى المنصور وكان على المنصور حينئذ قَباءٌ أَصفر قال المنصور فرتَّبتُ العُمّالَ فى نفسى من تلك الساعة

ثمّ اتّفقوا على مبايعة النفس الزَّكِيّة فبايعوه ثمّ ضَرَبَ الدهرُ ضَرْبَه وانتَقل المُلْك الى بنى العبّاس كما تقدَّم شرحه ثمّ انتقل مِن السَّفَّاح الى المنصور فلم يكن لـه هِمّةٌ سِوى طَلَبِ النفس الزَّكِيّة ليقتله او لَيَخلعه وأغراه بذلك أنّ الناس كانوا شديدى المَيل الى النفس الزَّكِيّة وكانوا يَعتقدون فيه الفضلَ والشَّرفَ والرِّئاسة فطلبه المنصورُ مِن ابيه عبد الله المَحْضِ وكان عبد الله المَحْضُ من رِجال بنى هاشِم وساداتِهم فأَلزمـه المنصور بإحضار ابنَيْـه محمّدٍ النفسِ الزَّكِيّة وإبرهيم فقال لا عِلْمَ لى بهما وكانا قد تغيّبا خوفـا مِنـه فلمّا طوّل القولَ لابيهما عبد الله قـال كم تُطوّل والله لو كانا تحت قَدَمَىَّ لما رفعتُهما عنهما سُبْحانَ الله آتِيك بولدَىَّ لتقتلهما فقبض عليه وعلى اهله مِن بنى الحَسَن وكان مِن امرهم ما تقدَّم شرحُـه رضهم وسلّم عليهم   شرحُ خروج الـنـفس الزَّكِـيّة هو محمّد بن عبد الله المَحْضِ بن الحَسَن بن الحَسَن بن علىّ بن ابى طالب عليهم السلام   كان النفسُ الزَّكِيّة من سادات بنى هاشِم ورجالِهم فضلا وشرفا ودينا وعلما وشجاعة وفصاحة ورِئاسة وكَرما ونُبْلا وكان فى ابتداء الامر قد شِيعَ بين الناس أنّه المَهدِىُّ الذى بُشِّر بـه وأَثبَتَ ابوه هذا فى

نفوس طَوائفَ من النـاس وكان يُروَى أنّ الرسول صلوات الله عليه وسلامه قـال لو بَقِيَ من الدنيا يومٌ لطوّل اللهُ ذلك اليوم حتّى يَبعَث فيه مَهْدِيَّنا او قائمَنا اسمه كاسمى واسمُ ابيـه كاسم ابى فـأمّا الإمـاميّة فيَروُون هذا الحديثَ خاليـا مِن واسمُ ابيه كاسمِ ابى فكان عبد الله المَحْضُ يقول للناس عن ابنه محمّد هذا هو المَهْدىّ الذى بُشّر به هذا محمّد بن عبد الله ثمّ أَلقى الله محبّتَه على الناس فمالوا اليه كافّةً ثمّ عَضَدَ ذلك أنّ أَشراف بنى هاشِم بايَعوه ورشّحوه للامر فقدّموه على نفوسهم فزادتْ رغبتُه فى طلب الامر وزادتْ رغبةُ الناس فيه وما زال متغرّبا مُنْذُ أَفضتِ الدولةُ الى بنى العبّاس خوفا منهم على نفسـه فلمّا علم بما جرى لوالده ولقومه ظهر بالمدينة وأَظهر امره وتبعه أَعيانُ المدينة ولم يَتخلّف عنه إلّا نَفَرٌ يَسِيرٌ ثمّ غلب على المدينة وعَزل عنها اميرَها من قِبَلِ المنصور ورتَّب عليها عاملا وقاضيـا وكَسر أَبوابَ السجون وأَخرج مَن بها واستَولى على المدينة ومُنْذُ خرج محمّد بن عبد الله وفَعَلَ مـا فعل بالمدينة توجَّهَ رجل يقال له أَوْسٌ العـامِرىُّ من المدينـة الى المنصور فى تسعة ايّام وقَدِمَ ليلا فوقف على أَبواب المدينة فصاح حتّى علموا به فأَدخلوه فقال

الرَّبِيعُ الحاجبُ ما حاجتك فى هذه الساعة وامير المؤمنين نائمٌ قال لا بُدَّ لى منه فدخل الرَّبِيعُ وأخبر المنصورَ خبرَه وأدخله اليه فقال يا امير المؤمنين خَرَجَ محمّد بن عبد الله بالمدينة وفَعَلَ وصَنَعَ قال انت رأيته قال نعمْ وعاينتُه على مِنْبرِ رسول الله صلوات الله عليه وسلامه وخاطبْتُه فأدخله المنصور بيتا ثمّ تواترتِ الأَخبار عليه بذلك فأَخرجه وقال له سَوْفَ أفعلُ معك وأَصنعُ وأُغْنِيك فى كم ليلةٍ وصلتَ من المدينة قال فى تسع لَيالٍ فأَعطاه تسعة آلاف درهم ثمّ قام المنصور وقعد وتراختِ المُدّةُ حتّى تكاتبا وتراسلا فكتب كلٌّ واحد منهما الى صاحبه كتابا نادرا معدودا مِن مَحاسنِ الكتب احتَجَّ فيه وذهب فى الاحتجاج كلَّ مَذْهَب وفى اخِر الامر نَدَبَ ابنَ اخيه عِيسَى بن مُوسَى لقتاله فتوجَّهَ اليه عِيسَى بن مُوسَى فى عسكر كثيف فالْتَقوا فى موضع قريب من المدينة فكانت الغَلَبةُ لعسكر المنصور فقُتل محمّد بن عبد الله وحُمل رأسه الى المنصور وذلك فى سنة خمس واربعين ومائة ثمّ خرج اخوه إبرهيمُ بن عبد الله قتيلُ باخَمْرَى بالبَصْرة شرحُ كيفيّة الحال فى ذلك على سبيل الاختصار كان إبرهيمُ بن عبد الله فى حال تغيُّبه

يَحضر الى عسكر المنصور متخفِّيـا وربّما جلس على السِّماط وكان المنصورُ شديدَ الطلب لـه فخرج من مدينة المنصور ومضى الى البَصْرة وأَظهر امره ودعا الى نفسه فتبعه جماعةٌ وكثرتْ جموعُـه فأَرسل المنصور اليه ابنَ اخيه عِيسَى بن مُوسَى بعد رجوعـه مِن قَتْل النفس الزَّكِيّة فتوجَّهَ عِيسَى بن مُوسَى اليه بخمسة عشر الفَ مُقاتِل فالْتَقوا بقَرْية يقال لها باخَمْرَى قريبةٍ من الكوفـة فكانت الـغَلَبـةُ لعسكر المنصور وقُتل إبرهيمُ فى المَعْركة وذلك فى سنـة خمس واربعين ومـائة رهَ تعَ وكانت ايّامُ المنصور ذاتَ فُتوقٍ وأَحداثٍ فمّمن خرج عليـه عَمُّه عبد الله ابنُ علىّ وكان السَّفّاحُ أَرسله الى قتال مَرْوَنَ الحِمارِ كما تقدَّمَ شرحه ثمّ مات السَّفّاحُ وتَولّى المنصور الخلافةَ وعبدُ الله بن علىّ بالشأم فطَمِعَ فى الخلافة وخطَبَ الناسَ وقال إنّ السَّفّاح نَدَبَ بنى العبّاس لقتـال مَرْوَنَ فلم يَنتدب غيرى وإنّه قال لى إنْ ظهرتَ عليـه وكانت الغَلَبةُ لك فانت وَلِىُّ العهد بعدى وشَهِدَ له جماعةٌ بذلك فبايَعه الناسُ ولمّا اُتّصل الخبرُ بالمنصور أَقامـه ذلك وأَقعده فـقـال له ابو مُسْلِمٍ الخُراسانىُّ إن شئتَ جمعتُ ثيابى فى مِنْطَقتى وخدمتُك وإن شئتَ أَتيتُ خُراسـانَ وأَمددتُك بالجنود

وإن شئتَ سرتُ الى حَرْب عبد الله بن علىّ فـأَمره بالمسير الى حَرْب عبد الله فسار ابو مُسْلِمٍ بعسكر كثيف فتطاوَلَ الأَمَدُ بينهما شهورا كانت[1] فى اخِرها الغَلَبَةُ لعسكر ابى مُسْلِمٍ فهرب عبدُ الله بن علىّ الى البَصْرة ونزل على اخيه سُلَيْمٰنَ بن علىّ بن عبد الله بن عبّاس فشَفِعَ سُلَيْمٰنُ فيه الى المنصور وطلب له الأَمانَ فآمَنه المنصور وكتب له كتابا بليغا أُلتزم فيه بكلّ شىء فلمّا جاء اليه حبسه ومات فى حبسه فقيل أنّه بَنَى له بيتا وجعل فى أَساساته مِلْحا ثمّ أَجْرَى الماءَ فيه فسقط البيتُ عليه فمات والمنصور هو الذى قتل ابا مُسْلِمٍ الخُراسانىَّ شرحُ الحال فى ذلك

كان فى نفس المنصور قديما حَزازاتٌ مِن ابى مُسْلِمٍ وكان بينهما تباغُضٌ وقد كان المنصور أَشار على اخيه السَّفّاح بقتله فأمتنع السَّفّاح وقال كيف يكون ذلك مع حُسْن بَلائه فى دولتنا فلمّا وَلِىَ المنصور الخلافة أَرسل ابا مُسْلِمٍ الى الشأم لحَرْب عمّه عبد الله بن علىّ بن العبّاس كما تقدَّمَ شرحه فلمّا ظَفِرَ ابو مُسْلِمٍ وغَنِمَ جميعَ ما كان فى عسكر عبد الله بن علىّ وانهزم عبدُ الله الى البَصْرة أَرسل المنصور بعضَ خَدَمه ليَحتاط على باقى العسكر مِن

[1] كان A.

الأَموال فغَضِبَ ابو مُسْلِمٍ وقال أَمِينٌ على الدِّماء خائنٌ فى الأَموال وشَتَمَ المنصورَ وكتب بعضُ أَصحاب الأَخبار بذلك الى المنصور وعَزَمَ ابو مُسْلِمٍ على الخِلاف وأن يَتوجّه الى خُراسان ولا يَحضرَ عند المنصور فخاف المنصور أن يَتوجّه ابو مُسْلِمٍ الى خُراسان بهذه الصفة فتَفسدُ عليه الامورُ هناك وكان ابو مُسْلِمٍ رجلا مَهيبا داهِيةً شُجاعا ابيبا جَرِياً على الامور فَطِنا عالما قد سَمِعَ الحديثَ وعلم من كلّ شىء فكتب اليه المنصور يطيّب نفسَه ويسكّنه ويَعِدُه الجميلَ ويَستدعى منه الحضورَ فأَجابَ بأنّى على الطاعة وإنّى متوجِّه الى خُراسانَ فإن أَصلحتَ نفسك كنتُ[1] سامعا مُطيعا وإن أَبيتَ إلّا أن تُعْطِىَ نفسَك سُؤْلَها كنتُ قد نظرتُ لنفسى بالحال التى تُقارِنها السلامةُ فاشتَدَّ خوف المنصور منه وحَنَقُه عليه وكتب اليه كتابا معناه إنّك لست فى نَظَرنا بهذه الصفة التى قد وَسمتَ بها نفسَك وإنّ حُسْن بَلائك فى دولتنا يُغْنيك عن هذا القول واستَدعى منه الحضورَ وقال لوُجُوهِ بنى هاشِم أُكتبوا انتم ايضا اليه فكتبوا اليه يقبّحون عليه خِلافَ المنصور ومُشاقَقتَه

[1] A كُنْتَ.

ويحسِّنون له الحضورَ عنده والاعتذارَ اليه وأَرسل المنصور الكتب على يد رجل عاقل من أَصحابه وقال له اِمْضِ اليه وحدِّثه أَلينَ حديث تحدِّثه احدا فإن رجع فارجِعْ به حتّى تَقْدُم به علىَّ وإن أَصرَّ على المُشاقَقة وصمَّم على التوجُّه وأَيِسْتَ منه ولم يَبق لك حِيلةٌ فقلْ له يقول لك فُلانٌ لستُ من العبّاس وبَرِئتُ مِن محمّد إن مضيتَ على هذه الحال ولم تَعُدْ إن تولَّى حَربَك غيرى وعلىَّ كذا وكذا إن لم أَتولَّ انا ذلك بنفسى فمضى الرسول اليه وناوَله الكتبَ فقرأها والتَفت الى صديق له يقال له مالِك بن الهَيْثم وقال له ما الرأى قال الرأىُ أن لا تَرجع اليه فإنّك إن رجعتَ اليه قتلك وإن مضيتَ على طريقك حتّى تَصل الى الرَّىّ وهم جندُك فتُقيم وتَنظر فى امرك فإن حدث لك حادثٌ كانت خُراسانُ من ورائك فعزم ابو مُسْلِمٍ على ذلك وقال للرسول قلْ لصاحبك إنّه ليس من رأيِى الحضورُ عندك وانا متوجِّهٌ الى خُراسانَ فقال له الرسول يا ابا مُسْلِمٍ انت ما زِلتَ أَمينَ آل محمّد فأَنْشُدُك اللهَ أن تَسِمَ نفسَك بسِمةِ العِصْيان والشِّقاق والرأىُ أن تحضر عند امير المؤمنين وتَعتذر اليه فلن تَرى عنده إلّا ما تُحِبّ فقال له ابو مُسْلِمٍ متى كنتَ تُخاطِبنى بمِثْل هذا الخِطاب فقال

الرجلُ سُبْحانَ الله انت دعوتَنا الى وَلايةِ هؤلاء القوم ونَصْرِهم وقلتَ لنا مَن خالَفهم فاُقتلوه فلمّا دخلْنا معك فيما ندبتَنا اليه رجعتَ عنه وأنكرتَه علينا فقال ابو مُسْلِمٍ هو ما قلتُ لك ولستُ أَرجعُ فقال له فليس عندك غيرُ هذا قال نعمْ فخلا به وأبلغه ما قال المنصور فوَجَمَ وأَطرقَ ساعةً ثمّ قال أَرجعُ وأَعتذرُ اليه ورجع ثمّ سلَّم عسكرَه الى بعض أصحابه وقال له إن جاءك كتابى وهو مختوم بنصف خاتَمى فهو كتابى وإن كان مختوما بكلّ الخاتَم فاْعلمْ أنّه ليس خَتْمى وأَوصاه بما اراد ثمّ سار الى المنصور فلقيه بالمَدائِن فلمّا علم المنصور بوصوله أَمر الناسَ جميعا بتلقّيه فلمّا دخل عليه قبَّل يده فأَدناه وأَكرمه ثمّ أَمره بأن يعود الى خَيْمته ويَستريح ويَدخل الحَمّامَ ويَعود مِن الغَد فمضى فلمّا أَصبح اتاه رسول المنصور يَستدعيه وقد أَعدّ المنصور جماعةً من أصحابه خلفَ الستور بأَيديهم السلاحُ فأَوصاهم أنّه اذا ضَرب بإحدى يديْه على الأُخرى يَخرجون فيَقتلون ابا مُسْلِمٍ فلمّا دخل ابو مُسْلِمٍ عليه قال له أَخْبِرْنى[1] عن سيفينِ وجدتَّهما فى عسكر عبد الله بن علىّ فقال ابو مُسْلِمٍ هذا

[1] A أَخْبَرَنى.

احدُهما وكان فى يده سيفٌ فأَخذه المنصور ووضعه تحت مُصَلّاه ثمّ شرع فى توبيخه وتقريعه على ذَنْبٍ ذَنْبٍ وابو مُسْلِم يَعتذر عن كلّ واحد بعُذْر فعدَّد عليه عِدّةَ ذنوب فقال ابو مُسْلِم يا امير المؤمنين مِثْلى لا يقال له هذا ولا تُعدَّد عليه مِثْلُ هذه الذنوب بعد ما فعلتُ فاغتاظ المنصور وقال يا ابنَ اللَّخْناء انت فعلت والله لو كانت مكانَك أَمةٌ سَوْداء لفعلتْ ما فعلتَ وهل نِلْتَ ما نِلْتَ إلّا بنا وبدولتنا فقال ابو مُسْلِم دَعْ هذا فقد أَصبحتُ لا أَخْشَى غيرَ الله فضَرب المنصور بيده على الأُخرى فخرج اولئك النفرُ وخبطوه[1] بالسيوف فصاح استَبقِنى يا امير المؤمنين لعَدُوِّك فقال المنصور وأَىُّ عدوٍّ لى أَعْدَى منك ثمّ أَمر به فكُفَّ فى بِساطٍ ودخل عِيسَى بن مُوسَى فقال اين ابو مُسْلِم يا امير المؤمنين فقال المنصور هو ذاك فى البِساط فقال قتلتَه قال نعمْ قال إِنَّا للهِ وَإِنَّا إِلَيْهِ رَاجِعُونَ[2] بعد بَلائه وفِعْله وأَمانه وكان المنصور قد آمنه وكَفَلَ عِيسَى بن مُوسَى على ذلك فقال له المنصور خَلَعَ اللهُ قلبَك والله ليس لك على وجه الارض عدوٌّ أَعْدَى منه وهل كان لكم مُلْكٌ فى حياته ثمّ أَمر

[1] A وخَطَبوه. — [2] *Coran*, II, 151.

المنصور بال الجنده فتفرّقوا وتصرّفَ المنصورُ فى خُراسانَ وذلك فى سنة سبع وثلاثين ومائة وفى عَقِيبِ قتل ابى مُسلِمٍ خرج رجل اسمه سُنْباذُ بخُراسانَ يَطلب بثأر ابى مُسلِمٍ الخُراسانىّ

شرحُ كيفيّة الحال فى ذلك على سبيل الاختصار

كانَ هذا سُنباذُ رجلا مَجُوسيّا من بعض قُرَى نِيسابُورَ وكان من أَصحاب ابى مُسْلِمٍ وصَنائعِه فظهر غَضِبا لـقَتْل ابى مُسْلِمٍ وكثُر أَشياعُه وأَطاعـه اكثرُ اهل الجِبال وغلب على كثير من بلاد خُراسانَ فلمّا بلغ المنصورَ خبرُه أَرسل اليه عَشَرة الف فارس فالتَقوا بين هَمَذانَ والرَّىّ وكان هذا سُنْباذُ قد أَفسد فى البلاد التى غلب عليها فَسادا كثيرا وسَبَى الذَّرارِىَّ وأَظهر أنّه يريد أن يمضى الى الحجاز ويَهدم الكَعْبة فلمّا التَقى هو وعسكر المنصور كان سُنْباذُ قد أَخذ معه عِدّةً من النساء المُسْلِمات اللواتى قد سَباهنّ وهنّ على جِمالٍ أَمر سُنْباذُ بإخراج النساء المَسْبيّات قُدّامَ عسكره فخرج النساء حَواسِرَ على الجمال وصِحْنَ صَيْحةً واحدة وَا محمّداهْ فنفرتِ الجمالُ وكَرّتْ راجعةً على عسكر سُنْباذَ ففرّقتْهم فتبعها عسكرُ المنصور ودخلوا خلفَ الجمال فوضعوا فيهم السيوفَ وأَبادوهم قتلا وكان عدّةُ القتلى نحوا من ستّين الفا وقد

دَلَّ الاستقراءُ على أنّ مَن اخترع دولةً وأحدثها لم يَستمتع بها فى أغلبِ الأَحوال   قال صلواتُ الله عليه لا تَتمنَّوُا الدُّوَلَ فتُحرَموها وكأنّ المخترِع للدولة يكون عنده مِن الدالّة والتبسُّطِ ما تَأنَف من احتماله نفوسُ الملوك فكلَّما زاد تبسُّطُه زادت الأَنَفةُ عندهم حتّى يُوقِعوا به   والمنصورُ خلَعَ ابنَ اخيه عِيسَى ابن مُوسَى من ولاية العَهْد وجعلها فى ابنه محمّد المَهْدىّ   شرحُ كيفيّة الحال فى ذلك   هو عِيسَى بن مُوسَى بن محمّد بن علىّ بن عبد الله بن العبّاس اميرُ الكوفة هو ابنُ اخى المنصور

كان عِيسَى بن مُوسَى قد جعله إبرهيمُ الإمام وَلِىَّ عهدٍ بعد المنصور وأخذ له البَيْعةَ على الناس وحلّفهم له فلمّا كَبِرَ المَهْدىُّ ابن المنصور شُعِفَ المنصورُ به شَعَفا شديدا فأَحبَّ أن يُبايع له بالخلافة فخلع عِيسَى بنَ مُوسَى وأشهدَ عليه بالخَلْع[1] وبايَعَ للمَهْدىّ وجَعل عِيسَى بنَ مُوسَى بعده   شرحُ كيفيّة خَلْع عِيسَى بن مُوسَى   قد اختلف أربابُ السِّيَر فى كيفيّة خَلْعه فقيل إنّ المنصور اُلتمس منه ذلك وكان يُكرِمه ويُجلِسه عن يمينه ويُجلِس المَهْدىَّ عن يَساره فلمّا فاوَضه المنصورُ فى خَلْع نفسه

[1] بالخِلَع A.

قال يا امير المؤمنين كيف أَصنعُ بالأَيمان التى فى رَقَبتى وفى رِقاب الناس بالعَتاق والطَّلاق والحَجّ والصَّدَقة ليس الى الخَلْع سبيل فتغيَّرَ المنصورُ عليه وباعَدَه بعضَ المُباعدة وصار يَأذن للمَهْدىّ قبله ويُجلِسه دونَ المَهْدىّ وصار يَتقصّد أَذاه فكان يكون عِيسَى بن مُوسَى جالسا فيُحفَر الحائطُ الذى يَليه ويُنثَر التُّرابُ على رأسه فيقول لبنيه تَنَحَّوْا ثمّ يقوم هو فيصلِّي والتُّرابُ يَنتثر عليه ثمّ يُؤذَن له فيَدخلُ على المنصور والتُّرابُ عليه لا يَنفضه فيقول له المنصور يا عِيسَى ما يَدخل احدٌ علىّ بمِثْل ما تَدخل انت به من الغُبار والتُّراب أَفكلٌّ هذا مِن الشارع فيقول عِيسَى أَحسبُ ذلك يا امير المؤمنين ولا يَشكو

وقيل إنّه سَقاه بعضَ ما يُتلِفه فمَرِضَ مُدّةً ثمّ أَفاق منه فلم يَزَل هذا الأَذَى يَتكرّر عليه حتّى خَلَعَ نفسَه وبايَعَ

وقيل بل وَضَعَ المنصورُ الجُنْدَ فصاروا يَشتمون عِيسَي بن مُوسَى اذا رأوه ويَنالون منه فلمّا شكا ذلك الى المنصور قال له يا ابن اخى إنّى والله أَخافُهم عليك وعلى نفسى فإنّهم قد أُشربتْ قلوبُهم حُبَّ هذا الفتى يعنى المَهْدىَّ فلو قدَّمتَه بين يدَيْك فَخَلع عِيسَى نفسَه وبايَعَ المَهْدىَّ ولمّا رآه بعضُ اهل الكوفة وقد جَعَل

المَهْدىَّ قُدّامَه فى الخلافة وصار هو بعده قال هذا الذى كان غدًا فصار بعدَ غدٍ   وقيل بل اشتراها المنصورُ منه بمال مَبلغُه احد عشر الف الف درهم   وقيل بل أَرسلَ اليه خالِد بن بَرْمَكٍ فأَخذ معه جماعةً من اهل المنصور نحوَ ثلاثين رجلا ومضى الى عِيسَى فخاطَبه فى أن يَخلع نفسَه فأَبَى فلمّا أَبَى قال خالدٌ للجماعة نَشهدُ عليه أنّه قد خَلَعَ نفسَه ونَحقن بذلك دمَه ونُسكِّن هذه الفتنةَ فشهدوا عليه بذلك فقامت البَيِّنةُ به وأَنكرَ عِيسَى فلم يُلتفَت اليه وتَمَّ خلعُه وبويِعَ للمَهْدىّ واللهُ أَعلمُ أىُّ ذلك كان   والمنصور هو الذى بَنَى الرُّصافةَ لابنه المَهْدىِّ

شرحُ السبب فى بنائها   كان الجُنْدُ قد شَغِبوا على المنصور فقال المنصورُ لقُثَم بن العبّاس بن عُبَيْد الله بن العبّاس ما تَرَى اَلتياثَ الجُنْد وإنّى خائفٌ أن تَجتمع كَلِمتُهم فقال له يا امير المؤمنين الرأىُ أن تعبِّر ابنك الى الجانب الشرقىّ وتعبِّر معه قِطْعةً من العسكر وتَبنى له مدينة فيَصيرُ هو فى مدينة وعسكرٍ بالجانب الشرقىّ وانت فى مدينة وعسكر بالغربىّ فإن رابَك حَدَثٌ مِن احد الجانبينِ استَعنتَ عليه بالجانب الاخر فقَبِلَ قولَه وبَنَى الرُّصافة وتَمّتِ الرُّصافة وصارَ الخلفاءُ بعد ذلك يَدفنون مَوْتاهم بها وبَنَوْا

بها التُّرَب الجليلةَ وحملوا اليها مِن الفَرْش العظيم والآلات الجليلة ما يَتجاوز الحصرَ ووقفوا عليها مِن النواحى والأَقرحة والعَقارات جُمْلةً كثيرةً وكانت فى ايّامهم حرَما اذا لَجَأَ اليها الخائفُ أَمِنَ

ومات المنصور مُحْرِما بمكّة سنة ثمان وخمسين ومائة فكَتَمَ الرَّبيعُ امرَه لاجل البَيْعة للمَهْدىِّ فيقال أنّه أجلسه وسنَّده وجعل على وجهه كِلّةً خفيفةً يُرَى وجهُه منها ولا يُفهَم امرُه وأَذِنَ لوجوه بنى هاشِم فلمّا دخلوا ووقفوا بين يدَيْه وهم يَحسبون أنّه حىٌّ تقدَّمَ الرَّبيعُ اليه كأنّه يُشاوِره ثمّ عاد اليهم وقال اميرُ المؤمنين يأمركم بتجديد البَيْعة للمَهْدىّ فبايَعَ الناسُ طُرًّا وقيل إنّ المَهْدىَّ لمّا بلغه ذلك استَخفّ بالرَّبيع وقال ما منعتْك هَيْبةُ امير المؤمنين من هذا الفِعْل به

شرحُ حال الوزارة فى ايّامه لم تكن الوزارةُ فى ايّامه طائلةً لاستبداده واستغنائه برأيه وكَفاءَته مع أنّه كان يُشاوِر فى الامور دائما وانّما كانت هَيبتُه تصغر لها هَيْبةُ الوزراء وكانوا لا يَزالون على وَجَلٍ منه وخوف فلا يَظهرُ لهم أُبَّهةٌ ولا رَوْنَقٌ وزارةُ ابى أَيُّوبَ المُورِيانىّ للمنصور مُورِيانُ قَرْيةٌ من قُرَى الأَهْواز

كان المنصور قد اشتراه صَبِيّا قبل الخلافة وثقَّفه فاتّفق أنّه

أرساله مرّةً الى اخيه السّفّاح وهو خليفةٌ وأرسل معه هَدِيّةً فلمّا رآه السّفّاحُ أعجبتْه هيئتُه وفصاحتُه وصباحتُه فقال له يا غُلامُ لِمَنْ انت قال لاخى امير المؤمنين قال بل انت لى واحتبسه عنده وكتب الى المنصور يُعلِمه أنّه قد اخذه وأعتقه واختصّ بالسّفّاح مُدّةَ خلافتِه ثمّ نمتْ حالُه وتزايدتْ نِعَمُ الله عنده حتّى قلّده المنصورُ وزارتَه وكان لبيبا بصيرا بالامور عاقلا فَطِنا ذَكِيّا فاضلا كريما غزيرَ المُروءة مَكْرُمةٌ حدّث ابنُ شُبْرُمَةَ قال زوّجتُ ابنى على صَداقٍ مَبلغُه ألْفَا درهمٍ فجعلتُ أفكّر فيمن أستعين به على ذلك فأتيتُ ابا أيُّوبَ المُوريانىَّ وزيرَ المنصور فذكرتُ له ذلك فقال قد أمرْنا لك بهذا القَدْر فجزيتُه خيرا وقمتُ لأخرج فقال لا تعجلَنَّ أجلسْ ثمّ قال اذا دفعتُ المَهْر فما يحتاج ابنُك الى نَفقة ثمّ قال أعطوه[1] الفَىْ درهمٍ للنّفقة وذهبتُ لأقوم فقال لا تَعجلْ أفلا يَحتاج الى خادم أعطوه الفَىْ درهمٍ لخادم فما زال يأمر لى فى كلّ مرّة بالفينِ الفينِ حتّى تكمّل ما أمر لى به خمسين الف درهم ذكرُ القبض على ابى أيُّوبَ سُلَيْمنَ المُوريانىّ وزير المنصور كان ابو

[1] A ici et à la ligne suivante أُعْطُوه.

أَيُّوبَ يُحِبُّ جَمْعَ المال لِيَتقرّب به الى المنصور اذا خافه فقال له المنصور يوما ما تَرى حالَ صالِحٍ ابنى ليس له ضَيْعةٌ فقال ابو أَيُّوبَ يا امير المؤمنين بالأَهواز مَزارِعُ عاطِلةٌ تَحتاج الى ثلاثمائة الف درهم تُعمَر بها ويقوم منها حاصِلٌ جيّد فأَطاق له ثلاثمائة الف درهم وأمره بعِمارتها لابنه صالِحٍ فأَخذ ابو أَيُّوبَ المال ولم يَعمل فى الضَّيْعة شيئا وصار فى رأس كلّ سنة يَحمل عشرين الف درهم ويقول هذه حاصِلُ الضيعة المستَجدّةِ فأَنكتم الحالُ عن المنصور مُدّةً ثمّ إنّ أَعداء ابى أَيُّوبَ وجدوا هذا طريقا الى السِّعاية به فأَعلموا المنصور الحال فأَنحدر بنفسه الى هناك فأَمر ابو أَيُّوبَ أن تُبنَى بيوتٌ على جانب الشَّطّ ويُغرَس فيها كَرْمٌ ويُخضَّر حوالَيْها فلمّا فعل ذلك اجتاز المنصور بها فقال له ابو أَيُّوبَ هذه هى الضيعة فرأى المنصور العِمارة والخُضْرة فكاد الامرُ يَشتبِه عليه فأَعلمه أَعداءُ ابى أَيُّوبَ صورةَ الحال فركب بنفسه وأَخذ الأَدلّاء معه وطاف الضيعةَ فوجدها عاطلةً لا عِمارةَ فيها فعَرف القِصّةَ وتَنبَّه على خِيانة ابى أَيُّوبَ فنكبه وقتله وقتل أَقارَبه واستَصفى أَموالَهم   وقال ابن حُبَيْباتٍ الشاعرُ الكُوفىّ فى ذلك

[خفيف]

قد وجدْنا الملوكَ تَحسد مَن أعـطتْه طَوْعا أزِمّةَ التدبيرِ
فإذاما رأوا لـه النَّهْىَ والأمـرَ أتوه من بأسـهم بنَكيرِ
شَرِبَ الكأسَ بعد حَفصٍ سُلَيْمٰـنُ ودارت عليـه كَفُّ المُديرِ
ونجا خالدُ بنُ بَرْمَكَ منـهـا إذ دعوْه مِن بعدها بالأميرِ
أَسْوَأُ العالَمِينَ حالا لَدَيْهِمْ مَن تَسَمَّى بكـاتب او وَزيرِ

وزارةُ الرَّبِيع بن يُونُسَ[1] للمنصور هو ابو الفَضْل الرَّبِيع بن يُونُسَ بن محمّد بن كَيْسانَ هو ابو فَرْوَةَ مولى عُثْمان بن عَفّانَ كان يقال أنّ الرَّبِيع لَقِيطٌ ولذلك قال يوما لرجل كَرَّر التَّرحُّمَ على أبيه فى حضرة المنصور كَمْ تكرِّر ذكرَ أبيك وتَترحَّم عليه فقال له الرجل إنّك معذور فى ذلك لأنّك لم تَذُقْ حَلاوةَ الآباء قالوا والصحيحُ أنّه ابن يُونُسَ بن محمّد بن ابى فَرْوَةَ ولكنّه لغَيرِ رُشْدة قالوا وقع يُونُسُ بن محمّد على جارية لهم فولدتْ له الرَّبِيعَ فأنكره يُونُسُ فبِيعَ وتنقَّلَ فى الرِّقّ حتّى وصل الى بنى العَبّاس وبلغنى أنّ علاءَ الدين عَطا مَلِكٍ بن الجُوَيْنىّ صاحبَ الديوان كان يَنتسب الى الفَضْل ابن الرَّبِيع ولقد عَجِبتُ مِن الصاحب علاء الدين مع نُبْله وفضله

[1] A يُوسُفَ.

وأطّلاعه على السِّيَر والتواريخ كيف رَضِيَ أن يَنتسب الى الفَضْل بن الرَّبِيع فإن كان قد انتحل هذا النسبَ ففضيحةٌ ظاهرةٌ وإن كان حقّا فلقد كان العقلُ الصحيحُ يَقتضى سترَه فإنّه نسبٌ لا يوجَد أرذلُ منه ولا أفضحُ ولا أسقطُ أمّا أوّلا فلأنّ الفَضْل بن الرَّبِيع لم يكن حُرّا فى نفسه وكان مَرميّا بالفاحشة قالوا كان له صَبِيٌّ يأتيه وكان يقال له فَحْلُ الفَضْل وعَمِلَ الشعراء فيه أشعارا فمنها [متقارب]

لَواطُ الخليفة أُعجوبةٌ وأَعجبُ منه بُغاء الوزيرِ

فلو يَستعِفانِ هذا بذا لكانا بعُرْضةِ أمرٍ سَتِيرِ

وأمّا ثانيا فلأنّ الرَّبِيع وإن كان جليلا كافيا إلّا أنّه كان مدخولَ النسب فكان يقال إنّه لَقِيط وتارة يقال إنّه ولدُ زِنًا وأَحسنُ أحواله أن يكون صحيحَ الاتّصال الى أبى فَرْوةَ مولى عُثْمان بن عَفّانَ وفى ذلك أَتمُّ العار فإنّ أبا فَرْوةَ كان ساقِطا وكان عبدا للحرِث حَفّارِ القبور بمكّة والحرِثُ مولى عُثْمان بن عَفّانَ فأبو فَرْوةَ عبدُ عبدِ عُثْمان وفى

ذلك يقول الشاعر [طويل]

وإنّ وَلَا كَيْسانَ للحرِث الّذى وَلَى زَمَنا حَفْرَ القبور بيَثْرِبِ

وأبو فَرْوَةَ خرج على عُثمان يومَ الدار وكَفاه بذلك عارًا فأنظرْ هل تَرَى نسبا أَسقطَ او أَرذلَ من هذا وأَعجبُ مِن رأىِ الصاحب عَلاء الدين فى هذا خُلُوُّ حضرتِه مِمّن يَعرف هذا القدرَ فينبِّهه عليه كان الرَّبيعُ جليلا نبيلا منفِّذا[1] للأمور مَهيبا فصيحا كافيا حازما عاقلا فَطِنا خَبيرا بالحِساب والأَعمال حاذقا بأمور المُلْك بصيرا بما يأتى ويَذَرُ مُحِبّا لفعل الخير رُوِى أنّ المنصور أَحضر يوما إنسانا ذُكر له أنّه وَثَبَ على عامله ببعض النَّواحى فقال له المنصور ويحك انتَ المتوثِّب على فلانٍ العاملِ والله لأَنثرنَّ مِن لحمك أَكثرَ ممّا يَبقى منه على عَظْمك وكان شيخا كبيرا فأَنشد بصوت ضعيف [كامل]

أَتروضُ عِرسَك بعد ما هَرِمَتْ ومِن العَناء رِياضةُ الهَرِمِ

فقال المنصور يا رَبيعُ ما يقول فقال يقول [بسيط]

[1] مُنَفَّذًا A.

العبدُ عبدُكمُ والامرُ أمرُكمُ   فهل عَذابُك عنّى اليومَ مصروفُ

فقال قد عفونا عنه فأنصرف   ورأى المنصور يوما فى بُسْتانه شُجَيْرة مِن شجر الخِلاف فلم يَدر ما هى فقال يا رَبيعُ ما هذه الشجرة فقال الرّبيع إجماعٌ ووِفاقٌ وكَرِهَ أن يقال خِلافٌ فأستعقله المنصور واستَحسَنَ قوله   ولم يَزل الرّبيع وزيرا للمنصور الى أن مات المنصور وقام الرّبيعُ بأخذ البَيْعة للمَهْدىّ على ما تقدَّمَ وصفُه وهو اخِر وزراء المنصور وقتله الهادِى وكان سببُ قتله أنّه أهدى جاريةً حَسْناءَ الى المَهْدىّ بن المنصور فوهبها المَهدىُّ لابنه موسَى الهادِى فغَلب حُبُّها عليه وأولدَها أولادَه فلمّا صار الهادِى خليفةً سَعَى اليه أعداءُ الرّبيع وقالوا له إنّه اذا رأى بَنيك قال والله ما وَضعتُ بينى وبين الأرض أطيبَ من أمّ هاؤلاء فعَظُمَ ذلك على الهادِى وعلى بَنيه وعلى الجارية ايضا فناوَله الهادِى قَدَحا فيه عَسَلٌ مسموم فشرِبَه فمات ليومه وذلك فى سنة سبعين ومائة   انقضتْ أيّام المنصور ووزرائه

ثمّ ملك بعده ابنه محمَّد المَهْدىُّ هو ابو عبد الله محمّد المهدىُّ ابن ابى جعفرٍ المنصور وقد مرَّ نسبُه بويِعَ له بالخلافة بمكّة فى

سنة ثمان وخمسين ومائة   كان المَهْدىُّ شَهما فَطِنا كريما شديدا على اهل الإلحاد والزَّنْدَقة لا تأخذه فى إهلاكهم لومةُ لائم وكانت ايّامه شبيهةً بايّام ابيه فى الفتوق والحوادث والخوارج وكان يَجلس فى كلّ وقت لردّ المَظالم   رُوى عنه أنّه كان اذا جلس للمَظالم قال أَدخِلوا علىَّ القضاة فلو لم يكن ردّى للمَظالم إلّا للحَياء منهم لكَفَى   وحُدّث عنه أنّه خرج متنزِّها ومعه رجل من خواصّه اسمه عَمْرٌو فانقَطعا فى الصيد عن العسكر فجاع المَهْدىّ فقال هل مِن شىء يؤكَل فقال له عمرو أرى كُوخا فقصدوه فإذا فيه نَبطىٌّ وعنده مَبْقَلةٌ فسلَّموا عليه فردَّ السلام فقالوا هل مِن طعام فقال عندى رُبَيْثاء وهو نوع من الصَّحْناء وعندى خُبْزُ شَعيرٍ فقال المَهْدىّ إن كان عندك زَيْتٌ فقد أَكملتَ الضِّيافةَ قال نعمْ وكُرّاثٌ فأتاهما بذلك فأَكلا حتّى شَبِعا فقال المَهْدىّ لعمرو قُلْ فى هذا شعرا فقال   [خفيف]

إنّ مَن يُطعِم الرُّبَيْثاء بالزَّيْت وخُبْزَ الشَّعيرِ بالكُرّاثِ
لَجَديرٌ بصَفْعة او بثِنْتَين لسُوء الصَّنيع او بثلاثِ

فقال المَهْدىّ بِئْسَما قلتَ انّما كان ينبغى أن تقول

أَجَديرٌ ببَدْرة او بِبَدْرتَيْــنِ لحُسْنِ الصَّنيع او بثلاثِ

قــال ووافاهم العسكرُ والخزائنُ والخدمُ فأَمر للنَّبَطىّ بثلاث بِدَر وانصرف وفى ايّامه ظهر المُقَنَّعُ بخُراسانَ شرحُ كيفيّــة الحال فى ذلك كان هذا المُقَنَّعُ رجلا أَعورَ قصيرا من اهل مَرْوَ وكان قد عَمِلَ وجهًا من ذَهَب وركّبه على وجهــه لئلّا يُرَى وجهه وادَّعى الإلٰهيّةَ وكان يقول إنّ الله خَلَقَ آدَمَ فتحوَّل فى صُورتــه ثمّ فى صورة نُوحٍ وهكذا هَلُمَّ جَرًّا الى ابى مُسْلِمٍ الخُراسانىّ وسَمَّى نفسَه هاشِما وكان يقول بالتناسُخ وبايَعــه خلقٌ مِن ضُلّال الناس وكانوا يَسجدون الى ناحيته أين كانوا من البلاد وكانوا يقولون فى الحرب يا هاشِمُ أَغِثْنا واجتمع اليــه خلق كثير

فأَرسل المَهْدىّ اليه جيشا فاعتَصم منهم بقلعة هناك وطاوَلوه فضَجِرَ وضجر أصحابُه فطلب أكثرُهم الأَمــانَ وبقى معه نَفَرٌ يَسيرٌ وهو فى القلعة محاصَر فأَضرمَ نارا عظيمــة وأَحرقَ جميع مــا بالقلعــة من دابّة وثوب ومَتــاع ثمّ جَمَعَ نساءَه وأولاده وقــال لأصحابه مَن أَحَبَّ منكم الارتفاعَ معى الى السماء فَلْيُلْقِ نفسَه فى

هذه النار ثمّ أَلْقَى فيها نفسَه وأولاده ونساءه خوفا أن يُظفَر بجُثّته او بحُرَمه فلمّا احترقوا فُتحتْ أبوابُ القلعة فدخلها عسكرُ المَهْدىّ فوجدوها خالية خاوية   ولمّا وَلِىَ المَهْدىّ الخلافة جدّد الكلام فى خلع عِيسَى بن مُوسَى والبَيْعةِ لولدَيْه مُوسَى الهادِى وهُرُونَ الرَّشيدِ وقد تقدّمَ شرحُ كيفيّة خَلْعه فى ايّام المنصور وأنّه قدّم المَهْدىَّ عليه فلمّا وَلِىَ المَهْدىّ أراد لبنيه ما أراد المنصور له فطاب مِن عِيسَى بن مُوسَى أن يَخلع نفسَه فأَبَى فأَرهبَه وأَرغبَه حتّى أَجاب وأَشهدَ عليه بالخلع وبايَع لولدَيْه الهادِى والرَّشيدِ   وكان المَهْدىّ يَنظر فى الدقائق من الامور وكذلك كان ابوه فتقدّمَ المَهْدىُّ حين وَلِىَ بردّ نسبِ آلِ زِيادِ بن أبيه الى عُبَيْدٍ الثَّقَفىّ وإسقاطِهم[1] من ديوان قُرَيْشٍ وبَرَدّ نسبِ آلِ ابى بَكْرةَ الى وَلاء رسول الله صلوات الله عليه وسلامه وكتَبَ الكُتُبَ بذلك فاعتُمِدَ ما رَسَمَ به ثمّ بعد ذلك ارتَشى العُمّالُ مِن بنى زِيادٍ وأعادوهم الى ديوان قُرَيْشٍ   وغزا المَهْدىُّ الرُّومَ عِدّةَ دَفَعات وكانت له الغَلَبة ومات المَهْدىُّ بماسَبَذان واختُلف فى سبب موته   فقيل إنّه طرَدَ ظَبْيا فى بعض

[1] A وأَسقاطهم.

مُتَصَيَّداته فدخل الظبيُ الى بابِ خَرِبةٍ فدخل فرسُ المَهْدىّ خلفه فدقّه بابُ الخَرِبة فقطَعَ ظهرَه فمات من ساعته   وقيل إنّ بعض جواريه جعلتْ سَمّا فى بعض المآكل لجارية أخرى فأكل المَهْدىُّ منه وهو لا يعلم فمات   وذلك فى سنة تسع وستّين ومائة   وقال ابو العُتاهِيَة يصف جواريَه وقد برزن بعد موته وعليهنّ المُسوح [رمل]

رُحْنَ فى الوَشْى وأَقبلْــن عليهنّ المُسوحُ
كلُّ نَطّاحٍ مِن الدهــر لــه يومٌ نَــطُوحُ
لستَ بالبــاقى ولو عُــمِّرتَ ما عُمّر نُوحُ
فعلى نــفسك نُحْ إنْ   كنتَ لا بُدَّ تَــنوحُ

شرحُ حال الوزارة فى ايّامه   فى ايّامه ظهرتْ أُبَّهَةُ الوزارة بسبب كَفاءَة وزيره ابى عُبَيْد الله مُعْوِيَة بن يَسارٍ فإنّه جَمَعَ له حاصلَ المملكة ورتّب الديوان وقرَّر القواعد وكانَ كاتِبَ الدنيا وأَوحدَ الناس حِذْقا وعلما وخِبْرة وهذا شرحُ طرَف من حاله

وزارةُ ابى عُبَيْد الله مُعْوِيَة بن يَسارٍ للمَهْدىّ هو من مَوالى الأَشْعَرِيّينَ كان كاتِبَ المَهْدىّ ونائبَه قبل الخلافة ضَمّه المنصور

اليه وكان قد عزم على أن يَستوزره لكنّه آثَرَ بـه ابنَه المَهْدىَّ فكان غالبا على أمور المَهْدىّ لا يَعصى له قولا وكان المنصور لا يَزال يُوصِيه فيه ويأمره بامتثال ما يُشير به فلمّا مات المنصور وجلس المَهْدىّ على سرير الخلافة فوَّض اليه تدبير المملكة وسلَّم اليه الدواوين وكان مقدَّما فى صِناعته فاختَرَع أَمورا منها أنّه نَقَلَ الخَراجَ الى المُقاسَمة وكان السلطانُ يأخذ عن الغَلّات خَراجا مقرَّرا ولا يُقاسِم فلمّا وَلِىَ ابو عُبَيْد الله الوزارة قرَّر أمر المُقاسَمة وجعل الخَراج على النَّخْل والشجر واستمرّ الحال فى ذلك الى يومنا وصنَّف كتابا فى الخَراج ذكَرَ فيه أَحكامه الشَّرْعيّة ودقائقه وقواعده وهو اوّل مَن صنّف كتابا فى الخَراج وتَبِعَه الناس بعد ذلك فصنَّفوا كتب الخَراج وكان شديدَ التكبُّر والتجبُّر رُوِى أنّ الرَّبيع لمّا قدم من مكّة بعد موت المنصور وأَخْذِ البَيْعة للمَهْدىّ حضر مِن ساعة وصوله الى باب ابى عُبَيْد الله فقال له ابنه الفَضْل يا أَبى نَبدأُ به قبل امير المؤمنين وقبل منزلنا قال نعمْ يا بُنَىَّ هو صاحبُ الرِّجْل[1] والغالبُ على أمره قال فوصل الرَّبيع الى باب ابى عُبَيْد الله

[1] A الرَّجُل.

الوزير فوقف ساعة حتّى خرج الحاجب ثمّ دخل فاستَأذن له فأَذِنَ له فلمّا دخل عليه لم يَقم له ثمّ سأله عن مسيره وحاله فأخبره وشَرَعَ الرَّبيع يحدّثه بما جرى فى مكّة من موت المنصور واجتهادِه فى أَخْذ البَيْعة للمَهْدىّ فسكَّته وقال قد بلغنى الخبر فلا حاجة الى إعادته فاغتاظ الرَّبيع ثمّ قام فخرج وقال لابنه الفَضْل علىَّ كذا وكذا إن لم أبذل مالى وجاهى فى مكروهه وإزالة نعمته ومضى الرَّبيع الى المَهْدىّ فاستَحجبه واختَصّ به كما كان مع ابيه فشرَعَ فى إفساد حال ابى عُبَيْد الله الوزير بكلّ وجه فلم يَتّفق له ذلك فخَلَا ببعض أَعدائه وقال له قد تَرى ما فعل معك ابو عُبَيْد الله وكان قد أَساءَ اليه وما فعل معى ايضا فهل عندك تدبيرٌ فى أمره قال الرجُلُ لا والله ما عندى حِيلة تَنفذ عليه فإنّه أَعفُّ الناس فَرَجا ويدا ولسانا ومذهبُه مذهب مستقيم وحِذْقُه فى صِناعته ما عليه مَزِيدٌ وعقلُه وكَفاءتُه كما علمتَ ولكنّ ابنَه رَدِىءُ الطريقة مذمومُ السِّيرة والقولُ يُسرِع اليه فإن تهيَّأَ حِيلةٌ من جهة ابنه فعَسَى ذلك فقبَّل الرَّبيع بين عينَيْه ولاحَ له وجهُ الحِيلة عليه فسَعَى بابنه الى المَهْدىّ أَنواعا من السِّعايات فتارةً يَرميه ببعض

حُرَم المَهْدىّ وتارةً يَرميه بالزَّنْدَقة وكان المَهْدىّ شديدا على اهل الإلحاد والزَّنْدَقة لا يَزال يَتطلّع عليهم ويَفتك بهم فلمّا رَسَخَ فى ذِهن المَهْدىّ زَنْدَقةُ ابن الوزير استَدعى بـه فسأله عن شىء من القرآن العزيز فلم يَعرف فقال لابيه وكان حاضرا أَلم تُخبِرنى أنّ ابنك يَحفظ القرآن قـال بلى يا امير المؤمنين ولكن فارَقنى مذ مدّة فنَسِيَه فقال له قُمْ فتقرَّبْ الى الله بدمه فقام ابو عُبَيْد الله فعَثَرَ ووقع وارتَعد فقال العَبّاسُ بن محمّد عَمُّ المَهْدىّ يا امير المؤمنين إن رأيتَ أن تُعْفِىَ الشيـخَ مِن قتل ولده ويَتولّى ذلك غيرُه فـأمر المَهْدىّ بعضَ من كان حاضرا بـقتله فضُربتْ عُنُقـه واستَمرّ ابوه على حاله مِن الخِدْمة إلّا أنّه ظهر عليه الانكسارُ وتَنمَّر قلبُـه وتَنمَّر ايضا قلبُ المَهْدىّ منـه فدخل بعضَ الايّام على المَهْدىّ ليَعرض عليه كتبا قد وردت من بعض الأطراف فتقدَّمَ المَهْدىّ بإخلاء المجلس فخرج كلُّ من به. إلّا الرَّبيعَ فلم يَعرض ابو عُبَيْد الله شيئـا من تلك الكتب وطَلَبَ أن يَخرج الرَّبيع فقال له المَهْدىُّ يا رَبيعُ اُخرجْ فتَنحَّى الرَّبيع قليلا فقال لـه الـمَهْدىّ الم آمُرْكَ بالخروج قـال يا امير المؤمنين كيف أَخرجُ وأنت وحدَك وليس معك سلاح وعندك رجل من اهل

الشأم اسمه مُعْوِيَةُ وقد قتلتَ بالأمس ولده وأوغرتَ صدره فكيف أَدَعُك معه على هذه الحال وأَخرجُ فثبت هذا المعنى فى نفس المَهْدىّ إلّا أنّه قال يا رَبيعُ إنّى أَثِقُ بابى عُبَيْد الله فى كلّ حال وقال لابى عُبَيْد الله الوزير اِعْرِضْ ما تريد فليس دونَ الرَّبيع سِرٌّ ثمّ قال بعد ذلك المَهْدىّ للرَّبيع إنّى أَستحيى مِن ابى عُبَيْد الله بسبب قتل ولده فأَحْجُبَه عنّى فحُجِبَ عنه وانقطع بداره واُضْمَحَلَّ أمره وتهيَّأَ للرَّبيع ما اراده من إزالة نعمته ومات ابو عُبَيْد الله مُعْوِيَةُ بن يَسارٍ فى سنة سبعين ومائة

وزارةُ ابى عبد الله يَعْقُوبَ بن داوُدَ للمَهْدىّ هو مِن المَوالى قال الصُّولىّ كان داوُدُ ابوه وإخوتُه كُتّابا لنَصْر بن سَيّارٍ امير خُراسانَ كان يَعْقُوب بن داوُدَ يَتشيَّع وكان فى ابتداء أمره مائلا الى بنى عبد الله بن الحَسَن بن الحسَن وجرتْ له خُطوبٌ فى ذلك ثمّ إنّ المَهْدىّ خاف مِن بنى الحَسَن أن يُحدِثوا أمرا لا يُتدارَك فطلَبَ رجلا ممّن له أُنْسٌ ببنى الحَسَن ليستعين به على أمرهم فدلّه الرَّبيعُ على يَعْقُوب بن داوُدَ لصَداقة كانت بين الرَّبيع وبينه وليَتّفقا على إزالة دولة ابى عُبَيْد الله مُعْوِيَةَ الوزير فاستحضره المَهْدىّ وخاطَبه فرأى أَكملَ الناس عقلا وأَفضلَهم سِيرةً

فشُعف به واستخاصه لنفسه ثمّ استوزره وفوّض الأمور اليه وقيل إنّ السبب فى وزارته غير هذا وهو أنّ يَعْقُوب بن داوُدَ قرّر للرَّبيع مائة الف دينار إن حصلتْ له الوزارة فجعل الرَّبيعُ يُثْنِى عليه فى الخَلَوات عند المَهْدىّ فطلب المَهْدىّ أن يراه فلمّا حضر بين يديْه رأى أَكملَ الناس خُلُقا وفضلا ثمّ قال له يا امير المؤمنين هاهنا أمور لا تَنتهى الى علمك فإن ولّيتَنى عَرْضَها عليك بذلتُ جُهْدى فى نصيحتك فقرّبه وأَدناه فصار يَعرض عليه مِن المَصالح والمُهِمّات والنصائح الجليلةِ ما لم يكن يُعرَض عليه من قبلُ فاستخصّه وكتب كتابا بأنّه[1] أخوه فى الله تعالى واستوزره وفوَّض اليه الأمور كلّها وسلَّم اليه الدواوين وقدَّمه على جميع الناس حتّى قال بَشّارٌ يَهجوه [بسيط]

بَنِى أُمَيّةَ هُبّوا طال نومُكمُ إنّ الخليفة يَعْقُوبُ بن داوُدِ
ضاعتْ خلافتُكم يا قومِ فالتمِسوا خلافةَ الله بين النّاىِ والعُودِ

وذلك لأنّ المَهْدىّ اشتَغل باللّهو واللَّعِب وسَماع الأَغانى وفوّض

[1] A نابَهُ.

الأمور الى يَعْقُوب بن داوُدَ وكان أَصحابُ المَهْدىّ يشربون عنده النَّبيذ وقيل ما كان هو يَشرب معهم فنهاه يَعْقُوب بن داوُدَ عن ذلك ووعظه وقـال أَبَدَ الصلوات فى المسجد تَفعل هذا فلم يَلتفت اليه وفى ذلك يقول الشاعر للمَهْدىّ [طويل]

فدَعْ عنك يَعْقُوبَ بن داوُدَ جانبا   وأَقبلْ على صَهْباءَ طيّبةِ النَّشرِ

ثمّ إنّ السُّعاة ما زالوا يَسعون بيَعْقُوب بن داوُدَ الى المَهْدىّ حتّى نكبه وجعله فى المُطْبَق وهو حبسُ التجليد فلم يَزل على ذلك مُدّةَ ايّام المَهْدىّ ومُدّةَ ايّام الهادِى حتّى أَخرجه الرَّشيد

شرحُ السبب فى القبض عليه وكيفيّةِ ما جرى حدَّث يَعْقُوب بن داوُدَ قـال استدعانى المَهْدىّ يوما فدخلتُ عليه وهو فى مجلس فى وسط بُسْتـان ورؤُسُ الشجر مع ارض ذلك المجلس وقد امتَلأتْ رؤُسُ الشجر من الأَزهـار المتنوّعـة وقد فُرش المجلسُ بفُرْشٍ موردّةٍ وبين يديْه جارية حَسْناءُ لم أَر أَحسنَ وجها منهـا فـقـال لى يا يَعْقُوب كيف تَرى هذا المجلس قلتُ فى غايـة الحُسْن فهنّأَ اللهُ اميرَ المؤمنين قـال فهو لك وجميعُ ما فيه ومائة الف درهم وهذه الجارية ليَتمّ سرورُك فدعوتُ لـه قـال ولى

اليك حاجةٌ أريد ان تَضمن لى قَضاءَها قلتُ يا امير المؤمنين انا عبدُك الطائع لجميعِ ما تـأمر بـه فدفعَ الىّ رَجُلا عَلَوِيّا وقـال أُحِبُّ أن تَكفينى أمرَه فإنّى خائف أن يَخرج علىّ قال فقلتُ السمعُ والطاعة قـال تَحلف لى فحلفتُ له بالله إى أَفْعَلُ ما تريد ثمّ نُقل جميع مـا كان فى المجلس الى منزلى والجاريـةُ ايضا فمِن شدّة سرورى بالجارية جعلتُهـا فى موضع قريب من مجلسى ليس بينى وبينهـا سِوى سِتْر رقيق قـال وأَدخلتُ العَلَوىّ الىّ وخاطبتُه فرأيتُه أَتمَّ الناس عقلا فقال لى يا يَعْقُوب تَلْقَى اللهَ بدمى وانا ابنُ عَلِىّ بن ابى طالب وابنُ فاطِمةَ وليس لى اليك ذنبٌ قـال فقلتُ لا والله خُذْ هذا المال وَأُنْجُ بنفسك قـال والجاريةُ تَسمع كلّ ذلك فـأَرسلتْ الى المَهْدىّ دَسيسا أَعلمه بالقصّة فأَرسلَ المَهْدىّ وشَحَنَ[1] الدروبَ بالرجال حتّى حصَّل العَلَوىَّ وجعله فى بيت قريب من مجلسه ثمّ استدعانى فحضرتُ فـقـال يا يَعْقُوب ما فعلتَ بالعَلَوىّ قلتُ قد أَراحَ اللهُ منـه اميرَ المؤمنين قـال مات قلتُ نعمْ قـال بالله قلتُ إى والله قـال فضَعْ يدَك على رأسى وأُحْلِفْ بـه قـال يَعْقُوب فوضعتُ يدى على رأسه

[1] A وشَحَّنَ.

وحلفتُ بـه فقال لبعض الخَدَم أَخرِجْ الينا مَن فى هذا البيت قـال فأَخرجَ العَلَوىَّ فلمّا رأيتُـه امتنع الكلامُ علىّ وتحيّرتُ فى أمرى فـقال المَهْدىُّ يا يَعْقُوب قد حَلَّ لى دمُك أُحْمِلوه[1] الى المُطْبَق قـال يعقُوب فدُلّيتُ بحبل فى بِئر مُظلِمـة لا أرى فيها الضَّوْءَ وكان يأتينى فى كلّ يوم مـا أتقوّتُ بـه فمكثتُ مُدّةً لا أدرى كم هى وذهب بَصَرى ففى بعض الايّام دُلِّىَ لى حبلٌ وقيل اِصْعَدْ قد جاء الفَرَجُ فصعِدتُّ وقد طال شَعَرى وأظافيرى فأُدخلتُ الحَمّامَ وأَصلحوا شأنى وألبسونى ثيـابا ثمّ قادونى الى مجلس وقيل لى سَلِّمْ على امير المؤمنين فقلتُ السلامُ عليك يا امير المؤمنين فـقيل لى على أىِّ أُمراء المسلمين سلَّمتَ قلتُ على امير المؤمنين المَهْدىّ فسمعتُ قائلا مِن صدر المجلس يقول رَحِمَ اللهُ المَهْدىَّ ثمّ قيل لى سَلِّمْ على امير المؤمنين فقلتُ السلامُ عليك يا امير المؤمنين فـقيل لى على أىِّ أُمراء المؤمنين سلَّمتَ فـقلتُ على امير المؤمنين الهادِى فسمعتُ قـائلا يقولُ مِن صدر المجلس رَحِمَ اللهُ الهـادِىَ ثمّ قيل لى سَلِّمْ فسلَّمتُ فـقيل لى على مَن سلّمتَ قـلتُ على امير المؤمنين هٰرُونَ الرَّشيـدِ فـقـال وعليك

[1] A أَحْمِلوه.

السلامُ يا يَعْقُوب ورحمةُ الله وبركاتُه أَعزِزْ عليّ بما نالَك فجعلتُ المَهْدىَّ فى حِلٍّ ودعوتُ للرَّشيد وشكرتُه على خَلاصى ثمّ قال ما تريد يا يَعْقُوب قلتُ يا امير المؤمنين ما بَقِىَ فىَّ مستمتَعٌ ولا بَلاغٌ واريد المُجاورةَ بمكّة فأْمُرْ لى بما يُصلِحنى ثمّ توجَّهَ يَعْقُوب الى مكّة وجاوَرَ بها ولم تَطل ايّامُه حتّى مات هناك سنة ستّ وثمانين ومائة

وزارةُ الفَيْض بن ابى صالحٍ للمَهْدىّ هو من اهل نِيسابُورَ وكانوا نَصارَى فانتَقلوا الى بنى العبّاس وأَسلموا وتَرَبَّى الفَيْضُ فى الدولة العبّاسيّة وتأدّبَ وبرَعَ وكان سَخِيّا مِفْضالا متخرّقا فى ماله جَوادا عزيزَ النفس كبيرَ الهِمّة كثيرَ الكِبْر والتِّيه حتّى قال فيه بعض الشعراء [طويل]

أبا جَعْفَرٍ جِئناك نسأل نائلا ... فأَعوَزَنا مِن دونِ نائلك البِشْرُ
فما بَرَقَتْ بالوَعْد منك غَمامةٌ ... يُرَجَّى بها مِن سَيْب نائلك القَطْرُ
فلو كنتَ تُعطِينا المُنَى وزيادةً ... لنَغَّصها منك التجبّرُ والكِبْرُ

قالوا كان يَحْيَى بن خالِد بن بَرْمَكٍ اذا استَعظم احدٌ كَرَمه وجُودَه قال لو رأيتم الفَيْض لصَغُرَ عندكم أمرى وفى الفَيْض

يقول ابو الأَسود الحِمّانىّ الشاعر يمدحه [طويل]

ولائمةٍ لامتْك يا فَيْضُ فى النَدَى فقلتُ لها لن يَقدحَ اللومُ فى البحرِ
أرادتْ لتَثنِى الفَيْضَ عن سَنَنِ النَدَى ومَن ذا الّذى يَثنى السَّحابَ عن القَطْرِ
مَواقِعُ جُودِ الفَيْضِ فى كلّ بَلْدةٍ مَواقِعُ ماءِ المُزْنِ فى البلدِ القَفْرِ
كأنّ وُفودَ الفَيْضِ لمّا تحمّلوا الى الفَيْضِ وافَوْا عنده ليلةَ القَدْرِ

قالوا كان الفَيْضُ بن ابى صالحٍ متوجِّها فى بعض الأيّام الى بعض أَغراضه فصادَفه صديقٌ له فسأله الفَيْضُ الى أين يَذهب فقال إنّ وَكيل السَّيّدة أمّ جعفرٍ زُبَيْدةَ قد حبَسَ فلانا على بقيّةِ ضَمانٍ مبلغُها مائة الف دينار وفلانٌ يَعنى المحبوسَ صديقى وصديقك ايضا وانا متوجِّهٌ الى الوَكيل المذكور لأَشفع فيه فهل لك أن تَصل جَناحى وتُساعِدَنى على هذه المَكْرُمة فقال الفَيْضُ إِى والله ثمّ مضى معه فحضر عند وَكيل أُمّ جَعْفرٍ زُبَيْدةَ وشَفِعا فى الرجل المحبوس فقال الوَكيل الامرُ فى هذا اليها وما أَستطيعُ أن أُفرِج عنه إلّا بقولها ولكنّى أُخاطِبها وأُحسِّن لها الإفراجَ عنه ثمّ كتب اليها شيئا فخرج الجوابُ أنّه لا بُدَّ من استيفاء هذا المال منه ولا سبيلَ الى قَبُول شَفاعة فى

هذا الباب فاعتَذر الوَكيل اليهما وأَراهما الخَطَّ فقال الرجل للفَيْض قُمْ حتّى نمضى فقد فعلْنا ما يَجِب علينا فقال الفَيْض لا والله ما فعلْنا ما يَجِب علينا فكأنّنا ما جِئنا الى هُنا إلّا لنُؤكّد حبس صاحبنا قال الرجل فما نَصنع قال الفَيض حيثُ قد تعذَّرَ علينا خَلاصُه من هذه الجهة نُؤَدّى عنه هذا المالَ مِن خاصّنا ونُخرِجه انتَ نصفَه وانا نصفَه فأَجاب الرجل الى ذلك فقالا للوَكيل كم لك عليه قال مائة الف دينار قالا هى علينا وهذا خَطُّنا بها فأدفعْ الينا صاحبَنا قال هذا ايضا لا أَقدرُ أن أفعله حتّى أُعلِمها بالحال قالا فأَعلمْها فكتب اليها الوَكيل يُخبِرها بما قال الفَيْض وبصورة الحال[1] فخرج الخادم وقال لا يكون الفَيْض أَكرمَ منّا قد وهبْناه المائة الألف فأدفعْ اليهم صاحبهم فأَخذاه وخرجا   وكان الفَيْض قد وُصف للمَهْدىّ لمّا عزم على يَعْقوب بن داوُدَ فلمّا قَبَضَ عليه أَحضر الفَيض واستوزره وفوَّض الأمور اليه   ومات المَهْدىُّ وهو وزيره فلمّا وَلِىَ الهادِى لم يَستوزِره وبَقِىَ الفَيض الى اوّل ايّام الرَّشيد ثمّ مات وذلك فى سنة ثلاث وسبعين ومائة   انقضتْ ايّام المَهْدىّ ووزرائه

[1] A وبصوّرْه الحالَ; peut-être convient-il de lire ويُصَوِّرُها الحالَ.

ثمّ ملك بعده ابنه مُوسَى الهادِى بويِعَ له بالخلافة فى سنة تسع وستّين ومائة كان الهادِى متيقّظا غَيُورا كريما شَهْما أيِّدا شديدَ البَطْش جرِيء[1] القلب مجتمِعَ الحسّ ذا إقدام وعزمٍ وحزم حدَّث عبد الله بن مالك وكان يَتولَّى شُرْطة المَهْدىّ قال كان المَهْدىُّ يأمرنى بضرب نُدماء الهادِى ومُغَنّيه وحَبْسهم صِيانةً له عنهم فكنتُ أَفعلُ ما يأمرنى به المَهْدىُّ وكان الهادِى يُرسِل الىَّ فى التخفيف عنهم فلا أَفعلُ فلمّا مات المَهْدىّ ووَلِىَ الهادِى أيقنتُ بالتَّلَف فأُستحضرنى يوما فدخلتُ عليه وهو جالس على كُرْسىّ والسيفُ والنَّطْع بين يديه فسلَّمتُ فقال لا سَلَّمَ اللهُ عليك أتذكرُ يومَ بعثتُ اليك فى أمر الحَرّانىّ وضربِه فلم تَقبَل قولى وكذلك فعلتَ فى فلانٍ وفلانٍ وعدَّد نُدماءَه فلم تَلتفت الى قولى قلتُ نعمْ أفتأذنُ فى ذِكْر الحُجّة قال نعمْ قلتُ ناشدتُك اللهَ لو أنّك قلّدتَنى ما قلّدنى المَهْدىُّ وأمرتَنى بما أَمر فبَعَثَ الىَّ بعض بَنِيك بما يُخالِف أمرَك فاتّبعتُ قولَه وتركتُ قولك أكان يَسرّك ذلك قال لا قلتُ فكذلك انا لك وكذلك كنتُ لأبيك فأستدنانى

[1] A جرِىَّ القلب.

فقبّلتُ يده ثمّ أمر لى بالخِلَع وقال وليتُك ما كنتَ تتولّاه فامضِ راشدا فمضيتُ منكِرا فى أمرى وأمرِه وقلتُ حَدَثٌ يَشرب والقومُ الّذين عصيتُه فى أمرهم هم نُدماؤه ووُزَراؤه وكُتّابُه وكأنّى بهم حين يَغلب الشَّرابُ عليه يَغلبون على رأيه ويحسِّنون له هلاكى قال فإنّى لَجالسٌ وعندى بُنَيّةٌ[1] لى والكانُونُ بين يدىّ وقُدّامى رُقاقٌ وكامِخٌ وانا أَشطُرُه بالكامِخ وأُسخِنُه بالنار وآكُل وأُطْعِمُ[2] الصَّغيرةَ واذا بوَقْع حوافر الخيل فظننتُ أنّ الدنيا قد زُلْزِلتْ فقلتُ هذا ما كنتُ أخافُه واذا البابُ قد فُتح واذا الخَدَم قد دخلوا والهادِى فى وَسَطهم على دابّته فلمّا رأيتُه وثبتُ فقبّلتُ يده ورِجلَه وحافرَ فرسه فقال لى يا عبد الله إنّى فكّرت فى أمرك فقلتُ ربّما سَبَقَ الى ذِهْنك أنّى اذا شربتُ وحولى أعداؤك أزالوا حُسْنَ رأيى فيك فيُقلِقُك ذلك فصرتُ الى منزلك لأُونِسَك وأُعلِمَك أنّ ما كان عندى من الحِقْد عليك قد زال جميعُه فهاتِ وأَطعمْنى ممّا كنتَ تأكل لتَعلم أنّى قد تحرّمتُ بطعامك فيَزولُ خوفُك فأَدنيتُ اليه من

[1] A بُنَيَّةٌ.

[2] A وأَطْعَمُ الصغيرةَ.

ذلك الرُّقاق والكامِخ فأَكَلَ ثمّ قال هاتوا ما صَحِبْناه لعبد الله فدخل اربعُ مائة بَغْل مُوقَرةً دراهِمَ وغيرَها فقال هذه لك فاْستَغنِ بها على أمرك واُحفظْ هذه البغالَ عندك لعلّى أَحتاج اليها لبعض أسفارى ثمّ اُنصرفَ ومن كلامه ما قاله لإبرهيم بن مُسْلِمِ بن قُتَيْبةَ وقد مات له وَلَدٌ فجاءَ الهادِى يُعَزِّيه وكان عنده بمنزلة عظيمة فقال له يا إبرهيمُ سَرَّك ابنُك وهو عَدُوٌّ وفِتْنةٌ وحزَنَك وهو صَلوةٌ ورَحْمةٌ فقال إبرهيم يا امير المؤمنين ما بَقِىَ منّى جُزْءٌ فيه حُزْنٌ إلّا وقد اُمتلأ عَزاءً

فى ايّامه خرج صاحبُ فَخٍّ وهو الحُسَيْن بن علىّ بن الحَسَن بن الحَسَن بن علىّ بن ابى طالب عمّ شرحُ كيفيّة الوَقْعة بفَخٍّ كان الحُسَيْن بن علىّ من رجال بنى هاشِمٍ وساداتِهم وفُضلائهم وكان قد عزم على الخروج واتّفق معه جماعةٌ من أَعيان أهل بيته ثمّ وقع مِن عامل المدينة تهضُّمٌ لبعض آل علىّ عمّ فثارَ آلُ ابى طالب بسبب ذلك واجتَمع اليهم ناسٌ كثيرون وقصدوا دارَ الإمارة فتَحصَّنَ منهم عامِلُها فكسروا السُّجونَ وأَخرجوا من بها وبويِعَ الحُسَيْن بن علىّ عمّ ثمّ نَمى أمرُهم فأَرسِل اليهم محمّدُ بن سُلَيْمٰن وقالوا سُلَيْمٰنُ بن المنصور

فى عسكر فالتقوا بموضع يقال له فَخٌّ بين مكّة والمدينة فاقتتلوا قِتالا شديدا ثمّ قُتل الحُسَيْن بن علىّ وحُمل رأسه الى مُوسَى الهادِى فلمّا وُضع الرأس بين يديه قال لمَن أحضره كأنّكم قد جئتم برأس طاغوتٍ من الطَّواغيت إنّ أقلَّ ما أَجْزِيكم به حِرمانُكم ولم يُطلِق لهم شيئا وكان الحُسَيْن بن علىّ صاحبُ فَخٍّ شُجاعا كريما قَدِمَ على المَهْدىّ فأَعطاه اربعين ألف دينار ففرَّقها فى الناس ببغداذ والكوفة وخرج من الكوفة لا يملك ما يَلبسه إلّا فَرْوا ما تحته قَميص رضه وسلَّم عليه ولم تَطل مُدّةُ الهادِى فيقال أنّ أُمّه الخَيْزُران أمرتْ جَوارِيَها بقتله فجلسوا على وجهه حتّى مات وسببُ ذلك قد اختُلف فيه فقيل إنّ الخَيْزُران كانت متبسِّطة فى دولة المَهْدىّ تأمر وتَنهى وتَشفَع وتُبرِم وتَنْقُضُ [1] والمَواكبُ تَروح وتَغدو الى بابها فلمّا وَلِىَ الهادِى وكان شديدَ الغَيْرة كَرِهَ ذلك وقال لها ما هذه المَواكبُ الّتى تَبلغنى إنّها تَغدو وتَروح الى بابكِ أما لكِ مِغْزَلٌ يَشغَلكِ او مُصْحَفٌ يُذكِركِ او بيتٌ يَصونكِ والله وإلّا انا نَفِىٌّ مِن قرابة رسول الله صلعم لئن بلغنى أنّه وقف ببابكِ احدٌ من

[1] وتُنقَضُ A.

قُوّادى وخاصّتى لأَضربنّ عُنُقَه ولأَقبضنَّ مالَه ثمّ قال لأَصحابه أَيُّما خيرٌ انا وأُمّى أم انتم وأُمّهاتُكم قالوا بل انت وَأُمّك قال فأيُّكم يُحِبّ أن يَتحدّث الرجالُ بخَبَر أُمّه فيقال فعلتْ أُمُّ فلان وصنعتْ أُمُّ فلان قالوا لا نُحِبّ ذلك قال فما بالُكم تأتون أُمّى فتَتحدّثون بحديثها فلمّا سمعوا ذلك انقطعوا عنها ثمّ بعَثَ لها طعاما مسموما فلم تأكل منه ثمّ قتلتْه وقيل بل السببُ أنّ الهادِىَ عزم على خَلْع أخيه هٰرُونَ الرَّشيدِ والبَيْعة لابنه جَعْفَرٍ فخافتِ الخَيْزُران على هٰرُونَ وكانت تُحِبّه ففعلتْ بالهادِى ما فعلتْ ومات الهادِى فى سنة سبعين ومائة والليلةُ الّتى مات فيها هى ليلةُ مات فيها خليفةٌ وجلس خليفةٌ ووُلد خليفةٌ وقد كانوا يحدِّثون أنّه سيكون ليلةٌ كذلك فالخليفةُ الّذى مات فيها هو الهادِى والّذى جلس فيها على سرير الخلافة هو الرَّشِيد والّذى وُلد فيها هو المأمون

شرحُ حال الوزارة فى ايّامه لمّا بويِعَ بالخلافة استوزَرَ الرَّبِيع بن يُونُسَ وقد سبق شرحُ طرَف مِن سِيرته ونَسَبه ثمّ استوزَرَ بعده إبرهيمَ بن ذَكْوانَ الحَرّانىّ وزارةُ

إبرهيمَ بن ذَكْوانَ الحَرّانىّ للهادِى   كان إبرهيمُ قد اتَّصل بالهادِى فى ايّام حَداثته كان يَدخل اليه مع مُعلّم كان يُعلِّم الهادِىَ فخَفَّ إبرهيمُ على قلب الهادِى وأَلِفَه وصار لا يَصبر عنه ثمّ سُعى به الى المَهْدىّ فكَرِهَ لابنه صُحْبَتَه فنهاه عنه فما انتهى فتهدَّدَه بالقتل والهادِى لا يُباعِده فاشتَدّتْ به السِّعاياتُ الى المَهْدىّ فأَرسل الى ابنه الهادِى أن أَرسلْ الىَّ إبرهيمَ الحَرّانىَّ وإلّا خلعتُك مِن الخلافة فأَرسلَه اليه صُحْبَةَ بعض خَدَمه مرفَّها فوصل اليه والمَهْدىُّ يريد الركوب الى الصيد فلمّا رآه قال يا إبرهيم والله لأَقتلنّك والله لأَقتلنّك والله لأَقتلنّك ثمّ قال اِحفَظوه حتّى أعود من الصيد فأَقبلَ على الدُّعاء والتضرُّع فاُتَّفق أنّ المَهْدىّ أَكل الطعام المسموم كما تقدَّمَ شرحه فمات مِن ساعته وتخلَّصَ الحَرّانىُّ وجلس الهادِى على سرير الخلافة ثمّ بعد ذلك بمُدَيْدة استوزَرَ الحرانىَّ ولم تَطل الايّام حتّى مات الهادِى   انقضتْ ايّام الهادِى ووزرائه

ثمّ ملك بعده اخوه هٰرُونُ الرَّشِيدُ   خلافةُ هٰرُونَ الرَّشِيد

بويِعَ بالخلافة فى سنة سبعين ومائة   كان الرَّشِيد من أَفاضل الخلفاء وفُصحائهم وعُلمائهم وكُرمائهم كان يَحجّ سنةً ويَغزو

سنةً كذلك مُدّةَ خلافته إلّا سِنينَ قليلةً   قالوا وكان يصلِّى فى كلّ يوم مائةَ رَكْعةٍ وحجَّ ماشيا ولم يَحجّ خليفةٌ ماشيا غيرُه وكان اذا حَجَّ حَجّ معه مائة من الفقهاء وأبناؤهم واذا لم يَحُجَّ أَحجّ ثلاثمائة رجل بالنَّفقة السابغة والكُسْوة الظاهرة وكان يَتشبّه فى أفعاله بالمنصور إلّا فى بَذْل[1] المال فإنّه لم يُرَ خليفةٌ أَسمحُ[2] منه بالمال وكان لا يُضيِّع عنده إحسانُ مُحسِنٍ ولا يُؤَخّر وكان يُحِبّ الشعر والشُّعراء ويَميل الى أهل الأدب والفِقْه ويَكره المِراء فى الدين وكان يُحِبّ المَديحَ لا سِيّما مِن شاعر فصيح ويُجزِل العطاء عليه   قال الأَصمعىُّ صَنَعَ الرَّشيدُ طعاما وزَخْرَفَ مَجالِسَه وأَحضر ابا العُتاهِية وقال له صِفْ لنا ما نحن فيه مِن نَعيم هذا الدنيا فقال ابو العُتاهِية   [كامل]

عِش ما بَدا لك سالِمًا   فى ظِلّ شاهِقةِ القُصورِ

فقال الرَّشيدُ أَحسنتَ ثمّ ما ذا فقال

يُسْعَى عليك بما اشتَهيتَ لَدَى الرَّواحِ أو البُكورِ

[1] A فى بَدَلِ المال.

[2] A أَسمَحَ.

فقال حسنٌ ثمّ ما ذا فقال

فـإذا النفوسُ تَقَعْقعتْ   فى ظِلّ حَشْرَجةِ الصُّدورِ
فـهُنـاك تَعلمُ مُوقِـنًا   مـا كنتَ إلّا فى غُرورِ

فبَكَى الرَّشيدُ فقال الفَضْل بن يَحْيَى بعَثَ اليك اميرُ المؤمنين لتَسُرَّه فحزنتَـه فقال الرَّشيدُ دَعْه فإنّه رآنا فى عَمًى فكَرِهَ أن يَزيدنا مِنه   وكان الرَّشيد يَتواضعُ للعلماء   قـال ابو مُعْوِيَة الضَّريرُ وكان من علماء الناس أَكلتُ مع الرَّشيد يوما فصَبَّ على يدِى الماءَ رجلٌ فقال لى يا ابا مُعْوِيَة أَتدرى مَن صبّ الماءَ على يدك فقلتُ لا يا امير المؤمنين قال انا فقلتُ يا امير المؤمنين انت تَفعل هذا إجلالا للعلم قـال نعمْ   فى ايّامـه خرج يَحْيَى بن عبد الله بن حَسَن بن حَسَن   شرحُ كيفيّـة الحال فى خروج يَحْيَى بن عبد الله بن حَسَن بن حَسَن بن علىّ بن ابى طالب عمّ كان يَحْيَى بن عبد الله قد خاف ممّـا جرى على أَخوَيْه النَّفس الزَّكيّـة وإبرهيم قتـيلِ باخَمْرَى فمضى الى الدَّيْلَم فاعتَقدوا فيه استحقاقَ الإمامة وبايَعوه واجتَمع اليـه الناس مِن الأمصار وقَوِيتْ شَوْكتُه فـاُغتَمَّ الرَّشيد لذلك ونَدَبَ اليـه

الفَضْل بن يَحْيَى فى خمسين الفا وولّاه جُرجانَ وطَبَرِستانَ والرَّىَّ وغير ذلك فتوجَّهَ يَحْيَى بالجنود فلَطُفَ بيَحْيَى بن عبد الله وحذَّره وخوَّفه ورغَّبه فمال يَحيَى الى الصُّلح وطلب أمانا بخطّ الرَّشيد وأن يُشهِد عليه فيه القُضاةَ والفقهاءَ وجِلّةَ بنى هاشِمٍ فأَجابه الرَّشيد الى ذلك وسُرَّ به وكتَبَ له أمانا بليغا بخطّه وشَهِدَ عليه فيه القُضاة والفقهاء ومَشايخُ بنى هاشِمٍ وسيَّر الأَمان مع هدايا وتُحَف فقَدِمَ يَحْيَى مع الفَضْل فلَقِيَه الرَّشيد فى أوّل الأمر بكلّ ما أَحَبَّ ثمّ حبسه عنده واستَفتى الفقهاءَ فى نقض الأَمان فمنهم مَن أَفْتَى بصحّته فحاجَّه ومنهم مَن أَفْتَى ببُطْلانه فأَبطله ثمّ قتله بعد ظهور آيةٍ له عظيمةٍ شرحُ الآيَة الّتى ظهرت فى قَضيّةِ يَحيَى بن عبد الله حَضَرَ رجلٌ من آل الزُّبَيْر بن العَوّام عند الرَّشيد وسَعَى بيَحيَى وقال إنّه بعد الأَمان فعل وصنع ودعا الناسَ الى نفسه فأَحضره الرَّشيد مِن مَحبَسه وجمع بينه وبين الزُّبَيْرىّ وسأله عن ذلك فأَنكر فواقَفه الزُّبَيْرىُّ فقال له يَحيَى إن كنتَ صادقا فاُحلفْ فقال الزُّبَيْرىّ والله الطالبِ الغالبِ وأَراد أن يتمِّم اليمين فقال له يَحيَى دَعْ هذه اليمين فإنّ الله تعالى اذا مجّده العبدُ لم يعجّل عقوبتَه ولكن

أحلِف لـه بيمينِ البرَاءة وهى يمينٌ عُظمى صورتُها أن يقول عن نفسه بَرِئَ مِن حول الله وقُوّته ودخل فى حَوْلِ نفسه وقُوّتها إن كان كذا وكذا فلمّا سمع الزُّبَيْرىّ هذه اليمين ارتاع لها وقال ما هذه اليمينُ الغريبة وامتنع مِن الحَلِف بها فقال له الرَّشيد ما معنى امتناعك إن كنتَ صادقا فيما تقول فما خوفك من هذه اليمين فحَلَفَ بها فما خرج من المجلس حتّى ضَرَبَ بِرِجْله ومات وقيل ما انقضَى النهارُ حتّى مات فحملوه الى القبر وحَطّوه فيه وأرادوا أن يَطُمّوا القبرَ بالتراب فكانوا كلّما جعلوا التراب فيه ذهب الترابُ ولا يَنطمّ القبرُ فعلموا أنّها آيةٌ سماويّةٌ فسقَّفوا القبرَ وراحوا والى ذلك أشار ابو فِراسٍ ابنُ حَمْدانَ فى مِيميّته بقوله [بسيط]

يا جاهِدًا فى مَساويهم يُكتِّمها غَدْرُ الرَّشيد بيَحْيَى كيف يَنكتمُ
ذاقَ الزُّبَيْرىُّ غِبَّ الحِنث وانكشفتْ عن ابنِ فاطِمةَ الأقوالُ والتُّهَمُ

ومع ظهور مِثْل هذه الآية العظيمة قُتل يَحْيَى فى الحبس شَرَّ قِتْلةٍ وكانت دولةُ الرَّشيد مِن أَحسنِ الدُّوَل وأَكثرِها وَقارا ورَوْنَقا وخيرا وأَوسعِها رُقْعةَ مملكةٍ جبَى الرَّشيدُ مُعظَم الدنيا وكان أَحدَ عُمّاله صاحبُ مِصْرَ ولم يَجتمع على باب خليفة

مِن العلماء والشعراء والفقهاء والقُرّاء والقُضاة والكُتّاب والندماء والمُغنّين ما اجتمع على باب الرَّشيد وكان يَصِل كلًّ واحد منهم أجزلَ صلة ويرفعه الى أعلى دَرَجة وكان فاضلا شاعرا راويةً للأخبار والآثار والأشعار صحيحَ الذَّوْق والتمييز مَهيبا عند الخاصّة والعامّة قَبَضَ على مُوسَى بن جَعْفَرٍ عليهما السلام وأحضره فى قُبّة الى بَغْداذَ فحبسه بدار السِّنْدىّ بن شاهِكٍ ثمّ قُتل وأَظهر أنّه مات حَتْفَ أنفِه شرحُ كيفيّة الحال فى ذلك كان بعضُ حُسّاد مُوسَى بن جَعْفَرٍ من أَقاربه قد وَشَى به الى الرَّشيد وقال له إنّ الناس يَحملون الى مُوسَى خُمْس أَموالهم ويَعتقدون إمامتَه وإنّه على عَزْم الخروج عليك وكثَّر فى القول فوقع ذلك عند الرَّشيد بمَوْقِعٍ أهمَّه وأقلقَه ثمّ أَعْطَى الواشِيَ مالا أَحالَه به على البلاد فلم يَستمتع به وما وصل المالُ من البلاد إلّا وقد مَرِضَ مَرْضةً شديدةً ومات فيها وأمّا الرَّشيد فإنّه حَجَّ فى تلك السنة فلمّا ورد المدينةَ قَبَضَ على مُوسَى ابن جَعْفَرٍ عليهما السلام وحمله فى قُبّة الى بَغْداذَ فحبسه عند السِّنْدىّ بن شاهِكٍ وكان الرَّشيد بالرَّقّة فأمر بقتله فقُتل قتلا خَفِيًّا ثمّ ادخلوا عليه جماعة مِن العُدول بالكَرْخ لِيُشاهِدوه إظهارا

أنّه مات حَتْفَ أَنفِه صلوات الله عليه وسلامه   ومات الرَّشيد بطُوسَ وكان خرج الى خُراسان لمحاربة رافِع بن اللَّيْث بن نصر ابن سَيّار وكان هذا رافِعٌ قد خرج وخَلَعَ الطاعةَ وتغلَّب على سَمَرْقَنْدَ وقَتل عامِلَها ومَلَكَها وقَوِيتْ شَوْكتُه فخرج الرَّشيد بنفسه اليه فمات بطُوسَ فى سنة ثلاث وتسعين ومائة

شرحُ حال الوزارة فى ايّامه   لمّا بويِعَ بالخلافة استوزرَ كاتبه قبل الخلافة يَحْيَي بن خالِد بن بَرْمَكٍ وظهرتْ دولةُ بنى بَرْمَكٍ مذ حينئذ

شرحُ أحوال الدولة البَرْمَكيّة وذكرُ مَبْدإها ومآلِها

كانوا قديما على دين المَجُوس ثمّ أَسلمَ مَن أَسلمَ منهم وحَسُنَ إسلامُهم وقد ذكرْنا وزارة جَدّهم خالِد بن بَرْمَكٍ فى ايّام المنصور ونَذكرُ هاهنا وزارةَ الباقِينَ وقبل الخوض فى ذلك فهذه كَلِماتٌ تُعرَف منها نُبْذةٌ من أحوال هذه الدولة   اِعلمْ أنّ هذه الدولة كانت غُرّةً فى جَبْهةِ الدهر، وتاجا على مَفْرِق العصر، ضُربتْ بمكارمها الأَمثال، وشُدّتْ اليها الرِحال، ونِيطت بها الآمال، وبَذلت لها الدنيا أَفلاذَ أَكبادها، ومنحتْها أوفرَ إسعادها،

فكان يَحْيَى وبَنُوه كالنجوم زاهِرَه، والبحورِ زاخِرَه، والسيولِ دافِقةً والغيوثِ ماطِره، أَسواقُ الآداب عندهم نافِقَه، ومَراتبُ ذَوِى الحُرُمات عندهم عالِيَه، والدنيا فى ايّامهم عامِرَه، وأُبَّهَةُ المملكةِ ظاهِرَه، وهم مَلْجأُ اللَّهِيف ومُعتصَم الطَّرِيد ولهم يقول ابو نُواسٍ [طويل]

سلامٌ على الدنيا اذاما فُقِدتُمُ ... بَنِي بَرمَكٍ مِن رائحِينَ وغادِ

ذكرُ وزارة يَحْيَى بن خالِد للرَّشيد لمّا جلس الرَّشيد على سرير المملكة استوزرَ يَحْيَى بن خالِد بن بَرْمَكٍ وكان كاتبَه ونائبه ووزيره قبل الخلافة فنهَضَ يَحْيَى بن خالد بأَعباء الدولة أَتمَّ نُهوضٍ وسَدَّ الثغور وتَداركَ الخَلَلَ وجَبَى الأموالَ وعَمَرَ الأطرافَ وأَظهرَ رَوْنَقَ الخلافة وتَصَدَّى لمُهِمّات المملكة وكان كاتبا بليغا لبيبا أَديبا سَديدا صائبَ الآراء حَسَنَ التدبير ضابطا لِما تحت يده قويّا على الأمور جوادا يُبارِى الرِّيحَ كَرَما وجُودا ممدَّحا بكلّ لسان حليما عفيفا وَقُورا مَهِيبا وله يقول القائل [خفيف]

لا تَرانى مُصافِحا كَفَّ يَحْيَى ... إنّنى إن فعلتُ ضيَّعتُ مالِي

لو يَمُسُّ البَخيلُ راحةَ يَحْيَى ... لَسَخَتْ نفسُه ببَذْلِ النَّوالِ

ومِن أراء يَحْيَى السديدة ما قاله للهادِى وقد عزم على أن يَخلع اخاه هُرُونَ من الخلافة ويُبايِعَ لابنه جعْفَر بن الهادِى وكان يَحْيَى كاتِبَ الرَّشيد وهو يترجّى أن يَتولّى هُرُونُ الخلافةَ فيَصير هو وزيرَ الدولة فخَلَا الهادِى بيَحْيَى ووهب له عشرين الف دينار وحادَثَه فى خَلْع هُرُونَ اخيه والمبايَعة لجَعْفَر ابنِه فقال له يَحْيَى يا امير المؤمنين إن فعلتَ حملتَ الناس على نَكْث الأَيمان ونَقْض العهود وتَجرّأَ الناسُ على مِثْل ذلك ولو تركتَ اخاكَ هُرُونَ على ولاية العهد ثمّ بايعتَ لجَعْفَر بعده كان ذلك أوكدَ فى بَيْعته فتَرَكَ الهادِى ذلك مُدّةً ثمّ غَلَبَ عليه حُبُّ الوَلَد فأَحضرَ يَحْيَى مَرّةً ثانية وفاوَضَه فى ذلك فقال له يَحْيَى يا امير المؤمنين لو حَدَثَ بك حادِثُ الموتِ وقد خلعتَ اخاكَ وبايعتَ لابنك جَعْفَر وهو صغير دونَ البلوغ أَفَتَرَى كانت خلافتُه تَصِحّ وكان مَشايخُ بنى هاشِمٍ يرضون ذلك ويسلِّمون الخلافةَ اليه قال لا قال يَحْيَى فدَعْ هذا الأمر حتّى تأتيَه عَفْوا ولو لم يكن المَهْدِىُّ بايَعَ لهُرُونَ لوجَبَ أن تُبايِع انت له لئلّا تخرج الخلافةُ من بنى ابيك فصوَّب الهادِى رأيه وكان الرَّشيد بعد ذلك يرَى هذه من أَعظَمِ أيادِى يَحْيَى بن خالِد عنده ومِن مَكارمه

قيل أنّ الرَّشيد لمّا نَكَبَ البرامِكَةَ واستأصلَ شأفتهم حرّم على الشعراء أن يَرثوهم وأَمر بالمُؤاخذة على ذلك فاُجتاز بعضُ الحَرَس ببعض الخَرِبات فرأى إنسانا واقفا وفى يده رُقْعةٌ فيها شِعْرٌ يَتضمّن رِثاءَ البرامكة وهو يُنشِده ويَبكى فأَخذه الحَرَسُ فأَتى به الى الرَّشيد وقَصَّ عليه الصُّورةَ فأَستحضَره الرَّشيد وسأله عن ذلك فاعترَف به فقال له الرَّشيد أَما سمعتَ تحريمى لِرِثائهم لأَفعلنّ بك ولأَصنعنّ فقال يا امير المؤمنين إن أَذِنتَ لى فى حكاية حالى حكيتُها ثمّ بعد ذلك انت ورأيُك قال قُلْ قال إنّى كنتُ مِن أَصغرِ كُتّابِ يَحْيَى بن خالِد وأَرَقّهم حالا فقال لى يوما أُريد أن تُضِيفنى فى دارك يوما فقلتُ يا مولانا انا دونَ ذلك ودارى لا تَصلح لهذا قال لا بُدَّ من ذلك قلتُ فإن كان لا بُدَّ فأَمهِلْنى مُدّةً حتّى أُصلِح شأنى ومنزلى ثمّ بعد ذلك انتَ ورأيُك قال كم أُمهِلك قلتُ سنةً قال كثيرٌ قلتُ فشُهورا قال نعمْ فمضيتُ وشرعتُ فى إصلاح المنزل وتَهْيِئة أَسباب الدَّعوة فلمّا تَهيّأَتِ الأَسبابُ أَعلمتُ الوزيرَ بذلك فقال نحن غَدًا عندك فمضيتُ وتَهيّأْتُ فى الطَّعام والشَّراب وما يُحتاج اليه فحضَرَ الوزير فى غَدٍ ومعه ابناه جَعْفَرٌ والفَضْل

وعِدّةٌ يسيرة مِن خَواصّ أتباعه فنزل عن دابّته ونَزَلَ وَلَداه جَعْفَرٌ والفَضْل وقال يا فُلانُ انا جائع فعَجِّلْ لى بشىء فقال لى الفَضْل ابنه الوزيرُ يُحِبّ القَرارِيج المَشويّة فعَجِّلْ منها ما حضر فدخلتُ وأحضرتُ منها شيئا فأكل الوزيرُ ومن معه ثمّ قام يَتمشّى فى الدار وقال يا فُلانُ فرِّجْنا فى دارك فقلتُ يا مولانا هذه هى دارى ليس لى غيرُها قال بَلَى لك غيرُها قلتُ والله ما أملكُ سِواها فقال هاتوا بَنّاءً فلمّا حضر قال له اِفتَحْ فى هذا الحائط بابا فمضى ليَفتح فقلتُ يا مولانا كيف يجوز أن يُفتح بابٌ الى بيوت الجِيران واللهُ أَوْصَى بحِفْظ الجار قال لا بأسَ فى ذلك ثمّ فتحَ الباب فقام الوزيرُ وأبناؤه فدخلوا فيه وانا معهم فخرجوا منه الى بُستان حسن كثيرِ الأَشجار والماء يَتدفّق فيه وبه مِن المَقاصير والمَساكن ما يَروق كلَّ ناظر وفيه مِن الآلات والفُرْش والخَدَم والجَوارى كلُّ جميل بديع فقال هذا المنزل وجميع ما فيه لك فقبّلتُ يده ودعوتُ له وتَحقّقتُ القصّةَ فاذا هو من يومِ حادَثَنى فى معنى الدّعْوة قد أَرسلَ واشترى الأَملاكَ المُجاوِرة لى وعَمَرَها دارا حسنةً ونقل اليها من كلّ شىء وانا لا أَعلمُ وكنتُ أَرى العِمارةَ فأَحسبُها لبعض الجيران فقال

لابنه جَعْفَر يا بُنَىَّ هذا منزلٌ وعِيالٌ فالمادّةُ مِن أَيْنَ تكون له قال جعْفَر قد أَعطيتُه الضَّيْعةَ الفُلانيّةَ بما فيها وسأكتبُ له بذلك كتابا فالتفت الى ابنه الفَضْل وقال له يا بُنَىَّ فمِن الآن الى أن يدخل دَخْلُ هذه الضَّيْعة ما الّذى يُنفِق فقال الفَضْل علىَّ عشرة آلاف دينار أَحملُها اليه فقال فعجِّلا له ما قلتما فكتَبَ لى جَعْفَر بالضَّيْعة وحمَلَ الفَضْل الىَّ المالَ فأَثريتُ وارتفعتْ حالى وكسبتُ بعد ذلك معه مالا طائلا انا أتقلّبُ فيه الى اليوم فوالله يا امير المؤمنين ما أَجِدُ فُرْصةً أَتمكّنُ فيها مِن الثَّناء عليهم والدُّعاء لهم إلّا انتهزتُها مُكافأةً لهم على إحسانهم ولن أَقدِرَ على مُكافأته فإن كنتَ قاتِلى على ذلك فافعلْ ما بَدَا لَكَ فرَقَّ الرَّشيد لذلك وأطلقه وأذِنَ لجميع الناس فى رِثائهم قيل إنّ هٰرُونَ الرَّشيد حَجَّ ومعه يَحْيَى بن خالِد بن بَرْمَكٍ ومعه وَلَداه الفَضْل وجَعْفَر فلمّا وصلوا الى مدينة الرسول صلوات الله عليه جَلَسَ الرَّشيد ومعه يَحْيَى فأَعْطَيَا الناسَ وجلس الأَمِين ومعه الفَضْل بن يَحْيَى فأَعْطَيَا الناسَ وجلس المَأْمون ومعه جَعْفَر فأَعْطَيَا الناسَ فأعطوا فى تلك السنة ثلاثَ أُعطَيّاتٍ ضُرِبتْ بكَثْرتها الأَمثالُ وكانوا

يُسمُّونه عامَ الأَعْطَيّاتِ الثلاث وأَثْرَى الناسُ بسبب ذلك وفى ذلك يقول الشاعر [طويل]

أَتانا بنو الآمالِ مِن آلِ بَرْمَكٍ فيا طِيبَ أَخبارٍ ويا حُسْنَ مَنْظَرِ
لهم رِحلةٌ فى كلّ عامٍ الى العِدَى وأُخرى الى البيت العَتيق المُستَّرِ
اذا نزلوا بَطْحاء مكّةَ أَشرقتْ بيَحْيَى وبالفَضل بن يَحْيَى وجَعْفَرِ
فتُظلِمُ بَغدادٌ وتَجْلُو لنا الدُّجَى بمكّةَ ما تَمْحُو ثلاثةَ أَقْمُرِ
فما خُلقتْ إلّا لجُودٍ أَكُفُّهم وأَقدامُهم إلّا لأَعوادِ مِنْبَرِ
اذا راضَ يَحْيَى الأمرَ ذَلَّتْ صِعابُه وناهِيك مِن راعٍ له ومُدبِّرِ

كان يَحْيَى يقول ما خاطَبنى احدٌ إلّا هِبْتُه حتّى يتكلّم فاذا تكلّم كان بين اثنتين إمّا أن تَزيد هَيْبَتُه او تَضمحِلّ وكان يقول المَواعيدُ شِباكُ الكِرام يَصيدون بها مَحامِدَ الأَحرار كان يَحْيَى اذا ركب يُعِدّ صُرَرا فى كلّ صُرّة مائتا درهم يَدفعها الى المتعرِّضين له

سِيرةُ وَلَده الفَضْل بن يَحْيَى كان الفَضْل من كرام الدنيا وأَجواد اهل عصره وكان قد أَرضعته أُمُّ هٰرُونَ الرَّشيد وأَرضعتْ أُمُّه الرَّشيدَ وفى ذلك يقول مَرْوٰنُ

ابن ابى حفصة [طويل]

كَفَى لك فَخْرا أنّ أكرم حُرّةٍ   غَذَتْك بثَدْيٍ والخليفةَ واحِدِ
لقد زِنْتَ يَحْيَى فى المَشاهِد كُلِّها   كما زانَ يَحْيَى خالِدا فى المَشاهِدِ

ولّاه الرَّشيدُ خُراسانَ فخرج اليه ابو الهَوْل الشاعر مادِحا مُعتذِرا مِن شِعْر كان هجاه به فأنشده [طويل]

سَرَى نحوَه مِن غَضْبةِ الفَضْل عارِضٌ   له لُجّةٌ فيها البَوارِقُ والرَّعْدُ
وكيف يَنامُ الليلَ مُلْقٍ فِراشَه   على مَدْرَجٍ يَعتادُه الأَسَدُ الوَرْدُ
وما لى الى الفَضْل بن يَحْيَى بن خالِدٍ   مِن الجُرْم ما يُخْشَى على مِثْله الحِقْدُ
فجُدْ بالرِضَى لا أبتغِى منك غيرَه   ورأيُك فيما كنتَ عوّدْتَنى بَعْدُ

فقال له الفَضْل لا أَحتمِل تفريقَك بين رِضاىَ وإحسانى وهما مقرونان فإن أردتَّهما معا وإلّا فدَعْهما معا ثمّ وصله ورضى عنه   حدَّث إسْحٰقُ بن إبرٰهيم الموصلىّ قال كنتُ قد ربَّيتُ جاريةً حسنة الوجه وثقّفتُها وعلّمتُها حتّى برَعتْ ثمّ أَهديتُها الى الفَضْل بن يَحْيَى فقال لى يا إسْحٰق إنّ رسول صاحب مِصْرَ قد ورد الىَّ يسئلنى حاجةً أقترحها عليه فدَعْ هذه الجارية

عندك فإنّني سأطلبها وأعامه أنّى أريدُها فإنّه سَوْفَ يَحضر اليك ويُساوِمك فيها فلا تَأخذْ فيها أَقلَّ مِن خمسين الف دينار قال إسحق فمضيتُ بالجارية الى منزلى فجاء الىَّ رسولُ صاحب مِصْرَ وسألنى عن الجارية فأخرجتُها اليه فبَذَلَ فيها عشرة آلاف دينار فأمتَنعتُ فصَعِدَ الى عشرين الف دينار فأمتَنعتُ فصَعِدَ الى ثلاثين الفا فما ملكتُ نفسى حتّى قلتُ له بِعْتُك وسلّمتُ الجارية اليه وقبضتُ منه المال ثمّ إنّنى أتيت من الغد الى الفَضْل بن يَحيَى فقال لى يا إسحق بكَمْ بِعْتَ الجارية قلتُ بثلاثين الف دينار قال أَلم أَقل لك لا تَأخذْ منه أَقلَّ من خمسين الفا قلتُ فَداكَ أبى وأُمّى والله ما ملكتُ نفسى منذ سمعتُ لَفظةَ ثلاثين الفا فتبسَّمَ ثمّ قال إنّ رسول صاحب الروم قد سألنى ايضا حاجةً وسأقترِحُ عليه هذه الجاريةَ وأَدُلُّه عليك فخُذْ جاريتك وٱنصرفْ الى منزلك فاذا ساوَمَك فيها فلا تَأخذْ منه أَقلَّ من خمسين الف دينار فأخذتُّ الجارية وانصرفتُ الى منزلى فأتانى رسول صاحب الروم وساوَمَنى فى الجارية فطلبتُ خمسين الفا فقال هذا كثير ولكن تأخذ منّى ثلاثين الفا فوالله ما ملكتُ نفسى منذ

سمعتُ لَفْظَة ثلاثين الفا حتّى قلتُ له قد بِعْتُك ثمّ قبضتُ المال منه وسلَّمتُ الجارية اليه ومضيتُ من الغد الى الفَضْل ابن يَحْيَ فقال ما صنعتَ وبكَمْ بِعْتَ الجارية يا إسحق قلتُ بثلاثين الفا قال سُبْحانَ الله ما أَوصيتُك أن لا تأخذ فيها أَقلَّ من خمسين الفا قلتُ جُعلتُ فِداكَ والله إنّى لمّا سمعتُ قوله ثلاثين الفا استَرختْ جميعُ أَعضائى فضَحِكَ وقال خُذْ جاريتك واذهبْ الى منزلك ففى غَدٍ يَجىء اليك رسولُ صاحب خُراسانَ فقَوِّ نفسَك ولا تأخذْ منه أَقلَّ من خمسين الفا قال إسحق فأَخذتُ الجارية ومضيتُ الى منزلى فجاءنى رسول صاحب خُراسانَ وساوَمَنى فيها فطلبتُ خمسين الفا فقال لى هذا كثير ولكن تأخذ ثلاثين الفا فقوّيتُ نفسى وامتَنعتُ فصَعِدَ معى الى اربعين الف دينار فكادَ عقلى يَذهب من الفَرَح ولم أَتمالك أن قلتُ له بِعْتُك فأَحضرَ المال وأَقبضنيه وسلَّمتُ الجارية اليه ومضيتُ من الغد الى الفَضْل فقال لى يا إسحق بكَمْ بِعْتَ الجارية قلتُ باربعين الفا ووالله لمّا سمعتُها منه كاد عقلى يَذهب وقد حصل عندى جُعلتُ فِداكَ مائةُ الف دينار ولم يَبق لى أَمَلٌ فأَحسنَ اللهُ جزاءَكَ

فأَمر بالجارية فأُخرجتْ الىَّ وقال يا إسحق خُذْ جاريتك وانصرفْ قال إسحق فقلتُ هذه الجاريةُ واللهِ أَعظمُ الناس بَرَكةً فأَعتقتُها وتزوَّجتُها فولَدتْ لى أَولادى قيل إنّ محمّد بن إبرهيم الإمام بن محمّد بن علىّ بن عبد الله بن العبّاس حضر يوما عند الفَضْل بن يَحْيَى ومعه سَفَطٌ فيه جوهر وقال له إنّ حاصِلى قد قَصُرَ عمّا أَحتاجُ اليه وقد عَلانى دَيْنٌ مبلغُه الف الف درهم وإنّى أَستحِيى أن أُعلِم احدا بذلك وآنَفُ أن أَسئل احدا مِن التُّجّار أن يُقرِضنى ذلك وإن كان معى رَهْنٌ يَفِى بالقِيمة وانت أَبقاكَ الله لك تُجّارٌ يُعامِلونك وانا أَسئلك أن تَقترض لى من احدهم هذا المبلغَ وتُعطِيَه هذا الرهن فقال له الفَضْل السمعُ والطاعةُ ولكنْ نُجحُ هذه الحاجة أن تُقيم عندى هذا اليومَ فأقام عنده ثمّ إنّ الفَضْل أَخذ السَّفَطَ منه وهو مختوم بخَتْمه وأَرسل معه الف الف درهم ونفَّذ الدراهمَ والسَّفَط الى منزله وأَخذ خطَّ وَكيله بقبضه وأَقام محمّد فى دار الفَضْل الى اخِر النهار ثمّ انصرف الى داره فوجَدَ السَّفَط ومعه الف الف درهم فسُرَّ بذلك سُرورا عظيما فلمّا كان من الغد بكَّر الى الفَضْل ليَشكره

على ذلك فوجده قد بكّر الى دار الرّشيد فمضى محمّد الى دار الرّشيد فلمّا علم الفضل بـه خرج مِن باب اخَر ومضى الى دار ابيه فمضى محمّد اليه فحين علم بـه خرج بباب اخَر ومضى الى منزلـه فمضى محمّد اليه واجتمع بـه وشكره على فعله وقـال لـه إنّى بكّرتُ اليك لأَشكركَ على إحسانك فـقـال لـه الفَضْل إنّى فكّرتُ فى أمركَ فرأيتُ أنّ هذه الالفَ الفٍ التّى حملتُها أمس اليك تَقضى بها دَيْنَك ثمّ تَحتـاج فتَقترضُ فبعد قليلٍ يَعلوكَ مِثْلُهـا فبكّرتُ اليوم الى امير المؤمنين وعرضتُ عليـه حالـك وأَخذتُ لـك مـائـة الف الف درهم أُخرى ولمّـا حضرتَ الى باب امير المؤمنين خرجتُ انا ببـاب اخَر وكـذلـك فعلتُ لمّـا حضرتَ الى باب أبى لأنّى مـا كـنتُ أُوثِر أن أَلقاكَ حتّى يُحمَل المالُ الى منزلك وقد حُمل فـقـال لـه محمّد بأىّ شىء أُجازيك عل هذا الإحسان ما عندى شىء أُجازيـك بـه إلّا أنّى أَلتزمُ بالأَيمان المُؤَكّدة وبالطّلاق والعَتاق والحَجّ أنّى مـا أَقِف على باب غيركَ ولا أَسـأل سِواكَ قـالوا وحلَفَ محمّد أَيمانا مُؤَكّدة وكـتَبَ بهـا خَطّه وأَشْهد بهـا عليـه أنّـه لا يَقِف ببـابِ غير الفَضْل بن يَحْيَى فـلـمّـا ذهبتْ دولـةُ

البَرامكة وتولّى الفَضْل بن الرَّبيع الوزارة بعدهم احتاج محمّد فقالوا له لو ركبتَ الى الفَضْل بن الرَّبيع فلم يَفعل والتزم باليَمين فلم يَركب الى احد ولم يَقِف على باب احد حتّى مات

سِيرةُ جَعْفَر بن يَحْيَى البَرْمَكىّ كان جَعْفَر بن يَحْيَى فصيحا لبيبا ذَكِيّا فَطِنا كريما حليما وكان الرَّشيد يَأنَس به اكثرَ مِن أُنسه بأخيه الفَضْل لسُهولة أَخلاق جَعْفَر وشَراسة أَخلاق الفَضْل قال الرَّشيد يوما ليَحْيَى يا أَبى ما بالُ الناسِ يُسَمّون الفَضْل الوزيرَ الصغيرَ ولا يُسَمّون جَعْفَرا بذلك فقال يَحْيَى لأنّ الفَضْل يَخلفنى قال فضُمَّ الى جَعْفَر أَعمالا كأَعمال الفَضْل فقال يَحْيَى إنّ خِدْمتك ومُنادمتك يُشْغِلانه عن ذلك فجعَلَ اليه أمر دار الرَّشيد فَسُمّى بالوزير الصغير ايضا قال الرَّشيد يوما ليَحْيَى قد أَحببتُ أن أَنقل ديوان الخاتَم مِن الفَضْل الى جَعْفَر وقد استَحييتُ مِن مُكاتبته فى هذا المعنى فاكتُبْ انت اليه فكتَبَ يَحْيَى الى الفَضْل قد أَمَرَ امير المؤمنين أَعلى الله أَمْرَه أن تُحوِّلَ الخاتَم مِن يمينك الى شِمالك فأَجابه الفَضْل

قد سمعتُ لِما أَمر به امير المؤمنين فى أخى وما انتقلتْ عنّى نعمةٌ صارت اليه ولا غَرَبَتْ عنى رُتْبةٌ طلعتْ عليه فقال جَعْفَر لله دَرُّ أخى ما أَكْيَسَ نفسَه وأَظهرَ دلائلَ الفضل عليه وأَقْوَى مُنّةَ العقل عنده وأَوسعَ فى البلاغة ذَرْعَه

قيل إنّ جَعْفَر بن يَحْيَى البَرْمَكىّ جلس يوما للشُّرْب وأَحبَّ الخَلْوة فأَحضر ندماءَه الّذين يأْنَس بهم وجلس معهم وقد هُيِّئَ المجلسُ ولبسوا ثيابَ المَصْبَغة وكانوا اذا جلسوا فى مجلس الشَّراب واللَّهو لبسوا الثياب الحُمْر والصُّفْر والخُضْر ثمّ إنّ جَعْفَر بن يَحْيَى تقدَّمَ الى الحاجب أن لا يأذن لاحد مِن خَلْق الله تعالى سِوى رجل من الندماء كان قد تأَخَّرَ عنهم اسمه عبد المَلِك بن صالِح ثمّ جلسوا يَشربون ودارت الكأساتُ وخَفَقَتِ العِيدانُ وكان رجل مِن أَقارب الخليفة يقال له عبد المَلِك بن صالِح بن علىّ بن عبد الله بن العبّاس وكان شديدَ الوَقار والدّين والحِشْمة وكان الرَّشيد قد التَمس منه أن يُنادِمه ويَشرب معه وبَذَلَ له على ذلك أموالا جليلة فلم يَفعل فاُتَّفق أنّ هذا عبدَ المَلِك بن صالِح حضر الى باب جَعْفَر بن يَحْيَى لِيُخاطِبه فى حَوائجَ له

فظَنَّ الحاجب أنّه هو عبد المَلِك بن صالِح الّذى تقدَّمَ جَعْفَر بن يَحْيَى بالإذن له وأن لا يُدخِل غيرَه فأَذِنَ الحاجب له فدخل عبد المَلِك بن صالِح العبّاسىُّ على جَعْفَر بن يَحْيَى فلمّا رآه جَعْفَر كاد عقلُه يَذهب مِن الحَياء وفَطِنَ أنّ القَضِيّة قد اشتَبهتْ على الحاجب بطريق اشتباه الاسم وفَطِنَ عبد المَلِك بن صالِح ايضا للقِصّة وظهر له الخَجَلُ فى وجه جَعْفَر ابن يَحْيَى فانبَسَطَ عبد المَلِك وقال لا بأسَ عليكم أَحضِروا لنا من هذه الثياب المُصْبَغة شيئا فأُحضر له قميصٌ مصبوغ فلبسه وجلس يُباسِط جَعْفَرَ بن يَحْيَى ويُمازِحه وقال اُسْقونا من شَرابكم فسقَوْه رِطْلا وقال اُرْفُقوا بنا فليس لنا عادةٌ بهذا ثمّ باسَطَهم ومازَحهم وما زال حتّى انبَسَطَ جَعْفَر بن يَحْيَى وزال انقباضُه وحَياؤُه ففَرِحَ جَعْفَر بذلكِ فَرَحا شديدا وقال له ما حاجتُك قال جئتُ أَصلَحك الله فى ثلاثِ حَوائجَ أُريد أن تُخاطِب الخليفةَ فيها أَوّلُها أنّ علىَّ دَيْنا مبلغُه الف الف درهم أُريد قَضاءَه وثانيها أُريد ولايةً لابنى يَشرف بها قدرُه وثالثها أُريد أن تزوّج وَلَدى بابنة الخليفة فإنّها بنتُ عَمِّه وهو كُفْوٌ لها فقال له جَعْفَر بن يَحْيَى قد قَضَى

اللهُ هذه الحَوائجَ الثلاثَ أمّـا المال ففى هذه الساعـة يُحمَل الى منزلك وأمّـا الولايـة فـقـد ولّيتُ ابنَك مِصْرَ وأمّـا الزَّواجُ فـقـد زوّجتُـه فُلانـةً ابنـةَ مولانا امير المؤمنين على صَداق مبلغُه كذا وكذا فـانصرِفْ فى أمـان الله فراح عبدُ المَلِك الى منزله فرأى المال قد سبقَه ولمّا كان من الغد حضر جَعْفَر عند الرَّشيد وعرَّفه ما جرى وأنّه قد ولّاه مِصْرَ وزوّجه ابنتَه فعَجِبَ الرَّشيد من ذلك وأمضى العَقْد والولايـةَ فما خرج جَعْفَر من دار الرَّشيد حتّى كتَبَ له التقليدَ بمِصْرَ وأحضرَ القُضاةَ والشُّهودَ وعقَدَ العَقْدَ وقيل إنّ جَعْفَر بن يَحْيَى كان بينه وبين صاحب مِصْرَ عَداوةٌ ووَحْشة وكان كلٌّ منهما مُجانِبا للاخر فزوّر بعضُ الناس كتابا عن لسان جَعْفَر ابن يَحْيَى الى صاحب مِصْرَ مضمونُه إنّ حامل هذا الكتاب مِن أخصّ أصحابنا وقد آثَرَ التفرُّجَ فى الديار المِصْريّة فأُريد أن تُحسِن الالتفاتَ اليـه وبالَغَ فى الوَصِيّـة ثمّ أَخذ الكتـابَ ومضى الى مِصْرَ وعَرَضَه على صاحبها فلمّا وقف عليه تعجَّبَ منـه وفَرِحَ بـه إلّا أنّـه حصل عنده ارتيـابٌ وشَكٌّ فى الكتاب فأَكرمَ الرجلَ وأنزله فى دار حسنة وأقـام له ما

يَحتاج اليه وأَخذ الكتاب منه وأرسله الى وَكيله ببَغْداذَ وقال له قد وصل شخصٌ من أَصحاب الوزير بهذا الكتاب وقد ارتَبتُ به فأُريد أن تَتفَحَّص لى عن حقيقة الحال فى ذلك وهل هذا خَطُّ الوزير أم لا وأَرسل كتاب الوزير صُحْبةَ مكتوبه الى وَكيله فجاء الوكيل الى وكيل الوزير وحدَّثه بالقِصّة وأَراه الكتاب فأخذه وكيلُ الوزير ودخل الى الوزير وعرَّفه الحال فلمّا وقف جَعْفَر بن يَحْيَى على الكتاب عَلِمَ أنَّه مُزوَّر عليه وكان عنده جماعةٌ من ندمائه ونُوّابه فرَمَى الكتاب عليهم وقال لهم أَهذا خَطّى فتأَمَّلوه وأَنكروه كلُّهم وقالوا هذا مُزوَّر على الوزير فعرَّفهم صورةَ الحال وأنّ الّذى زوَّر هذا الكتاب موجود بمِصْرَ عند صاحبها وأنّه يَنتظر عَوْدَ الجواب بتحقيق حاله وقال لهم ما تَرون وكيف ينبغى أن نَفعل فى هذا فقال بعضُهم ينبغى أن يُقتَل هذا الرجل حتّى تَنحسم هذه المادّةُ ولا يَرجعُ احد يَتجرّى على مِثْل هذا الفعل وقال اخَر ينبغى أن تُقطَع يَمينُه الّتى زوَّر بها هذا الخَطَّ وقال اخَر ينبغى أن يُوجَع ضَرْبا ويُطلَق حالَ سبيله وكان أَحسنُهم مَحْضَرا مَن قال ينبغى أن تكون

عقوبتُه على هذا الفعل حِرْمانَه وأن يُعرَّف صاحبُ مِصْرَ بحاله لِيُحرِمه فيَكفيه مِن العقوبة أنّه قد قطَعَ هذه المَسافةَ البعيدة مِن بَغْداذَ الى مِصْرَ ثمّ يَرجعُ خائبا فلمّا فرغوا من حديثهم قال جعفرٌ سُبْحانَ الله أليس فيكم رجل رَشيد قد علمتم ما كان بينى وبين صاحب مِصْرَ مِن العَداوة والمجانبة وأنّ كلّ واحد منّا كانت تَمنعه عِزةُ النفس أن يَفتح باب الصُّلْح فقد قيَّضَ اللهُ لنا رجلا فتَحَ بيننا باب المُصالحة والمُكاتبة وأزال بيننا تلك العَداوة فكيف يكون جَزاءه ما ذكرتم مِن الإساءة ثمّ أَخَذَ القَلَم وكتب على ظاهر الكتاب الى صاحب مِصْرَ سُبْحانَ الله كيف حصل لك الشَّكُّ فى خَطّى هذا خَطُّ يدِى والرجلُ مِن أَعزِّ أصحابى وأُريد أن تُحسِن اليه وتُعيدَه الىَّ سَريعا فإنّى مُشْتاق اليه مُحتاج الى حضوره فلمّا وصل الكتابُ وفى ظاهره خَطُّ الوزير الى صاحب مِصْرَ كاد يَطير مِن الفَرَح وأَحسنَ الى الرجل غايةَ الإحسان وواصَلَه بمال كبير وتُحَف جميلة ثمّ إنّ الرجل رجع الى بَغْداذَ وهو أَحسنُ الناس حالا فحضر الى مجلس جَعْفَر بن يَحْيَى فلمّا دخل سلَّم عليه ووقع يُقبِّل الارضَ ويَبكى فقال له جَعْفَر

مَن انت يا أخى قال يا مولانا انا عبدك وصَنيعتُك المزوّر الكَذّاب المتجرّى فعرفه جعْفَر وبَشّ به وأَجلسه بين يديْه وسأله عن حاله وقال له كم وصل اليك منه فقال مائةُ الف دينار فأُستقَلّها جَعْفَر وقال لازِمْنا حتّى نُضاعِفها لك فلازَمَه مُدّةً فكسَبَ معه مِثْلَها وما زالت دولة البَرامكة فى عُلُوٍّ وارتفاع وتَزايُد حتّى انحرفتْ عنهم الدنيا أَمارةٌ تَدلّ على انحراف دولتهم حدَّث بَخْتيشُوعُ الطبيب قال دخلتُ يوما على الرَّشيد وهو جالس فى قصر الخُلْد مِن مدينة السلام وكان البَرامكةُ يَسكنون بحِذائه من الجانب الآخَر وبينهم وبينه عَرْضُ دِجلةَ قال فنظَرَ الرَّشيد فرأى اعتراكَ الخيول وازدحامَ الناس على باب يَحْيَى بن خالِد فقال جزَى اللهُ يَحْيَى خيرا تَصَدَّى للأمور وأَراحنى مِن الكَدّ ووفّر أَوقاتى على اللَّذّة ثمّ دخلتُ اليه بعد أَوقات وقد شرَعَ يتغيّر عليهم فنظَرَ فرأى الخيول كما رآها تلك المرّةَ فقال استبَدَّ يَحْيَى بالأمور دُونى فالخلافةُ على الحقيقة له وليس لى منها إلّا اسمُها قال فعلمتُ أنّه سينكبهم ثمّ نكَبَهم عَقيبَ ذلك شرحُ السبب فى نَكْبة البَرامكة وكيفيّة الحال فى ذلك

اختلف أَصحابُ السِّيَر والتَّواريخ فى السبب فى ذلك فقيل إنّ الرَّشيد مـا كان يَصبر عن أُختـه عَبّاسـةَ ولا عن جَعْفَر بن يَحْيَى فقال له أُزوِّجكَها حتّى يُحَلّ لك النظرُ اليها ثمّ لا تَقربْها فكانا يَجتمعان وهما شابّان ثمّ يـقوم الرَّشيدُ عنهمـا ويَخلُوان بأَنفسهما فجامَعَها جَعْفَر فحَبِلتْ منـه وولدتْ وَلَدينِ وكتمتِ الامرَ فى ذلك حتّى علم الرَّشيدُ فكان ذلك سببَ نَكْبةِ البَرامكة

وقيل كان سببُ ذلك أنّ الرَّشيد كلَّف جَعْفَرَ بن يَحْيَى قَتْلَ رجل من آل أبى طالب فتَحرَّجَ جعْفَر من ذلك وأَطاق الطالِبيَّ وسُعى الى الرَّشيد بجَعْفَر فقال له ما فَعَلَ الطالِبيُّ قال هو فى الحبس قـال الرَّشيد بحَياتى ففَطِنَ جَعْفَر فقال لا وحَياتِك ولكن أَطلقتُه لأنّى علمت أنّه ليس عنده مكروهٌ فقال له الرَّشيد نِعْمَ ما فعلتَ فلمّا قـام جَعْفَر قال الرَّشيد قتَلَنى اللهُ إن لم أَقتلك ثمّ نكبهم وقيل إنّ أَعداء البَرامكة مِثْلَ الفَضْل بن الرَّبيع مـا زالوا يَسعون بهم الى الرَّشيد ويَذكرون له استبدادَهم بالمُلْك واحتجانَهم للأموال حتّى أوغروا صدرَه فـأَوقـع بهم

وقيل إنّ جَعْفَرا والفَضْل ابنىْ يَحْيَى بن خالِد ظهَرَ منهما من الإدلال ما لا تَحتمله نفوسُ الملوك فنكبهم لذلك وقيـل

إنّ يَحْيَى بن خالِد رُئِىَ وهو بمكّة يَطوف حول البيت ويقول اللّهمّ إن كان رِضاكَ فى أن تَسلبنى نِعْمتَك عندى وتَسلبنى أهلى ومالى ووَلَدى فأُسلبْنى إلّا الفَضْلَ وَلَدى ثمّ وَلَّى فلمّا مشى قليلا عاد وقال يا رَبِّ إنّه سَمِجٌ بمِثْلى أن يَستثنى عليك اللّهمّ والفَضْلَ فنكبهم الرَّشيد بعد قليل   شرحُ مَقْتَل جَعْفَر ابن يَحْيَى والقبضِ على أهله   كان الرَّشيد قد حَجَّ فلمّا عاد مِن الحَجّ سار من الحِيرة الى الأَنبار فى السُّفُن وجعَلَ يَشربُ تارةً ويَلهو أُخرى وتُحَفُ الرَّشيد وهداياه تأتيه وعنده بَخْتِيشُوعُ الطبيبُ وابو زَكّارٍ[1] الأَعمى يُغَنّيه فلمّا أَظلَّ المَساءُ دَعا الرَّشيد مَسْرورا الخادِمَ وكان مُبغِضا لجَعْفَر وقال اِذهبْ فجِئْنى برأس جَعْفَر ولا تُراجِعْنى فوافاه مَسْرورٌ بغيرِ إذْن وهَجَم عليه وابو زَكّارٍ يُغَنّيه   [وافر]

فلا تَبعدْ فكُلُّ فَتًى سَيأتى   عليه الموتُ يَطرق او يُغادِى

فلمّا دخل مَسْرور قال له جَعْفَر بن يَحْيَى لقد سررتَنى بمجيئك وسُؤْتَنى بدخولك علىَّ بغير إذن فقال الذى جئتُ له أَعظمُ

[1] A وابو زكرياء.

أَجِبْ اميرَ المؤمنين الى ما يُريد بك فوقع على رِجْلَيْه فقبّلهما وقال له عاوِدْ اميرَ المؤمنين فإنّ الشَّراب قد حمله على ذلك وقال دَعْنى أَدخُلْ دارى فأُوصِى فقال الدخولُ لا سبيلَ اليه وأمّا الوَصِيّةُ فأَوْصِ بما بَدا لك فأَوْصَى ثمّ حمله الى منزل الرَّشيد وعدَلَ به الى قُبّة وضرَبَ عُنُقه وأتى برأسه على تُرْس الى الرَّشيد وببدَنه فى نَطْع ووجَّهَ الرَّشيدُ فقبَضَ على ابيه وإخوته واهله وأصحابه وحبسهم بالرَّقّة واستأصل شأْفتَهم ومِن طَريف ما وقع فى ذلك ما رواه العِمْرانىّ المؤرِّخ قال حدَّث فُلان قال دخلتُ الديوانَ فنظرتُ فى بعض تَذاكِرِ النُّوّاب فرأيتُ فيها اربعَ مائة الف دينار ثَمَنَ خِلْعة لجَعْفَر بن يَحْيَى الوزير ثمّ دخلتُ بعد ايّام فرأيتُ تحت ذلك عشرةَ قراريطَ ثَمنَ نَفْط وبَوارِىَّ لإحراق جُثّة جعفَر بن يَحْيَى فعَجِبتُ من ذلك

ثمّ استوزَرَ الرَّشيد بعد البَرامِكة الفَضْل بن الرَّبيع وكان حاجِبَه وزارةُ ابى العبّاس الفَضْل بن الرَّبيع قد مضى ذكرُ أبيه وأمّا الفَضْل فكان حاجِبا للمَنْصور والمَهْدىّ والهادِى والرَّشيد فلمّا نَكَبَ الرَّشيد البَرامكةَ استوزره بعدهم

كان الفَضْل بن الرَّبيع شَهْما خَبيرا بأحوال الملوك وآدابهم ولمّا وَلِىَ الوزارةَ تهوَّسَ بالأَدب وجَمَعَ اليـه اهل العلم فحصَّلَ منه ما أراد فى مُدّة يسيرة وكان أبو نُواسٍ مِن شعرائه المُنقطِعين اليه فمِن شعره فى آل الرَّبيع [كامل]

عَبّاسُ عَبّاسٌ اذا ٱضطَرم الوَغَا والفَضْلُ فَضْلٌ والرَّبِيعُ رَبِيعُ

ومـا زال الفَضْل بن الرَّبيع على وزارتـه الى أن مـات الرَّشيد بطُوسَ فجمَعَ الفَضْل العسكرَ ومـا فيه ورجع الى بَغْداذ وسيَرِدُ باقى سِيرتـه فى ايّام الأَمِين انقضتْ ايـام الرَّشيد

ثمّ ملك بعده ابنُه الأَمِين محمّد بن زُبَيْدَةَ أُمُّـه أُمُّ جَعْفَر زُبَيْدةُ بنتُ جَعْفَر بن المَنْصور وليس فى خلفاء بنى العبّاس مَن أُمُّـه وابوه هاشِميّـان سِواه كان الأَمِين كثيرَ اللَّهْو واللَّعِب منقطِعا الى ذلك مشتغِلا بـه عن تدبير مملكته قـال ابنُ الأَثير المؤرِّخ الجَزَرىُّ لم نَجِد للأَمِين شيـأ مِن سِيرتـه نَستحسنـه فنَذكرَه وقـال غيرُه كان الأَمِين فصيحـا بليـغـا كريما وفيه يقول بعض الشعراء يَمدحه ويعرِّض بهَجْوِ المأمون أَخيه [رمل]

لم تَلِـده أَمـةٌ تَـعـرف فى السُّوق التِجارَا
لا ولا حُـدَّ ولا خـا نَ ولا فى الخِزْى جارَا

يُعرِّض بالمأمون لأنّ الرَّشيد كان قد حدَّه فى جارية وُجد معها اللّهمّ او فى خمر كان الرَّشيد قد بايَعَ للأَمِين بولاية العهد وللمأمون بعده وكتَبَ الكُتُبَ بذلك وأشهد فيها الشُّهود وأرسل نُسَخها الى الأَمصار فعُلّقتْ نُسْخةٌ من تلك النُّسَخ على الكَعْبة وأكَّد ذلك بكلّ ما اليه السبيلُ فلمّا مات بطُوسَ كان المأمونُ فى خُراسانَ ومعه جَماعة من أكابر القُوّاد ووزيرُه الفَضْل بن سَهْل وكان الأَمِين ببَغْداذ وكان الفضل ابن الرَّبيع وزيرُ الرَّشيد مع الرَّشيد بطُوسَ فلمّا مات الرَّشيدُ جمَعَ الفَضْلُ جميعَ ما فى العسكر وكان الرَّشيد قد أَوصى به للمأمون وتوجَّهَ الفَضْل الى بَغْداذ فاستوزَرَه الأَمِين ثمّ اشْتَغل الأَمِين باللَّهو واللَّعِب ومُعاشَرةِ المُجّان فأَشار الفَضْل بن سَهْل وزيرُ المأمون على المأمون بإظهار الوَرَع والدين وحُسْن السِّيرة فأظهر المأمون حُسْن السِّيرة واستمال القُوّاد واهل خُراسان وكان كلّما اعتمد الأَمِين حَرَكةً ناقصةً اعتمد المأمون حَرَكةً شديدةً ثمّ نشأتِ العَداوةُ بينهما وحسَّن الفَضْل بن الرَّبيع وغيرُه له أن يَخلع اخاه المأمون مِن ولاية العهد ويُبايِعَ لابنه مُوسَى فخلعه وبايَعَ لابنه مُوسَى وسَمّاه

النَّاطِقَ بالحقّ وبسبب ذلك كانت الفِتْنةُ ببَغْداذ بين الأَمِين والمأمون وكان فى اخِرها قتلُ الأَمِين

شرحُ الفِتْـنـة بين الأَمِين والمأمون

كان الفَضْل بن الرَّبيع وزيرُ الأَمِين قد خاف المأمونَ لِما فعلـه عند موت الرَّشيد بطُوسَ مِن إحضار جميع مـا كان فى عسكره الى الأَمِين بعد أن كان الرَّشيد قد أَشهد بـه للمأمون فخـاف الفَضْلُ بن الرَّبيع من المأمون أنّـه إن وَلِىَ الخلافـةَ كافـاه على فعلـه فحسَّن للأَمِين خَلْعَ المأمون والبَيْعة لابنه مُوسَى واتَّفق مع الفَضْل جَماعـةٌ على ذلك فمال الأَمِين الى أقوالهم ثمّ إنّـه استشار عُقلاءَ أصحابـه فنهَوْه عن ذلك وحذَّروه عاقِبةَ البَغْيِ وَنَكْثَ العهود والمَواثيق وقـالوا له لا تُجرِئِ القُوّادَ على النَّكْث للأَيمانِ وعلى الخلع فيَخلعوك فلم يَلتفت اليهم ومـال الى رأى الفَضْل بن الرَّبيع وشرَعَ فى خَدْع المأمون بـأستدعائـه الى بَغْداذ فلم ينخدع وكـتَبَ يعتذر وتَردَّدتِ المُراسلاتُ والمُكـاتبـاتُ بينهما حتّى رَقَّ المأمونُ وعزَمَ على الإجابـة الى خَلْع نفسه ومُبـايعـةِ مُوسَى بن الأَمِين فخَلَا بـه وزيرُه الفَضْل بن سَهْل وشجَّعه على الامتنـاع وضَمِنَ له الخلافـةَ وقـال هى فى عُهْـدتى فـامتَنـع المأمونُ ونهَضَ

الفَضْل بن سَهْل بأمر المأمون واستمال له الناسَ وضَبَطَ له الثغورَ والأمور واشتَدّتِ العَداوةُ بين الأَخَوين الأَمِين والمأمون وقُطعتِ الدُّروبُ بينهما مِن بَغْداذ الى خُراسان وفُتّشتِ الكُتُبُ وصَعُبَ الأمر وقطَعَ الأَمين خُطْبَةَ المأمون ببَغْداذ وقبَضَ على وُكلائه وكذلك فعَلَ المأمونُ بخُراسان ونَمَى الشَّرُّ بينهما وكان بقدر ما عند المأمون مِن التيقُّظ والضبط عند الأَمين مِن الإهمال والتفريط والغفول فممّا يُحكَى مِن تفريط الأَمين وجَهْله أنّه كان قد أَرسل الى حَرْب أخيه رجلا من أصحاب ابيه يقال له علىُّ بن عِيسَى بن ماهانَ وأَرسل معه خمسين الفا فيقال أنّه ما رُئى قبل ذلك ببَغْداذ عسكرٌ أَكثفُ منه وحَمَلَ معه السلاح الكثير والأموال الوافرةَ وخرج معه مُشَيّعا مُوَدّعا وكان أَوّلَ بَعْث بعثه الى اخيه فمضى علىُّ بن عِيسَى بن ماهانَ فى ذلك العسكر الكثيف وكان شيخا مِن شيوخ الدولة جليلا مَهِيبا فالْتَقى بطاهِر بن الحُسَيْن ظاهِرَ الرَّىّ وعسكرُ طاهِر حدودُ اربعة الف فارس فاقتَتلوا قِتالا شديدا كانت الغَلَبَةُ فيه لطاهِر وقُتل علىُّ بن عِيسَى وجِىء برأسه الى طاهِر فكتَبَ طاهِرٌ الى المأمون كتابا نُسْخَتُه أمّا بَعْدُ

فهذا كتابى الى امير المؤمنين أطال اللهُ بقاءه ورأسُ علىّ بن عيسَى بين يدَىَّ وخاتَمُه فى يدِى وجُنْدُه تحت أمرى والسلامُ

وأرسل الكتابَ على البَرِيد فوصل الى المأمون فى ثلاثة ايّام وبينهما مَسِيرُ مائتين وخمسين فرسخا ثمّ إنّ نَعِىَ علىّ بن عيسَى ورد الى الأَمِين وهو يَصطاد السَّمك فقال للّذى أَخبره بذلك دَعْنى فإنّ كَوْثرًا قد اُصطاد سَمَكتينِ وأنا الى الآن ما اُصطَدتُّ شيئا وكان كَوْثَرٌ خادما خَصِيّا له وكان يُحِبّه ولقد كانت أُمُّه زُبَيْدةُ أَسدَّ رأيا منه فإنّ علىٍّ بن عِيسَى لمّا أَرسله الأَمِين الى خُراسان بالجيش حضر الى باب زُبَيْدةَ لِيُوَدِّعها فقالت له يا علىُّ إنّ امير المؤمنين وإن كان وَلَدى واليه انتَهتْ شَفَقتى فإنّى على عبد الله تَعنى المأمون مُنعطِفةٌ مُشفِقة لِما يَحدث عليه مِن مكروه وأَذًى وانّما وَلَدى ملِك نافَسَ أخاه فى سُلْطانه فاُعرفْ لعبد الله حقَّ ولادته وأُخُوّته ولا تَجْبَهْه بالكلام فإنّك لست نظيرا له ولا تَقتسِرْه اقتسارَ العَبِيد ولا تُوهِنْه بقَيد او غُلٍّ ولا تَمنعْ عنه جاريةً او خادما ولا تَعنف عليه فى السَّيْر ولا تُساوِه فى المَسِير ولا تَركبْ قبله وخُذْ بِركابه اذا ركب وإن شتمك فاُحتملْ منه ثمّ دفعتْ اليه قَيْدا مِن

فضّة وقالت اذا صار اليك فقيِّدْه بهذا القيد فقال لها سأفعلُ ما أمرتِ به وكان الناسُ يَجزمون بنُصْرة عليّ بن عِيسَى استعظاما له ولعسكره واستصغارا لمَن يَلتقيه مِن جُنْد المأمون فقدَّر الله خِلافَ ما جَزموا به وكان من الأمر ما كان

وكانت تلك الايّامُ ايّامَ فِتَن وحروب فممّا جرى من ذلك أنّ الحُسَيْن بن عليّ بن عِيسَى بن ماهانَ كان احدَ الأمراء شَغَبَ على الأَمِين وخلعه وحبسه وبايَعَ للمأمون وتَبِعَه ناسٌ من العسكر فاجتمع ناسٌ اخَرون من العسكر وقالوا إن كان الحُسَيْن بن عليّ بن عِيسَى يُريد أن يأخذ وجها عند المأمون بما فَعَلَ فلَنأخُذَنَّ نحن وجها عند خليفتنا الأَمِين بفَكّه وتخليصِه وإجلاسِه على السرير فاقتَتل الفريقان فغلَبَ أصحابُ الأَمِين فدخلوا عليه مَحْبَسَه وأَخرجوه وأَجلسوه على سرير الخلافة وقاتلوا حُسَيْنا وغلبوا عليه وأحضروه أَسيرا الى الأَمِين فعاتَبه فاُعتذر اليه وعَفا عنه ثمّ خلَعَ عليه وولّاه العسكرَ وأمره بمحاربة المأمون فخرج وهرب فأَرسل الأَمِين الجُنْدَ خلفه فلحقوه وقتلوه وحملوا رأسه الى الأَمِين فما زال الشَّرُّ يَنمى والاختلافُ يَزيد حتّى أَرسل المأمون هَرْثمةَ وطاهِر بن الحُسَيْن

وهما من أَعيان أُمرائه بعسكر كثيف لمحاصرة بَغْداذ ومحاربة الأَمِين فحاصرا بَغْداذ مُدّةً وقاتلا بعساكرهما قِتالا شديدا وجرتْ بين القبيلتينِ وقائعُ كثيرةٌ كان فى اخِرها الغَلَبةُ لعسكر المأمون وقُتل الأَمِين وحُمل رأسه الى اخيه المأمون بخُراسان وذلك فى سنة ثمان وتسعين ومائة

وامّا حال الوزارة فى ايّامه فإنّه لم يَستوزر غَيْر الفَضْل بن الرَّبيع وزير ابيه وقد سبق شرحُ طَرَف مِن سِيرته عند ذكر وزارته للرَّشيد   انقضتْ ايّام الأَمِين

ثمّ ملك بعده اخوه عبدُ الله المأمون   بويِعَ له البَيْعَةَ العامّةَ ببَغْداذ فى سنة ثمان وتسعين ومائة كان المأمون مِن أَفاضل خُلفائهم وعُلمائهم وحُكمائهم وحُلمائهم وكان فَطِنا شديدا كريما

حُدّث عنه أنّه لمّا كان بدِمَشْق أَضاق إضاقةً شديدةً وقَلَّ المالُ عنده فشكى ذلك الى اخيه المُعتصِم وكان له بيده أَعمالٌ فقال المُعتصِم يا امير المؤمنين كأنّك بالمال وقد وافاك بعد أُسْبُوع فوصل فى تلك الايّام من الأَعمال التى كان المُعتصِمُ يَتولّاها ثلاثون الف الف درهم الأَلْفُ مُكرَّرةٌ ثلاثَ مَرّاتٍ فقال ليَحْيَى بن أَكْثَمَ

أُخرجْ بنا لننظر الى هذا المال فخرج وخرج الناسُ وكان قد زُيّن الحَمْلُ وزُخْرِفَ فنظَرَ المأمون منه الى شىء حسَن كثير فاستَعظم الناسُ ذلك واستَبشروا به فقال المأمون إنّ انصرافنا الى منازلنا بهذا المال وانصرافَ الناس خائبينَ لُؤْمٌ فأَمر كاتبَه أن يوقِّعَ لهذا بالف الف ولذاك بمِثْلها ولاخَر بأَكثر منها حتّى فرَّق اربعة وعشرين الف الف درهم الأَلْفُ مُكرَّرةٌ ثلاثَ مَرّاتٍ ورِجْلُه فى الرِّكاب ثمّ حوَّل الباقِيَ على عارِض الجيش برسم مَصالِح الجُنْد واعْلمْ أنّ المأمون كان من عُظماء الخُلفاء ومِن عُقلاء الرجال وله اختراعاتٌ كثيرة فى مملكته منها أنّه هو أوّلُ مَن فحَصَ منهم عن علوم الحِكْمة وحصَّل كُتُبَها وأَمر بنَقْلها الى العَرَبيّة وشَهَرَها وحَلَّ إقْلِيدَسَ ونظر فى علوم الأَوائل وتكلَّمَ فى الطِّبّ وقرَّب اهلَ الحِكْمة ومِن اختراعاته مُقاسَمةُ اهلِ السَّواد بالخُمْسَيْنِ[1] وكانت المُقاسَمةُ المعهودةُ النِّصْفَ ومِن اختراعاته إلزامُ الناس أن يقولوا بخَلْق القُرْآن وفى ايّامه نشأتْ هذه المقالةُ ونوظِرَ فيها

[1] A (*sic*) بالخُمُسَيْنِ.

أَحْمَدُ بن حَنْبَلٍ وغيرُه ولمّا مات المأمون أَوصى اخاه المُعتصِم بها فلمّا وَلِيَ المُعتصِم تكلَّمَ فيها وضَرَبَ أَحْمَدَ بن حَنْبَلٍ وسيَرِد خبرُ ذلك فى موضعه ومِن اختراعاته نقلُ الدولةَ مِن بنى العبّاسِ الى بنى عليٍّ عمّ وتغييرُ الناس السَّوادَ بلِباس الخُضْرةِ وقالوا هو لِباسُ اهل الجنّة

شرحُ الحال فى ذلك كان المأمون قد فكَّر فى حال الخلافة بعده وأَراد أن يَجعلها فى رجل يَصلح لها لتبرأ ذِمّتُه كذا زعَمَ فذكَرَ أنّه اعتبر أَحوالَ أَعيان البيتينِ البيت العبّاسيّ والبيتِ العَلَويّ فلم يَرَ فيهما أَصلحَ ولا أَفضلَ ولا أَورعَ ولا أَدْيَنَ مِن عليّ بن مُوسَى الرِّضَى عليهما السلام فعَهِدَ اليه وكتَبَ بذلك كتابا بخطّه وأَلزم الرِّضَى عمّ بذلك فامتَنع ثمّ أَجاب ووضَعَ خطّه فى ظاهر كتاب المأمون بما معناه إنّى قد أَجبتُ امتثالا للأمر وإن كان الجَفْرُ والجامِعةُ يَدلّان على ضِدّ ذلك وشَهِدَ عليهما بذلك الشُّهودُ وكان الفَضْل بن سَهْل وزيرُ المأمون هو القائمَ بهذا الامر والمحسِّنَ له فبايَعَ الناس لعليّ بن مُوسَى من بعد المأمون وسُمّى الرِّضَى مِن آل محمّد صلوات الله عليه وأَمر المأمونُ الناسَ بخلع لِباس

السَّواد ولُبْسِ الخُضْرة وكان هذا فى خُراسان فلمّا سمع العبّاسيّون ببَغْداذ ما فعل المأمون مِن نقل الخلافة عن البيتِ العبّاسىّ الى البيت العَلَوىّ وتغيير لباس آبائه وأجداده بلباس الخُضْرة أنكروا ذلك وخلعوا المأمون من الخلافة غَضَبا مِن فعله وبايَعوا عمَّه إبرهيمَ بن المَهْدىّ وكان فاضلا شاعرا فصيحا أديبا مغنّيا حاذقا واليه أشار ابو فِراسٍ ابنُ حَمْدانَ فى مِيميّته بقوله [بسيط]

مِنكم عُلَيَّةُ أم مِنهم وكان لكم   شَيْخَ المغنّينَ إبرهيمُ أم لَهُمُ

وكانت تلك الايّامُ ايّامَ فِتَن ووقائعَ وحروب فلمّا بلغ المأمونَ ذلك قام وقعَدَ فقُتل الفَضْل بن سَهْل ومات بعده علىُّ بن مُوسى مِن أكل عِنَب فقيل إنّ المأمون رأى إنكارَ الناس ببَغْداذ لِما فعله مِن نقل الخلافة الى بنى علىٍّ وأنّهم نسبوا ذلك الى الفَضْل بن سَهْل ورأى الفِتنةَ قائمةً دَسَّ جماعةً على الفَضْل بن سَهْل فقتلوه فى الحَمّام ثمّ أخذهم وقدَّمهم لَيضرب أعناقهم فقالوا له انت أَمرتنا بذلك ثمّ تَقتلُنا فقال لهم أنا أَقتلُكم بإقراركم وأمّا ما ادَّعيتموه علىَّ مِن أنّى أمرتُكم

بذلك فدَعْوَى ليس لها بَيِّنة ثمّ ضَرَبَ أَعناقهم وحمَلَ رُؤُوسَهم الى الحَسَن بنِ سَهْل وكَتَبَ يُعزّيه ويُولّيه مكانَه وأنضمّ الى ذلك أمور أُخَرُ سنذكرها عند ذكر وزارة الفَضْل ثمّ دَسَّ الى علىّ بن مُوسَى الرِّضَى عم سُمّاً فى عِنَب وكان يُحِبّ العِنَب فأَكل منه وأَستَكثر فمات مِن ساعته ثمّ كتَبَ الى بنى العبّاس ببَغْداذ يقول لهم إنّ الّذى أَنكرتموه مِن امر علىّ ابن مُوسَى قد زال وإنّ الرجل مات فأَجابوه أَغلظَ جوابٍ وكان الفَضْل بن سَهْل قد استَولى على المأمون ومَتَّ أَمتاتا كثيرةً[1] بقيامه فى أمره واجتهادِه فى أَخْذ الخلافة له فكان قد قطَعَ الأَخبار عنه ومتى علم أنّ احدا قد دخل عليه او أَعلمه بخبر سَعَى فى مكروهه وعاقَبَه فأمتَنع الناسُ مِن كلام المأمون فأنطوتِ الأَخبارُ عنه فلمّا ثارتِ الفتنةُ ببَغْداذ وخُلع المأمون وبويِعَ إبرهيمُ بن المَهْدىّ وأَنكر العبّاسيّون على المأمون فِعْلَه كتَمَ الفَضْل بن سَهْل ذلك عن المأمون مُدّةً فدخل عليه علىُّ ابن مُوسَى الرِّضَى عم وقال له يا امير المؤمنين إنّ الناس ببَغْداذ قد أَنكروا عليك مبايَعتى بولاية العَهْد وتغييرَ لِباس

[1] كثيرًا A.

السَّواد وقد خلعوك وبايَعوا عمَّك إبرهيمَ بن المَهْدىّ وأَحضر اليه جماعةً مِن القُوّاد لِيُخبِروه بذلك فلمّا سألهم المأمون أَمسكوا وقالوا نَخافُ مِن الفَضْل فإن كنتَ تُؤْمِننا مِن شَرّه أَخبرْناك فآمنهم وكتَبَ لهم خطَّه فأَخبروه بصورة الحال وعرَّفوه خِيانةَ الفَضْل وتَعميةَ الأمور عليه وسَتْرَه الأخبارَ عنه وقالوا له الرأىُ أن تَسير بنفسك الى بَغْداذ وتَستدرك أمرَك وإلّا خرجتِ الخلافةُ من يدك فكان بعد هذا بقليل قتلُ الفَضْل وموتُ الرِّضَى على ما تقدَّمَ شرحُه ثمّ جَدَّ المأمون فى المَسير الى بَغْداذ فوصلها وقد هرَبَ إبرهيمُ بن المَهْدىّ والفَضْل بن الرَّبيع فلمّا دخل البلدَ تَلقّاه العبّاسيّون وكلّموه فى ترك لِباس الخُضْره والعَوْد الى السَّواد واجتَمعتْ به زَيْنَبُ بنت سُلَيْمٰن بن علىّ بن عبد الله بن العبّاس وكانت فى طبَقة المَنصور وكان بنو العبّاس يعظِّمونها واليها يُنسَب الزَّيْنَبيّون فقالت له يا امير المؤمنين ما الّذى دعاك الى نقل الخلافة مِن بيتك الى بيت علىٍّ قال يا عَمّةُ إنّى رأيت عَلِيًّا حين وَلِىَ الخلافة أَحسنَ الى بنى العبّاس فولّى عبدَ الله البَصْرة وعُبَيْدَ الله اليَمَنَ وقُثَمَ سَمَرْقَنْدَ وما رأيتُ احدا من اهل

بيتى حين أفضى الامرُ اليهم كافَوْه على فعله فى وَلَده فـأَحْببتُ
أن أُكافِيَه على إحسانـه فقـالت له يا امير المؤمنين إنّك على
بِرِّ بنى علىٍّ والأمرُ فيك أَقدرُ مِنك على بِرّهم والأمرُ فيهم ثمّ
سألتْـه تغيير لِبـاس الخُضْرة فـأَجابها الى ذلك وأَمر النـاسَ
بتغـييره والعَوْد الى لِبـاس السَّواد ثمّ إنّ المـأمون عفـا عن عَمّه
إبرهيم بن المَهْدىّ ولم يُؤاخِذه وأَحسنَ اليه وصار من نُدمـائـه
وكـذلك فعل مع الفَضْل بن الرَّبيع وكـان حليما كـان
يقول لو عرَفَ النـاسُ حُبّى للعَفْو لتقرَّبوا الىَّ بالذنوب فى
ايّـامه خرج محمّد بن جَعفَرٍ الصادِقِ عَمّ بمكّة وبويِـعَ بالخلافـة
وسَمَّوْه امير المؤمنين وكان بعضُ اهله قد حسَّن له ذلك حين
رأى كَثْرَةَ الاختلاف ببَغْداذ وما بها مِن الفِتَن وخروجِ الخَوارج
وكان محمّد بن جَعْفَر شيخا من شيوخ آل ابى طالب يُقْرَأُ عليه
العِلْمُ وكان رَوَى عن ابيـه عِلمـا جمًّا فمكَثَ بمكّـة مُدّةً
وكان الغالبَ على أمره ابنُه وبعضُ بنى عَمّه فلم يُحمَد سِيرتهما
وأَرسل المأمون اليهم عسكرا فكانت الغَلَبة له وظَفِرَ بـه المأمون
وعفا عنه   وفى ايّـامه خرج ابو السَّرايـا وقويتْ شَوْكـتُه
ودعا الى بعض اهـل البيت فـقـاتَلَـه الحَسَن بن سَهْـل

فكانت الغَلَبة للجيش المأمونىّ وقُتل ابو السَّرايَا ثمّ صَفَا المُلْكُ بعد ذلك للمأمون وسكنتِ الفِتَن وقام المأمون بأعباء الخلافة وتدبيرِ المملكة قِيامَ حُزَماء الملوك وفُضَلائهم وفى اخِرها خرج الى الثَّغر بطَرَسُوسَ فمات به وذلك فى سنة ثمانى عشرة ومائتين وفيه يقول بعض الشعراء [خفيف]

ما رأينا النجومَ أَغنتْ عن المأ مون فى ظِلّ مُلْكه المَحْروسِ
غادروه بعَرْصَتَىْ طَرَسُوسٍ مِثْلَما غادروا أباه بطُوسِ

شرحُ حال الوزارة فى ايّامه أوّلُ وُزرائه بنو سَهْل وكانت دولتهم فى جَبْهة الدهر غُرّه، وفى مَفْرِق العصر دُرّه، وكانت مُخْتَصَرةَ الدولة البَرْمَكيّة وهم صَنائعُ البرامكة فالوزيرُ الاوّل للمأمون منهم الفَضْل بن سَهْل

وزارةُ ذى الرِّئاستينِ الفَضْل بن سَهْل للمأمون سُمّى ذا الرِّئاستينِ لجَمْعه بين السيف والقَلَم قالوا كان الفَضْل بن سَهْل مِن أولاد ملوك الفُرْس المَجُوسِ وكان قَهْرَمانا ليَحْيَى بن خالِد وكان ابوه سَهْل مَجُوسيّا فأسلم فى ايّام الرَّشيد قالوا لمّا رأى الفَضْل بن سَهْل نَجابةَ المأمون فى صِباه ونظر فى طالِعه وكان

خبيرا بعلم النجوم فدلَّته النجوم على أن يَصير خليفة فلَزِمَ ناحيتَه وخدمه ودبّر اموره حتّى أَفضت الخلافةُ اليه فاستوزره كان الفَضْل سَخِيّا كريما يُجارِى البَرامكةَ فى جُوده شديدَ العقوبة سَهْل الانعطاف حليما بليغا عالما بآداب الملوك بصيرا بالحِيَل جيّدَ الحَدْس محصِّلا للأَموال وكان يقال له الوزيرُ الأَميرُ كان مُسْلِمُ بن الوَليد الشاعر نديما للفَضْل بن سَهْل قبل وزارته وكان قد أَنشده قوله [سريع]

وقائلٍ ليست له هِمّةٌ كَلَّا ولكن ليس لى مالُ
لا جِدةٌ يَنهض عَزمى بها والناسُ سُوّالٌ وبُخّالُ
فاُصبِرْ على الدهر الى دولة يَرفع فيها حالَك الحالُ

فلمّا علتْ حالُ الفَضْل وتَولَّى الوزارةَ قصده مُسْلِم بن الوَليد فلمّا رآه سُرَّ به وقال له هذه الدولةُ التى يَرفع فيها حالَك الحالُ وأَمر له بثلاثين الف درهم وولّاه بَريدَ جُرْجانَ فاُستفاد مِن ثَمَّ مالا طائلا قالوا كانت هِمّةُ ذى الرئاستينِ عاليةً جِدّا مِن قَبْل أن يَعظم أمره قال له مؤدِّبُ المأمون يوما فى ايّام الرَّشيد إنّ المأمون لَجميلُ الرأى

فيك وإنّى لا أَستبعدُ أن يَحصل لك من جهته الفُ الف درهم فأُغتاظ الفَضْل من ذالك وقال له أَلك علىَّ حِقْدٌ أَلى اليك إساءة فقال له المؤدِّب لا والله ما قلتُ هذا إلّا مَحبّةً لك فقال أَتقول لى أَنك تحصِلُ معه الفَ الف درهم والله ما صَحِبتُه لأَكتسب منه مالا قَلَّ او جَلَّ ولكن صَحِبتُه ليَمضى حُكْمُ خاتَمى هذا فى الشَّرْق والغَرْب قال فوالله ما طالتِ المُدّةُ حتّى بَلَغَ ما أَمَّلَ وقُتل الفَضْل ابن سَهْل على الصورة التى تقدَّمَ شرحُها وذلك فى سنة اثنتين ومائتين[1] وفيه يقول الشاعر [متقارب]

لِفَضْل بن سَهْل يدٌ يُقَصِّرُ عنها المَثَلْ
فباطِنُها للنَّدَى وظَاهِرُها للقُبَلْ
وبَسْطتُها للغِنَى وسَطْوتُها للأَجَلْ

وزارةُ اخيه الحَسَن بن سَهْل للمأمون استوزره المأمون بعد اخيه الفَضْل ومال اليه وتَلافاه جَبْرا لمُصابه بقتل اخيه وتزوَّجَ ابنتَه بُورانَ وأَنحدر فى أهله وأصحابه وعساكره وأُمرائه الى فمِ الصُّلح بواسِطَ فقام الحَسَن بن سَهْل فى إنزالهم قِياما

[1] La date est représentée dans A par un blanc.

عظيما وبذَلَ مِن الأموال ونثَرَ مِن الدُّرَر ما يفوت حَدَّ الكَثْرة حتّى أنّـه عَمِـلَ بَطاطيـخَ مِن عَنْبرٍ وجعـل فى وَسْط كلّ واحدة منها رُقْعةً بضَيْعة من ضِيـاعـه ونثَرَها فمَن وقعتْ فى يـده بِطّيخـةٌ منها فتَحها وتسلَّمَ الضَّيْعـةَ التى فيها وكانت دَعْوةً عظيمة تَتجاوَزُ حَدَّ التجمُّل والكَثْرة حتّى أنّ المـأمون نسَبَه فى ذلك الى السَّرَف وقـالوا جُمْلةُ مـا أَخرجَ على دَعْوةِ فَمِ الصُّلح خمسون الف الف درهم كان الحَسَن بن سَهْـل قـد فَرَشَ للمأمون حَصيرا منسوجا مِن ذَهَب ونثَرَ عليـه الفَ لُؤلُؤةٍ مِن كِبار اللُّؤلُؤ فلمّا رآه المأمون قال قاتَلَ اللهُ أبا نُواسٍ كأنّه شاهَدَ مجلسَنا هذا حيث يقول [بسيط]

كأنّ صُغْرَى وكُبْرَى مِن فَواقعِها حَصْباءُ دُرٍّ على أرض مِن الذَّهَبِ

قـالوا قَـدِمَ رجل الى باب الحَسَن بن سَهْـل يلتمس صِلتَـه وعارِفتَـه فـاْشتَغل عنه مُدَيْدة فكتب اليه [بسيط]

المـالُ والعقلُ مما يُستعانُ بـه على المَقام بأبواب السَّلاطِينِ
وانتَ تَعلم أنّى منـهما عُطُلٌ اذا تأمَّلتَنى يا ابنَ الدَّهـاقِينِ

أمـا تدلّك أثوابى على عدَمى   والوَجْهُ أنّى رئيسٌ فى المَجانينِ
واللهُ يَعلم ما للمُلْك مِن رجُلٍ   سِواكَ يَصلح للدنيـا وللدّينِ

فـأمر له بعشرة آلاف درهم ووقّعَ فى رُقْعته [كامل]

أعجلـتَنـا فـأتاكَ عاجِلُ بِرّنا   قُـلًّا ولو أنظرتَنـا لم يَقْلُلِ
فخُذِ القليلَ وكُنْ كأنك لم تَسَلْ   ونكونُ نحن كأنّنا لم نُسْـأَلِ

وكان الحَسَن بن سَهْل أعظمَ الناسِ منزلـةً عند المـأمون وكان المأمونُ شديدَ المَحبّة لمفاوضته فكان اذا حضر عنده طاوَلَه فى الحديث وكلّما أراد الانصراف منعه فـانقطع زمانُ الحَسَن بذلك وثَقُلَتْ عليـه الملازمةُ فصار يَتراخى عن الحضور بمجلس المأمون ويَستخلف احدَ كُتّابه كأَحْمَدَ بن ابى خالِدٍ وأَحْمَدَ بن يُوسُفَ وغيرِهما ثمّ عَرضتْ له سَوْداء كان أَصلُهـا جزَعـه على أخيه فانقطع بداره ليَتطبَّب واحتَجب عن الناسِ إلّا أنّه أَعْلى الخَلْقِ مَكانـةً واستوزَرَ المأمون أَحْمَدَ بن ابى خالِدٍ فكان أَحْمَدُ فى كلّ وقت يَقصد خِدْمةَ الحَسَن بن سَهْل واذا حضر الحَسَنُ دارَ المأمون كان أَعْلَى الناسِ مكانـةً ولمّا انقطع الحَسن ابن سَهْل بمنزله هجاه بعضُ الشعراء بقوله [وافر]

تَوَلَّتْ دولـةُ الحَسَن بن سَهْل ولم أَبلُلْ لَهاتى مِن نَداهَـا
فلا تَجزَعْ على ما فات منها وأَبكَى اللهُ عَينَىْ مَن بَكاها

ومـات الحَسَن بن سَهْل فى سنة ستّ وثلاثين ومـائتين فى ايّام المُتَوكّل

وزارةُ أَحْمَدَ بن ابى خالِدٍ الأَحْوَلِ للمأمون هو من المَوالى كان أَحْمَدُ جليلَ القدر من عُقلاء الرجال وكان كاتبا شديدا فصيحـا لبيبـا بصيرا بالأمور قـال له المـأمون إنّ الحَسَن بن سَهْل قـد لَزِمَ منزلَـه وإنّنى أُريـد أن أَستوزرك فتنصَّلَ أَحْمَدُ من الوزارة وقـال يا امير المؤمنين أُعفِنى مِن التَّسَمّى بالوزارة وطالِبْنى بالواجب فيها واُجعلْ بينى وبين العامّة منزلةً يَرجونى لها صديقى ويَخافنى لها عَدُوّى فما بعـد الغـايات إلّا الآفـاتُ فـاُستحسنَ المأمون جوابه وقـال لا بُدَّ من ذلك واستوزره

كان المـأمون لمّـا وَلَّى طـاهِرَ بن الحُسَيْن خُراسانَ استشار فيـه أَحْمَدَ بن ابى خالِدٍ فصوَّبَ أَحْمَدُ الرأىَ فى توليـة طاهِرٍ فـقـال المـأمون لأَحْمَد إنّى أَخاف أن يَغدر ويَخلع ويُفـارِق الطاعةَ فـقـال أَحمَد الدَّرَكُ فى ذلك علىَّ فولّاه المـأمون فلمّـا كان بعد مُدّة أَنكرَ المأمون عليه أمورا وكتب اليه كتابا

يَتهـدّده فيـه فكتب طاهِرٌ جوابا أَغلظَ فيـه للمأمون ثمّ قطَعَ اسمَه مِن الخُطْبة ثلاثَ جُمَعٍ فبلغ ذلك المأمونَ فقال لأَحْمَدَ بن ابى خالِدٍ أنت الّذى أَشار بتوليـة طاهِرٍ وضَمِنْتَ مـا يَصدر منـه وقـد تَرى مـا صدر منـه مِن قَطْع الخُطْبة ومفـارقـةِ الطاعة فوالله لَئِنْ لم تَتلطَّف لهذا الأمر وتُصلِحه كما أَفسدتَّه وإلّا ضربتُ عُنُقَك فـقـال أَحْمَد يا امير المؤمنين طِبْ نَفْسا فبعد ايّام يأتيك البَرِيـدُ بهَلاكـه ثمّ إنّ أَحْمَد بن ابى خالِدٍ أَهْدَى لطاهِرٍ هدايا فيها كَوامِيخُ مسمومةٌ وكان طاهِرٌ يُحِبّ الكامِخ فـأَكل منها فمات مِن ساعته وقيـلَ إنّ أَحْمَد ابن ابى خـالِدٍ لمّـا تولّى طـاهِرٌ خُراسانَ حسَبَ هذا الحِسابَ فوهبه خادمـا وناوَلَـه سُمّـا وقـال له متى قطَعَ خُطْبَةَ المأمون فـاُجعلْ له هذا السُّمّ فى بعض مـا يُحِبّ مِن المَـآكِل فلمّـا قطع طاهِرٌ خُطْبـةَ المأمون جعل الخادمُ لـه السُّمّ فى كامِخٍ فـأَكل منـه فمات فى ساعتـه ووصل الخبرُ على البَريـد بموتـه الى المـأمون بعد ايّام فكان ذلك ممّا عظُم بـه امرُ أَحْمَدَ بن ابى خالِدٍ ومـات أَحْمَد حَتْفَ أَنْفِـه سنـةَ عشرة ومـائتين

وزارةُ أَحْمَدَ بن يُوسُفَ بن القسِم للمأمون كان من المَوالى وكان كاتبا فاضلا اديبا شاعرا فَطِنا بصيرا بأَدَوات المُلْك وآداب السلاطين قالوا لمّا مات أَحْمَد بن ابى خالِدٍ استشار المأمونُ الحَسَن بن سَهْل فيمن يُوَلّيه الوزارةَ فأَشار عليه بأَحْمَد بن يُوسُفَ وأبِي عَبّادِ بن يَحْيَى وقال هما أَعرفُ الناس بطَبْع امير المؤمنين فقال له اِختَرْ لى احدَهما فاُختار له أَحْمَدَ بن يُوسُفَ ففوّض المأمونُ اليه وزارتَه

استشار المأمون أَحْمَدَ بن يُوسُفَ فى رجل فوصفه أَحْمَدُ بن يُوسُفَ وذكر مَحاسنَه فقال له المأمون يا أَحْمَدُ لقد مدحتَه على سُوء رأيك فيه ومعاداته لك فقال أَحْمَد لأنّى لك كما قال الشاعر [وافر]

كَفَى ثَمَنًا بما أَسديتَ أنّى صَدَقْتُك فى الصَّديق وفى عِدائِى
وأنّى حين تَندبنى لأمر يكون هَواك أَغلبَ مِن هَوائِى

وله أَشعارٌ حسنة فمنها [كامل]

قلبى يُحبّك يا مُنَى قلبى ويُبغِض مَن يُحِبُّكْ
لأكونَ فَرْدًا فى هَوا كَ فلَيْتَ شِعْرى كيف قَلْبُكْ

وأَهْدَى يومَ نَـوْرُوزٍ الى المأمون هديّـةً قِيمتُها الف الف درهم وكتب معها [طويل]

على العبد حَقٌّ فهو لا بُدَّ فاعِلُـهْ   وإنْ عَظُمَ المَوْلَى وجَلَّتْ فَواضِلُهْ
أَلَم تَرَنا نُـهْدِى الى الله مـا لـه   وإن كان عنه ذا غِنًى فهو قـابِلُهْ

فـقـال المأمون عاقِلٌ أَهْدَى حَسَنًا   وكان سببُ موتـه أنّـه دخل يوما الى المأمون والمأمونُ يَتبخّر فأَخرج المأمونُ المِجْمَرة مِن تحته وقـال اِجعلوها تحت أَحْمَد تَكرمةً له فنقل أَعداؤه الى المـأمون أنّـه قـال مـا هذا البُخْلُ بالبَخُور هَلَّا أَمر لى ببَخورٍ مُستـأنَفٍ فـاغتـاظ المأمون لذلك وقـال يَنسبنى الى البُخْل وقد علم أَنّ نَفَقتى فى كلّ يوم ستّـة الف دينار وانّما اردتُّ إكرامه بمـا كان تحت ثيـابى ثمّ دخل عليـه وهو يَتبخّر مرّةً أُخرى فـقـال المـأمون اِجعلوا تحتـه فى مِجْمَرة قِطَعَ عنبرٍ وضُمّوا عليـه شيـئـا يَمنع البُخـارَ أن يَخرج فـفعلوا ذلك بـه فصبرَ عليـه حتّى غلبـه الأمرُ فصاح الموتَ الموتَ فكشفوا عنـه وقـد غُشى عليـه فأنصرف الى منزلـه فمكث فيـه شهورا عَليلًا مِن ضِيق النفس حتّى مـات بهذه

العِلّة وقيل بل مات كَمَدًا لبادرة بَدَرتْ منه فأطَّرحه المأمون لأجلها

وزارةُ ابى عَبّادٍ ثابتِ بن يَحْيَى بن يَسارٍ الرازىّ للمأمون

كان ابو عَبّادٍ كاتبا حاذقا بالحِساب سَريعَ الحَرَكات أَهْوَجَ محمَّقا قالوا كان المأمونُ يُنشِد اذا رآه مُقبِلا قولَ دِعْبِلٍ فيه [كامل]

وكأنّه مِن دَيْرِ هِزْقِلَ[1] مُفْلَتٌ حَرِبٌ يَجُرُّ سَلاسِلَ الأَقْيادِ

قيل للمأمون إنّ دِعْبِلا الشاعرَ هجاكَ[2] فقال مَن أَقدمَ على هِجاء ابى عَبّادٍ كيف لا يَهجونى ومعنى هذا الكلام مَن أَقدمَ على هِجاء ابى عَبّادٍ مع هَوَجه وجُنونه وحِدّته كيف لا يُقدِمُ[3] على هِجائى مع حِلْمى وَمَحَبّتى للصَّفْح وكان ابو عَبّادٍ شديدَ الحِدّة سريعَ الغَضَب ربّما اغتاظ من بعضِ من يكون بين يديه فرماه بدَواته او شتمه فأَفحشَ فدخل اليه

[1] A هِرْقَل.

[2] En marge de A les deux vers de Di'bil cités plus haut, p. ٢٥, l. 5 et 6, avec la bonne leçon اخاك, avec la variante fautive واستنقذوك من الحظيظ.

[3] P. ٢٥, l. 10, lisez comme ici يُقدِم.

الغالِبيُّ الشاعر وأنشده [كامل]

لمّا أنخنا بالوزير رِكابَنا ... مُستعصِمين بجُوده أعطانا
ثبتتْ رَحَا مُلكِ الإمام بثابِتٍ ... وأفاضَ فينا العدلَ والإحسانَا
يَقْرِى الوفودَ طَلاقةً وسَماحةً ... والناكثينَ مُهنَّدًا وسِنانا
مَن لم يَزَلْ للناس غَيثًا مُمرِعًا ... مُتخرِّقًا فى جُوده مِعْوانا

فلمّا وصل الى قوله فِى جُودِهِ وقف وأُرتِجَ عليه وصار يُكرِّر فى جُودِهِ فِى جودِهِ مِرارا حتّى ضَجِرَ ابو عَبّادٍ وغَلبتْ عليه السَّوْداءُ فقال يا شيخُ فقُلْ قَرْنانًا او صَفْعانًا وخَلِّصْنا فضَحِكَ جميعُ من كان بالمجلس وذهب غيظُه هو ايضا فضَحِكَ مع الناس وأَتمَّ الغالبيُّ قافيتَه بقوله مِعْوانًا ثمّ وصله

وزارةُ ابى عبد الله محمّد بن يَزْدادَ بن سُوَيْدٍ للمأمون وهو اخِر وزرائه هم من خُراسان كانوا مَجُوسا ثمّ أَسلموا واتّصلوا بالخلفاء وسُوَيْدٌ أوّل من أَسلمَ منهم وكان قد مات ابوه وهو صغير فأَسلمتْه أُمُّه الى بعض كُتّاب العَجَم فنفَذَ نَفاذا محمودا وتعلَّمَ آدابا كثيرة من آداب الفُرْس ثمّ واظَبَ على ملازمة الديوان بمَرْوَ فحضر صاحبُ الديوان فى يومٍ مَطِيرٍ وتخلَّفَ جميعُ

الكُتّاب والنُّوّاب عن الحضور وكان سُوَيْدٌ جدُّ محمّد حاضرا فاحتاج صاحبُ الديوان الى عَمَل حَسْبَةٍ فلم يكن عنده بالديوان كاتب فتولّى هو عَمَلَها بنفسه وشرَعَ فيها فكتب بعضَها ثمّ غلبه نُعاسٌ وحانتْ منه ٱلتفاتةٌ فرأى سُوَيْدا فسلَّم الحَسْبةَ اليه وقال له احْتفِظْ بها حتّى أَنْتبِه ثمّ نام صاحبُ الديوان فتصفَّحَ سُوَيْدٌ الحَسْبةَ وتمَّمها وبيَّضها فى نُسْخةٍ حسنةٍ بخطّ مليح وضَبْطٍ صحيح وانتَبهَ صاحبُ الديوان وطلَبَ منه الحَسْبةَ فدفعها اليه فوجدها مفروغا منها على أَتمِّ قاعدة وأَحسنِ وجه فقال يا صَبِىُّ مَن عمل هذه الحَسْبةَ قال انا قال أَفتُحسِن الكِتابةَ قال نعمْ فأَمره بلزوم سَلّته الّتى كان فيها حِسابُه وأُصولُ أعماله وما يَجب أن يَحتفظ به وقرَّر له مَعِيشةً وتنقَّلَ فى الخَدَمات حتّى حصَّل أموالاً جليلةً وارتَفع قدرُه ثمّ تأدَّب محمّدٌ وبَرَعَ فى كلّ شىء فاستوزره المأمون وفوّض اليه جميع الأمور وكان محمّدٌ شاعرا فصيحا فمِن شعره [وافر]

لقد فَتنتْ بمُقْلتها فَتُونُ ... وخانتْ فى الهَوَى مَن لا يَخونُ

وتَزعم أنّنى أَهوَى سِواها ... فكيف وما تَخطّتْها العُيونُ

أَيا مَن حُبُّها فى القلب منّى   مكانَ الرُّوح مُستترٌ كَمِينُ
ويا مَن تَدَّعِى أنّى خَؤُونٌ   وهذا فى هَواها لا يَكونُ
خُذِى عَهدى على عَينِى وطَرْفى   وحَسْبُكِ ضامِنًا أنّى أمينُ

ومات المأمون وهو وزيره   انقضتْ ايامُ المأمون ووزرائه ثمّ ملك بعده اخوه المُعْتَصِم أبو إِسْحٰقَ محمّد   بويِعَ يومَ وفاة المأمون وقد تقدَّمَ ذكرُ السنة   كان المُعتصِم سديدَ الرأى شديدَ المُنّة يَحمل الف رَطْلٍ ويَمشى بها خَطَواتٍ وكان موصوفا بالشَّجاعة وسُمّى المثمّن مِن أحد عشر وجها هو الثامنُ مِن ولد العبّاس والثامن من الخلفاء وتَولَّى الخلافة وعُمْرُه ثمانى عشرة سنة وكانت خلافته ثمانى سِنِينَ وثمانية أشهر وتُوفّى وله ثمان واربعون سنة ووُلد فى شَعْبان وهو الشهر الثامن وخلّف ثمانية ذُكور وثمانىَ بنات وغزا ثمانىَ غَزَوات وخلّف ثمانية الف الف درهم   كانت أيّامُ المُعتصِم أيّامَ فتوح وحروب هو الّذى فتح عَمُّورِيَةَ   شرحُ الحال فى ذلك

كان السببُ فى غَزْو المُعتصِم عَمُّورِيَةَ أنّ مَلِك الرُّوم خرج الى بلاد المُسْلِمِين فنهَبَ حُصْنًا من حصونهم يقال له زِبَطْرَةُ وقتل من به من الرجال وسبى الذُّرّيّةَ والنساءَ فيقال أنّه كان

فى جُمْلة السَّبْى امرأةٌ هاشميّةٌ فسُمعتْ وهى تقول وَا مُعْتصِماهْ فبلغ المُعتصِمَ ما فعله مَلِك الرُّوم بالمسلمين فاستعظمه وكَبُرَ عليه وبلغه ما قالت الهاشميّة فقال وهو فى مجلسه لَبَّيْكِ لَبَّيْكِ ونهضَ من ساعته وصاح فى قصره الرَّحِيلَ الرَّحِيلَ ثمّ ركب دابّتَه وسمَّط خلفه شِكالا وسِكّةَ حديدٍ وحَقيبةً فيها زادُه ثمّ برَّز وأمر العساكرَ بالتبريز وتجهَّزَ تجهُّزا لم يَتجهّز بمِثْله خليفةٌ فلمّا اجتمعت عساكرُه وفَرغ مِن تجهيزه وعزم على المَسير أَحضرَ القُضاةَ والشهودَ فأَشهدهم أنّه قد وَقَفَ أَملاكَه وأَمواله على ثلاثة أثلاث ثُلْثٍ لله تعالى وثُلْث لوَلَده وأَقاربه وثُلْث لمَواليه ثمّ سار فظفر ببعض أهل الرُّوم فسأله عن أَحصن مُدُنهم وأَعظمِها وأَعزِّها عندهم فقال له الرُّومىُّ أنّ عَمُّورِيَةَ هى عينُ بلادهم فتوجَّه المُعتصِم اليها وجمع عساكره عليها وحاصَرَها ثمّ فتحها ودخل اليها وقتل فيها وفى بلادهم وسَبَى وأَسرَ وبالَغ فى ذلك حتّى هدمَ عَمُّورِيَةَ وعفَّى آثارها وأَخذ بابا من أَبوابها وهو بابُ حديدٍ عظيمُ الحَجْم فأَحضره الى بَغْداذ وهو الانَ على أحد أبواب دار الخلافة يسمَّى باب العامّة وكان قد صَحِبَه ابو

تَمّامٍ الطائىُّ فمدحه بقصيدته البائيّة الّتى أوّلها [بسيط]

السّيفُ أصدقُ إنباءً مِن الكُتُبِ   فى حدّه الحَدُّ بين الجِدِ واللّعِبِ

وفيها يقول للمُعتصِم

خليفةَ الله جازَى اللهُ سَعْيَك عن   جُرْثُومةِ الدّينِ والإسلامِ والحَسَبِ

بَصُرْتَ بالراحة الكُبْرَى فلم تَرَهـا   تُنالُ إلّا على جَسْرٍ مِن التّعَبِ

ومن جُملتها ما يُشير به الى مبالغة المُعتصِم فى قتالهم وأستئصاله[1] إيّـاهم

لم تَطلع الشمسُ منهم يومَ ذاكَ على   بانٍ بأهل ولم تَغـرب على عَزَبِ

ومن جُملتها مـا يَدلّ على شدّة مـا كان عنده[2] من الحِقْد عليهم وهو قوله

مـا رَبْعُ مَيّةَ معمورًا يُطيفُ بـه   غَيلانُ أبهَى رُبًى مِن رَبْعكِ الخَرِبِ

ولا الخُدودُ وإن أُدمِينَ مِن خَجَلٍ   أَشهَى الى ناظرى مِن خَدّكِ التّرِبِ

وكانت وقعةُ عَمُّورِيَـةَ فى سنة ثلاث وعشرين ومـائتين

[1] A واستيصالِهم إيّاهم.

[2] A عندهم.

والمُعتصِم هو الّذى بنى سُرَّ مَنْ رَأَى   شرحُ السبب فى بِناء سامَرًّا وكيفيّـةِ الحال فى ذلك   كانت بَغْداذُ دارَ المُلْك وبها سريرُ الخلافـة من بعد المَنْصور إلّا أنّ هُرُونَ الرَّشيـد أَحبَّ الرَّقّـة بالشأم فـأَقـام بها ومع ذلك فكانت الرَّقّةُ لـه كالمتنزَّه وقصورُه وخزائنُه ونساؤه وأولاده ببغْـداذ بقَصْر الخُلْد ومَن ولى بعده من الخلفاء كان سريرُ مُلْكهم ببَغْداذ فلمّا كانت أيّامُ المُعتصِم خاف مَن بهـا من العسكر ولم يَثق بهم فقـال أُطلبوا لى موضعا أَخرجُ اليـه وأَبنى فيـه مدينـة وأُعسكِرُ بـه فـإن رابنى مِن عساكر بَغْداذ حادثٌ كنتُ بنَجوة وكنتُ قـادرا على أن آتيهم فى البرّ وفى الماء فوقع اختيارُه على سامَرًّا فبناها وخرج اليها   وقيل إنّ المُعتصِم استكثر مِن المَماليك فضاقت بهم بَغْداذُ وتـأَذّى بهم النـاسُ وزاحَموهم فى دُورهم وتعرَّضوا بالنساء فكان فى كلّ يوم ربّمـا قُتل منهم جمـاعـةٌ فرَكِبَ المُعتصِم يومـا فلقيـه رجلٌ شيـخٌ فـقـال للمُعتصِم يا ابا إسْحٰقَ فـأراد الجُنْـدُ ضَرْبَـه فمنعهم المُعتصِم وقـال لـه مـا لك يا شيـخُ فـقـال لا جَزاك الله خَيْرا عن الجِوار جاورتَنـا مُدّةً فرأينـاك

شَرَّ جارٍ جئتَنا بهؤلاء العُلوج مِن غِلْمانك الأَتراكِ فأَسكنتَهم بيننا فأَيتمتَ بهم صِبْيانَنا وأَرملتَ نساءَنا والله لنُقاتِلنّك بسهامِ السَّحَرِ يعنى الدُّعاء والمُعتصِمُ يَسمع ذلك فدخل منزلَه ولم يُرَ راكبا إلّا فى يومٍ مِثْلِ ذلك اليوم فرَكِبَ وصَلّى بالناس العِيدَ وسار الى موضعِ سامَرَّا فبناها وكان ذلك فى سنة احدى وعشرين ومائتين ولمّا مَرِضَ المُعتصِم مَرْضتَه الّتى مات فيها نزل فى سفينة ومعه زُنامٌ الزامرُ وكان أَوحدَ وقته فجعل يَجتاز على قصوره وبَساتينه بشاطئ دِجلةَ ويقول لزُنامٍ ازْمُرْ [سريع]

يا مَنزِلاً لم تَبلَ أَطلالُه ... حاشى لأَطلالِك أن تَبلَى
لم أَبكِ أَطلالَك لكنّنى ... بكيتُ عَيشى فيك إذ وَلّى
والعَيشُ أَحلَى ما بكاه الفتى ... لا بُدَّ للمحزون أن يَسلَى

ولمّا احتُضر جعل يقول ذهبتِ الحِيَلُ ليست حِيلةٌ ثمّ مات وذلك فى سنة سبع وعشرين ومائتين

شرحُ حال الوزارة فى أيّامه أوّلُ وزرائه كاتبُه قبل الخلافة الفَضْل بن مَرْوانَ كان مِن البَرَدان وكان عامّيا لا عِلْمَ

عنده ولا معرفةَ وكان رَدِىءَ السيرة جَهُولا بالأمور وفيه يقول بعض شعراء عصره [طويل]

تَفَرْعَنْتَ يا فَضْلَ بن مَرْوَنَ فَٱعتبِرْ فقبلك كان الفَضْلُ والفَضْلُ والفَضْلُ
ثلاثةُ أملاك مضوا لسبيلِهمْ أبادهمُ التقييدُ والأسرُ والقَتْلُ

الثلاثةُ هم الفَضْل بن يَحْيَى بن خالِدٍ والفضلُ بن سَهل والفَضْل بن الرَّبِيع وكان الفَضْل بن مَرْوَنَ قد تمكَّنَ مِن المُعتصِم وحسده النَاسُ على منزلته عنده ثمّ نكبه وأخذ جميعَ أمواله وعَفَّ عن نفسه فبَقِىَ مُدّةً يَتنَقّل فى الخَدَمات حتّى مات فى ايّام المُسْتَعِين

وزارةُ أَحمدَ بن عَمّارِ بن شاذِى للمُعتصِم ثمّ وزَرَ له أَحمَد بن عَمّارٍ كان رجلا مُوسِرا مِن أهل المَذار فٱنتَقل الى البَصْرة واشترَى بها أملاكا وكَثُرَ ماله وكان طَحّانا ثمّ أصعدَ الى بَغْداذ واتّسع بها حالُه فقالوا كان يُخرِج فى الصَّدَقة كلَّ يوم مائةَ دينار وكان الفَضْلُ ابن مَرْوَنَ قد وصفه بالأَمانة عند المُعتصِم فلمّا نُكب الفَضْل لم يَقع نَظَرُ المُعتصِم على غير أَحْمَدَ بن عَمّارٍ فاستوزره وكان جاهلا

بآداب الوزارة وفيه يقول بعضُ شعراء عصره [سريع]

سُبحانَ ربّى الخالقِ البارِى … صِرتَ وزيرا يا ابنَ عمّارِ
وكنتَ طحّانا على بَغلةٍ … بغيرِ دُكّانٍ ولا دارِ
كَفرتُ بالمِقدار إن لم تكن … قد جُزتَ فى ذا كلَّ مِقدارِ

فمكَثَ مُدّةً فى وزارة المُعتصِم حتّى ورَدَ كتابٌ مِن بعض العُمّال يَذكر فيه خِصْبَ الناحية وكَثرةَ الكَلَإ فسأل المُعتصِم أحْمدَ بن عمّارٍ عن الكَلَإ فلم يَدرِ ما يقول فدعا محمّدَ بن عبد المَلك الزّيّاتِ وكان أحدَ خَواصّه وأتباعه فسأله عن الكَلَإ فقال أوّلُ النباتِ يسمَّى بَقْلا فاذا طال قليلا فهو الكَلَأ فاذا يَبِسَ وجَفَّ فهو الحَشِيش فقال المُعتصِم لأَحْمدَ بن عمّارٍ اُنظرْ انتَ فى الدَّواوين وهذا يَعرض علىَّ الكُتُب ثمّ استوزره وصَرَفَ ابنَ عمّارٍ صَرْفًا جميلا

وزارة محمّد بن عبد المَلك الزّيّاتِ للمُعتصِم كان ابوه تاجرا فى ايّام المأمون مُوسِرا ونشأ محمّد فتأدّب وقرأ وفَهِمَ وكان ذَكِيّا فبَرَعَ فى كلّ شىء حتّى صار نادرةَ وقته عقلا وفهما وذَكاء وكِتابةً وشِعْرا وأدبا وخِبْرةً بآداب الرئاسة وقَواعدِ الملوك

حتّى كانت ايّامُ المُعتصِم فاستوزره على مـا تقدَّمَ شرحُه فنهَضَ بأَعبـاء الوزارة نُهوضا لم يكن لمَن تقدَّمه مِن أَضرابه وكـان جَبّارا مُتكبِّرا فَظًّا غَليظَ القلب خَشِنَ الجانِب مبغَضا الى الخَلْق ومات المُعتصِم وهو وزيره وكان المُعتصِم قد أمر لابنه الواثِق بمال وأَحاله به على ابن الزَّيّات فمنعه وأَشار على المُعتصِم أن لا يُعطِيَه شيـا فقَبِلَ المُعتصِم قولَه ورجع فيما كان أَمر به للواثِق مِن ذلك فكَتَبَ بخطّه كـتابا وحلَفَ فيـه بالحَجّ والعِتْق والصَّدَقـة أنّه إن وَلِيَ الخلافـة لَيقتلنّ ابنَ الزَّيّات شَرَّ قِتْلةٍ فلمّا مـات المُعتصِم وجلس الواثِق على سرير الخلافـة ذكَرَ حديثَ ابن الزَّيّات فـأَراد أن يُعاجِله فخاف أن لا يَجد مِثْله فـقـال للحاجِب أَدخلْ الىَّ عَشَرةً من الكُتّاب فلمّا دخلوا عليـه اختَبرهم فما كان فيهم مَن أَرضاه فـقـال للحاجِب أَدخلْ مَن المُلْكُ محتاجٌ اليه محمّدَ بن الزَّيّات فـأَدخلَه فوقَفَ بين يديْه خائفا فـقـال للخادم أَحضرْ الىَّ المكتوب الفُلانىَّ فـأَحضرَ له الكتاب الّذى كان كتبه وحلَفَ فيه لَيقتلنّ ابنَ الزَّيّات فدفعه الى ابن الزَّيّات وقال اِقرأه فلمّا قرأَه قال يا امير المؤمنين انا عبدٌ إن عاقبتَه فأنت حاكِم فيه وإن كفَّرتَ عن يمينك واستبقيتَه

كان أَشبهَ بك فقال الواثِق والله ما أبقيتُك إلّا خوفا من خُلوِّ الدولة مِن مِثْلك وسأُكَفِّر عن يمينى فإنّى أَجِدُ عن المال عِوَضا ولا أَجِدُ عن مِثْلك عِوَضا ثم كفَّر عن يمينه واستوزره وقدَّمه وفوَّض الأمور اليه وكان ابنُ الزّيّاتِ شاعرا مُجيدا فمِن شِعْره يَرْثى المُعتصِم ويَمدح الواثِق [منسرح]

قد قلتُ إذ غيّبوكَ وٱصْطَفَقتْ عليك أَيدٍ بالماء والطِّينِ
اِذهبْ فنِعمَ المُعِينُ انت على الدنيا ونِعْمَ المُعِينُ للدِّينِ
لا يَجبرُ اللّهُ أُمّةً فَقدتْ مِثْلَك إلاّ بمِثْلِ هُرُونِ

ثمّ إنّ محمّد بن عبد المَلك الزّيّاتِ مكَثَ فى وزارة الواثِق مُدّةَ خلافته لم يَستوزر غيرَه حتّى مات الواثق ووَلِىَ أخوه المتوكّل فقبَضَ عليه وقتله قيل إنّ ابن الزّيّات عَمِلَ تَنُّورا مِن حَديده ومَساميرِه الى داخلٍ ليُعذِّب به مَن يُريد عَذابَه فكان هو أوّلَ مَن جُعل فيه وقيل له ذُقْ ما كنتَ تُذيقُ الناسَ انقضتْ ايام المُعتصِم ووُزرائه

ثمّ ملك بعده ابنه هُرُونُ الواثِقُ بويِعَ سنةَ سبع وعشرين ومائتين كان الواثِق من أفاضل خلفائهم وكان فاضلا لبيبا

فَطِنا فصيحا شاعرا وكان يَتشبّه بالمأمون فى حَرَكاته وسَكَناته ولمّا وَلِىَ الخلافةَ أَحسنَ الى بنى عَمّه الطالِبيّينَ وبرّهم ولم يَقع فى ايّامه من الفتوح الكِبار والحَوادث المشهورة ما يُؤثَر ومات الواثِق فى سنة ثلاث وثلاثين ومائتين

شرحُ حال الوزارة فى ايّامه لم يَستوزر الواثِق سِوَى محمّد بن عبد المَلِك الزَّيّاتِ وزيرِ أبيه وقد سبَقَ طَرَفٌ مِن حاله ومات الواثِق وهو وزيره انقضتْ ايّام الواثِق

ثمّ ملك بعده أخوه جَعْفَرٌ المُتوكّلُ كان المُتوكّل شديدَ الانحراف عن آل عَلِيٍّ عم وفَعَلَ مِن حَرْثِ قبر الحُسَيْن عم ما فَعَلَ وأَبَى اللهُ إلّا أن يُتِمَّ نُورَه وقال مَن يَعتذِر له أنّه كان كأخيه وكالمأمون فى المَيْل الى بنى عَلِيٍّ عم وانّما كان حولَه جماعةٌ منحرِفون عن أهل البيت عليهم السلام فكانوا دائما يَحملونه على الوَقيعة فيهم والأَوّلُ أَصحُّ ولا رَيْبَ أنّه كان شديدَ الانحراف عن هذه الطائفة ولذلك قتله ابنُه غَيْرةً وحَمِيّةً شرحُ مَقْتَله على سبيل الاختصار كانت بينه وبين ابنه المُنْتَصِر مُبايَنةٌ وكان كلٌّ منهما يَكرَه الاخرَ ويُؤْذِيه فاتّفق المُنتصِرُ مع جماعة من الأُمراء على قتله وقَتْلِ

الفَتْح بن خاقانَ وكان أكبرَ أُمرائه وأفضلَهم فهجموا عليه وهو يَشرب فخبطوه بالسيوف فقتلوه وقتلوا الفَتْح معه وأشاعوا أنّ الفَتْح قتله فقتلْناه به وجلس ابنُه على السرير بعده وذلك فى سنة سبع واربعين ومائتين

شرحُ حال الوزارة فى ايّامه لمّا بويِعَ بالخلافة استَوزر محمّد بن عبد المَلِك الزَّيّاتِ ايّاما ثمّ نكبه وقبض عليه وقتله كما تقدّمَ شرحُه ثمّ استَكتب رجلا من كُتّابه يقال له ابو الوَزِير مِن غيرِ أن يسمِّيه بالوزارة فكتَبَ له مُدَيْدةً يسيرةً ثمّ نكبه وأَخذ منه مائتىْ الف دينار واستَوزر الجَرْجرائىّ

وزارة ابى جَعْفرٍ محمّد بن الفَضْل الجرجرائىّ للمُتوكّل كان شيخا ظَريفا حَسَنَ الأدب عالما بالغِناء مُشتهِرا به فخَفّ على قلب المُتوكّل فاستوزره مُدَيْدةً ثمّ كثُرتِ السّعاياتُ به فعزله المُتوكّل وقال قد ضَجِرْتُ مِن المَشايخ أُريدُ حَدَثا أَستوزِرُه فأُشِيرَ عليه بعُبَيْد الله بن يَحْيَى بن خاقانَ

وزارةُ عُبَيْد الله بن يَحْيَى بن خاقانَ كان عُبَيْد الله حَسَنَ الخطّ وله معرفةٌ بالحِساب والأُستيفاء إلّا أنّه كان مخلِّطا وكان مجدودا فكانت سَعادتُه تُغَطِّى عيوبَه وكان كريما

حَسَنَ الأَخلاق وكان كَرَمُه ايضا يَستر كثيرا مِن عيوبه وكان فيه تعفُّفٌ قيل إنّ صاحب مِصْرَ حَمَلَ اليه مائتىْ الف دينار وثلاثين سَفَطا من الثياب المِصْرِيّة فلمّا أُحضرتْ بين يديْه قال لوَكيل صاحب مِصْرَ لا والله لا أَقبلُها ولا أُثقِلُ عليه بذلك ثمّ فتَحَ الأَسفاطَ وأَخذ منها مِنْدِيلا لطيفا وضَعَه تحت فَخِذه وأَمر بالمال فحُمل الى خِزانة الديوان وصُحّح بها وأَخذ به دُورًا[1] لصاحب مِصْرَ وكانت سيرة عُبَيْد الله هَيِّنَةً والجُنْدُ يُحِبّونَه فلمّا جرتِ الفِتْنة عند قَتْل المُتوكّل خاف عُبَيْد الله فاجتَمع الجُنْدُ على بابه وقالوا له انت أَحسنتَ الينا فى حال وزارتك وأَقَلُّ ما يَجب لك علينا أن نَحتفظ بك ونَحرسَك فى مِثْل هذه الفِتْنة ولازَموا بابَه وحفظوه ومات المُتوكّل وهو وزيره انقضتْ ايّام المُتوكِّل ووُزرائه

ثمّ ملك بعده ابنه محمّد المُنْتَصِر بويِعَ فى صَبِيحةِ الليلة الّتى قُتل ابوه بها كان المُنتصِر شَهْما فاتكا سَفّاكا للدم لمّا قتَلَ اباه تحدَّثَ الناسُ بأنّه لا يطول له العُمْرُ بعده وشَبَّهوه

[1] Lecture douteuse, le signe qui est au-dessus du *râ* dans A ressemblant plus à un point diacritique qu'à la marque destinée d'ordinaire à le distinguer du *zây*.

بشِيرَوَيْهِ بن كِسْرَى حين قتَلَ اباه ولم يَستمتع بالمُلْك بعده

قالوا لمّا قتَلَ المُنتصِر اباه وبويِعَ له بالخلافة جلس على بِساط لم يَرَ الناسُ مِثْلَه وعليه كِتابةٌ عجيبة بالفارِسيّة فنظر اليها المُنتصِرُ واستَحسنها وقال لمَن حضر هل تَعرفون معناها فأجموا وقالوا لا نَعرف فاستَحضر رجلا عَجَمِيّا غَريبا وأَمره بِقِراءتها فأَحجم الرجل فقال له المُنتصِر قُلْ وما عليك بأس فليس لك ذَنْبٌ فقال الرجل على هذا البِساط مكتوب أنا شِيرَوَيْهِ بن كِسْرَى قتلتُ أبي فلم أَتمتّع بالمُلْك بعده إلّا ستّةَ أَشهر فتطيَّرَ المُنتصِر من ذلك ونهَضَ من مجلسه مُغْضَبا فلم تَتِمَّ ستّةُ أَشهر حتّى مات وذلك فى سنة ثمان وأربعين ومائتين

شرحُ حال الوزارة فى ايّامه   لمّا بويِعَ بالخلافة استوزَرَ كاتبه أَحْمَدَ بن الخَصِيب

وزارةُ أَحْمَدَ بن الخَصِيب للمُنتصِر   كان أَحْمَد مُقصِّرا فى صِناعته مطعونا عليه فى عقله وكانت فيه مُروءة وحِدّة وطَيْش فمَن احتَمله بلغ منه ما اراد فعرَضَ له رجلٌ مِن أَرباب الحَوائج وأَلَحَّ عليه حتّى ضايَقَه وضغَطَ رِجْلَه بالرِّكاب فاحتَدَّ أَحْمَد وأَخرجَ رِجْلَه من الرِّكاب وركَلَه

بها فى صدره فقال فيه بعض الشعراء [كامل]

قُـلْ للخليفـة يا ابن عَمّ محمّدٍ   أُشْكُلْ وزيرَك إنّه رَكّالُ
قد نالَ مِن أَعراضنا بلسانـه   ولرِجله عند الصدور مَجالُ

ومـات المُنتصِر وأَحْمَد بن الخَصِيب وزيرُه   انقضتْ ايّامُ المُنتصِر

ثمّ ملك بعده المُسْتَعِين هو أَحْمَد بن محمّد بن المُعْتَصِم   لمّا مـات المُنتصِر اجتَمع الأُمراءُ وأَكابر المَماليك وقـالوا متى ولّينا أحدا مِن وُلْد المُتوكّل طالَبَنا بدمه وأهلكَنا فأَجمعوا على مبايعة المُستعِين وقـالوا هو ابن ابن مولانا المُعتصِم فـاذا بايَعْناه لم تَخرج الخلافـة مِن وَلَد المُعتصِم فبـايَعوه فى سنـة ثمـان وأربعين ومائتين وكانت تلك الايّامُ ايّامَ فِتَن وحروب وخروج خَوارجَ فمّن خرج فيها قَتِيلُ شاهِى ابو الحُسَيْن يَحْيَى بن عُمَر ابن يَحْيَى بن الحُسَيْن بن زَيْد بن عَلِىّ بن الحُسَيْن بن عَلِىّ بن ابى طالب عليهم السلام   شرحُ الحال فى ذلك   كان يحيى بن عُمَر قَتيلُ شاهِى قَدِمَ مِن خُراسان فى ايّام المُتوكّل وهو فى ضائـقـة وعليـه دَيْن فكلّم بعضَ أكابر أصحاب

المُتوكّل فى ذلك فأَغلظَ له وحبسه بسامَرّا ثمّ كفله أهلُه فأُطلقَ وانحدر الى بَغْداذ فأَقام بها مُدّةً على حال غيرِ مَرضيّة مِن الفَقْر وكان رَه دَيِّنا خَيِّرا عمّالا حَسَنَ السِّيرة فرجع الى سامَرّا مرّةً ثانية وكلّم بعضَ أُمراء المُتوكِّل فى حاله فأَغلظَ له وقال لأىّ حال يُعطَى مِثْلُك فرجع الى بَغْداذ وانحدر منها الى الكوفة ودَعا الناسَ الى الرِّضَى مِن آل محمّد فتبعه ناسٌ من أهل الكوفة مِن ذَوِى البَصائر فِى التشيُّع وناسٌ من الأَعراب ووَثَبَ فى الكوفة وأَخذ ما فى بيت المال ففرّقه على أصحابه وأَخرج مَن فى السجون وطرَدَ عن الكوفة عاملها وكَثُرَتْ جموعه فأَرسل اليه أميرُ بَغْداذ وهو محمّد بن عبد الله بن طاهرٍ عسكرا فالتَقَوْا بشاهِى وهى قَرْية قريبة من الكوفة فكانت الغَلَبَةُ لعسكر ابن طاهرٍ وانكشف الغُبارُ ويَحْيَى بن عُمَر قتيلٌ فحُمل رأسه الى محمّد بن عبد الله بن طاهرٍ ببَغْداذ فجلس محمّد بن عبد الله بن طاهرٍ للهَناء بذلك فدخل عليه الناس أَفواجا يُهَنِّئُونه وفى جُمْلتهم رجل مِن وَلَد جَعْفَر بن ابى طالب عليهم السلام فقال له أيّها الأميرُ إنّك لَتُهَنَّأُ بقَتْل رجل لو كان رسولُ الله صلّى الله عليه وآلِه وسلّم

حَيّا لعُزِّى به فأطرقَ محمّد بن عبد الله ساعة ثمّ نهض وصرف الناسَ ورثاه الشعراء فممّن رثاه ابنُ الرُّومى بجيميّته التى أوّلُها [طويل]

أَمامَك فٱنظرْ أىَّ نَهجَيْك تَنهجُ طريقانِ شَتَّى مستقيمٌ وأَعوجُ

منها

سَلامٌ ورَيحانٌ ورَوْحٌ ورَحْمةٌ عليك وممدودٌ مِن الظِّلّ سَجْسَجُ
ولا بَرِحَ القاعُ الّذى أنت جارُه يَرِفُّ عليه الأُقْحُوانُ المفلَّجُ

وهى قصيدة سائرةٌ تَناوَلَ فيها بنى العبّاس بأشياء ترَكْناها تحرُّجًا وكانت وَقْعةُ شاهِى فى سنة خمسين ومائتين وخرج عليه غيرُه مِن الطالبيّينَ فكانت الغَلَبةُ فى جميع تلك الحروب له وأعلمْ أنّ المُستَعين كان مستضعَفا فى رأيه وعقله وتدبيره وكانت ايّامه كثيرةَ الفِتَن ودولتُه شديدةَ الاضطراب ولم يكن فيه مِن الخِصال المحمودة إلّا أنّه كان كريما وَهُوبا وخُلع فى سنة اثنتين وخمسين ومائتين ثمّ قُتل بعد ذلك

شرحُ حال الوزارة فى ايّامه لمّا وَلِىَ المُستَعِين أَقَرَّ أَحْمَد بن

الخَصِيب على وزارتـه شهرينِ ثمّ استوزر بعده ابا صالِح عبد الله بن محمّد بن يَزْدادَ

وزارة ابي صالِح محمّد بن يَزْدادَ كان عنـده أَدَبٌ وفضل وكانت توقيعاتُـه وأَجوبتُه مِن أَحسنِ التوقيعات والأَجوبة ومِن توقيعاتـه الى رجُل ليس عليك بَأسٌ ما لم يكن منك بَأسٌ قالوا ولمّا تَوَلّى ابو صالِح بن يَزْدادَ الوزارةَ للمُسْتَعِين ضَبطَ الأَموالَ فصَعُبَ ذلك على أُمراء الدولة وكان قد ضَيَّق عليهم فتَهدَّدوه بالقتل فهرب ثمّ اختلفت الأَحوالُ واستكتب المُسْتَعِين تارةً محمّدَ بن الفَضْل الجَرْجَرائيَّ وشُجاعَ بن القسِم لكن لم يَتَسَمَّ أحدٌ منهما بالوزارة ولم تَطُلْ تلك الايّام وكانت ذاتَ فِتَن وحروب واختلاف كثير انقضتْ ايام المُسْتَعِين ووزرائـه

ثمّ ملك بعده المُعْتَزّ بالله هو أبو عبد الله محمّدُ بن المُتوكّل بويِـعَ بالخلافـة سنـة اثنتين وخمسين ومـائـتين عَقِيبَ خَلْع المُسْتَعِين وكان المُعْتَزّ جَميلَ الشَّخص حَسَنَ الصُّورة ولم يكن بسِيرته ورأيه وعقله بأسٌ إلّا أنّ الأَتراك كانوا قد استَولوا منذ قُتل المُتوكّل على المملكة واستَضعفوا الخلفاء فكان الخليفةُ فى يدهم

كالأَسير إن شاءوا أبقوه وإن شاءوا خلعوه وإن شاءوا قتلوه

لمّا جلس المُعْتَزّ على سرير الخلافة قَعَدَ خَواصُّه وأَحضروا المنجّمينَ وقالوا لهم انظروا كم يَعيش وكم يَبقى فى الخلافة وكان بالمجلس بعضُ الظُّرفاء فقال انا أَعْرَفُ مِن هؤلاء بمِقدار عُمْره وخلافته فقالوا له فكم تقول أنّه يَعيش وكم يَملك قال مَهْما أراد الأَتراكُ فلم يَبق فى المجلس إلّا مَن ضَحِكَ وفى ايّام المُعْتَزّ ظَهَرَ يَعْقُوب بن اللَّيْث الصَّفّارُ واستَولى على فارِسَ وجمَعَ جموعا كثيرة ولم يَقدر المُعْتَزّ على مقاومته ثمّ إنّ الأَتراكَ ثاروا بالمُعْتَزّ وطلبوا منه مالا فاعتَذر اليهم وقال ليس فى الخزائن شىء فاتّفقوا على خَلْعه وقتله فحضروا الى بابه وأَرسلوا اليه وقالوا له اُخرجْ الينا فاعتَذر بأنّه شَرِبَ دَواءً فهجموا عليه وضربوه بالدَّبابيس وخرّقوا قَميصَه وأَقاموه فى الشمس فكان يَرفع رِجْلا ويَضَع أخرى بشِدّة الحَرّ وكان بعضُهم يَلطمه وهو يَتّقى بيده ثمّ جعلوه فى بيت وسدّوا بابَه حتّى مات بعد أن أَشهدوا عليه أنّه خلَعَ نفسَه وذاك فى سنة خمس وخمسين ومائتين

شرحُ حال الوزارة فى ايّامه أوّلُ وزرائه ابو الفَضْل جَعْفَر بن محمودٍ الإِسْكافىّ وزارةُ الإِسْكافىّ للمُعْتَزّ لم يكن له

علم ولا أدب ولكنّه كان يَستميل القلوبَ بالمَواهب والعطايا وكان المُعْتَزّ يَكرهه وكانوا يَنسبونه الى التشيُّع ومالَ اليه بعضُ الأَتراك وكرهه البعضُ الاخَر وثارت بسببه فِتْنةٌ فعزله المُعْتَزّ

وزارةُ ابى مُوسَى عِيسَى بن فَرُّخانْ شاهْ للمُعْتَزّ كان كريما قيل عنه أنّه كان قبل الوزارة يَتولّى بعضَ الدّواوين فعُزل عنه وله به استحقاقٌ مبلغُه الف دينار فتلطَّفَ بالّذى تَولَّى بعده حتّى كتَبَ له وأَحاله بذلك على بعض النُّوّاب فلمّا حصل المالُ كتَبَ ذلك النائبُ الى عِيسَى بن فَرُّخانْ شاهْ يُعلمه أنّ المال قد حصل ويَستأذنه فى حمله اليه وكان صديقا له فكتَبَ اليه إنّ فُلانا الشاعرَ لازَمَنى مُدّةً وما حصل له من جهتى شئٌ فأُدفعْ هذا المالَ اليه فدفعَ المال الى الشاعر فأَخذه وانصرف وجرتْ بسببه ايضا فِتْنة بين الأَتراك فعزله المُعْتَزّ

وزارةُ ابى جَعْفَر أَحْمَد بن إسْرائيلَ الأَنْبارىّ للمُعْتَزّ كان أحدَ الكُتّاب الحُذّاق الأَذْكِياء قالوا كان يَحفظ وجوهَ المال جميعَها دَخْلا وخَرجا على ذِهْنه وقالوا إنّه ضاعتْ مرّةً حَسْبةٌ من الديوان فأوردها مِن خاطِره فلمّا وُجدت الحَسْبةُ كانت

كما قال مِن غير زيادة ولا نَقيصةٍ ثمّ إنّ الأَتراكَ وثبوا على أَحْمَدَ بن إسْرائيلَ فأخذوه وضربوه واستَصفَوْا أَموالَه وشَفِعَ فيه المُعْتَزّ وأُمّه الى مُتقدِّم الأَتراكِ وهو صالِح بن وَصِيفٍ فلم يَلتفت اليهما وحبسه وضربه بعد ذلك فى ايّام المُهْتَدِى حتّى مات ولمّا فعَلَ صالِح بن وَصِيفٍ بأَحْمَدَ بن إسْرائيلَ ما فعَلَ استَحضر جَعْفَر بن محمودٍ الإسْكافىَّ واستوزره للمُعْتَزّ ثانيةً وقد سبق ذكرُه ولمّا تَوَلَّى الوزارةَ فى المرّة الثانية قال بعض الشعراء [منسرح]

يا نَفسِ لا تُولِعِى بِتَفْنِيدِ وَعَلِّلِى القلبَ بالمَواعِيدِ
وانْتَظِرِى قد رأيتِ ما ساقَه اللهُ الى جَعْفَرِ بنِ مَحْمُودِ

انقضتْ ايّام المُعْتَزّ ووزرائه

ثمّ ملك بعده المُهْتَدِى بالله هو أبو عبد الله محمّد بن الواثِق

كان المُهْتَدِى مِن أَحسنِ الخلفاء مَذْهَبا وأَجملِهم طريقةً وسِيرةً وأَظهرِهم وَرَعا وأَكثرِهم عِبادةً كان يَتشبّه بعُمَرَ بن عبد العَزِيز ويقول إنّى أَستحيِى أن يكون فى بنى أُميّةَ مِثْلُه ولا يكونُ مِثْلُه فى بنى العَبّاس وكان يَجلس للمَظالِم فيَحكم

حُكْمًا يَرتضيه الناسُ وكان يتقلّل فى مأكوله وملبوسه حدّث بعضُ الهاشميّين قال كنتُ عند المُهْتَدِى فى بعض لَيالى رَمَضانَ فقمتُ لأنصرف فأمرنى بالجلوس فجلستُ حتّى صَلَّى المُهْتَدِى بنا المَغْرِبَ ثمّ أَمر بإحضار الطَّعام فأُحضر طَبَقُ خِلافٍ وعليه رُغْفانٌ وفى إناء مِلْحٌ وفى إناء خَلٌّ فأكل وأَكلتُ أَكْلا مُقْصَرا ظَنًّا منّى أنّه يَحضر طعام أَجودُ من ذلك فلمّا رأى أَكْلى كذلك قال أَما كنتَ صائما قلتُ بَلَى قال أفلستَ تُريد الصَّوْم غدًا قلتُ وكيف لا وهو شهرُ رَمَضانَ فقال كُلْ واُستَوْفِ عَشاءَك فليس هاهنا غيرُ ما تَرى فعجبتُ وقلتُ لِمَ ذلك يا أمير المؤمنين وقد أَسبغَ اللهُ عليك نِعَمَه ووسّع رِزْقه فقال إنّ الأمر كما تقول والحمد لله ولكنّى كرهتُ أن يكون فى بنى أُميّةَ مِثْلُ عُمَرَ بن عبد العزيز وأن لا يكون فى بنى العَبّاس مِثْلُه وكان المُهْتَدِى قد اُطَّرَحَ المَلاهِىَ وحرّم الغِناءَ والشَّراب ومَنَعَ أَصحابَه مِن الظُّلْم والتَّعَدّي فى ايّام المُهْتَدِى خرج صاحبُ الزِّنْج وسيرِدُ خبرُه فى ايّام المُعْتَمِد إن شاء الله تعالى كان المُهْتَدِى قَتَلَ بعضَ المَوالى فشغَبَ عليه الأَتراكُ وهاجوا وأَخذوه أَسيرا

وعذّبوه ليَخلع نفسَه فلم يَفعل فخلعوه هم ومات وذلك فى سنة ستّ وخمسين ومـائـتين

شرحُ حال الوزارة فى ايّـامه · لمّا بويِـعَ بالخلافـة أقرَّ جَعْفَر ابن محمودٍ الإسْكافىَّ على وزارتـه ثمّ عزله واستوزر سُلَيْمٰن بن وَهْبٍ

وزارةُ سُلَيْمٰنَ بن وَهْبِ بن سَعِيدٍ للمُهْتَدِى هم مِن قَرْية من أَعمال واسِطَ وكانت لهم تَناية وكانوا نَصارَى ثمّ أَسلموا وخدموا فى الدَّواوين حتّى آلَتْ بهم الحالُ الى مـا آلَتْ

كان أبو أَيُّوبَ سُلَيْمٰن بن وَهْبٍ أحد كُتّاب الدنيا ورُؤسائها فضلا وأَدبا وكِتـابـةً فى الدَّرْج والدُّسْتُورِ وأحدَ عُقلاء العالَم وذوى الرأى منهم حدَّث ابنه عُبَيْد الله قـال حدّثنى أبى قـال كان مَبدأُ سَعـادتى أنّى كنت وأنا صبىٌّ بين يـدىْ محمّد بن يَزْدادَ وزيرِ المأمون وكُنّـا جَماعـةً مِن الصِّبْيان بين يديْه اذا راح فى الليل الى داره بات واحدٌ منّا فى دار المأمون بالنَّوْبـة لمُهِمّ عَساه يَعرض فى الليل قـال فكانت ليلةُ نَوْبتى فخرج خادم وقـال هاهنا أحد من نُوّاب محمّد بن يَزْدادَ فقال الحَجّاب له نعمْ ها هو ذا فأَدخلنى الى المأمون فقال لى اِعْمَلْ

نُسْخةً فى المعنى الفُلانىّ ووَسِّعْ بين سطورها وأَحضِرْها لأُصلِح منها ما أُريدُ إصلاحَه قال فخرجتُ سَريعا وكتبتُ الكتاب بغير نُسْخة وبيَّضتُه وأَحضرتُه اليه فلمّا رآنى قال كتبتَ النُّسْخة قلتُ بل كتبتُ الكتاب فقال بيَّضتَه قلتُ نعمْ فزاد فى نَظَره الىَّ كالمتعجِّب منّى فلمّا قرأه تبيَّنتُ الاستحسانَ على وجهه ورفَعَ رأسَه الىَّ وقال ما أحسنَ ما كتبتَ يا صبىُّ ولكن أُريد أن تقدِّم هذا السَّطْر وتؤخِّر هذا السَّطْر وخَطَّ عليهما بقَلَمه فأخذتُ الكتاب وخرجتُ وجلستُ ناحيةً ثمّ مَحوتُ السَّطْرين وعَملتُ ما أراد وجئتُه بالكتاب وكان قد ظَنَّ أنّى أُبطِله وأَكتبُ غيرَه فلمّا قرأه لم يَعرف موضعَ المَحْوِ فاستَحسنه وقال يا صبىُّ لا أَدْرِى مِن أىّ شىء أَعجبُ أَمِن جَوْدة مَحوِك أم مِن سُرْعة فهمك أم مِن حُسْن خَطّك أم من سُرْعتك بارَكَ الله فيك فقبَّلتُ يده وخرجتُ وكان ذلك أوّلَ عُلوِّ منزلتى وصار المأمون لا يَجرى مُهِمٌّ إلّا قال هاتوا سُلَيْمٰن بنَ وَهْبٍ ولمّا جرت له هذه القضيّةُ كتب اليه بعضُ الشعراء [بسيط]

أبوك كلّفك الشّأوَ البعيدَ كما ... قِدمًا تَكلَّفه وَهْبٌ أبو حَسَنِ
فلستَ تُحمَد إن أدركتَ غايتَه ... ولستَ تُعذَر مسبوقا فلا تَهِنِ

قالوا كان سُلَيْمن بن وَهْبٍ يَتعشّق إبرهيمَ بن مَيْمُونٍ وكان إبرهيمُ بن مَيْمُونٍ يَتعشّق مُغنّيةً اسمها خَلاصُ فاجتَمعوا كلُّهم على شَرابٍ فسَكِرَ إبرهيمُ فأكبَّ سُلَيْمنُ بن وَهْبٍ يَلثمه ويَترشَّفه وخَلاصُ تَنظر اليه فلمّا صَحَا إبرهيمُ عرَّفتْه خَلاصُ ما فعلَ به سُلَيْمن وقالت له كيف يَصفو قلبى لك وأنت يُصنَع بك مِثْل هذا فانقطع إبرهيمُ عن سُلَيْمن وغَضِبَ عليه فكتب سُلَيْمن بن وَهْبٍ اليه . [مجتث]

قُلْ للّذى ليس يُرْجَى لِعاشقِيه خَلاصُ
أأن لثمتُك سِرًّا فأَبصرتْنى خَلاصُ
هجرتَنى وأتتْنى شَتيمةٌ وٱنتقاصُ
وسَرَّ ذاك أُناسا لهم علينا ٱختراصُ
وساعَدتْهم وُشاةٌ على أذانا حِراصُ
فهاك فاقتَصَّ منّى أنّ الجروح قِصاصُ

حدّث أَحْمَد بن المُدبِّر قال كُنّا فى حبس الواثِق أنا وسُلَيْمنُ ابن وَهْبٍ وأَحْمَد بن إسرائيل مُطالَبينَ بالأَموال فقال لنا سُلَيْمن بن وَهْبٍ يوما قد رأيتُ فى المَنام كأنّ قائلا يقول لى

يَموت الواثِق بعد شهر فٱستغاث أَحْمَد بن إسرائيل وقال له والله لا تَزالُ حتّى تُسفَك دِماءُنا وخاف أَشدَّ خوفٍ أن يَشيع هذا الحديثُ عنّا قال ابنُ المُدَبِّر فعددتُّ مِن ذلك اليوم ثلاثين يوما فلمّا كان يومُ ثلاثين قال لى أَحْمَد بن إسرائيلَ أَيْنَ مِصْداقُ القول وصِحّةُ المَنام وكان قد حضر التأريخَ وحسَبَ ونحن لا نَعلم فقال له سُلَيْمٰن بن وَهْبٍ الرُّؤْيا تَصدق وتَكذب فلمّا كانت العَشاءُ الاخِرة طُرق البابُ علينا طَرْقا شديدا وصائحٌ يَصيح البِشارةَ البِشارةَ مات الواثِق فٱخرُجوا أَين شئتم فضَحِكَ أَحْمَد بن إسرائيلَ وقال قُوموا فقد تَحقَّقتِ الرُّؤْيا وجاء الفَرَج فقال سُلَيْمٰن بن وَهْبٍ كيف نَقدر أن نَمشى مُشاةً ومَنازِلُنا بعيدةٌ ولكن نَبعث فنُحضِر دَوابَّ نَركبها فٱغتاظ أَحْمَد بن إسرائيل وقويتِ السَّوْداءُ عليه وكان شَكِسَ الأَخلاق وقال له ويحك يا سُلَيْمٰن تَنتظرُ مجيءَ فَرَسك حتّى يَتولّى خليفةٌ اخَر فيقال له فى الحبس جماعةٌ مِن الكُتّاب فيقول يُتركون على حالهم حتّى نَنظر فى أمورهم فنَلبثُ فى الحبوس زيادةً على هذا ويكون سببَ ذلك توجُّهُك راكبا الى منزلك يا فاعِلُ يا صانِعُ فضَحِكْنا وخرجْنا مُشاةً فى الليل وأَجمعَ رأيُنا على أن

نَستتِرِ عند بعض أصحابنا حتّى يَتحقّق الأَخبارُ فوالله لقد رأينا في طريقنا رجُلينِ يقول احدُهما للاخر إنّ هذا الخليفة الجَديدَ قد عُرّف أَحوالَ المحبَّسينَ من الكُتّاب وأصحاب الجَرائم فقال لا يُفرَجُ عن أحد حتّى أَنْظُر فى حاله فتَخفّيْنا الى أن مَنَّ اللهُ تعالى فى أَسرعِ وقتٍ وله الحمد

ومِن شعره [منسرح]

نَـوائبُ الـدهرِ أَدَّبتْنى ... وانّمـا يُـوعَـظُ الأَديبُ

قد ذُقتُ حُلوا وذُقْتُ مُرًّا ... كذاك عَيْشُ الفَتى ضُروبُ

ما مَرَّ بُـؤسٌ ولا نَعيمٌ ... إلّا ولى منهمـا نَصِيبُ

وكان بنو وَهْبٍ مِن رؤساء الناس وحُذّاقِهم وفُضلائهم وكُرمائهم وكانت دولتُهم ناضرةً وايّامُهم مُشرِقـة والأَدبُ فى زمانهم قـائمُ المَواسِمِ والكَرَمُ واضحُ المَعالِمِ وخُلع المُهتَدِى وهو وزيرُه انقضتْ ايّام المُهتَدِى بالله ووُزرائه

ثمّ ملـك بعده المُعْتَمِد على الله هو ابو العَبّـاس أَحْمَد بن المُتوَكِّل بويِـعَ سنة ستّ وخمسين ومائتين كان المُعْتَمِد مستضعَفا وكان أخوه المُوَفّق طَلْحةُ الناصِر هو الغالبَ على أموره وكانت دولةُ المُعْتَمِد دولةً عجيبةَ الوَضْع كان هو وأخوه

الموفّق طَلْحةُ كالشَّريكين فى الخلافة للمُعتَمِد الخُطْبةُ والسِّكّةُ والتَّسمِّى بإمْرة المؤمنين ولأخيه طَلْحةَ الأمرُ والنَّهىُ وقَوْدُ العساكر ومحاربةُ الأَعداء ومرابطةُ الثغور وترتيبُ الوزراء والامراء وكان المُعْتَمِد مشغولا عن ذلك بلَذّاته وفى تلك الايّام كانت وقائعُ صاحب الزَّنْج شرحُ حال صاحب الزَّنْج ونسبه وما آلَ أمرُه عليه ظهر فى تلك الايّام رجل يقال له عَلِىُّ بن محمّد بن أَحْمَد بن عِيسَى بن زَيْد بن عَلِىّ بن الحُسَيْن بن عَلِىّ بن ابى طالبٍ فأمّا نسبه فليس عند النَّسّابينَ بصَحيح وهم يَعدّونه مِن الأَدعياء وأمّا حاله فإنّه كان رجلا فاضلا فصيحا بليغا لبيبا استمال قلوب العَبيد من الزَّنْج بالبَصْرة ونواحيها فاجتمع اليه منهم خلقٌ كثيرون وناسٌ اخَرون من غيرهم وعَظُمَ شأْنُه وقويتْ شَوْكتُه وكان فى مَبْدَإ حاله فقيرا لا يملك سِوَى ثلاثة أَسياف حتّى أنّه أُهدى له فَرَسٌ فلم يكن له لجام ولا سَرْج يَركبه بهما فرَكِبَه بحَبْل فاتَّفقتْ له حروب وغَزَوات نُصر فيها فأَثْرَى بسببها وعَظُمَ حاله ونهبُه وأنبثَّ عسكرُه السُّودانُ فى البلاد العِراقيّة والبَحْرَيْنِ وهَجَرَ ونهَدَ اليه الموفَّقُ طَلْحةُ بعساكر كثيفةٍ فالْتَقيا بين

البَصْرة وواسِطَ ودامت الحربُ بينهما سِنِينَ كثيرة وبَنَوْا مَدائِنَ هنـاكَ وأَقـام كلٌّ مِن الفَريقَينِ يُرابِط الفَريقَ الاخَر وفى اخِر الأمر كانت الغَلَبـةُ للجيش العبّـاسىِّ فـأَبادوهم قَتْلا وأَسْرا وقُتل صاحبُ الزَّنْج وأُنتُهِبَتْ مدينتُـه وكان قـد بناها وسمّاها المُخْتارةَ وحُمل رأسه الى بَغْداذ وكان يومـا مشهودا وقيل إنّ عدد القَتْلَى فى تلك الوقـائع كان الفىْ الف وخمس مائة الفِ إنسان ومات المُعْتَمِد سنة تسع وسبعين ومائتين

شرحُ حال الوزارة فى ايّامه قد تقدّمَ أنّ أخاه الموفّق كان هو المستَولِيَ على الخلافة فكان يَعزل الوُزراءَ ويولّيهم

وزارةُ أبى الحَسَن عُبَيْد الله بن يَحْيَى بن خاقانَ للمُعْتَمِد لمّا وَلِيَ الخلافةَ المُعْتَمِدُ اتَّفقتِ الأَراءُ على عُبَيْد الله بن يَحْيَى بن خاقـانَ فـأُحضرَ واستُوزر على كُرْهٍ شديد منه وتَفَصٍّ وتنصُّلٍ وكان عُبَيـد الله خبيرا بأحوال الرَّعايا والأَعمال ضابطا لِلأموال وقد تقدّمَ ذكرُه فى خلافـة المُتَوكِّل

وزارةُ الحَسَن بن مَخْلَد للمُعْتَمِد وزَرَ له لمّا مـات عُبَيـد الله بن يَحْيَى استَوزر المُعْتَمِدُ الحَسَنَ بن مَخْلَدٍ وكان كاتبا لاخيه المُوَفَّق فاجتَمعت له وزارةُ المُعْتَمِد وكِتابةُ المُوفَّق كان الحَسَن

ابن مَخْلَدٍ مِن دَيْر قُنَّى ويقال إنّ أباه كان مَعْبَرانِيًّا فخرج مِن ابنه ما خرج وكان الحَسَن أحد كُتّاب الدنيا قالوا كان له دِفْتَرٌ صغير يَعمله بيده فيه أصول أموال المَمالك ومحمولاتُها بتواريخها فلا يَنام كلَّ ليلةٍ حتّى يَقرأه ويَتحقّق ما فيه بحيث لو سُئل فى الغَد على أىّ شىء كان منه أجاب مِن خاطره بغير توقُّف ولا مراجعة دُسْتُور قال الحَسَن بن مَخْلَدٍ كنتُ مرّةً واقفا بين يدىِ المُوَفَّق بن المُتوكِّل فرأيتُه يَلمَس ثوبَه بيده وقال لى يا حَسَنُ قد أَعجبنى هذا الثوبُ كم عندنا فى الخزائن منه فأخرجتُ فى الحال مِن خُفّى دُسْتُورا فيه جُمَلُ ما فى الخزائن مِن الأَمتعة والثياب مفصَّلةً فوجدتُّ فيها مِن جنس ذلك الثوب ستّة الف ثوب فقال لى يا حَسَنُ نحن عُراةٌ أُكتبْ الى البلاد فى استعمال ثلاثين الف ثوب مِن جنسه وحَمْلِها فى أَسرع مُدّةٍ

ثمّ عزله المُعْتَمِد واستوزر سُلَيْمٰن بن وَهْبٍ وقد سبق وصفُ طَرَفٍ مِن حاله وشَرَعتْ من تلك الايّام دولةُ بنى وَهْبٍ تَنبع

وزارةُ ابى الصَّقْر إسْمٰعيلَ بن بُلْبُلٍ استوزره الموفَّقُ لأخيه

المُعْتَمِد وكان ابو الصَّقْر كريمًا مِطْعامًا متجمّلًا بلغ من الوزارة مَبْلغًا عظيمًا وجُمع له السيفُ والقَلَم فنظَرَ فى أمر العساكر ايضا وسُمّى الوزيرَ الشَّكُور كان فى صِباه على طريقة غيرِ مَرضيّةٍ فبلغ ما بلغ ومدحه الشعراء كالبُحْتُرىّ وابن الرُّومىّ وغيرهما وهَجَوْه وكان ابو الصَّقْر يَنتسب الى بنى شَيْبانَ ورأيتُ نَسَبه مرفوعًا الى شَيْبانَ بخطّ بعض النُّسّاب وقومٌ غمزوه وقالوا هو دَعِيٌّ وكان ابنُ الرُّومىّ قد مدحه بقصيدة نُونيّةٍ طويلةٍ أوّلُها [بسيط]

أَجْنَتْ لك الوَصْلَ أغصانٌ وكُثْبانُ   فيهنّ نوعانِ تُفّاحٌ ورُمّانُ
غُصونُ بانٍ عليها الدهرَ فاكهةٌ   وما الفَواكِهُ ممّا يَحْمِلُ البانُ

فسَمَّى الناسُ هذه القصيدة دارَ البِطّيخ لكَثْرة ما فيها مِن ذكر الفَواكه وكان الموضعُ الذى تُباع فيه الفَواكهُ يسمّى دارَ البِطّيخ ومن جُمْلة هذه القصيدة

قالوا أبو الصَّقْر مِن شَيْبانَ قلتُ لهم   كَلَّا لَعَمْرى ولكن منه شَيْبانُ
كم مِن أَبٍ قد عَلَا بابن له شَرَفًا   كما عَلَا برسول الله عَدْنانُ

فلمّا سمِعَ أبو الصَّقْر قولَه   قالوا ابو الصَّقْر مِن شَيْبانَ قلتُ

لهم كَلّا ظَنَّ أنّ ابن الرُّومىّ قد هجاه بهذا باطِنا وأنّه عرَّض بأنّه دَعِىٌّ واشتَبه على ابى الصَّقْر الأمرُ فاستَحكم ظَنُّه وأعرض عنه وتوصَّلَ ابنُ الرُّومىّ الى إفهامه صورةَ الحال فلم يَقبل فى ذلك قولَ قائلٍ وقيل له يا سُبْحانَ اللهِ فأُنظرْ الى البيت الثانى وحُسْنِ معناه فإنّه معنًى مخترَعٌ ما مُدح احدٌ بمِثْله قبلك فلم يُصْغِ وجزَم بأنّ ابنَ الرُّومىّ هجاه وحرَمَه فهجاه ابن الرُّومىّ وأفْحشَ فى هِجائه فممّا هجاه به قوله [خفيف]

عَجِبَ الناسُ مِن أبى الصَّقْر اذ وُ لِّىَ بعد الإجارة الدِّيوانا
إنّ لِلحَظِّ كِيمِياءً إذاما مَسَّ كَلبا أصاره إنسانا

وقوله [سريع]

مَهْلًا أبا الصَّقْر فكم طائرٍ خَرَّ صَرِيعا بعد تَحْليقِ
زُوِّجْتَ نُعْمَى لم تكن كُفْأَها فصانَها اللهُ بتَطْليقِ
لا قُدِّسَتْ نُعْمَى تَسَرْبَلْتَها كم حُجّةٍ فيها لزِنْديقِ

ومن غريب قوله فيه [بسيط]

ما بالُ فَرْخٍ أبوه بُلْبُلٌ رُبَحٌ يُكنَى أبا الصَّقْر يا أهلَ الدَّواوِينِ
عَرَّوْه مِن كُنْيَةٍ ليستْ تَليق به يُدْعَى أبا الصَّقْر مَن كان ابنَ شاهِينِ

وقبَضَ عليه المُعْتَمِد وحبسه وعاقَبَه ثمّ قتله فى مَحْبَسه واستَصفى أموالَه   واُعلمْ أنّ هؤلاء وزراء المُعْتَمِد كالحَسَن بن مَخْلَدٍ وسُلَيْمَن بن وَهْبٍ وأبى الصَّقْر بن بُلْبُلٍ تَوَلّوا الوزارةَ وعُزلوا مرارا مرّتينِ وثلاثةً

وزارةُ أَحْمَدَ بن صالِح بن شِيرْزادَ القُطْرُبُلّيّ للمُعْتَمِد   استوزره المُوَفَّق لأخيه المُعْتَمِد وكان أَحْمَد كاتبا بليغا فاضلا عارفا بما يَلزم مِثْلَه معرفتُه مُجيدا فى النظم والنثر وصَفَ أَحْمَدُ امرأةً كاتبةً فقال كأنّ خَطّها حُسْنُ صُورتِها وكأنّ مِدادها سَوادُ شَعَرها وكأنّ قَرْطاسها أَدِيمُ وجهها وكأنّ قَلَمها بعضُ أَنامِلها وكأنّ بَيانها سِحْرُ مُقْلتها وكأنّ سِكّينها غُنْجُ لَحظِها وكأنّ مِقَطّها قَلْبُ عاشِقِها   ومكَثَ أَحْمد بن شِيرْزادَ فى وزارته نحوا من شهر ثمّ مرض ومات وذلك فى سنة ستّ وستّين ومائتين

وزارةُ عُبَيْد الله بن سُلَيْمن بن وَهْبٍ للمُعْتَمِد   كان عُبَيْد الله بن سُلَيْمن مِن كِبار الوزراء ومَشايِخ الكُتّاب وكان بارعا فى صِناعته حاذقا ماهرا لبيبا جليلا ماتت للمُعْتَضِد[1] جاريةٌ كان

1. Ainsi dans A. Peut-être convient-il de lire المُعْتَمِد.

يُحِبّها فجَزِعَ عليها فقال له عُبَيْد الله بن سُلَيْمٰن مِثْلُك يا أمير المؤمنين تَهُونُ المصائبُ عليه لانّك تَجِدُ مِن كلّ مفقودٍ عِوَضا ولا يَجِدُ أحد منك عِوَضا وكأنّ الشاعر عَناكَ بقوله [بسيط]

يُبْكَى علينا ولا نَبْكِي على أحد | لَنحن أَغلظُ أَلبادا مِن الإِبلِ

وفى عُبَيْد الله بن سُلَيْمٰن يقول الشاعر [بسيط]

اذا أبو قاسِمٍ جادتْ يَداهُ لنا | لم يُحمَد الأَجْوَدانِ البحرُ والمَطَرُ
وإن مَضَى رأيُه او حَدُّ عَزْمته | تأَخّر الماضِيانِ السيفُ والقَدَرُ
وإن أَضاءتْ لنا أَضواءُ غُرّته | تَضاءَلَ النَّيِّرانِ الشمسُ والقَمَرُ
مَن لم يَبِتْ حَذِرًا مِن حَدِّ صَوْلته | لم يَدْرِ ما المُزْعِجانِ الخوفُ والحَذَرُ
يَنالُ بالظَّنّ ما يَعْيَي العِيانُ له | والشاهِدانِ عليه العينُ والأَثَرُ

ومات عُبَيْد الله فى سنة ثمان وثمانين ومائتين انقضتْ ايّام المُعْتَمِد ووزرائه

ثمّ ملك بعده المُعْتَضِد بن أخيه هو ابو العَبّاس أَحْمَد بن المُوَفَّق طَلْحةَ بن المُتَوَكِّل بويِعَ فى سنة تسع وسبعين ومائتين

كان المُعْتَضِد شَهْما عاقلا فاضلا حُمِدتْ سِيرتُه وَلِيَ

والدنيا خَرابٌ والثغورُ مُهمَلةٌ فقام قِياما مَرضيّا حتّى عُمِرتْ مملكتُه وكَثُرَتْ الأَموال وضُبطتِ الثغورُ وكان قَوِيَّ السياسة شديدا على أهل الفَساد حاسِما لِمَوادِّ أَطماعِ عساكره عن أذَى الرَّعيّة مُحسِنا الى بنى عَمّه مِن آل ابى طالب وكانت ايّامُه ايّامَ فُتوقٍ وخَوارِجَ كثيرينَ منهم عمرُو بن اللَّيْث الصَّفّارُ كان قد عظُم شأْنُـه وفَخُمَ أمرُه واستَولى على أكثر بلاد العَجَم وكان يقول لو شئتُ أن أَعقد على نهرِ بَلْخَ جِسْرا مِن ذَهَب لفعلتُ وكان مَطْبَخُه يُحمَل على ستّمائـة جَمَل فـآلَتْ عاقِبتُه الى القَيْد والأَسْر والذُّلّ فقام المُعْتَضِد فى إصلاح المُتشعِّب مِن مملكته والعَدْل فى رعيّته حتّى مات وفى الخزائن بِضْعةَ عَشَرَ الفَ الف دينار الأَلْفُ مكرَّرةٌ مرّتينِ ومـات سنة تسع وثمانين ومـائـتين

شرحُ الوزارة فى ايّامه أقرَّ عُبَيْد الله بن سُلَيْمٰن على وزارته وقد مضى نُبْذةٌ من أخباره فلمّا مات عُبَيْد الله عزم المُعْتَضِد على أن يَستأصل شأفـةَ أولاده ويَستصفىَ أَموالهم فحضر القٰسِم بن عُبَيْد الله واستَعان ببـدْر المُعْتَضِدِيّ وكَتَبَ خطّا بألفىْ الف دينار فاستوزره المُعْتَضِد

وزارةُ القسِم بن عُبَيْد الله بن سُلَيْمٰن بن وَهْبٍ   كان القسِم بن عُبَيْد الله مِن دُهاةِ العالَم ومن أفاضل الوزراء وكان شَهْما فاضلا لبيبا محصِّلا كريما مَهِيبا جَبّارا وكان يَطعَن[1] فى دِينه وهو الّذى قتَلَ ابن الرُّومىّ بالسُّمّ وكان ابن الرُّومىّ منقطِعا اليهم يَمدحهم وكانوا يُقصِّرون فى حقّه فى بعض الأوقات فهجاهم وكان هَجّاءً وفى بنى وَهْبٍ يقول ابنُ المُعْتَزّ   [طويل]

لآلِ سُلَيْمٰن بنِ وَهْبٍ صَنائعٌ   لَدَىَّ ومعروفٌ الىَّ تَقَدَّما
هُمُ ذَلَّلوا لى الدهرَ بعد شِماسِه   وهم غَسَلوا مِن ثوبِ والِدِىَ الدّما

وفى هِجائهم يقول بعض الشعراء   [بسيط]

اذا رأيتَ بنى وَهْبٍ بمنزلةٍ   لم تَدرِ أيُّهُمُ الأُنْثَى مِن الذَّكَرِ
قَمِيصُ أُنْثاهُمُ يَنقَدُّ مِن قُبُلٍ   وقُمْصُ ذُكْرانِهم تَنْقَدُّ مِن دُبُرِ

ومات المُعْتَضِد وهو وزيره   انقضتْ ايّام المُعْتَضِد ووزرائه ثمّ ملك بعده ابنه المُكْتَفِى بالله هو ابو محمّد عَلِىُّ بن المُعْتَضِد

بويِعَ فى سنة تسع وثمانين ومائتين   كان المُكْتَفِى

[1] A يُطْعَنُ.

مِن أَفاضل الخُلفاء هو الّذى بَنَى المَسْجِد الجامِعَ بالرَّحْبة ببَغْداذ   وفى ايّام المُكْتَفِى ظَهَرَ القَرامِطة وهم قوم مِن الخَوارِج خرجوا وقطعوا الدَّرْب على الحاجّ واستَأصلوا شأفتَهم وقتلوا فيهم مَقْتَلةً عظيمة وسرَّح المُكْتَفِى اليهم جيوشا كثيرة فأوقعَ بهم وقتل بعضَ زُعمائهم   والمُكْتَفِى هو الّذى بَنَى التاجَ بالدار الشاطِئيّة[1] ببَغْداذ وكانت وفاةُ المُكْتَفِى سنة خمس وتسعين ومائتين

شرحُ حال الوزارة فى ايّامه   لمّا مات المُعتَضِد كان المُكْتَفِى بالرَّقّة فقام الوزير القسِم بن عُبَيْد الله بأخذ البَيْعة للمُكْتَفِى القِيامَ المَرضىَّ وكتَبَ اليه يُعلِمُه ذلك ووجَّه اليه بالبُرْدة والقَضِيب فجاء المُكْتَفِى الى بَغْداذ وأقرّه على الوزارة ولقَّبه أَلقابا وجَلَّ أمرُ القسِم فى ايّام المُكْتَفِى وعظُم شأنُه فلمّا أَدركتْه الوفاةُ أَشار على المُكْتَفِى بالعَبّاس بن الحَسَن فاستوزره

وزارةُ العَبّاس بن الحَسَن   قال الصُّولىّ مِن أَعجبِ ما شاهدتُّ مِن تقلُّب الدنيا وتَصاريفِ الأمور أنّنى رأيت العَبّاس

[1] A الشَّاطِيَة

ابن الحَسَن فى أوّلِ الأَرْبِعاء قبل أن يموت الوزيرُ القسِم بن عُبَيْد الله وقد حضر الى داره وقبَّل يد ولده ثمّ فى اخِر اليوم المذكور مات القسِم وخلَعَ المُكْتَفِى على العبّاس بن الحَسَن واستوزره فجاءَ ولدُ الوزير القسِم بن عُبَيْد الله فقبَّل يده كان العبّاس بن الحَسَن ذا دَهاء ومَكْر وأَدب وافر وكان ضعيفا فى الحِساب ولم تكن سِيرتُه محمودةً وكان عاكفا على لَذّاته والأمورُ مُهمَلةٌ وكان يقول لنُوّابه بالأَعمال أنا أُوَقِّع اليكم وانتم أفعلوا ما فيه المَصْلحةُ ولم تَزَلِ الأمورُ تَضطرب فى ايّامه حتّى وَثَبَ عليه الحُسَيْن بن حَمْدانَ وجماعةٌ من الجُنْد فقتلوه وذلك فى ايّام المُقْتَدِر انقضتْ ايّام المُكْتَفِى ووزرائه

ثمّ ملك بعده المُقْتَدِر بالله هو ابو الفَضْل جَعْفَر بن المُعْتَضِد بويِعَ له بالخلافة فى سنة خمس وتسعين ومائتين وعُمْرُه ثلاث عشرة سنة وكان المُقْتَدِر سَمْحا كريما كثيرَ الإنفاق رَدَّ رسومَ الخلافة مِن التجمُّل وسَعةِ الإدْرارات والمَعاشِ وكَثْرةِ الخِلَع والصِّلات كان فى داره احد عشر الف خادم خَصِىّ مِن الرُّوم والسُّودان وكانت خِزانةُ الجوهر فى ايّامه مُترَعةً بالجواهر النفيسة فمِن جُمْلتها الفَصُّ الياقوتُ الّذى أشتراه الرَّشيد بثلاثمائة الف

دينار والدُّرّةُ اليَتيمةُ الّتى كان وزنُها ثلاثةَ مَثاقيلَ الى غير ذلك من الجواهر النفيسة ففرّقه جميعَه وأَتلفَه فى أَيسرِ مُدّةٍ فى ايّامه قُتل الحَلّاج شرحُ الحال فى ذلك كان الحَلّاجُ واسمُه الحُسَيْن بن منصورٍ ويكنّى أبا الغَيْث أصلُه مَجُوسىٌّ من أهل فارِسَ ونشأ بواسِطَ وقيل بتُسْتَرَ وخالَطَ الصُّوفيّةَ وتَتَلْمَذَ لسَهلٍ التُّسْتَرِىّ ثمّ قَدِمَ بَغْداذَ ولَقِىَ أبا القسِم الجُنَيْد وكان الحَلّاجُ مُخلِّطا يَلبس الصُّوف والمُسوح تارةً والثيابَ المصبَّغةَ تارةً والعِمامةَ الكبيرة والدُّرّاعةَ تارةً والقَباءَ وزِىَّ الجُنْد تارةً وطافَ بالبلاد ثمّ قَدِمَ فى اخِر الأمر بَغْداذَ وبَنَى بها دارا واختَلفتْ أراءُ الناس واعتقاداتُهم فيه وظهَرَ منه تخليطٌ وتنقَّلَ مِن مَذْهَب الى مَذْهَب واُستغوى العامّةَ بمَخارِيقَ كان يَعتمدها منها أنّه كان يَحفر فى بعض قَوارِعِ الطُّرُقات موضعا ويَضَع فيه زِقّا فيه ماءٌ ثمّ يَحفر فى موضع اخر ويَضَع فيه طَعاما ثمّ يَمرّ بذلك الموضع ومعه أصحابُه فيَحتاجون هناك الى ماء يَشربونه ويَتوضّؤون به فيأتى هو الى ذلك الموضع الّذى قد حفره ويَنبش فيه بعُكّازٍ فيَخرجُ الماء فيَشربون ويَتوضّؤون ثمّ يَفعل كذلك فى الموضع الاخَر عند جُوعهم

فيُخرِجُ الطعام مِن بطن الأرض يُوهِمُهم أنّ ذلك مِن كَرامات الأَولياء وكذلك كان يَصنع بالفَواكه يَدَّخِرها ويَحفظها ويُخرِجها فى غير وقتها فشَعِفَ الناسُ به وتكلَّمَ بكلامِ الصَّوَفةِ وكان يَخلطه بما لا يجوز ذكرُه مِن الحُلول المَحْض

وله أَشعار فمنها [هزج]

حَبيبى غيرُ منسوبٍ الى شىء مِن الحَيفِ
سَقانى مِثْلَما يَشْرَ بُ فِعْلَ الضَّيفِ بالضَّيفِ
فلمّا دارتِ الكأسُ دَعا بالنِّطْع والسيفِ
كذا مَن يَشْرَبُ الراحَ مع التِّنِّين فى الصَّيفِ

وكثُر شَعَفُ الناس به ومَيْلُهم اليه حتّى كانت العامّةُ تَستشفى بِبَوْله وكان يقول لأصحابه أنتم مُوسَى وعِيسَى ومُحَمَّدٌ وآدَمُ انتقلتْ أرواحُهم اليكم فلمّا نَمَى هذا الفَسادُ منه تقدَّمَ المُقْتَدِر الى وزيره حامِد بن العَبّاس بإحضاره ومُناظَرته فأَحضره الوزير وجمَعَ له القُضاةَ والأَئمّةَ ونوظِرَ فاُعتَرَف بأَشياءَ أَوجبتْ قَتْله فضُرب الفَ سَوْطٍ على أن يموت فما مات فقُطعتْ يداه ورِجْلاه وحُزَّ رأسُه وأُحرقتْ جُثّتُه وقال لأصحابه

عند قتله لا يَهُولَنّكم هذا فإنّى أَعود اليكم بعد شهر قالوا وأَنشد قبل قتله [وافر]

طلبتُ المُستقَرَّ بكلّ أرضٍ فلم أَرَ لى بأرض مُستقَرّا
أَطَعتُ مَطامِعى فاستَعبدتْنى ولو أنّى قَنِعتُ لكنتُ حُرّا

وذلك فى سنة تسع وثلاثمائة وقبرُه ببَغْداذ بالجانب الغَرْبىّ قريبٌ من مَشْهَد معروف بالكَرْخىّ رضه وفى تلك الايّام اقتَلع القَرامِطةُ الحَجَرَ الأَسودَ ومكَثَ فى أَيديهم أَكثرَ من عشرين سنة حتّى رُدَّ على يد الشَّريف يَحْيَى بن الحُسَيْن بن أَحْمَد بن عُمَرَ بن يَحْيَى بن الحُسَيْن بن زَيْد بن عَلِىّ بن الحُسَيْن بن عَلِىّ بن علىّ بن ابى طالب عليهم السلام وأعلمْ أنّ دَوْلة المُقْتَدِر كانت دَوْلةً ذاتَ تخليط كثير لصِغَر سِنّه ولاستيلاء أُمّه ونسائه وخَدَمه عليه فكانت دَوْلتُه تَدور أمورُها على تدبير النساء والخَدَم وهو مشغول بلَذّته فخَرِبَتِ الدنيا فى ايّامه وخَلَتْ بُيوتُ الأَموال واختَلفتِ الكَلِمةُ فخُلع ثمّ أُعِيدَ ثمّ قُتل وفى تلك الايّام نَبعَتِ الدَّوْلةُ الفاطِميّةُ بالمَغْرِب

شرحُ حال الدَّوْلة العَلَويّةِ وأبتدائها وأنتهائها على سبيل الاختصار

هذه دَوْلةٌ أتّسعت أكناف مملكتها وطالت مُدّتُها فكان أبتداؤها حين ظهرَ المَهْدِيُّ بالمَغْرِب فى سنة ستّ وتسعين ومائتين وأنتهاؤها فى سنة سبع وستّين وخمس مائة وكادت هذه الدَّوْلةُ أن تملك مُلْكا عامًّا وأن تَدِين الأُمَمُ لها واليها أشار الرِّضى المُوسَوىُّ قدّس اللهُ رُوحَه بقوله [خفيف]

ما مَقامى على الهَوان وعندى ... مِقْوَلٌ قاطِعٌ وأَنْفٌ حَمِىُّ
وإباءٌ مُحَلِّقٌ بى عن الضَّيـم كما زاغَ طائرٌ وَحْشِىُّ
أَحمِلُ الضَّيمَ فى بلاد الأعادِى ... وبمِصْرَ الخليفةُ العَلَوِىُّ
مَن أبوه أبى ومَوْلاه مَوْلا ... ىَ اذا ضامَنى البَعِيدُ القَصِىُّ
لَفَّ عِرْقى بعِرْقه سَيِّدُ النا ... سِ جميعا مُحَمَّدٌ وعَلِىُّ
انّ ذُلّى بذلك الجوّ عِزٌّ ... وأُوامى بذلك الرَّبْع رِىُّ

شرحُ ابتداء هذه الدَّوْلة أوّلُ خُلفائهم المَهْدِىُّ بالله وهو أبو محمّد عُبَيْد الله بن أَحْمَد[1] بن إسْمٰعِيلَ الثالث بن أحمد بن إسْمٰعِيلَ الثانى بن محمّد بنِ إسْمٰعِيلَ الأَعْرج بن جَعْفَر الصادِق

[1] Après le premier احمد, A عاقِلَيْنِ que j'ai omis.

عليهم السلام وقد رُوى نسبُهم على صُورةٍ أُخرى وفيه اختلافٌ كثيرٌ والصحيحُ أنّهم عَلَوِيُّون إسْماعِيليّونَ صَحِيحُو الاتّصالِ وهذه الصُّورةُ الّتى أَوردتُّها هاهنا هى المعوَّلُ عليها وبها خطوطُ مَشايِخ النَّسّابينَ وكان المَهْدِىّ من رجال بنى هاشِمٍ فى عصره قيل إنّه وُلد ببَغْداذَ سنة ستّين ومائتين وقيل وُلد بسَلَمْيةَ ثمّ وصل الى مِصْرَ فى زِىِّ التُّجّار وأظهرَ أمرَه بالمَغْرِب ودَعا الناسَ الى نفسه فمالوا اليه وتَبِعَه خلقٌ كثيرون وسلّموا عليه بالخلافة وقويتْ شَوْكتُه وعظُم حالُه ثمّ أنفصل الى أرض القَيْرَوان وبَنَى مدينة سمّاها المَهْدِيّة واستَقرَّ بها وملَكَ إفْرِيقِيةَ وبلادَ المَغْرِب وتلك النَّواحىَ جميعَها ثمّ ملَكَ الإسْكَنْدَرِيّة وجَبى خَراجَها وخَراجَ بعض الصَّعِيد وتُوُفّى سنة اثنتين وعشرين وثلاثمائة ثمّ تسلَّمَ الخلافةَ منه واحدٌ بعد واحد حتّى انتهتِ النَّوْبةُ الى العاضِد اخِر خلفائهم وهو أبو محمّد عبد الله بن الأمير يُوسُفَ بن الحافِظ لدين الله

شرحُ أنتهائها بويِعَ العاضِد فى سنة خمس وخمسين وخمس مائة وهو طِفْل فقام بأمر دَوْلته الأُمراءُ والوُزراءُ حتّى توجَّهَ أَسَدُ الدين شِيرْكُوهْ عَمُّ صَلاح الدين يُوسُفَ بن أَيُّوبَ الى

مِصْرَ لِما ظهَرَ مِن اختلال أحوال الدَّوْلة لصِغَر الخليفة واختلافِ أراء وُزرائه وأُمرائه وسار صَلاحُ الدين مع عَمّه أَسَد الدين شِيرْكُوهْ كارِها فلم تَطُلْ مُدّةُ أَسَد الدين شِيرْكُوه فمات فاُستَولى صَلاحُ الدين على المملكة واستوزره العاضِدُ وخَلَعَ عليه خِلَعَ الوزارة فى سنة اربع وستّين وخمس مائة وتمكّنَ صَلاحُ الدين مِن الدَّوْلة وقَدِمَ عليه أهلُه فأَقطعَهم الإِقْطاعاتِ السَّنِيّةَ وأزالَ أَيدِىَ أصحاب العاضِد وتفرّدَ بالحُكْم ومَرِضَ العاضِد وتطاوَلتْ أَمراضُه ثمّ مات فى سنة سبع وستّين وخمس مائة وأَحجم الناسُ فيمن يُدْعَى له بالخلافة على المَنابر فلمّا كان يومُ الجُمُعة صَعِدَ رجلٌ أَعجَمىٌّ الى المِنْبَر وخطَبَ وذَكَرَ الخليفةَ المُسْتَضِىءَ فلم يُنكِر احدٌ عليه واُستَمرّ الحالُ فى مِصرَ بالخُطْبة للعَبّاسيّينَ واُنقرضتْ دَوْلةُ الفاطِميّينَ منها واُستَقلّ صَلاحُ الدين يُوسُفُ بن أَيُّوبَ بمُلْك مِصْرَ مِن غير مُنازِعٍ وحبَسَ مَن كان تخلّفَ مِن أَقارب العاضِد وقَبَضَ على الخزائن والأَموال ومِن جُمْلتها الجَبَلُ الياقُوتُ وزنُه ستّة عشر مِثقالا قال ابنُ الأَثير المُؤَرّخ أنا رأيته ووزنتُه ومِن جُمْلتها نِصابُ زُمُرُّدٍ طُوله أربعُ أَصابعَ فى عَرْضِ عَقْدٍ ووجدوا

طَبْلا بالقُرْب من موضع العاضِد فظنّوه عُمل للّعب فسَخِروا مِن العاضِد فضربه إنسانٌ فضَرِطَ ثمّ ضَرَبَ به اخَرُ فجرى له كما جرى لصاحبه فصار كلُّ مَن ضربه ضَرِطَ فألقاه احدُهم مِن يده فكسره واذا الطَّبْلُ قد عُمل لأجل القُولَنْج فنَدِموا على كسره وكان ذلك فى ايّام الخليفة المُسْتَضِىء مِن بنى العَبّاس فوردتِ البَشائرُ اليه بفَتْح مِصْرَ وبإقامة الخُطْبة له بها فأَظهرَ السُّرورَ ببَغْداذَ وهنَّأه الشعراء وأرسلَ المُسْتَضِىء تقليدَ السَّلْطَنة الى صَلاح الدين بالتفويض والتحكيم فسُبْحانَ مَن يُؤْتِى المُلْكَ مَنْ يَشاء ويَنْزِعُ المُلْكَ مِمَّنْ يَشاء[1]

رجعْنا الى تَتِمّة خلافة المُقْتَدِر وخُلع المُقْتَدِر وبويِعَ عبد الله بن المُعْتَزّ فمكثَ يوما واحدا فى الخلافة ثمّ استَظهرَ المُقْتَدِر عليه فأخذه وقتله ولم يُعَدَّ عبد الله بن المُعْتَزّ فى الخُلفاء لِقِصَر الزمان الّذى تولّى فيه وجرتْ بين المُقْتَدِر وبين مُؤْنِسٍ المُظَفَّر أمير الجيوش مُنافرةٌ أدَّتْ الى حَرْب قُتل فيها المُقْتَدِر وقُطع رأسه وحُمل الى بينِ يدىْ مُؤْنِسٍ المُظَفَّر ومَكثتْ جُثّته مَرميّةً على قارِعة الطريق فيقال أنّه اجتاز

[1] Allusion à *Coran*, III, 25.

به رجلٌ شَوْكيٌّ فرأى سَوْءَتَه بادِيةً فألقى عليها حُزْمةَ شَوْكٍ فغطّاها بها وذلك فى سنة عشرين وثلاثمائة

شرحُ حال الوزارة فى ايّامه   لمّا جلس المُقْتَدِر على سرير الخلافة أَقرّ العبّاس بن الحَسَن وزير أخيه المُكْتَفِى على وزارته [1] فلمّا قُتل العبّاس بن الحَسَن وجرتِ الفِتْنة بين المُقْتَدِر وبين عبد الله بن المُعْتَزّ واستَظهر المُقْتَدِر أَحضر ابنَ الفُرات واستوزره

وزارةُ ابن الفُرات   قال الصُّولى هم من صَرِيفِينَ مِن أَعمال دُجَيْلٍ قال وبنو الفُرات مِن أَجلِّ الناس فضلا وكَرَما ونُبْلا ووَفاءً ومُروءةً وكان هذا أبو الحَسَن عَلِىّ بن الفُرات مِن أَجلِّ الناس وأَعظمِهم كَرَما وجُودا وكانت أيّامه مَواسِمَ للناس وكان المُقْتَدِر لمّا جرتْ له الفِتْنة وخُلع وبويِعَ ابنُ المُعْتَزّ ثمّ أُستَظهر المُقْتَدِر عليه واستَقرّتِ الخلافةُ للمُقْتَدِر راسَلَ الى أبى الحَسَن علىّ بن الفُرات فأَحْضره واستوزره وخلَعَ عليه فنهَضَ بتسكين الفِتْنة أحسنَ نُهوضٍ ودبّر الدولةَ فى يوم واحد وقرّر القواعدَ واستمال الناس ولم يَبِتْ تلك الليلةَ إلّا والأمورُ

[1] على وُزَرائه A.

مستقيمةٌ للمُقْتَدِر وأحوالُ دولته قد تَمَهَّدتْ   وفى ذلك يقول بعض شعراء الدولة المُقْتَدِريّة   [متقارب]

ودبَّرتَ فى ساعةٍ دَوْلَةً   تَمِيلُ بغيرك فى أَشْهُرِ

وتوَلَّى ابنُ الفُرات الوزارة ثلاثَ دَفَعات للمُقْتَدِر قالوا كان اذا وَلِىَ ابنُ الفُرات الوزارة يَغلو الشَّمْعُ والثَّلْجُ والكاغدُ لكَثْرة استعماله لذلك لأنّه ما كان يَشرب احدٌ كائنًا مَن كان فى داره فى الفُصول الثلاثةِ إلّا الماءَ المثلوج ولا كان احدٌ يَخرج مِن عنده بعد المَغْرِب إلّا وبين يديْه شَمَعةٌ كبيرة نَقِيّة صغيرا كانَ او كبيرا وكان فى داره حُجْرةٌ معروفة بحُجْرة الكاغَد كلُّ مَن دخل واحتاج الى شىء مِن الكاغَد أَخذَ حاجته منها   حُدّث عنه أنّه قال ما رأيتُ احدا ببابى من أرباب الحوائج إلّا كان اهتمامى بالإحسان اليه أَشَدَّ من اهتمامه قال وكان قبل الوزارة يَجعل لجُلسائه ونُدمائه مَخادَّ[1] يَتّكِئون عليها فلمّا وَلِىَ الوزارةَ لم يُحضِر الفَرّاشون للندماء والجلساء تلك المَخادَّ فأَنكرَ ذلك عليهم وأَمر بإحضار المَخادّ وقال لا

[1] A مَخادًّا.

يرانى اللهُ يَرتفع شأنى بحطّ منزلـةِ أَصحابى ولمّا جرتْ فِتْنـةُ ابن المُعْتَـزّ واستَظهر المُقْتَـدِر واستوزَرَ أبا الحَسَن ابنَ الفُرات أُحضرتْ الى ابن الفُرات رِقـاعٌ مِن جماعة أَرباب الدولة تَنطق بميلهم الى ابن المُعتَزّ وانحرافِهم عن المُقْتَدِر فـأَشار عليـه بعضُ الحاضرينَ بأن يَفتحها ويُطالِعها ليَعرف بها العَدُوَّ مِن الصَّديق فـأَمر ابنُ الفُرات بإحضار الكانُون وفيه نار فلمّا أُحضر جعَلَ تلك الرِّقـاعَ فيـه بِمحْضَر مِن النـاس ولم يَقف على شىء منها وقـال للحاضرين هذه رِقـاعُ أرباب الدولة فلو وقفنـا عليها تَغيَّرتْ نِيـاّتُنـا لهم ونِيّاتُهم لنا فـإن عاقبْناهم أَهلكْنا رجال الدولـة وكـان فى ذلك أَتمُّ الوَهْن على المملكة وإن تركْنـاهم كُنّا قد تركْناهم ونِيّاتُهم مُتغيّرة وكذلك نِيّاتُنا فلا نَنتفع بهم وما زال ابنُ الفُرات يَنتقل فى الوزارة الى المَرّة الثالثة فقُبض عليه وقُتل وذلك فى سنة اثنتىْ عشرة وثلاثمائة

وزارةُ الخـاقـانىّ هو ابو عَلِىّ محمّد بن عُبَيْـد الله بن يَحْيَى بن خاقـانَ لمّا قبَضَ المُقْتَدِر على ابن الفُرات فى المَرّة الأُولى أَحضره وكانَ خائفا مِن ابن الفُرات فَطَيَّبَ قلبَه واستوزره وخلَعَ عليـه خِلَعَ الوزارة كان الخاقـانىُّ سَيِّئَ السِّيرة والتدبير

كثيرَ التوليـة والعَزْل قيـل أنّـه ولّى في يوم واحد تسعة عشر ناظِرا للكُوفـة وأخذ مِن كلّ واحد رِشْوةً فـانحدر واحدٌ واحدٌ حتّى اجتَمعوا جميعُهم فى بعض الطريق فـقـالوا كيف نَصنع فـقـال احدهم إن أردتم النَّصَفـة فينبغى أن يَنحدر الى الكوفـة اخِرُنا عَهْدا بالوزير فهو الّذى ولايتُه صحيحةٌ لأنّـه لم يأت بعده احدٌ فـاتّفقوا على ذلك فتوجّهَ الرَجُلُ الّذى جاء فى الأَخِيرِ نحوَ الكوفة وعاد الباقون الى الوزير ففرّقهم فى عِدّةِ أعمالٍ وهجاه الشعراء فمّا قيل فيه [خفيف]

لِلدّواوين مذ وَلِيتَ عَوِيلُ ولِمال الخَراج سُقْمٌ طَويلُ
يَتلقّى الخطوبَ حينَ أَلَمّتْ منك رأىٌ غَثٌّ وعقلٌ ضَئيلُ
إن سَمِنْتم مِن الخِيانة والجَوْ رِ فلِلارتفـاع جِسْمٌ نَحِيلُ

ومّما قيل فيه [وافر]

وزيرٌ لا يَمَلُّ مِن الرّقاعَهْ يُوَلّى ثمّ يَعْزِلُ بعد ساعَـهْ
ويُدْنِى مَن تعجّلَ منه مالٌ ويُبْعِدُ مَن توسَّلَ بالشّفاعَـهْ
اذا أَهلُ الرِّشا صاروا اليـه فأَحظَى القومِ أَوفرُهم بِضاعَهْ

وقبَضَ المُقْتَدِر عليه وحبسه واستوزَرَ عَلِيّ بن عِيسَى بن الجَرّاح

وزارةُ عَلِيّ بن عِيسَى للمُقْتَدِر كان عَلِيّ بن عِيسَى شيخا من شيوخ الكُتّاب فاضلا دَيِّنا وَرِعا متزهِّدا متورِّعا قال الصُّولىّ وما أَعلمُ أنّه وزَرَ لبنى العَبّاس وزيرٌ يُشبِه عَلِيَّ بن عِيسى فى زُهْده وعِفّته وحِفْظه للقُرْآن وعِلْمه بمعانيه وكِتابته وحِسابه وصَدَقاته ومَبَرّاته قالوا كان دَخْلُ عَلِيّ بن عِيسَى من ضِياعه فى كلّ سنة نَيِّفا وثمانين ألف دينار يُنفِق نِصْفَها على الفُقَراء والضُّعفاء ونِصْفَها على نفسه وعلى عِياله وأصحابه ونَهَضَ بأمور الوزارة وضَبَطَ الدَّواوينَ والأَعمال وقرَّر القواعد وكانتْ ايّامه أَحسنَ ايّامِ وزيرٍ قالوا ما كان يُعاب عَلِيُّ بن عِيسَى بشىء أَكثرَ مِن قولهم أنّه كان يَنظر كثيرا فى جُزْئيّاتِ الأمور فرُبّما شغلتْه عن الكُلّيّات ولمّا وَلِيَ الوزارةَ فَشَتْ صَدَقاتُه ومَبرّاتُه ووَقَفَ وقوفا كثيرةً من ضِياع السُّلطان وأَفرد لها ديوانا سمّاه دِيوانَ البِرّ جعَلَ حاصلَه لإصلاح الثغور وللحَرَمينِ الشريفينِ وكان يَجلس لردّ المَظالم مِن الفجر الى العصر واقتَصر على أَقلِّ الطعام وأَخشنِ الملبوس ووَلِيَ الوزارةَ للمُقْتَدِر

مِرارا كان هو وابو الحَسَن عَلِىّ بن الفُرات يَتناوبان الوزارة مرّةً هذا ومرّةً ذاك

وزارةُ حامِد بن العبّاس كان حامِدٌ يَتولّى دائما أعمالَ السَّواد ولم يكن له خِبْرةٌ بأعمال الحَضْرة وكان كريما مِفْضالا متجمِّلا جميلَ الحاشية رئيسا فى نفسه غزيرَ المُروءة قاسِىَ القلب فى استخراج المال قليلَ التثبُّت سريعَ الطَّيْش والحِدّة إلّا أنّ كَرَمه كان يُغطِّى على ذلك حدّث عنه أنّه دخل مرّةً الى دار المُقْتَدِر فطلَبَ منه بعضُ خَواصّ الخليفة شَعِيرا لدوابّه فأخذ الدَّواةَ ووقَّع له بمائة كُرٍّ فقال له اخر من الخَواصّ أنا ايضا محتاج الى عَلِيق لدوابّى فوقَّع له بمائة كُرٍّ وما زال يَطلب منه واحدٌ واحدٌ من خَواصّ الخليفةِ وهو يوقِّع حتّى فرَّق الفَ كُرٍّ فى ساعة واحدة ولمّا عرَفَ المُقْتَدِر قِلّةَ فَهْم حامِدٍ وقِلّةَ خِبْرته بأمور الوزارة أخرجَ اليه عَلِىَّ بن عِيسَى بن الجَرّاح مِن الحبس وضَمَّه اليه وجعله كالنائب له فكان عَلِىّ بن عِيسَى لخِبْرته هو الأَصْلَ فكلُّ ما يَعقِده يَنعقد وكلُّ ما يَحُلُّه يَنحلُّ وكانَ اسمُ الوزارة لحامِدٍ وحقيقتُها لعَلِىّ بن عِيسَى حتّى قال بعض الشعراء [كامل]

قُلْ لابن عِيسَى قَوْلَةً   يَرْضَى بها ابنُ مُجاهِدِ
أنتَ الوزيرُ وإنّما   سَخِروا بلِحْيَةِ حامِدِ
جعلوه عندك سُتْرَةً   لصَلاحِ أمرٍ فاسِدِ
مَهْما شككتَ فقُلْ له   كم واحِدًا فى واحِدِ

وكان حامِدٌ يَلبس السَّوادَ ويَجلس فى دَسْتِ الوزارة وعَلِىٌّ بن عِيسَى يَجلس بين يديْه كالنائب وليس عليه سَواد ولا شىء من زِىِّ الوزراء إلّا أنّه هو الوزير على الحقيقة فقال بعض الشعراء [منسرح]

أَعجبُ مِن كلّ ما رأينا   أنّ وزيرينِ فى بِلادِ
هذا سَوادٌ بلا وزيرٍ   وذا وزيرٌ بلا سَوادِ

ثمّ عُزل حامِدٌ واستوزَرَ المُقْتَدِر بعده عَلِىّ بن الفُرات وسلّمه اليه فقتله سِرًّا

وزارةُ ابى القسِم عُبَيْد الله بن محمّد بن عُبَيْد الله بن يَحْيَى بن خاقانَ لم تَطُلْ ايّامه ولم تكن له سِيرةٌ تُؤْثَر وتُسطَر واُختلّتِ الأمورُ عليه فصودِرَ وعُزل ثمّ تُوُفّى فى سنة اثنتىْ عشرة وثلاثمائة

وزارةُ ابى العَبّاس أَحْمَد بن عُبَيْد الله بن أَحمَد بن الخَصِيب للمُقْتَدِر كان صالِحَ الأدب جيّدَ العقل مَليحَ الخَطّ بليغا يُذاكِر بجميل الأخبار والأشعار كان السببُ فى ولايته أمرا عجيبا وهو أنّ ابا العَبّاس المذكور كان يُلاطِف أصحابَ المُقْتَدِر ويَتودَّد اليهم ويُهادِيهم وكانوا يُحِبّونه ويَتعصَّبون له دائما ويَصفونه عند المُقْتَدِر فاُتَّفق أن حصَلَ فَتْقٌ مِن الفتوق ببعض الجِهات فجَهَّز المُقْتَدِر جيشا وأَرسله صُحْبَةَ بعض أُمرائه الى تلك الجِهة ثمّ كان المُقْتَدِر شَديدَ التطلُّع الى أخبار هذا الجيش فأَرسلَ ابنُ الخَصِيب طُيورا صُحْبَةَ بعض ثِقاته مع الجيش وقال لصاحبه سَرِّحْ كلَّ يوم طيورا وعليها الأَخبارُ ساعةً فساعةً فكانت تَرِدُ الأَخبارُ على الطيور الى أَحْمَد بن عُبَيْد الله بن الخَصِيب فيَعرِضُها على المُقْتَدِر ساعةً بعد ساعة حتّى أنّ المُقْتَدِر لم يَفُتْه مِن أمر الجيش شىء فتعجَّبَ المُقْتَدِر من ذلك وقال مِن أَيْنَ يَعلم أَحْمَد بن الخَصِيب أَخبارَ هذا الجيش فعُرِّف الصُّورةَ وقيل له مَن تَسْمُو هِمّتُه الى مِثْل هذا وليس له تعلُّقٌ بهذه القَضِيّة فكيف يكون جِدُّه واجتهادُه اذا صار وزيرا فاستوزره قالوا وكان ابو العَبّاس أَحْمَد بن

عُبَيْد الله بن الخَصِيب عفيفا متورِّعا عن مال السُّلطان والرَّعِيّة مُجانِبا للخِيانة مُحافِظا على الأَمانة ثمّ ضَعُفَ امرُه وانحرفتْ عنه السَّيِّدةُ أُمُّ المُقْتَدِر وكان كاتِبَها قبل الوزارة فعُزِل وقُبِضتْ أموالُه وذلك فى سنة اربع عشرة وثلاثمائة

وزارةُ ابى عَلِيّ محمّد بن عَلِيّ بن مُقْلةَ للمُقْتَدِر هو صاحبُ الخَطّ الحَسَن المشهور الّذى تُضرَب بحُسْنه الأَمثالُ وهو أوّلُ مَن استخرج هذا الخَطَّ ونقله مِن الوَضْع الكُوفىّ الى هذا الوَضْع وتَبِعَه بعده ابنُ البَوّاب كان فى ابتداء أمره يَخدم فى بعض الدَّواوين فى كلّ شهر بستّة دَنانيرَ ثمّ إنّه تعلّقَ بأبى الحَسَن بن الفُرات الوزيرِ واُختَصّ به وكان ابنُ الفُرات كالبحر سَماحا وجُودا فرفَعَ مِن قَدْره وأَعْلَى مِن شأنه فمكَثَ بين يديْه يَعرِض عليه رِقاعا فى مُهِمّات النّاس ويَنتفع بسبب ذلك وكان ابنُ الفُرات يأمره بالتحصيل مِن هذه الجِهة إيثارًا لنفعه فما زال على ذلك حتّى علتْ حالُه وكَثُرَ مالُه ولمّا وَلِىَ ابنُ الفُرات الوزارةَ الثانية تمكّنَ ابنُ مُقْلةَ فى دولته ونَبَعتْ حالُه وعَرُضَ جاهُه ثمّ إنّ الشَّيْطان نَزَغَ بينه وبين ابى الحَسَن عَلِيّ بن الفُرات فاُستَوحَشَ كلٌّ منهما مِن صاحبه فكفَرَ ابنُ مُقْلةَ إحسانَ ابن

الفُرات ودخل فى جُمْلة أَعدائـه والسُّعاة عليه حتّى جرتِ النَّكْبة على ابن الفُرات فلمّـا رجع ابنُ الفُرات الى الوزارة قبَضَ عليـه وصادَرَه على مائة الف دينار أَدَّتْها عنه زوجتُه وكانت ذاتَ مال طائل وكانت لابن مُقْلةَ يَدٌ طُولَى فى الكِتابة والإنشاء وكانت توقيعاتُه غيرَ مذمومة فى فَنّها وله شِعر فمنه [سريع]

جَرَّبَنِى الدهرُ على صَرْفه ... فلم أَخُز عند التَّصاريفِ

أَلِفتُ يومَيه ويـا رُبّما ... يُؤْلَفُ شيءٌ غيرُ مَألوفِ

حدَّث ابو عبـد الله أَحْمَد بن إسْمْعيـلَ المعروفُ بِزَنْجِى كاتِبُ ابن الفُرات قـال لمّـا نُكب ابنُ مُقْلـةَ وحُبس لم أَدخل اليه فى مَحْبَسه ولا كاتبتُه ولا توجَّعتُ له على ما بينِي وبينه من المَودّة والصَّداقـة خوفـا مِن ابن الفُرات فلمّا طالتْ به المِحْنةُ كَتَبَ الىَّ رُقْعةً فيها [طويل]

تُرَى حُرِّمتْ كُتْبُ الأَخِلّاء بينهم ... أَبِنْ لى أَمِ القِرْطاسُ أَصبحَ غالِيـا

فما كان لو سايَلْتَنـا كيف حالُنـا ... وقد دَهِمَتْنا نَكْبةٌ هى ما هِيـا

صديقُك مَن راعاك فى كلّ شِدّةٍ ... وكُلّاً تَراه فى الرَّخاء مُراعِيـا

فَهَبْـك عَدُوّى لا صَديقى فـإنّنى ... رأيتُ الأَعادى يَرحَمون الأَعادِيـا

ومن شِعْره ما كتب به الى ولده وقد مَرِضَ [كامل]

لَقَاكَ رَبُّكَ صِحَّةً وسَلامةً ووقاكَ بى مِن طارِقِ الأَهْواءِ
ذُكِرَتْ شَكاتُك لى وكَأْسِىَ فى يدِى فمزجتُها دَمْعى مكانَ المَاءِ

ومن شِعْره [خفيف]

لستُ ذا ذِلّةٍ اذا عَضَّنِى الدهـرُ ولا شامِخًا اذا واتانِى
أنا نارٌ فى مُرْتَقَى نَفَسِ الحا سِدِ ماءٌ جارٍ مع الإِخْوانِ

استوزره المُقْتَدِر وخَلَعَ عليه خِلَعَ الوزارة فى سنة ستّ عشرة وثلاثمائة واستَقلَّ بأعباء الوزارة أَمْرا ونَهْيا وبذَلَ فيها ما مَبْلَغُه خمس مائة الف دينار ثمّ عُزل وقُبض عليه ثمّ أُعيدَ وما زال تَتقلَّب به الأَحوالُ حتّى استوزره الراضِى ثمّ جرتْ خُطوبٌ أَوجبتْ أنّ الراضِىَ حبسه بداره وضيَّق عليه وسَعَى به أَعداؤه الى الراضِى وخوَّفوه مِن غائلته فقطَعَ يده اليُمْنَى ومكَثَ فى الحبس مُدّةً مقطوعَ اليدِ وكان يَنوح على يده ويقول يدٌ كتبتْ بها كذا وكذا مُصْحَفا وكذا وكذا حَدِيثا من أَحاديث الرسول صلّى الله عليه وآلِه وسلّم ووقّعتْ الى شَرْقِ الارض وغَرْبِها

تُقطَع كما تُقطَع أَيدى اللُّصوص   ومِن شِعره يُشير الى قَطْع يده [خفيف]

ما مَلِلْتُ الحياةَ لكنْ تَوَثَّقْتُ بأَيمانهم فبانَتْ يَمِينِي

ثمّ أَحسنتُ ما اَستَطَعْتُ بجُهْدى   حِفظَ أَرواحِهم فما حفظونِي

ليس بعد اليَمِين لَذّةُ عَيْشٍ   يا حَياتى بانتْ يَمينى فبِينِي

وفى ذلك يقول بعض الشعراء [طويل]

لئنْ قطعوا إحدى يديه مخافةً   لاقلامه لا للسيوفِ الصَّوارِمِ

فما قطعوا رأيا اذا ما أجالـه   رأيتَ الرَّدَى بين اللَّهَا والغَلاصِمِ

ولمّا قطعَ الراضِى يدَ ابن مُقْلةَ كتَبَ باليَسار مِثْلَما كان يَكتب باليَمين ثمّ شَدّ على يده المقطوعة قَلَمًا وكتب بِها فلم يُفرق بين خَطّه قبل قَطْعها وبعده   ومِن الاتّفاقات العجيبة أنّه تَولَّى الوزارة ثلاثَ دَفَعات وسافَرَ ثلاثَ دَفَعات ودُفن ثلاثَ دَفَعات دُفن بدار الخَليفة لمّا قُتل بها وذلك بعد قَطْع يده بمُدَيْدة ثمّ سأل أهلُه تسليمه اليهم فنُبش وسُلّم اليهم فدفنوه ثمّ طلبتْه زوجتُه فنبشتْه ودفنتْه بدارها

وزارةُ ابى القسم سُلَيْمن بن الحَسَن بن مَخْلَدٍ للمُقْتَدِر   لم يكن له سِيرةٌ تُؤْثَر وتُرْوَى ولم يكن مِن ذَوِى اللُّبّ وانّما نال ما نال بالجَدّ والبَخت   قيل أنّه دخل مرّةً على القسم بن عُبَيْد الله وزيرِ المُعْتَضِد والمُكْتَفِى فرحَّب به الوزيرُ وأقبلَ عليه بوجهه وأكرمَه إكراما خارجا عن العادة لأمثاله فسُئل الوزير عن سبب ذلك فقال رأيتُ فى مَنامى كأنّ على رأسى قَلَنْسُوةً وقد أَخذها هذا وجعلها على رأسه ولا بُدَّ أنّ هذا الفَتَى يَلِى الوزارةَ فكان كما قال ولم تُحمَد سِيرتُه فى وزارته وكان المُقْتَدِر لمّا عزلَ ابنَ مُقْلةَ استشار عَلِيَّ بن عِيسَى بن الجَرّاح فيمن يَستوزره فأَشار عليه بهذا فاستوزره فى سنة ثمانى عشرة وثلاثمائة ثمّ قبَضَ عليه واستوزر الكَلْوذانىّ

وزارةُ ابى القسم عُبَيْد الله بن محمّد الكَلْوذانىّ للمُقْتَدِر   لم تَطُلْ ايّامه ولم يَتمكّن ممّا أراد وكثُرتْ المُصادَراتُ فى ايامه وشغَبَ الجُنْدُ عليه وشتموه ورجموه وهو فى السفينة فحلَفَ أنّه لا يَدخل بعد ذلك فى الوزارة وانقطع بداره وأَغلقَ بابه فكانت وزارتُه مُدّةَ شهرين

وزارةُ الحُسَيْن بن القسم بن عُبَيْد الله بن سُلَيْمَن بن وَهْبٍ

للمُقْتَدِر كان يقال له ابو الجَمال قيل أنّه أعْرَقُ الناس في الوزارة هو وزير المُقْتَدِر وابوه القٰسِم وزير المُعْتَضِد والمُكْتَفِي وجدُّه عُبَيْد الله وزير المُعْتَضِد وابو جَدّه سُلَيْمن بن وَهْبٍ وزير المُهْتَدِي وفى ذلك يقول الشاعر له [رمل]

يا وزيرَ بنَ وزيرِ بـــنِ وزيرِ بنِ وزيرِ
نَسَقًا كالدُّرّ اذ نُـــظِّمَ فى عِقْدِ النُّحورِ

لم يكن الحُسَيْن بن القٰسِم بارِعًا فى صِناعته ولا شُكرتْ سِيرتُه فى وزارته ولم تَطُلْ له المُدّةُ حتّى عَجُزَ واختَلّتْ الأَحوالُ عليه مدحه عُبَيْد الله بن عبد الله بن طاهرٍ بقوله [خفيف]

إن أَكُن مُهدِيا لك الشِعْرَ إنّى لَابنُ بيتٍ تُهْدَى لـه الأَشعارُ
غيرَ أنّى أَراكَ مِن أهـل بيتٍ ما على المَرْء أن يَسودوه عارُ

وهجاه جَحْظةُ بقوله [وافر]

اذا كان الوزيرُ ابا الجَمالِ ومُحتسِبَ البلادِ الدّانِيالِى
فعَدِّ عن البلاد فعن قَليلٍ تَرَى الايّامَ فى صُوَرِ اللّيالِى
تَقَضّتْ بَهجةُ الدُّنيا ووَلّتْ وآذَنَ كلُّ شىء بارتحالِ

ولمّا ظهَرَ للمُقْتَدِر نَقْصه وعَجْزه قبض عليه وصادَره ثمّ بقى الى ايّام الراضِى وأُبعدَ عن العراق فلمّا تولّى ابنُ مُقْلةَ الوزارة تقدَّمَ بقتله وأرسل اليه مَن قطَعَ رأسه وحُمل رأسه الى دار الخلافة فى سَفَط فجُعل السَّفَط فى الخِزانة وكانت لهم عادةٌ بمِثْل ذلك فحُدِّث أنّه لمّا وقعتِ الفِتْنة ببَغْداذ فى ايّام المُتَّقِى أُخرج من الخِزانة سَفَطٌ فيه يدٌ مقطوعة ورأس مقطوع وعلى اليد رُقْعةٌ مُلْصَقة عليها مكتوب هذه اليدُ يدُ ابى عَلِيّ بن مُقْلةَ وهذا الرأسُ رأس الحُسَيْن بن القِسِم وهذه اليدُ هى الّتى وقَّعتْ بقَطْع هذا الرأس فعَجِبَ الناس من ذلك

وزارةُ ابى الفَضْل جَعْفَر بن الفُرات لم تَطُلْ ايّامه ولم تكن له سِيرةٌ مأثورة وقُتل المُقْتَدِر وهو وزيره فاُستَتَرَ انقضتْ ايّام المُقْتَدِر ووزرائه

ثمّ ملك بعده اخوه القاهِر هو ابو منصور محمّد بن المُعْتَضِد بويِعَ سنةَ عشرين وثلاثمائة وكان مَهِيبا مِقْداما على سَفْك الدّماء أَهْوَجَ مُحِبّا لجمع الأموال رَدِىء السياسة صادَرَ جماعةً من أُمّهاتِ أولاد المُقْتَدِر وصادَرَ أُمَّ المُقْتَدِر فعلّقها برِجلٍ

واحدة منكّسةَ الرأس وعذّبها بصُنوفٍ عظيمة مِن الضرب والإهانة واستخرجَ منها مائةً وثلاثين الف دينار وبقيتْ بعد ذلك ايّاما قليلة وماتت حُزْنا على ولدها وممّا جرى عليها مِن العَذاب   وفى سنة اثنتين وعشرين وثلاثمائة خُلع القاهِر

وكان سببُ ذلك أنّ وزيره ابن مُقْلةَ كان قد استَتَرَ خوفا منه فكان يُفسِد عليه قلوبَ الجُنْد ويحذّرهم منه وحسَّن لهم أن هجموا عليه وخلعوه وسملوه حتّى سالتْ عيناه على خَدّيْه ثمّ حُبس فى دار السَّلْطنة ومكَثَ فى الحبس مُدّةً ثمّ أُخرجَ منه عند تقلُّب الأحوال وكان مَرّةً يُحبَس ومَرّةً يفرَّج عنه فخرج يوما ووقَفَ بجامعِ المنصور يَطلب الصَّدَقة من الناس وقصَدَ بذلك التشنيعَ على المُسْتَكْفِى فرآه بعضُ الهاشميّينَ فمنعه مِن ذلك وأَعطاه خمس مائة درهم   ولم يَجر فى ايّامه من الحوادِثِ المشهورة ما يُؤْثَر

شرحُ حال الوزارة فى ايّامه   استوزَرَ ابن مُقْلةَ وزير اخيه وهى الوزارة الثانية وقد تقدَّمَ شرحُ طَرَفٍ من سِيرته فلا حاجةَ الى إعادته   ثمّ استوزَرَ محمّد بن القسِم بن عُبَيْد الله بن سُلَيْمٰنَ بن وَهْبٍ ولم يَتمكّن مِن الوزارة ولا طالتْ

ايّامه ثمّ قبَضَ عليـه ونكبـه وأُتّفق أن عرَضَ له قُولَنْجٌ فمات بعَقِبِ ذلك انقضتْ ايّام القاهِر ووزرائـه

فى تلك الايّام نَبعتِ الدولةُ البُوَيْهِيّةُ شرحُ حال دولة آل بُوَيْـهِ وأبتدائها وأنتهائها أمّـا نَسبهم فيرتفع مِن بُوَيْـهِ الى واحدٍ واحدٍ من ملوكِ الفُرْس حتّى يَتّصل بيَهُوذَا بن يَعْقُوبَ بن إسْحاقَ بن إبرهيمَ الخليـلِ عمّ وكذلك الى آدَمَ ابى البَشَر وليسوا من الدَّيْلَم وانّما سُمُّوا بالدَّيْلَم لانّهم سكنوا بلادَ الدَّيْلَم

أمّـا أبتداؤها فـإنّها دولـة نَبعتْ بما لم يكن فى حِساب الناس ولم يَخطر بعضُه ببالِ أحدٍ فـدوَّختِ الأُمَمَ وأَذلّتِ العالَمَ وأستولتْ على الخلافـة فعزَلتِ الخُلفـاءَ ووَلّتهم واستَوزرتِ الوُزراءَ وصرفتْهم وأنقـادتْ لأَحكامِها أمررُ بـلاد العَجَم وأمورُ العراق وأَطاعتْهم رجالُ الدولـة بالاتّفـاق هذا بعد الضِّيـق والفَقْر والذُّلّ والمَسْكَنـة ومُعاناةِ الحاجة والاضطهاد فـإنّ جَدّهم ابا شُجاعٍ بُوَيْـهِ واباه وجَدّه كانوا كآحاد الرعيّـة الفُقراء ببلاد الدَّيْلَم وكان بُوَيْـهِ صَيّادَ السَّمَك وقـد كان مُعِزُّ الدولـة بعد تملُّكه البلادَ يَعترف بنِعْمة الله تعالى ويقول كنتُ أَحتطِبُ الحَطَبَ على رأسى فكان مِن مَبْدإ دولتهم ما حدَّث بـه

شَهْرِيارُ بن رُسْتُمَ الدَّيْلَمىُّ قال كان ابو شُجاعٍ بُوَيْهِ فى مَبْدإ أمره صَديقا لى فدخلتُ عليه يوما وقد ماتتْ زوجتُه أُمُّ أولاده الثلاثةِ الّذين تملّكوا البلاد وهم عِمادُ الدولة ابو الحَسَن عَلِىٌّ ورُكْن الدولة ابو عَلِىّ الحَسَنُ ومُعِزّ الدولة ابو الحُسَيْن أَحمَد وقد اشتَدَّ حُزْنُ ابى شُجاعٍ بُوَيْهِ على زوجته فعزّيتُه وسكّنتُ قَلَقَه ونقلتُه الى منزلى وأَحضرتُ له طعاما وجمعتُ اليه أولادَه الثلاثةَ فبيناهم عندى اذ مَرَّ بالباب شخصٌ يقول المنجّمُ المعزّمُ مفسّرُ المَنامات كاتبُ الرُّقَى[1] والطِّلَّسْمات فأستدعاه ابو شُجاعٍ بُوَيْهِ وقال له قد رأيتُ البارحةَ رُؤْيَا ففسّرْها لى رأيتُ كأنّى أبول ويَخرج من ذَكَرى نارٌ عظيم ثمّ إنّها استطالت وعاتْ حتّى كادت تَبلغ السماءَ ثمّ أنفرجتْ فصارت ثلاثَ شُعَبٍ وتولّدَ من تلك الشُّعَب عدّةُ شُعَبٍ فأَضاءتِ الدنيا بتلك النِّيران فقال المنجّم هذا مَنامٌ عظيم ولا أُفسّره إلّا بخِلْعة وفَرَسٍ فقال له بُوَيْهِ والله ما أَملكُ إلّا الثيابَ الّتى على جَسَدى وإن أعطيتُكَ إيّاها بقيتُ عُرْيانا[2]

[1] A الرُّقَا.

[2] A عُرْيانَ.

قال المنجّم فعشرةُ دنانير فقال له بُوَيْهِ والله ما أملكُ دينارين فكيف عشرةً ثمّ إنّه أعطاه شيئا يسيرا فقال المنجّم اِعلمْ أنّه يكون لك ثلاثةُ أولاد يملكون الأرض ومَن عليها ويَعْلُو ذكرُهم فى الآفاق كما عاثَ تلك النارُ ويولَد لهم جماعةٌ ملوكٌ بقَدْرِ ما رأيتَ مِن تلك الشُّعَب المتفرِّقة فقال له بُوَيْهِ أَما تستحيِى تَسخَر بنا أنا رجُل فقير مضطَرٌّ وأَولادى هؤلاء فُقراء مَساكينُ فمِن أين هم والمُلْكُ فقال له المنجّم فأَخبِرْنى عن وقتِ وِلادة واحدٍ واحدٍ مِن أَولادك فأَخبرَه بُوَيْهِ بذلك فجعَلَ يَنظر فى أَصْطُرْلابه[1] وتَقاويمه ثمّ نهَضَ المنجّم وقبّل يدَ عِمادِ الدولة ابى الحَسَن علِىّ وقال هذا والله الّذى يَملك البلاد ثمّ يَملك هذا مِن بعده وقبَضَ على يد أخيه ابى علِىّ الحَسَن فاغتاظ منه ابو شُجاعٍ بُوَيْهِ وقال لأولاده اِصْفَعوه فقد أَفرطَ فى السُّخْريّة بنا فصفعوه ونحن نَضحك منه فقال المنجّم لا بأسَ بهذا اذا ذكرتم لى هذا الحال عند وِلايتكم فأعطاه ابو شُجاعٍ عشرةَ دَراهم وانصرف   وأمّا تَرقّى أولاد ابى شُجاعٍ بُوَيْهِ

[1] A فى اَصْطُرْلابه.

فإنّهم دخلوا فى زِيِّ الأَجناد وأُنضافوا الى العساكر وما زالوا يَنتقلون فى خِدْمة ملوكِ العَجم مِن واحد الى واحد ومِن حال الى حال حتّى ارتَفع حالُ عِماد الدولة وتَولَّى الكَرَجَ ولّاه إيّاها مَرْداوِيجُ ثمّ تنقَّلَ منها الى غيرها حتّى تملَّكَ قِطْعةً من أَعمال فارِسَ ثمّ عرضتْ مملكتُه حتّى كتب الى الراضِى الخليفةِ يسئله أن يقاطِعَه على أَعمالِ فارِسَ فى كلّ سنة بعد النَّفَقات والإطلاقات بما يحمله الى دار الخلافة وهو ثمانى مائة الف الف درهم على أن يَبعث الخليفةُ اليه بخِلْعة السَّلْطنة والمنشورِ فبعث الراضِى اليه بذلك على يد رسول أَرسله اليه وأَوصاه أَلّا يُسلِّم الخِلْعة والمنشورَ اليه حتّى يَقبض منه المالَ فلمّا وصل الرسول اليه غالَطَه وأَخذ الخِلْعة منه فلبسها والمنشورَ فقرأَه على رؤوسِ الأَشهاد وقويتْ نفسُه بذلك ووعَدَ الرسولَ بالمال ودافَعَه مُدّةً فمات الرسول عنده وتقلّبتِ الأَحوالُ بالخلافة فكسرَ المالَ واستَبَدَّ بالأمر وكان عِمادُ الدولة أَوّلَ ملوكهم ثمّ ملَكَ منهم واحدٌ بعد واحد حتّى انقضتْ دولتُهم

وامّا أُنتهاءُها ففى اخِرِ أمرها ضَعُفَ حالها وما زال يَتزايد ضَعْفُها حتّى أُنتهتْ نَوبةُ المُلْك الى عِزّ الدولة بن جَلال

الدولة ابى طاهرٍ فجرى بينه وبين كاليجارَ حروبٌ أفضت الى أنّه هرب منه وأقام بشيرازَ ومات فى سنة إحدى واربعين واربع مائة وعليه انقرض مُلكُهم

ثمّ ملك بعد القاهر ابنُ اخيه' الراضى بالله هو ابو العبّاس أحمد' ابن المُقْتَدِرِ" بن المُعْتَضِد بويعَ فى سنة اثنتين وعشرين وثلاثمائة كان شاعرا فصيحا لبيبا ختَم الخلفاء فى اشياء منها أنّه اخِر خليفةٍ دُوّن له شِعْرٌ واخِر خليفة انفرد بتدبير المُلْك واخِر خليفة خطَبَ على مِنبَر يومَ الجُمعة واخِر خليفة جالَسَ النُّدماء ووصل اليه العُلماء واخِر خليفة كانت مَراتبُه وجَوائزُه وخدَمُه وحُجّابُه تجرى على قواعد الخلفاء المتقدّمين   وفى أيّامه سنةَ اثنتين وعشرين وثلاثمائة عظُمَ أمرُ مَرْداوِيجَ بإصْفَهان وهو رجلٌ خرج بتلك التَّواحى وقيل إنّه يُريد أن يأخذ بغْداد ويَنقل الدولة الى الفُرْس ويُبطِل دولةَ العَرَب فورَدَ الخبرُ فى ايَّام الراضى بأنّ غِلْمان مَرْداوِيج اتّفقوا عليه فقتلوه   وفى

---

¹ القاهر A, اخوه. Après

² A محمّد.

³ A sans بن المقتدر.

ايّام الراضِى ارتَفع امرُ ابى الحَسَن علِىّ بن بُوَيْهِ وفى ايّام الراضِى ضَعُفَ امر الخلافة العبّاسيّةِ فكانت فارِسُ فى يد علِىّ بن بُوَيْهِ والرَّىُّ وإصْفَهانُ والجبلُ فى يد أخيه الحَسَن بن بُوَيْهِ والمَوْصِلُ ودِيارُ بَكْرٍ ودِيارُ رَبِيعةَ ومُضَرَ فى أيدى بنى حَمْدانَ ومِصْرُ والشأم فى يد محمّد بن طُغْجَ ثمّ فى أيدى الفاطِميّينَ والأَنْدَلُسُ فى يد عبد الرحمن بن محمّد الأَموىّ وخُراسانُ والبلادُ الشَّرْقيّةُ فى يد نَصْر بن أَحْمَدَ السامانىّ وكانت وَفاة الراضِى فى سنة تسع وعشرين وثلاثمائة

شرحُ حال الوزارة فى ايّامه أوّلُ وُزرائه ابو علِىّ بنُ مُقْلةَ وهى الوزارة الثالثة مِن وزارات ابن مُقْلةَ بذَلَ فيها خمس مائة الف دينار حتّى استوزره الراضِى ثمّ شغَبَ الجُنْدُ وجرتْ فِتْنةٌ أَوجبتْ عَزْلَه فعزله الراضِى واستوزَرَ عبد الرحمن بن عِيسَى بن داوُدَ بن الجَرّاح وقد مضى مِن أَخبار ابن مُقْلةَ ما فيه كِفايةٌ

وزارةُ عبد الرحمن بن عِيسَى بن الجَرّاح للراضِى لمّا قبَضَ الراضِى على ابن مُقْلةَ أَحضرَ علِىّ بن عِيسَى بن الجرّاح وأَراده

على الوزارة فأَبَى وامتَنع وأَظهرَ العَجْز فاستشاره فيمن يُولّيه فاشار بأخيه عبد الرحمن بن عِيسَى فأَحضره وقلّده الوزارةَ وركِبَ والمَوْكِبَ بين يديْه ثمّ لم تَطُلْ ايّامه واُختلّتِ الأمورُ عليه فاُستعفى مِن الوزارة فقبَضَ عليه ولم يكن له سيرةٌ تُؤْثَر

وزارةُ ابى جَعْفَرٍ محمّد بن القٰسِم الكَرْخىّ للراضِى بالله

لمّا قبَضَ الراضِى على عبد الرحمن بن عِيسَى استوزَرَ ابا جَعْفَرٍ محمّد بن القٰسِم الكَرْخىَّ وكانَ قَصيرا جِدًّا فى غايةِ القِصَر فاحتاجوا أنّهم قطعوا مِن قَوائمِ سرير الخلافة اربعَ أَصابعَ حتّى يَتمكّن الكَرْخىُّ الوزيرِ مِن مشاوَرة الخليفة وتطيّرَ الناسُ من ذلك وقالوا هذا مُؤْذِنٌ بنَقْض الدولة فكان الأمرُ كما قالوا واختَلفتِ الأحوالُ عليه واضطَربتِ الأمورُ لَديْه فاستَتَرَ قالوا لمّا أراد الاستتارَ قلَعَ رأسَ مُزَمَّلةٍ وجلس فيها وأُخرجتِ المُزَمَّلةُ على أنّها مُزَمَّلة وهو فى وَسَطها وما زال مُستتِرا حتّى ظهَرَ وصودِرَ ثمّ خَلَصَ

وزارةُ سُلَيْمٰنَ بن الحَسَن بن مَخْلَدٍ للراضِى بالله   لمّا عَجزَ الكَرْخىُّ عن النهوض بأَعباء الوزارة واستَتَرَ أَحضرَ الراضِى

بالله سُلَيْمن بن الحَسَن بن مَخْلَدٍ واستوزره وخلَعَ عليه خِلَعَ الوزارة ثمّ إنّه عَجُزَ عن تدبير الأمور لتغلُّبِ أصحاب السيوف على المملكة فلمّا رأى الخليفةُ الراضى عَجْزَ وزيره سُلَيْمن بن الحَسَن بن مَخْلَدٍ أَرسلَ الى ابن رائقٍ وهو أكبرُ الأُمراء فاُستماله وسلَّم الأمور اليه ورتَّبه أميرَ الأُمراء وكلَّفه تدبيرَ المملكة فاُنضمَّ اليه أمراءُ العسكر وصاروا حِزْبا واحدا وحضروا بين يدىِ الخليفة فأَجلسهم فوق الوزير واُستبَدَّ ابنُ رائقٍ أَميرَ الأُمراء بالأمور وولَّى النُظّارَ والعُمّالَ ورُفعتِ المُطالَعاتُ اليه ورُدَّ الحُكَم فى جميع الأمور الى نَظَره ولم يَبق للوزير سِوَى الاسم مِن غير حُكْم ولا تدبيرٍ ومِن تلك الايّام اُضطُهدتِ الخلافةُ العبّاسيّة وخرجت الأمورُ منها واُستَولى الأَعاجِمُ والأُمراء وأَرباب السيوف على الدولة وجَبَوُا الأَموالَ وكَفّوا يدَ الخليفة وقرَّروا له شيئا يسيرا وبُلْغةً قاصرة ووَهَنَ مِن يومِئذٍ أمرُ الخلافة

وزارةُ ابى الفَتْح الفَضْل بن جَعْفَر بن الفُرات للراضِى بالله

لمّا استَولى أميرُ الأُمراء ابنُ رائقٍ على الأمور أَشار على الراضِى بالله بأن يولِّيَ الوزارةَ الفَضْل بن جَعْفَر بن الفُرات ظَنًّا منه

أنّـه يَجتذب له الأموالَ فـأحضره الراضِى وقلّده الوزارةَ

حدّث أَبو الحَسَن بن ثـابِت بن سِنانٍ عن أبى الحُسَين علِىّ بن هِشامٍ قـال لمّـا تَقلّـد الفَضْل بن جعْفَر بن الفُرات الوزارةَ لَقِيتُ ابنَ مُقْلـةَ وكـان معزولا مُستتِرا فقلتُ له يَقبح بك يا سيّدنا أن تَتـأخّر عن لِقاء هذا الوزير وتَهنِئته بوزارتـه فقال مـا آمَنُه ولا لى حاجةٌ الى الاجتماع به فقلتُ ينبغى أن تكتب اليـه رُقعـة تَعتذر فيها عن تـأخُّرك وتُهنّئُه تَهنـئةً تَقوم مَقامَ حضورك فـقـال أَخافُ أن يُجيبنى بمـا يَستـدعى حضورى وأَنشدنى لنفسه [متقارب]

وقائلةٍ قد أَضعْتَ الصَّوابَ ... بتَركك هذا الوزيرَ الجَديـدَا

فقلتُ لها لا عَداكِ السُّرورُ ... ولا كان قولُكِ إلّا سَديـدَا

أَمِثْـلى تُطـاوِعُـه نفسُـه ... على أن يُرَى خاضِعا مُسْتَزِيدَا

كان رجُلا مُتهوِّرا وَسيـعَ الصدر شريفَ النفس عالِىَ الهِمّة تنقّـلَ فى الخَدَمـات وتقلّبتْ بـه الأحوالُ مِن عُسْرٍ ويُسْرٍ ومُصادَرةٍ وعَزْلٍ حتّى أَدّى بـه سَعةُ صدره وقُوّةُ نفسه وكِبَرُ هِمّته الى جَمْع العساكـر وركوبِ الأَخطار ثمّ تغلّبَ عَلَى أَعمال

خوزِسْتانَ والبَصْرة فاستوزره الراضِى ثمّ عزله وقلّد الوزارةَ سُلَيْمٰنَ بن الحَسَن بن مَخْلَدٍ وقد مَرَّ ذكرُه فلا حاجةَ الى إعادته وهو اخِر وزرائه انقضتْ ايّامُ الراضِى بالله بن المُقْتَدِر ووزرائه

ثمّ ملك بعده اخوه المُتَّقِى لله ابو إسْحاقَ إبرهيمُ بن المُقْتَدِر بالله بويِعَ له سنةَ تسع وعشرين وثلاثمائة ولم يكن له مِن السيرة ما يُؤْثَر واضطَربتْ عليه الأمورُ واستَولى عليه رجُل مِن أُمراء الدَّيْلَم يقال له تُوزُونُ فهرَبَ المُتَّقِى ومعه ابنه وأهله الى المَوْصِل خوفا على نفسه مِن حَرْبٍ ببَغْداذ وجرتْ فى تلك الايّام حروبٌ وفِتَن ونُهبتْ دارُ الخلافة وأُخذ ما كان بها ثمّ إنّ تُوزُونَ كتب الى المُتَّقِى يَستميله وحلَفَ له أَيمانا غليظةً أنّه لا يَناله مكروهٌ مِن جهته فأغترَّ المُتَّقِى بذلك وأنحدرَ من المَوْصِل الى بَغْداذ ووصل الى السِّنْديّة من نَهْرِ عِيسَى فخرج تُوزُونُ الى تَلقّيه والناسُ كافّةً فلمّا رآه تُوزُونُ قبَّل الأرضَ وكان قد أَوصى جماعةً من أصحابه سِرّا أن يَحتاطوا به فأحتاطوا به وأدخلوه الى خَيْمته ثمّ قبَضَ عليه وسَمَلَ عينَيْه وخلعه وبايَعَ المُسْتَكفِيَ ومات المُتَّقِى فى سنة خمسين وثلاثمائة

شرحُ حال الوزارة فى ايّامه أَقَرَّ سُلَيْمنَ بن الحَسَن بن مَخْلَدٍ على وزارته اربعةَ أَشهرٍ ثمّ استوزَرَ أبا الخَير أَحْمَد ابن محمّد بن مَيْمُونٍ ولم يكن له سِوى الاسم من الوزارة ولم يكن له سيرةٌ تُؤْثَرَ ثمّ جرتْ أمور أَدّتْ الى القبض عليه والى عزله

وزارةُ ابى عبد الله البَرِيدىّ للمُتَّقِى قد سَبَقَ حالُ تغلُّبه وقُوّةُ نفسه وجَمْعُه للعساكر ثمّ إنّه فى ايّام المُتَّقِى وصل الى بَغْداذ ومعه جموعٌ كثيرةٌ فأظهرَ المُتَّقِى السُّرورَ به ثمّ استوزره وهو كارهٌ لذلك وجرتْ بينه وبين المُتَّقِى مُراسَلات أَدّتْ الى أنّه أَرهبه وأفزعه فحمَلَ اليه خمسمائة الف دينار ووقعتْ حروبٌ بين البَرِيدىّ وأُمراء العسكر فنهبوا دارَه وانهزم الى واسِطَ فكان وقوعُ اسم الوزارة عليه دونَ شهر

وزارةُ أبى إسْحاقَ محمّد بن إبرهيمَ الإسْكافىّ المعروفِ بالقَرارِيطىّ للمُتَّقِى لم تَطل ايّامُه فلَبِثَ فى الوزارة حُدودَ اربعين يوما وكان سببُ وزارته أنّه حضَرَ يوما مجلسَ أمير الأُمراء وهو يُصادِر قوما من الكُتّاب ويَعسفهم وهم

يُلِطّون عليه فخَلَا القَرارِيطىُّ ببعض أصحاب أمير الأُمراء وقال لـه إن استوزرنى الأمير نَهضتُ لـه بأضعافِ هذا وجمعتُ لـه الأموال ومـا أُحْوِجُه الى هذا الصُّداع فـاستوزره تُوزُونُ بعد يومين ثمّ بعد ايّام قبَضَ عليـه واستوزَر الكَرْخىَّ فلم تَطـل ايّامه ايضا ولَبِثَ فيها نحو خمسين يومـا

وزارةُ البَرِيـدىّ مرّةً ثانيـة[1] استوزره المُتَّقِى وكاتَبَه بالإصعاد الى بَغْداذ فـأَصعدَ مِن واسِطَ فـاستُوزر ومكث فى الوزارة دون شهر ولم يَستتبَّ له أمرٌ وجرتْ بينه وبين المُتَّقِى حروبٌ وكانت تلك الايّامُ ايّامَ فِتَن ولمّا تَولَّى أبو عبد الله البَرِيـدىُّ الوزارة هجاه ابو الفَرَج الإصْفَهانىّ مصنِّفُ كتاب الأَغانى بقصيـدة طويلـة أوّلُهـا [خفيف]

يا سَماءُ اَسقُطِى ويا أَرْضُ مِيدِى قـد تَـوَلَّى الوزارةَ ابنُ البَرِيـدِى

منهـا

يا لَقومى لحَرِّ صدرى وعَوْلى وغَليلِى وقلبىَ المعمـودِ

حين سار الخَميسُ يومَ خَميسٍ بـالبَرِيـدىّ فى ثِيـابٍ سُودِ

[1] ثالثـة A

قد حَباه بها الإمامُ اصطِفاءً   واعتمادًا منه لغيرِ عَميدِ
خِلَعٌ تَخْلَعُ العُلَى ولِواءٌ   عَقْدُه حَلَّ عُقْدَةَ[1] المعقودِ

وزارةُ أبي العَبّاس أَحْمَد بن عُبَيْد الله الإصْفَهانىّ للمُتَّقى
مكث فى الوزارة حُدودَ خمسين يوما ولم يكن له عِلْمٌ ولا نَظَرٌ فى الأمور وضعُف أمرُ الوزارة والوُزراء فى تلك الايّام ضَعْفًا كثيرا

وزارةُ أبي الحُسَيْن عَلِيّ بن أبي عَلِيّ محمّد بن مُقْلَة للمُتَّقى
استوزره المُتَّقِى ولم تَطل ايّامه وخُلع المُتَّقِى وهو وزيره
انقضتْ ايّام المُتَّقِى ووُزرائه

ثمّ ملك بعده أبو القٰسِم عبدُ الله المُسْتَكْفِى بن المُكْتَفِى ابنِ المُعْتَضِد   بويِعَ له سنة ثلاثِ وثلاثين وثلاثمائة
ورد الخبرُ اليه بوصول مُعِزّ الدَّوْلة بن بُوَيْهِ فخاف خوفا شديدا واضطَرب الناسُ وأهدى المُسْتَكْفِى الى مُعِزّ الدَّوْلة ألطافا وفاكِهةً ووصل مُعِزُّ الدولة الى حضرة المُسْتَكْفِى فرَدَّ اليه إمارةَ الأُمراء وأعطاه الطَّوْق والسِّوار وآلةَ السَّلْطَنة وعقَدَ له لِواءً وهو أوّلُ ملوك بَنِي بُوَيْهِ فى الحضرة الخَليفتيّة

[1] A حَلَّ عُقْدةِ.

وهو الّذى لقّبه مُعِزّ الدولة ولقّب أخاه رُكْنَ الدولة ولقّب أخاه الاخر عِمادَ الدولة وأَمَرَ أن تُضرَب أَلقابُهم على الدّينار والدرهم ونَزلتِ الدَّيْلَمُ دُورَ الناس ببَغْداذ ولم يكن يُعرَفُ ذلك مِن قبلُ ثمّ إنّ مُعِزّ الدولة رَكِبَ يوما الى دار الخلافة وسلّم على المُسْتَكْفِى وقبّل الارض بين يدَيْه وأَمر المُسْتَكْفِى فطُرح كُرْسىٌّ فجلس عليه مُعِزُّ الدولة ثمّ تقدّمَ الى المُسْتَكْفِى رجُلان من الدَّيْلَم بمُواطأة مُعِزّ الدولة فمَدّا أَيديَهما نحوَه فظَنّ المُسْتَكْفِى أنّهما يُريدان تقبيلَ يده فمَدّ يده فجذباها ونكّساه مِن السرير ووضعا عِمامتَه فى عُنُقه وسحباه ونهض مُعِزُّ الدولة وضُربتِ البُوقاتُ والطُّبول واْختلط الناسُ ودخل الدَّيْلَمُ الى حُرَم الخليفة وحُمِل المُسْتَكْفِى الى دار مُعِزّ الدولة فاُعتُقل بها وخُلع من الخلافة ونُهبتْ دارُه وسُملتْ عيناه ولم يَزَلْ فى دار السَّلْطنة معتقَلا حتّى تُوُفّى سنةَ ثمان وثلاثين وثلاثمائة

شرحُ حال الوزارة فى ايّامه   أوّلُ وزرائه السّامَرّىُّ ابو الفَرَج محمّد بن علىّ لم يكن له حُكْمٌ ولا استبدادٌ ولم تَطل ايّامه وقُبض عليه وهجاه بعضُ الشعراء بقوله   [كامل]

الآنَ إن كَفَرَ المُقتِّرِ رِزقَه	قالوا كفرتَ فخَف عِقابَ النارِ
أأكونُ رِجلى مَركَبى وجَنيبتى	خُفَى على ذُلٍّ بذاك وعارِ
والسِّرَّ مَن رانى فى إصطَبلِه	مائتا عَتيقٍ فارِهٍ مُختارِ
كَلبُ حِمارٍ بالخيول وكاتبٌ	فَطِنٌ يَضيق به كِراءُ حِمارِ
أنا قد دُهشتُ فعرِّفونى أنتمُ	هذا مِن الإنصاف فى الأقدارِ

ثمّ اضطرَبت أحوالُ الخلافة ولم يَبق لها رَونَقٌ ولا وزارةٌ وتمَلَّك البُوَيهِيّون وصارت الوزارةُ من جهتِهم والأعمالُ اليهم وقُرِّر للخلفاء شىء طفيف برسم إخراجاتِهم. انقضت ايّامُ المُستَكفى ووزرائه'

ثمّ ملك بعده المُطيعُ لله ابو القاسم الفضلُ بن المُقتَدر بويعَ سنةَ اربعَ وثلاثين وثلاثمائة وكان امرُه ضعيفًا فى ايّامِه رُدّ الحَجَر الاسود الى مكانِه وكانت القَرامطة الخوارجُ قد أخذوه ثمّ رَدّوه وقالوا قد أخذناه بأمر ورددناه بأمر وقَوِىَ الفالجُ على المُطيع" وثقُل لسانُه فدخل عليه سُبُكتَكينُ حاجبُ مُعِزّ الدولة فدعاه الى خلع نفسه ومبايعة ولده الطائع

' ووزارتـه A

" على الطائع A

ففعل ذلك وعقَدَ الامرَ لولده وخلَعَ نفسه ومات فى سنة اربع وستّين وثلاثمائـة

ثمّ ملك بعده ابنـه عبـد الكريم ابو بَكْر الطائع لامر الله بويـعَ لـه سنـةَ ثلاث وستّين وثلاثمائـة   كان الطائعُ شديدَ المُنّـة كان قـد استَفحل عنده فى البُسْتان كَبْشٌ جَبَلىٌّ ومـا جسَرَ احدٌ أن يَـدنو منـه فخرج الطائع اليـه فحمَل الكبشُ عليه فثبت له حتّى مكّن يـديْـه من قرنيْه ثمّ استَدعى نَجّارا وأمَرَه بقطع قرنيْه بالمِيشار فقطعهما النَّجّار وهما فى يـد الطائع   وفى ايّـامه قوِيتْ شوكـةُ آل بُوَيْهِ ووصل عَضُد الـدولـة الى بَغْـداذ وانتَشر حُكْمُ البُـوَيْهِيّينَ ثمّ قبَض البُـوَيْهِيّونَ على الطـائـع فى سنـة احدى وثمانين وثلاثمائـة وبويـعَ بعده للقادِر   انقضتْ ايّام الطائع لله

ثمّ ملك بعده القـادِر ابو العَبّـاس أَحْمَد بن إسحاقَ بن المُقْتَدِر بويـعَ له سنةَ إحدى وثمانين وثلاثمائـة   كان القـادِر من أفـاضل خلفائهم حسَنَ الطريقـة والسَّمت كثيرَ الخير والدِّين والمعروف والعبادة تزوّجَ بنتَ بَهاء الدولة بن عَضُد الدولة على صَداق مبلغُه مائة الف دينـار   وفى ايّامه تَراجَعَ وَقارُ الدولة

العَبّاسيّة ونَمى رَوْنَقها وأَخذت أُمورُها فى القوّة ومكَث القادِر فى الخلافة مُدّةً طويلة ومات فى سنة اثنتين وعشرين واربع مائة .

ثمّ ملك بعده ابنه ابو جَعْفَر عبدُ الله القائمُ بأمر الله بويِعَ فى سنة اثنتين وعشرين واربع مائة كان القائم من أَفاضل خلفائهم وصُلحائهم وطالت مُدّتُه فى الخلافة وزاد به وَقارُ الدولة ونمتْ قوّتها وفى ايّامه انقرضتْ دولةُ بنى بُوَيْهِ وظهرتْ دولةُ بنى سَلْجُوقَ[1]

شرحُ حال الدولة السَّلْجوقيّة وأبتدائها وأنتهائها . هذه دولة قوِيتْ شوكتُها وعرُضتْ مملكتُها ونفذتْ تقدُّماتُها فى الحضرة الخَليفتيّة وأستولتْ على الخلافة وخُطب لها على المَنابر وضُربتْ اسماءُ ملوكها على الدرهم والدينار ذكرُ أبتداء حالهم هم قومٌ أصلُهم من التُّرْك الخَزَرِ وكانوا يَخدمون مع ملوك التُّرْك ونشأ جَدُّهم سَلْجُوقُ وكانت أَمارات النَّجابة لائحةً عليه ودلائلُ السَّعادة ظاهرةً[2] على حَرَكاته فقرَّبه

[1] A سَلْجُوقٍ.
[2] A ظاهرةٌ.

مَلِك التُّرْك واختَصّ به ولقَّبه شَباشِى ومعناه فى لغتهم قائد الجيش فنبَغَ سَلْجُوقُ بعُلُوِّ هِمّته وأُستمال قلوبَ الرجال بكَرَمه وعقله وانقادتِ الأَكابرُ اليه فيقال أنّ زوجة مَلِك التُّرْك قالت لزوجها إنّى أَتوسَّم فى سَلْجُوقَ[1] تغلُّبا عليك والرأىُ عندى أن تقتله فقد كثُر ميلُ الناس اليه فقال لها سوف أُبْصِرُ ما أَصنعُ فى امره ثمّ أَحسَّ سَلْجُوقُ[2] بشىء من ذلك العزم وظهر له التغيُّرُ فجَمَعَ عشيرته ومَن تبِعه وحالَفَهم واستَجلب مَن أَطاعه وصار قائدا معظَّما للغُزّ ونفَرَ بهم من بلاد التُّرْك الى بلاد المسلمين فلمّا دخلها أَظهرَ الإسلام ليكون المسلمون عَوْنا له وليمكّنوه من المَراعِى والمَساكِن فنزل بالجند وشرَعَ فى غزوِ مَن قارَبَه مِن أَصناف التُّرْك وكان لمَلِك التُّرْك إتاوةٌ على تلك البلاد المُتاخِمة له فقطعها سَلْجُوقُ وطرَدَ نُوّابَه ومات سَلْجُوقُ وعُمْرُه مائة سنة ثمّ نشأَ أَولادُه فى القوّة والنِّعْمة والدولة فأُستولوا على كلّ موضع استَضعفوه من بلاد العَجم وما زال امرُهم ينمى حتّى ملَكَ طُغْرُلْبَكُ وهو

[1] A فى سَلجُوقٍ.

[2] A سَلجُوقٌ.

أوّل سلاطينهم طائفةً من بلاد العَجم ومـا زال أمرُه يَقوى حتّى تغلّب البَساسِيرىّ على بَغْداذ ونهبها وقتـل من بها وأخرج الخليفة القـائم فحبسه بقلعة الحَدِيثـة وكانت فِتْنـةُ البَساسِيرىّ فِتْنـةً عظيمـة فحينئذ كتَبَ القـائم الى طُغْرُلْبَكَ السلطانِ يَستدعيـه الى بَغْداذ ليَنصره على البَساسِيرىّ فسار طُغْرُلْبَكُ بعساكره الى بَغْداذ فلمّا سمع البَساسِيرىُّ بذلك انتَقض عليه امرُهْ وفـارَقَ بَغْداذَ ودخل طُغْرُلْبَكُ الى بَغْداذ وأَعاد رَوْنَقَ الدولة الخليفتيّة وخُطب له بالسَّلْطنة على مَنابر بغداذ وكان ذلك أوّلَ سَلْطنتهم بالحَضْرة وامّا انتهاءها فـإنّها ما زالت امورُها تَضعف حتّى انقَرضتْ بالكُلّيّـة فى ايّام النـاصِر وذلك فى سنـة تسعين وخمس مـائـة فتعالى الله ومـات القـائم فى سنـة سبـع وستّين واربـع مـائـة

شرحُ حال الوزارة فى ايّامه وزَرَ له فَخْرُ الدولة ابو نَصْرٍ محمّدُ ابن محمّد بن جَهِيرٍ وزارةُ ابن جَهِيرٍ كان فخرُ الدولة من عقلاء الرجال ودُهاتِهم كان فى ابتداء امره فقيرا مُدْقِما وتَرامتْ به الأسبابُ فمِن مَبادِئها أنّه كان جالسا بالكَرْخ يوما فعبَرَ عليه غَسّالٌ ممّن يَغسل بالخَرِبات ومعه فُصوصٌ عُتُقٌ قـد استحالتْ

ألوانها فاشتراها منه بثلاثة دنانير وجلا بعضها فخرج احدُها ياقوتا أحمرَ وخرج الآخرُ فَيْرُوزَجا جيّدا فصاغ لكلّ واحد منهما خاتماً من ذهب ثمّ إنّه تقلّبتْ به الامورُ حتّى مضى فى رسالة الى مَلِك الرُّوم فمَدَّ له الخاتَمين فأعطاه عشرين الف دينار فكانت اصلَ غِناه ونِعمته ثمّ تفتَّلَ فى الخَدَمات حتّى اتّصل بابن مَرْوَنَ صاحب دِيارِ بَكْرٍ فخدمه مُدّةً وأثْرَى عنده ثَرْوةً ضَخْمةً فسمتْ هِمّتُه الى وزارة الخليفة فأرسل سِرّا الى القائم وعرَضَ عليه نفسَه وبذَلَ له ثلاثين الف دينار فأرسل القائمُ بعضَ خواصّه فى رسالة الى ابن مَرْوَنَ وكان غَرَضُه مِن إرسال ذلك الرسول أن يَجتمع بفَخْر الدولة ويُقرِّرَ معه امرَ الوزارة فاجتَمع الرسول بفَخْر الدولة سِرّا وقرَّر معه ما اراد ثمّ لمّا اراد الرسولُ الرجوع الى بَغْداذ خرج فخرُ الدولة كأنّه يودّعه فانحدر معه الى بَغْداذ وكان قبل ذلك فد فرّق أموالَه بالبلاد وأنفذ منها شيئا الى بَغْداذ   فلمّا وصل الرسول الى بَغْداذ وصُحبتَه فخرُ الدولة أرسل القائمُ اليه أصحابَه يَتلقّونه ثم خلَعَ عليه خِلَعَ الوزارة ونهَضَ فخرُ الدولة بامور الوزارة أحسنَ نُهوض وكانت الأطرافُ المُتاخِمةُ للعِراق

عاصيةً على الخليفة وكان ملوكها أَصدقاءَ فخر الدولة فكاتَبَهم وراسَلَهم واستمالهم فدخلوا فى طاعة الخليفة ثمّ عُزل فخرُ الدولة عن الوزارة بسبب كَدَرٍ جرى بينه وبين نِظام المُلْك وزيرِ السلطان ثم أُعيدَ فخرُ الدولة الى الوزارة ولمّا أُعيد الى مَنْصِبه قال ابنُ الفَضْل الشاعر يمدحه [رجز]

قد رجع الحقُّ الى نِصابه   وأنت مِن دُونِ الوَرَى أَوْلَى بِهِ
ما كنتَ إلّا السيفَ سَلّتْه يَدٌ   ثمّ أعادتْه الى قِرابِهِ

ولمّا عاد الى الوزارة فَرِحَ الناسُ به فَرَحًا شديدا فيقالُ أنّ سقّاءً ذَبَحَ ثورا له لم يكن يَملك غيرَه وتصدَّقَ بلحمه فأعطاه الوزيرُ بَغْلا بآلته وأعطاه معه شيئا من الذهب ولمّا ماتَ القائم قام الوزيرُ فخر الدولة بأَخْذ البَيْعة للمُقْتَدِى أَحسنَ قِيامٍ وكانت مُدّةُ وزارته للخليفتينِ القائمِ والمُقْتَدِى خمسة عشرة سنة وشهرا ومات بعد ذلك فى سنة ثلاث وثمانين واربع مائة

وزارةُ رئيس الرُّؤساء عَلِىّ بن الحُسَيْن بن أَحْمَدَ بن محمّد بن عُمَرَ بن المُسْلِمة كان وزيرَ القائم قبل ابن جَهِيرٍ ومِن أجله

وقعتْ فِتْنةُ البَساسِيرىّ وكان قبل الوزارة أحدَ المعدَّلينَ ببَغْداذ وممّن له معرفةٌ بالفِقْه وأُنْسٌ بالعلم ورِواية الحديث وجَلَّ امرُه وعظُمتْ منزلتُه ووقع بينه شَرٌّ وبين البَساسيرىّ ابى الحرِث التُّرْكىّ وكان أحدَ الأُمراء فاقتَضى الحالُ أنّ البَساسِيرىّ هرَبَ ثمّ جمَعَ الجموعَ وورد الى بَغْداذ واستولى عليها ثمّ ظَفِرَ بابن المُسْلِمة رئيسِ الرُّؤَساء فمثَّل به فمِن جُمْلة ما فعَلَ به أنّه حبسه ثمّ أَخرجه مقيَّدا وعليه جُبّةُ صُوفٍ وطُنْطُورٌ مِن لِبْدٍ أَحمَرَ وفى رَقَبته مِخْنَقةٌ فيها جُلودٌ مقطَّعة شَبيهة بالتَّماويذ وأُركِب حِمارًا وطِيفَ به فى المَحالّ ووراءه مَن يَضربه بجِلْد ويُنادِى عليه ورئيسُ الرُّؤَساء يَقرأ[1] قُلِ ٱللّٰهُمَّ مَالِكَ ٱلْمُلْكِ تُؤْتِى ٱلْمُلْكَ مَنْ تَشَاءُ وَتَنْزِعُ ٱلْمُلْكَ مِمَّنْ تَشَاءُ وشهَّره فى البلد فلمّا اجتاز بالكَرْخ نثَرَ عليه اهلُ الكَرْخ المَداساتِ الخُلُعَ[2] وبصقوا فى وجهه ووُقّف بإزاء دار الخلافة من الجانب الغربىّ ثمّ أُعيد وقد نُصبتْ له خَشَبة فى باب خُراسان فأُنزل عن الحمار[3]

[1] *Coran*, III, 25.

[2] A الخُلَّع.

[3] A عن الجَمَل.

وخُيِّط عليه جلدُ ثور قد سُلخ فى الحال وجُعلتْ قرونُه على رأسه وعُلِّق بكُلّابٍ فى حَلْقه واُستُبقى فى الخَشَبة حيّا الى أن مات من يومه انقضت ايّامُ القائم بأمر الله ووزرائه

ثمّ ملك بعده ابنُ ابنه المُقْتَدِى بأمر الله وهو ابو القٰسِم عبدُ الله بن الذَّخِيرة [1] بن القائم بويِعَ فى سنة سبع وستّين واربع مائة كان المُقْتَدِى عالىَ الهِمّة خبيرا بالامور من أفاضل خلفائهم اتَّفق له مع السلطان مَلِكْشاه [2] واقعةٌ عجيبة كان السلطانُ مَلِكْشاهْ قد قصد بَغْداذ فوصلها فى سنة خمس وثمانين واربع مائة وقد تغيَّرتْ نِيّتُه على المُقْتَدِى فأرسل مَلِكْشاهْ الى المُقْتَدِى يقول له تَخرجُ من بَغْداذ وتَسكن أىَّ بلد شئتَ فأُزعِج المُقْتَدِى من ذلك وطلب منه أن يُمهِله شهرا فقال مَلِكْشاهْ ولا ساعةً واحدة وتَرَدَّدتِ الرُّسُلُ بينهما ثمّ استَقرّتِ الحالُ بوَساطة تاج المُلْك ابى الغَنائم وزير مَلِكْشاهْ أن يُؤَخِّره عشرة ايّام فقال

[1] A الدَّخيرة.

[2] A مَلَكشاه.

مَلِكْشاهْ يَجوز ففى عِيد الفِطْر صَلَّى السلطان وخرج الى الصيد فحُمَّ وأُفتَصد فتُوُفّى فى نصف شَوّال وضَبَطتْ زوجتُه زُبَيْدةُ خاتونُ العسكرَ بعد موته واستَقرّ مع المُقْتَدِى ترتيبُ ابنها مَحْمودٍ فى السَّلْطنة وعمرُه يومئذ ستّ سِنِينَ فخُطب له وخلَعَ المُقْتَدِى عليه وخرج العسكرُ وخاتونُ وابنُها[1] مَحْمودُ بن مَلِكْشاهْ الى إصْفَهانَ وكَفَى اللهُ المُقْتَدِىَ شَرَّ مَلِكْشاهْ وتُوُفّى المُقْتَدِى فُجاءَةً فى سنة سبع وثمانين واربع مائة

شرحُ حال الوزارة فى ايّامه لمّا بويِعَ المُقْتَدِى بالخلافة أَقرَّ فخرَ الدولة بن جَهِيرٍ وزيرَ ابيه على وزارته وقد مضى من سيرته ما يُغْنِى عن ذكر شىء اخَر

وزارةُ ابنه عَمِيد الدولة محمّد بن محمّد بن جَهِيرٍ للمُقْتَدِى كان القائمُ والمُقْتَدِى يُرسِلانه فى رسائل الى السلاطين فتَنجحُ على يده وكان فاضلا حَصيفًا فأَستَحلاه نِظامُ المُلْك وزيرُ السلطان وكان يَعجب منه ويقول وَدِدتُّ أَنّى وَلَدتُّ مِثْلَه ثمّ زوَّجه ابنتَه واستوزره المُقْتَدِى وفوَّض الامورَ اليه ثمّ عزله فشَفَعَ له نِظامُ المُلْك فأُعيد الى الوزارة فقال

[1] Ap. وابنها, A ملكشاه, en outre de ce que porte le texte imprimé.

ابنُ الهَبّاريّةِ الشاعر فى ذلك يهجو عَمِيدَ الدولة [بسيط]

لولا صَفِيـةُ مـا ٱستُوزرتَ ثانيـةً فٱشكُرْ حِرًا صِرتَ مولانا الوزيرَ بِهِ

صَفِيّةُ هى بنت نِظام المُلْك الوزير التى تزوّجها عَمِيد الدولة ثمّ وقع بين عَمِيد الدولة وبين سلاطين العَجَم فطلبوا من الخليفة عَزْلَه وأشار أصحابُ الخليفة بذلك فعزله وحُبس بباطن دار الخلافة ثمّ أُخرج ميّتا فدُفن وكان يقول الشِّعْرَ فمن شِعْره [بسيط]

الى مَتَى أنتَ فى حَلٍّ وتَرْحالِ تَبغِى العُلَى والمَعالِى مَهرُها غالِ
يا طالِبَ المَجْد دونَ المَجْد مَلْحَمةٌ فى طَيّها خَطَرٌ بالنفس والمالِ
ولِلّيالى صُروفٌ قَلّما ٱنجذبتْ الى مُرادِ ٱمرِئٍ يَسْعَى بلا مالِ

وزارةُ ابى شُجاعٍ ظَهِير الدين محمّد بن الحُسَيْن الهَمَذانىّ للمُقْتَدِى

كان رجلا دَيِّنا خَيِّرا كثيرَ الخير والبرّ والصَّدَقة وُقف له على ثَبْتٍ خَرْجٍ على وجوه البِرّ والصَّدَقات خاصّةً بما قدرُه مائةٌ وعشرون الف دينار وكان الذى أوردَ هذا الثَّبْتَ كاتبا مِن جُمْلة عشرةِ كَتَبةٍ يَكتبون صدقاتِه

خاصّةً ولمّا وَلِىَ ظَهِير الدينِ المذكورُ الوزارة كتب اليه ابنُ الحَرِيرِىِّ صاحبُ المقامات [متقارب]

هَنِيئًا لك الفخرُ فافْخَرْ هَنِيًّا   كما قد رُزِقتَ مكانا عَلِيّا
وبِتَّ كآبائك الأكرمينَ   لدَسْتِ الوزارة كُفْأً رَضِيّا
تَحمَّلتَ أعباءها يافِعًا   كما أوتِىَ الحُكمَ يَحْيَى صَبِيّا

كان يصلّى الظُّهْرَ ويَجلس لكشف المَظالم الى وقت العَصر وكان الحُجّابُ يُنادون فى الناس مَن كانت له حاجة فلْيَعرِضْها ومِن مَناقبه أنّه لمّا وقعتِ الفِتَن بين السُّنّة والشِّيعة بالكَرْخ وبابِ البَصْرة من مدينة السَّلام تَغاضَى عن إراقة الدِّماء غايةَ التَّغاضى حتّى قال له المُقْتَدِى إنّ الامور لا تَمشى بهذا اللِّين الذى تَستعمله وقد أطمعتَ الناسَ بحِلْمك وتَجاوُزِك ولا بُدَّ مِن نَقْض دُورِ عشرةٍ من كبار اهل المَحالّ [1] حتّى تقوم السياسةُ وتَسكن هذه الفِتَن فأَرسل الوزيرُ الى المُحتسِب وقال له قد تقدَّمَ الخليفةُ بنقض دُورِ عشرةٍ من كبار اهل المَحالّ ولا تَمكُّنى المُراجعةُ فيهم وما

[1] A ici et dans tout ce passage المَحال, sans *taschdid*.

آمَنُ أن يكون فيهم احدٌ غيرُ مستحِقٍّ للمُواخَذة او أن يكون المِلْك ليس لـه فـأُريـدُ أن تَبعث ثِقـاتِـك الى هذه المَحالّ وتَشترىَ أَمـلاكَ هؤلاء المُتَّهَمين فـاذا صارت الأَمـلاكُ لى نقضتُها وأَسْلَمُ بـذلـك من الإثم ومن سَخَطِ الخليفـة ونقَدَه الثَّمَنَ فى الحـال ففعل المُحتسِبُ ذلك ثمّ بعد ذلك أَرسلَ ونقضها وحَجَّ بيتَ الله تعالى ولم يُؤَرَّخ عن وزيرٍ أنّـه حَجَّ فى ايّام وزارتـه إلّا هذا فـإنّ الوزراء قبله كانوا يَحجّون بعـد خُلُوّهم من الوزارة إلّا البَرامِكـةَ فـإنّهم حجّوا فى حال وزارتهم وطلَبَ السلطانُ جَلال الدولة مَلِكْشاهُ[1] من المُقْتَدِى عَزْلَ هذا الوزير فخرج توقيعُ المُقْتَدِى بعزلـه على حالـة جميلـة لم يُصرَف بمِثْلها وزيرٌ وانصرف الى داره وهو يُنشِد [وافر]

تَوَلّاها وليس لـه عَدُوٌّ   وفارَقَها وليس له صَدِيقُ

ثمّ اعتزل وتَزَهّد ولَبِسَ ثياب القُطْن وتوجّه الى الحجّ وأقـام بمدينة الرسول صلوات الله عليه وسلامه فكان يَكْنُس المسجدَ النَّبوىّ ويَفرش الحُصْرَ ويُشعِل المَصابيح وعليه ثوب من غليظ

[1] A مَلَكْشاهُ.

الخام وبدأ بِحفْظ القرآن وختَمَه هناك وله شِعْر لا بأس به فمنه قوله [خفيف]

إنّ مَن شَتَّتَ الجميعَ مِن الشَّمْل قديرٌ بأن يُجَمِّعَ أَهلَا
لستُ مُستيئِسًا وإن طال هَجْرٌ رُبَّ هَجْرٍ يكون عُقْباه وَصْلَا
واذا أَعقَبَ الوِصالُ فِراقًا كان ذاك الوِصالُ فى القلب أَحْلَى

ومات ره فى سنة ثلاث عشرة وخمس مائة انقضتْ ايّام المُقْتَدِى بامر الله ووزرائه

ثمّ ملك بعده ابنة المُستَظْهِر بالله ابو العبّاس أَحْمَدُ بويِعَ له بالخلافة فى سنة سبع وثمانين واربع مائة كان المُسْتَظْهِر كريمًا وَصُولا حسَنَ الأَخلاق كبير الهِمّة سَهْلَ العَرِيكة مُهذَّب الخِلال مُحِبًّا للخير مُبغِضا للظُّلْم فى ايّامه تفاقَمَ حالُ الباطِنيّة واستَولوا على المَعاقل والحصون بخُراسان وكان أصلَ دَعْوَتهم بخُرسان الحَسَنُ بن صَبّاح وهو رجل اصلُه من مَرْوَ وسافَرَ الى مِصْرَ وأَخذ من دُعاة آلِ ابى طالب بها المَذاهبَ وكان رجلا ذا دَهاء وصاحبَ حِيَلٍ ثمّ إنّه رجع من مِصْرَ الى خُراسان وصار داعِيا لآل ابى طالب وتوصَّلَ بأنواع

التوصُّلات حتّى ملَكَ قَلْعةً من بلاد الدَّيْلَم يُعرَف بالرُّوذْبار فلمّا ملكها قوِى امرُه واستَغوى طوائفَ من الناس وفَشا مذهبُ الباطِنيّة ونَمى واعتَقده خَلْقٌ من الأكابر فى باطن الامر وما زال يَستفحل امرُهم الى أن قصدت العساكرُ المُغُوليّةُ قِلاعهم وفعلتْ بها ما فعلتْ ومات المُسْتَظْهِر فى سنة اثنتىْ عشرة وخمس مائة

شرحُ حال الوزارة فى ايّامه لم يكن للوزارة فى ايّامه كبيرُ أُبَّهةٍ فمِن وزرائه زَعِيم الرُّؤساء ابو القسم عَلِىّ بن فَخر الدولة ابنُ جَهِيرٍ لم تَطل ايّامه ولم يكن له من السيرة ما يُؤْثَرُ وبعد يَسير من وزارته عُزل وقُبض عليه

وزارةُ ابى المَعالِى هِبة الله بن محمّد بن المُطَّلِب للمُسْتَظْهِر

كان رجلا كافِيا من كُفاة الدولة العبّاسيّة استوزره المُسْتَظْهِر بعد زَعِيم الرُّؤساء بن جَهِيرٍ وكان قبل الوزارة يَتولّى ديوانَ الزِّمام فحدَّث عنه بعضُ أصحابه قال دخلتُ يوما اليه قبل الوزارة وهو صاحبُ ديوانٍ فرأيتُه مُفكِرا مضطرِبَ الخاطر فسألتُه عن السبب فقال كنتُ قد أنهيتُ الى المُسْتَظْهِر فى السنة الخالية اجتهادى فى عِمارة البلاد وضَبْطى للارتفاع

وتشميرى للحاصل وقلتُ قد حصَلَ فى هذه السنة اثنا عشر الف كُرٍّ وفى السنة المستقبَلة يَحصل عشرون الف كُرٍّ فخرج جوابُه يَشكرنى ويُثْنِى علىَّ وشرَّفنى بشىء من ثيابه فسُررتُ وقلتُ هذه ثَمرةُ الاجتهاد ثمّ جرَّدتُّ هِمّتى للعِمارة وانبعثتُّ بجُهْدى وطاقتى فى عِمارة المستقبَل فاُتَّفق أَنِ انفجر بِثْقٌ فتَلِفَ مِن الارتفاع شىءٌ كثير وجرتْ أحوالٌ أُخَرُ اقتَضتْ خُفوقَ الارتفاع بحيث نَقَصَ عن ارتفاع السنة الخالية جُمْلةً فكتبتُ مُطالَعةً الى الخليفة أُعرِّفه فيها بخفوق الارتفاع وذكرتُ له كَمِّيّةَ الحاصل ولم أَشرحْ له السبب فى نَقِيصة الارتفاع وقلتُ فى نفسى إن سألنى عن السبب شرحتُه له فخَرَجَ جوابُه الىَّ يَشكرنى ويُثْنِى علىَّ وشرَّفنى بشىء من ثيابه كما فعل فى السنة الخالية فقلتُ فى نفسى وا وَيْلَاهْ هذا حالى معه فى حالة الاجتهاد والتقصير وقد شكرنى على الحالتينِ المُتناقِضتينِ وهذا يَدلّ على أنّه لا يُفكِر فيما يقوله ويفعله فما يُؤْمِننى أنّ بعض مَن هو قريبٌ اليه من أَعدائى يَعرِض عليه فى امرى ما يكون سببا لهَلاكى فلا يَتأمّل القضيّةَ بل يَتقدّم بما يُوافِق غَرَضَ العَدُوّ قال الحاكى

فقاتُ له يُعيذُكَ اللهُ ويَقيك ممّا تَحذَر وما بَرِحتُ حتّى سلَّيتُه وأزلتُ غمّه   وكان هذا ابو المعالِى بن المُطَّلِب من علماء الوزراء وأفاضلهم وأخيارهم   انقضتْ ايّام المُستظهِر بالله ووزرائه

ثمّ ملك بعده ابنه المُسترْشِد ابو مَنْصورٍ الفَضْل بن المُستظهِر بالله بويِعَ فى سنة اثنتىْ عشرة وخمس مائة   كان المُسترْشِد رجلا فاضلا ولمّا بويِعَ بالخلافة هَرَبَ اخوه الامير ابو الحَسَن وأخفى نفسَه ومضى الى الحِلّة مُستجيرا بدُبَيْس بن صَدَقَةَ صاحبِ الحِلّة وكان دُبَيْس بن صَدَقَة احدَ أجواد الدنيا كان صاحبَ الدار والجار، والحِمَى والذّمار، وكانت ايّامُه أعيادا وكانت الحِلّةُ فى زمانه مَحطَّ الرِّحال، ومَلْجأَ بنى الآمال، ومأْوَى الطّريد، ومُعتصَمَ الخائف الشّريد، فأكرمه دُبَيْسٌ إكراما زائدا عن الحدّ وأفرد له دارا وأكرمه إكراما كثيرا ومكث عنده مُدّةً على أحسنِ حال فلمّا علِم اخوه المُسترْشِد بالله أنّه عند دُبَيْسٍ قَلِقَ لذلك وخاف مِن أمرٍ يَحدث مِن ناحيته فبعثَ نَقِيبَ النُّقباء عَلِيَّ بن طِرادٍ الزَّيْنَبِيَّ الى الحِلّة بخاتَمه وأَمانِه وأَمَرَه أن يأخذ البَيْعة

على دُبَيْسٍ ويَطلب منه أن يسلِّم اليه الأَمير ابا الحَسَن فقال دُبَيْسٌ أمّا البَيْعة فالسَّمْعُ والطاعةُ لامر امير المؤمنين وبايَعَ وأمّا تسليم جارى فلا والله لا أُسلِّمه اليكم وهو جارى ونَزيلى ولو قُتلتُ دونَه إلّا إنِ اختار فأَبَى الامير ابو الحَسَن التوجُّهَ صُحبةَ النَّقيب الى اخيه فمضى النَّقيب وَحْدَه ثمّ بعد ذلك ظَفِرَ به المُسْتَرْشِد فسجنه فى بعض دُوره على حالة جميلة وجرتْ بين الخليفة المُسْتَرْشِد وبين السلطان مَسْعُودٍ وَحْشةٌ وتَفاقَمَ الامرُ فيها وأَفْضَى الحالُ الى الحرب فتوجَّهَ الخليفة المُسْتَرْشِد وصُحبتَه العسكرُ وأربابُ الدولة وتجهَّزَ مَسْعُودٌ لِلقائهم فلمّا التَقوْا والتَحم القتالُ انكسر عسكرُ المُسْتَرْشِد واستَظهر السلطانُ مَسْعُودٌ عليهم ونَهَبَ عسكرُه مِن العسكر الخَليفتيِّ أموالا عظيمة فيقال إنّ صَناديق المال كانت على مائة وسبعين بغلا وهى اربعة الف الف دينار وكان الرَّحْلُ على خمس مائة جَمَل وكان معه عشرةُ الف عِمامةٍ وعشرة الف جُبّةٍ وعشرة الف قَباءٍ كلُّ ذلك مِن فاخر الثياب كان قد أَعدَّها للتشريفات إن ظَفِرَ فيقال إنّ جُمْلة ما نُهب عشرةُ الف الف دينار ونَهَى مَسْعُودٌ عن إراقة

الدِّمـاء وقبَض على أصحاب الخليفـة وحملهم الى القَلْعة وأمّـا الخليفـة فـأفردَ لـه خَيْمةً ووكّل بـه جماعـة وسار مَسْعُودٌ والخليفـةُ معه الى مَراغـةَ فوصل كتـابُ السلطان سَنْجرٍ الى مَسْعُودٍ يـأمره بالإحسان الى الخليفة وإعادتِـه الى بَغْداذ مكرَّما معزَّزا وأن يَتلافَى الحالَ معه وأن يَرُدَّ عليـه أموالـه وأن يجعل له مِن النَحشَم والبَرْك والأَسباب أعظمَ وأجملَ ممّا ذهب منـه ويُعيـدَه الى بَغْداذ على أتمّ حال فـامتَثل مَسْعُودٌ جميعَ ذلـك وصنع لـه مِن البَرْك والأَسِرّة والخِيَم والحُمول أشيـاءَ جميلـةً ووقع العزمُ على العَوْد الى بَغْداذ واتّفقتْ غَفْلـةٌ من مَسْعُودٍ والعسكرِ فهجَمَ جماعـةٌ من البـاطِنيـّة على المُسْتَرْشِد فضربوه بالسَّكاكين فى مُخيَّمه بقَرْية بينها وبين مَراغةَ فَرْسَخٌ واحد وقتلوا معه جماعة من أصحابـه وحين علِم مَسْعُودٌ بذلك ركِب مُنزعِجا مُظهِرا للجزَع وأَخذَ القوم فقتلهم ثمّ نُقـل المُسْتَرْشِد على رؤوس العُلماء والأُمراء الى مَراغـةَ فـدُفن بها وقبرُه الآنَ بها معروفٌ تحت قُبّـةٍ حسنـةٍ رأيتُها عند وصولى الى مَراغـةَ فى سنـة سبع وتسعين وستّمائـة   واختَلف الناس عند قَتْل المُسْتَرْشِد فى سبب قَتْله فـقـال قوم إنّ مَسْعُودا لم يَعلم بذلك

ولا رَضِىَ به وقال قوم بل مَسْعُودٌ هو الذى واطأ الباطِنيّةَ على قتله وأمرهم بذلك لانّه خافه حيث قوِيت نفسُه على جَمْع الجموع وجرِّ الجيوش ولم يُمكِنه قتلُه ظاهِرا ففعل ما فعل من الإحسان اليه ظاهِرا ثمّ قتله باطِنا ثمّ إنّه أخرجَ جماعة من اهل الجَرائم فقتلهم وأوهمَ الناسَ أنّه قد قتَلَ قَتَلَتَه ثمّ أطلقهم سِرّا وذلك فى سنة تسع وعشرين وخمس مائة

شرحُ حال الوزارة فى ايّامه   مِن أفاضل وزرائه ابو عَلِىّ الحَسَن بن عَلِىّ بن صَدَقَةَ كان فاضلا نِحْرِيرا عالما بقَوانين الرئاسة خَيِّرا استوزره المُسْتَرْشِد سنةَ ثلاث عشرة وخمس مائة ولقَّبه بجَلال الدين سَيِّدِ الوزراء صدرِ الشَّرْق والغَرْب ظَهِيرِ امير المؤمنين وكانتْ له معرفة بالحِساب وأعمالِ السَّواد غيرَ أنّه لا يُنسَب اليه شئٌ من الكَرَم   ثمّ إنّ المُسْتَرْشِد قبض عليه وعزله عن الوزارة ولم يكن ذلك عن إرادة من المُسْتَرْشِد وانما دعتْه الضَّرورة الى القبض عليه لانّ وزير السلطان كان يَتعصَّب عليه ثمّ بعد ذلك بمُديدةٍ زال المانعُ فأعاده المُسْتَرْشِد الى وزارته وخلع عليه خِلَعَ الوزارة وتقدَّمَ الى أرباب الدولة بالسَّعْى بين

يـديْـه الى الديوان وهو أوّلُ وزيرٍ مشى أربابُ الدولة بين يـديْـه رَجّالـةً كان الوزير ابنُ صَدَقـةَ يومـا جالسا فى دَسْت الوزارة فدخل عليه سَدِيد الدولـة ابنُ الأَنْبارىّ كاتبُ الإنشاء وفى كُمّه أبيات قد هَجا فيها الوزيرَ فسقطتِ الرُّقْعة من كُمّه فمَدَّ الوزير يده سريعا وتَناوَلَها فكان فيها من جُمْلـة أبيات [بسيط]

أنتَ الّذى كَوْنُـه فَسادٌ فى عـالَمِ الكَوْن والفَسادِ

فلمّـا رآها سَدِيـد الدولـة فى يـد الوزير سقطتْ قُوّتُـه خوفـا وخَجَـلا فلمّـا قرأها الوزير فَطِنَ القِصّةَ وصَرَفَ الهَجْوَ عن نفسه الى سَدِيـد الدولـة وقـال أَعرِفُ هذه الأَبيات ومن جُمْلتها

ولقَّبوه السَّديـدَ جَهْلًا وهو بَرِىءٌ مِن السَّدادِ

ونَظَمَ الوزيرُ هذا البيتَ فى الحـال فـاُسْتَحيـا السَّدِيـد ابنُ الأَنْبارىّ وأَمسكَ عن الجواب ولـمّـا عزَمَ السلطانُ سَنْجَرُ على الوصول الى بَغْداذ وتوعَّدَ الخليفةَ كتب اليه الوزيرُ ابنُ

صَدَقَةَ والله لئن تحرّكتَ لأقطعنّ جميعَ ما وراءَكَ عنك وأَقطعُك عنه ولئن سِرْتَ فَرْسَخا لأَسيرنّ اليك فَرْسَخين

ومَرِضَ الوزير ابو عَلِىّ بن صَدَقَةَ فى اخِرِ ايّامه فعادَه المُسْتَرْشِد وأَنشده [طويل]

دفعنا بك الآفاتِ حتّى اذا أَتَتْ   تُرِيدُكَ لم نَسْطِعْ لها عنك مَدْفَعا

ولم يَزَلْ امرُه يَضْمَحِلُّ حتّى تُوُفّى فى سنة اثنتين وعشرين وخمس مائة

وزارةُ الشَّرِيف ابى القِسم عَلِىّ بن طِرادٍ الزَّيْنَبىّ   هو ابو القِسم عَلِىُّ بن طِرادِ بن محمّد نَقِيبِ النُّقَباء بن ابى القِسم عَلِىّ نَقِيبِ النُّقَباء بن الحَسَن بن محمّد بن عبد الوَهّاب بن سُلَيْمٰن بن عبد الله بن محمّد بن إبرهيم الإمام بن محمّد بن عَلِىّ بن عبد الله بن العبّاس وانما عُرفوا بالزَّيْنَبيّين لانّ أُمّهم زَيْنَبُ بنتُ سُلَيْمٰن بن عَلِىّ بن عبد الله بن العبّاس عُرفوا بها   كان مُتروِّيا من المعرفة بقَوانين الوزارةِ وأسبابِ الرئاسة وهو الذى جمعَ الناس على خَلْعِ الراشِد وقام فى خَلْعه وأَخَذَ البَيْعةَ للمُقْتَفِى القِيامَ العظيم واُتُّفق مع

السلطان مَسْعُودٍ على ذلك ووزَرَ لخليفتينِ المُسْتَرْشِد والمُقْتَفِى

ولمّا استوزره المُسْتَرْشِد وشافَهَه بالوِلاية قال له كلُّ مَن رُدّتْ اليه الوزارةُ شرُفَ بها إلّا انتَ فإنّ الوزارة شَرُفَتْ بك وحُمِل اليه الدَّسْتُ الكامل من دار الخليفة وتقدَّمَ الى أرباب المَناصب بالسَّعْى بين يديْه الى الديوان ومَكث على ذلك مُديْدةً ثمّ قبض عليه المُسْتَرْشِد وعزله ثمّ أعادَه الى أجملِ ما كان عليه فلمّا خرج المُسْتَرْشِد الى حربِ مَسْعُودٍ كما تقدَّمَ شرحُه خرج الوزير معه فلمّا جرى على المُسْتَرْشِد ما جرى حَظِىَ الوزير عند السلطان مَسْعُودٍ وقرّبه وأعلى مَحلَّه واستَصحبه صُحبتَه الى بَغْداذ وقام الوزيرُ بين يديْه فى خَلْع الراشِد وإجلاسِ المُقْتَفِى القِيامَ الذى عرَفَه له مَسْعُودٌ وشكَرَه عليه وباقى أخباره تَرِدُ عند ذكر وزارته للمُقْتَفِى

وزارةُ الوزير ابى نَصْرٍ أحْمَدَ بن الوزير نِظام المُلْك للمُسْتَرْشِد

كان كريما جميلَ الصُّورة وَزَرَ للمُسْتَرْشِد بالله فشُكرت سيرتُه لمّا عزَمَ المُسْتَرْشِد على عِمارة سُور بَغْداذ قسَّط على الناس خمسة عشر الف دينار فقام الوزيرُ ابو نَصْرٍ بها

وأدّاها عن الناس من مالـه ولم تَطل ايّامه فتُوُفّى فى سنـة اربع واربعين وخمس مائـة

وزارةُ أَنُوشَرْوانَ بن خالِد بن محمّد القاشانىّ للمُسْتَرْشِد

كان رجلا من أفاضل الناس وأَعيانِهم وأَخيارهم تولّى الوزارةَ للسّلاطين وللخلفاء وكان يَستقيل من الوزارة فيُجابُ الى ذلك ثمّ يُخطَب لها فيُجيبُ كارها هو الذى صنّف لـه ابنُ الحَريرىِّ المَقاماتِ الحَريريّـةَ واليه أَشار فى أوّلها بقولـه فأَشارَ مَن إشارتُـه حُكْم، وطاعتُـه غُنْم، طَلَبَ الأَرَّجانىُّ الشاعر من الوزير أَنُوشَرْوانَ خَيْمةً وقد عزم على بعض الأَسفار فلم يكن عند أَنُوشَرْوانَ خَيْمة فأَرسل اليه بدَنانير كثيرة وقال له اِشْتَرِ بها خَيْمة فقال الأَرَّجانىُّ فى ذلك [منسرح]

لله دَرُّ ابنِ خالِدٍ رَجُلًا أَحيَا لنا الجُودَ بعد ما ذَهَبا
سأَلتُـه خَيمةً أَلُوذُ بها فجادَ لى مِلْءَ خَيمةٍ ذَهَبا

وكان أَنُوشَرْوانُ بن خالد كثيرَ التواضُع مشهورا بذلك يقوم لكلّ مَن يَدخل عليه فهجاه ابنُ الهَبّارِيّة الشاعِر بقولـه [بسيط]

هذا تـواضُعُك المشهور عن ضَعة   تَبـدو فمِن أجلهـا بالكِبْرِ تُتَّهَمُ
قعدتَّ عن صِلةِ الراجى وقُمتَ لـه   فـذا وُثوبٌ على الطُّلّاب لا لهُمُ

وفيه يقول ايضا يُشير الى كَثْرة قِيامه   [بسيط]

رأيـتُ مشروبَـه يُـعَـبَّى   مَزاوِدًا فى يـد الـغُـلامِ
فقلتُ لا يَعرِضَنْ لشُرْبِ الـدَّواء من غيرِ مـا سَقامِ
فمـا بـه حاجـةٌ الـيـه   فـإنّـه دائـمُ الـقِـيـامِ

وكان بين أَنُوشَرْوانَ بن خـالـد وبين الوزير الزَّيْنَبىّ عَداوةٌ وتَبـاغُض وتَنـافُس على الوزارة فعُزِل الوزير الزَّيْنَبىّ وتولَّى أَنُوشَرْوانُ بن خالد فتقرَّبَ الناسُ اليه بثَلْب الزَّيْنَبىّ فـدخل الحَيْصُ بَيْصُ الشاعر عليه وأنشده قصيدة أوّلُها   [كامل]

شُكرًا لدَهرى بالضَّمير وبالفَمِ   لمّـا أَعاضَ بمُنْعِمٍ عن مُنْعِمِ

يُشير الى أَنُوشَرْوان والى الزَّيْنَبىّ فـاستَحسن الناسُ منه ذلك واستَدلّوا به على وفـائـه وحُرِّيّتـه ثمّ إنّ أَنُوشَرْوان بن خالد مات وأُعيدَ الزَّيْنَبىّ الى الوزارة فتقرَّبَ الناس اليـه بمَسَبّه

أَنُوشَرْوانَ فدخل عليه الحَيْصُ بَيْصُ وأَنشده [طويل]

بَقِيتَ ولا زَلَّتْ بك النَّعْلُ إنّنى فَقَدتُ اصْطِبارى يومَ فَقْدِ ابنِ خالدِ

ومات أَنُوشَرْوانُ فى سنة اثنتين وثلاثين وخمس مائة
انقضتْ ايّام المُسْتَرْشِد بالله ووزرائه

ثمّ ملك بعده ابنه الراشِد بالله ابو جَعْفَرٍ مَنْصُورُ بن المُسْتَرْشِد

بويِعَ له بالخلافة عَقِيبَ وصول الخَبَر بقَتْل ابيه سنةَ تسع وعشرين وخمس مائة وجهّز الراشِد عسكرا كثيفا وتوجّهَ لمحاربة مَسْعُودٍ وتوجّهَ مَسْعُودٌ نحوَ العِراق طالبا لتملّكه فوصل الى بَغْداذ فى خمسة الف فارس ودخلها فكفّ الراشِدُ عن حَرْبه وخرج منها متوجِّها الى المَوْصِل ودخل السلطان مَسْعُودٌ بَغْداذَ واستَبدَّ بتدبير الامور فيها وأَظهرَ العدل ومنعَ الجُنْد من الأَذَى وجمعَ القُضاةَ والشُّهود وأَخذ خُطوطَهم بالقَدْح فى الراشِد وكتَبَ مَحضَرا بخَلْع الراشِد وأَثبته على القُضاة وتَوَلّى ذلك له الوزيرُ الزَّيْنَبىّ وكان مَسْعُودٌ قد استشار الزَّيْنَبىّ فيمن يُوَلّيه الخلافة فقال له يا مولانا هناك رجل يَصلح لها فسأله عن اسمه فقال له يا مولانا إن سمّيتُه أَخافُ

أن يُقتَل ولكن اذا دخلنا بَغْداذ سمّيتُه لك فلمّا احتاجوا الى إجلاس خليفة سَمّى الزَّيْنَبىُّ له ابا عبد الله محمّدا المُقْتَفِى عَمَّ الراشِد فبايَعَ له وأَجلسه على سرير الخلافة ثمّ إنّ الراشِد لم يَتِمَّ له بالمَوْصِل امرٌ فسار عنها الى إصْفَهانَ فوثَبَ عليه جماعة مِن المَلاحِدة فقتلوه على بابِ إصْفَهانَ وذلك فى سنة اثنتين وثلاثين وخمس مائة وقبرُه هناك معروفٌ

شرحُ حال الوزارة فى ايّامه لمّا أَفضتِ الخلافة اليه استوزر جَلالَ الدين ابا الرِّضَى محمّد بن صَدَقَةَ ولم تَطل ايّامُه وخاف ممّا جرى فألتجأَ[1] الى زَنْكِى بن آقْسُنْقُرَ صاحبِ المَوْصِل فأَجاره وأَصلحَ امرَه ثمّ لمّا خرج الراشِد من بَغْداذ أُستُخدم هذا ابو الرِّضَى فى بعض الخَدَمات غيرِ الوزارة ومات فى سنة ستّ وخمسين وخمس مائة ولم يكن له من السيرة ما يُؤْثَرُ انقضتْ ايّامُ الراشِد ووزرائه

ثمّ ملك بعده عمُّه المُقْتَفِى لامر الله ابو عبد الله محمّد بن المُسْتَظْهِر بويِعَ له بالخلافة سنةَ ثلاثين وخمس مائة

كان المُقْتَفِى من أفاضل الخلفاء ولمّا أَجلسه

[1] A فالتجى.

مَسْعُودٌ وبايَعَ لـه وكان قـد أَخذ جميعَ مـا بـدار الخـلافـة من ذَهَب او أَثاثٍ ورَحْل وغير ذلـك وتصرَّفَ نُـوّابُـه فى جميع أَعمالِ العِراق أَرسلَ الى المُقْتَفِـى يقول له اذكُرْ مـا تَحتـاج اليه انت وكلُّ مَن يَتعلَّق بـك حتّى أُعيِّن لك بـه إقطاعاتٍ فـأَرسلَ اليه المُقْتَفِى يقول عندنا بالدار ثمانون بغلا تَنقل المـاءَ من دِجْلـةَ لِيَشربه عِيـالُنـا فـانظُرْ انت كم يَحتـاج اليـه مَن يَشرب فى كلّ يوم مـاءً يَحملـه ثمانون بغـلا فـقـال مَسْعُودٌ لـقـد أَجلسْنـا فى الخـلافـة رجـلا عظيما فـالله تعـالى يَكفينا شَرَّه   وجرتْ فى ايّـامه فِتَن وحروب بينه وبين سَلاطين العَجَم كانت الغَلَبةُ فيها له   وثارَ فى ايّـامه العَيّارون والمُفسِدون فنهَضَ بقَمْعهم أَتَمَّ نهوض وتُوُفّى المُقْتَفِى فى سنـة خمس وخمسين وخمس مـائـة

شرحُ حال الوزارة فى ايّامه   أَوّلُ وزرائه الزَّيْنَبىّ ابو القسِم علِىّ بن طِرادٍ العبّـاسىّ وزير اخيـه المُسْتَرْشِد استـوزره حـين بويِـعَ لانّـه هو الذى قـام فى بَيْعتـه وأَشار على مَسْعُودٍ بـه ومكث مُدّةً فِى وزارة المُقْتَفِى ثمّ جرتْ بينـه وبينه وَحْشةٌ خاف فيها منه فاُستجار بدار السلطان وأقام بها مُدّةً معتصِما مِن

المُقْتَفِى الى أن روسِلَ الخليفةُ من جهة السلطان فى معناه فأَذِنَ فى عوده الى داره مكرّما فأنصرف الى داره وأقام بها على قَدَم البَطالة وأضْمَحلّ امرُه ورقّ حالُه ولَقِىَ شَقاءً عظيما وضائقةً شديدة حتّى أنّه مَرِضَ فأشتَهتْ نفسُه شيئا من المشموم فلم يَقدر على ثَمَنه وقد كان أَنفقَ أكثرَ ماله لمّا كان مُستجيرا بدار السلطان على خَواتينه وأَتباعِه وأربابِ دولته وكانت مَواهِبُه دارّةً على أكثر أرباب الدولة وغيرهم من العلماء والوافدين والطالبين ولمّا مَرِضَ مَرْضتَه التى مات فيها كتب اليه المُقْتَفِى رُقْعةً يَستميله فيها ويَعِده بكلّ جميل فتمثّلَ الوزير [طويل]

أَتَتْ وحِياضُ الموت بينى وبينها وجادتْ بوَصْلٍ حين لا يَنفع الوَصْلُ

وقال وَصِيّتى حِفْظُ حُرَمى وأَطفالى فلمّا تُوُفّى قام المُقْتَفِى بجميع ما يَحتاج اليه أَولادُه وصِغارُه وأَجرى عليهم الجِراياتِ الكثيرةَ

وزارةُ نِظام الدين ابى نَصْرٍ المُظَفَّر بن عَلِىّ بن محمّد بن جَهِيرٍ البَغْداذىّ للمُقْتَفِى كان له أُنْسٌ بالعلوم وخاصّةً بالحديث

النَّبَوىّ صلوات الله على صاحبه ولم تَطل ايّامه ولم يكن له من السيرة ما يُؤْثَر

وزارةُ مُؤْتَمن الدولة ابى القسم عَلِىّ بن صَدَقة للمُقْتَفِى

بيتُه بيتٌ مشهور بالوزارة معروف بالرئاسة وكان مُؤْتَمنُ الدولة حَسَن الصورة والخُلُق لكن لا عِلْمَ عنده بقوانين الوزارة وكان كثيرَ التعبُّد والصَّدَقة استوزره الخليفة المُقْتَفِى لامر الله قالوا كان هذا مُؤْتَمنُ الدولة الوزيرُ قليلَ الاشتغال بالعلم وكان ضعيفَ القِراءة فى الكُتُب وكان قد أدمنَ فى قِراءة جُزْءٍ واحد من أجزاء القرآن وفى كتاب واحد من كُتُب الأَدَب فكان لا يَزال الجُزْءُ المذكور والكتاب بين يديْه يَقرأ فيهما قراءةً جيّدة فخَفِىَ على الناس حالُه مُدّةَ وزارته فلمّا ماتَ ظهَرَ ذلك عنه ولم يكن له من السيرة ما يُؤْثَر

وزارةُ عَوْن الدين ابى المُظَفَّر يَحْيَى بن هُبَيْرَةَ للمُقْتَفِى

أوّلُ مَنْشَاه مِن قَرْيةٍ تُعرَف بالدُّور من أَعمال دُجَيْلٍ تُعرَف اليومَ بدُورِ الوزير نِسْبةً الى ابن هُبَيْرَةَ وكان ابوه أَكّارًا بالقَرْية المذكورة وكان يَحثّ وَلَده على تحصيل الأَدَب وإدراك

الفوائد وكان يُرَدِّده صَغيرا الى بَغداذ ويُحضِره الى مَجالس الصدور وصدورِ المَجالس وكان هو كما قيل [مديد]

ولها مِن نفسها طَرَبٌ

ومات ابوه وهو صبىّ فيَفْرَدَ بالاشتغال وتقلّبتْ به تَصاريفُ الامور ومَرّتْ عليه شَدائدُ وكابَدَ من الفَقْر أَهوالا وتنقَّلَ فى الخَدَمات فكان لا يَنتقل مِن خِدْمة إلّا الى أَكبرَ منها وما زال يَنتقل مِن خِدْمة الى أُخرى أَرفعَ منها حتّى تقلَّدَ الوزارة للمُقْتَفِى فمكث فيها مُدّةً ومُشاهرتُه فى كلّ سنة مائة الف دينار وكان كريما جَوادا سَمْحا لا يَخرج مِن السَّنة[1] وفى خِزانته منها درهمٌ واحد وكان المُقْتَفِى والمُسْتَنْجِد يقولان ما وَزَرَ لبنى العبّاس كيَحْيَى بن هُبَيْرَةَ فى جميع أحواله وكانت له فى قَمْع الدولة السَّلْجُوقيّة يَدٌ قويّةٌ وحِيَل مَرضيّةٌ وكان وَقُورا حليما متواضِعا لمّا تَولّى الوزارة دخل الديوانَ وعليه الخِلَع فرأى غُلاما مِن غِلْمان الديوان واقفا عن بُعْد فأَستدناه وتبسَّمَ فى وجهه وأَمر له

[1] A (sic) يخرجُ السَّنَةِ.

بذَهَب وكُسْوة ثمّ قال لا إلٰهَ إلّا اللهُ أَذكرُ مرّةً وقد دخلتُ هذا الديوانَ وجلستُ فى بعض المَجالس فجاء هذا الغلام وجذبنى بيدى وقال قُمْ فليس هذا مكانَك وقد رأيتُه الساعةَ واقفا وأَثرُ الخوف ظاهرٌ عليه فأَحببتُ أن أُوانِسه وأُزيلَ رُعْبَه   ورأى يوما فى الديوان جُنْديّا فقال لحاجبه أَعْطِ هذا الجُنْدىَّ عشرين دينارا وكُرَّ حِنْطةٍ وقُلْ له لا يَدخلُ الديوانَ ولا يُرِينا وجهَه فتغامَزَ الناسُ وتشوَّفوا الى معرفة السبب فى ذلك وفَطِنَ الوزير لذلك فقال لهم كان هذا الجُنْدىّ شِحْنةً فى قَرْيتنا فقُتل شخصٌ من اهل القَرْية فجاء هذا الشِّحْنةُ وأخذ جماعةً من اهل القَرْية وأَخذنى معهم مكتوفا فى عَرْضِ الفُرْس وبالَغَ فى أَذاىَ وضَرْبى ثمّ أَخذ مِن كلّ واحد منهم شيئا وأَطلقهم وبَقِيتُ انا معه فقال لى أَعطِنى شيئا وأَخْلَص فقلتُ واللهِ ما أَملكُ شيئا فأَعاد علىَّ الضربَ والإهانة ثمّ قال لى اِذْهَبْ الى لَعنة الله ثمّ أَطلقنى فانا لا أُحِبّ أن أَرى صورة وجهه   ومِن أَفكاره اللطيفة أنّ الوزراء كانوا قبله يلقَّبون أَلقابا من جُملتها سيّدُ الوزراء فتقدَّمَ هو الى الكُتّاب

أن لا يَكتبوا هذا اللَقَب فى أَلقابه وقال إنّنى افتَكرتُ فى هذا فرأيتُ الله تعالى قد سَمَّى هُرُونَ وزيرا حتّى قال عزَّ مِن قائلٍ حِكايةً عن مُوسَى عم [1] وَٱجْعَلْ لِي وَزِيرًا مِنْ أَهْلِي هُرُونَ أَخِي ٱشْدُدْ بِهِ أَزْرِي وسمعتُ عن النبيّ عم أنّه قال لى وزيران من اهل السَّماء جَبْرَئيلُ ومِيكائيلُ ووزيران من اهل الارض ابو بَكْرٍ وعُمَرُ وقال عم إنّ الله تعالى اختار لى أصحابا فجعلهم وزراءَ وأَنصارا وحدّث عنه بعضُ مُجالِسيه قال كنّا يوما عنده فدخل الحاجب وقال يا مولانا بالباب رجلٌ سَوادىٌّ يَذكر أنّه فلانُ بن فلانٍ ومعه شَمْلَة مكوَّرة وهو يَطلب الحضور بين يديْك فعرفه الوزير وقال له أَدخلْه قال فدخل شيخٌ طويل من اهل السَّواد عليه ثياب غليظة من القُطْن وعِمامةُ فُوَطٍ ملوَّنةٍ وفى رِجْله جُمْجُمان فسلَّم على الوزير وقال يا سيّدى أُمُّ الصُّغَيِّرات يَعنى زوجتَه لمّا علمتْ أنّى أَجىء الى بَغْداذ قالت لى سَلِّمْ على الشيخ يَحْيَى بن هُبَيْرَةَ وٱستَوحشْ له وقد خَبَزَتْ لك هذا الخُبْزَ على اسمك فتبسَّمَ الوزير وهَشَّ به وقال جزاها اللهُ خيرا

[1] *Coran*, xx, 30.

وَحَلَّ تلك الشَّمْلَةَ فاذا فيها خُبْزُ شَعيرٍ مشطورٌ بكامَخِ التُّوثِ[1] فأَخذ الوزير منه رَغِيفين وقال هذا نَصيبى من هذه الهديّة وفرّق الباقىَ على الصدور الحاضرينَ وسأل الرجلَ عن حوائجه وحَوائج زوجته فقضاها وقال للحاضرين هذا كان جارى فى قَرْيتى وشريكى فى زُرَيْعٍ وأَعرِفُ منه الأَمانةَ ومن حِيَله أنّه كان ببعض بلاد العَجَم رجل كلّما أُقيمتِ الخُطْبةُ يومَ الجُمُعة فى الجامع يقوم ويَذمّ الخليفة ويَدعو للسلطان فاتَّصل ذلك بالوزير ابن هُبَيْرَةَ فأَحضرَ شخصا من اهل بَغْداذ وأَمره أن يُسافِر الى تلك البَلْدة وأَعطاه عشرةَ دنانير ذَهَبا وقارُورةً فيها خِطْرٌ وقال له اذا دخلتَ ذلك البلدَ وحضرتَ يومَ الجُمُعة فى الجامع ورأيتَ الرجل الذى يَسبّ الخليفة فانهضْ اليه وانت على زِىّ التِّجار وأَمِنْ على كلامه وأَظهِرِ البُكاء عند مَسَبّة الخليفة وقُلْ إى والله فعَلَ اللهُ به وصنَعَ وهل غرّبنى عن عِيالى ووَطَنى وأَفقرَنى غيرُه ثمّ افعَلْ فى الجُمُعة كذلك وقُلْ له قد حلفتُ أنّى أَملأُ فَمك دَنانيرَ وضَعْ هذه الدنانير حَشْوَ فَمِه واخرجْ عنه وبادِرْ الى استعمال هذا الخِطْر على وجْهك

[1] A الثوث.

وِلْحيتِك فإنّه يُحدِث فى الوجه سُمْرةً وفى شَيْب اللِّحْية سَوادا وغَيِّرْ زِيّك حتّى لا تُعرَف فتَهْلِكَ ففعل الرجل ذلك وكانت الدنانيرُ مسمومةً فلمّا راح ذلك الرجل الى بيته ما زال يَتقلقل حتّى مات مِن يومه واستَعمل الرجلُ المنفَّذ الصِّبْغ فأَخفى به نفسه ورجع الى بَغْداذ ومن حِيَله أنّه كان يَكتب الى ملوك الأَطراف ملطَّفاتٍ صِغارا فى رِقٍّ خفيف ويَشقّ فى جِلْد ساقِ الرِّكابىّ بمِقْدار ما يُدخِلها فيه ثمّ يَتركُه حتّى يَلتحم ويسيِّره الى حيث أَراد ومن قُوّة جأشه وثَباته أنّه[1] كان يوما جالسا بالديوان وبين يدَيْه الامراء والصدور والأَكابِر فسقطتْ مِن السَّقْف حَيَّةٌ كبيرة فوقعتْ على كَتِف الوزير وسَرَحتْ من كَتِفه الى حِجْره فنفَرَ كلٌّ من كان هناك مِن أَرباب الدولة عن مُسْتَقَرّه وأُنْزعِجوا عن مَراتبهم والوزيرُ جالس لم يَتحرّك عن مكانه ولا تغيَّرَ مِن دَسْته ما كأَنْ وقَعَ عليه شىء ثمّ أَمر المَماليكَ بقتلها فقُتِلتْ بين يدَيْه وفى الجُمْلة فكان ابنُ هُبَيْرَة مِن أَفاضل الوزراء وأَعْيانهم وأَماجدهم له فى تدبير الدولة

[1] A sans أنّه.

وضبطِ المملكة اليَدُ الطُّولَى ولـه فى العلوم والتصانيف التَّبريزُ على اهل عصره وله أَشعار كثيرة فمنها [طويل]

يَقِينُ الفَتَى يُزْرِى بجالـة حِرْصه فقُـوّةُ ذا عن ضَعْفِ ذا تَتحصَّلُ
اذا قَلَّ مـالُ المَرْءِ قَلَّ صَدِيقُه وقُبِّحَ منه كلُّ ما كان يُجْمَلُ

وفى اخِرِ ايّامـه عرَضَ لـه تَزايُـدُ البَلْغَم فمات وهـو ساجـد وذلك فى سنـة ستّين وخمس مائة انقضتْ ايّام المُقْتَفِى لامر الله ووزرائـه

ثمّ ملك بعـده ابنـه المُسْتَنْجِد بالله ابو المُظَفَّر يُوسُفُ بويِـعَ عَقِيبَ موت ابيه فى سنة خمس وخمسين وخمس مـائـة

كان المُسْتَنْجِد شَهْما عارفـا بالامور لمّا وَلِيَ الخلافـة أزال المُكوسَ والمَظالم إلّا أنّه فعل فَعْلةً قبيحة حَلَّ المُقاطَعاتِ وأَعادها الى الخَراج فشَقَّ ذلـك على العَلَـويّينَ بالكوفـة والمَشاهِد مَشَقّةً عظيمـة ونسبوا هذا الفِعْل الى ابن هُبَيْرَةَ ولعنوه بالمَشاهد وفى ايّامه ابتداء فَتْح مِصْرَ وضَعُفتْ دولةُ الفاطِمِيّينَ بها وفى ايّام وَلَده المُسْتَضِىء تكامَلَ فتحُها على يـد صَلاح الدين يُـوسُفَ بن أَيُّـوبَ ومـات المُسْتَنْجِد

مخنوقا فى الحمّام خنقه أكابرُ دولته عَقيبَ مَرْضة صَعْبة كانت قد عرضتْ له لانّهم خافوه على أنفسهم وذلك فى سنة ستّ وستّين وخمس مائة

شرحُ حال الوزارة فى ايّامه   لمّا بويِعَ بالخلافة أقرَّ ابن هُبَيْرةَ وزير ابيه على وزارته وزاد فى رَفْع منزلته وقد مضى من سيرة ابن هُبَيْرةَ ما يُغْنِى عن الإعادة

وزارةُ وَلَده محمّد بن يَحْيَى بن هُبَيْرةَ لَقَبُه عِزُّ الدين ناب عن الوزارة بعد وفاة والده وكان فاضلا رئيسا عَبِقا بالسِّيادة شاعرا رَشيقَ المَعانى خبيرا بالأَدَب والحديث النَّبَوىّ وحُبس بعد موت ابيه ولم يُعلَم خبرُه بعد الحبس ورُوى عنه هذان البيتان أنّهما له   [خفيف]

كم مَنَحتُ الأحداثَ صَبْرًا جميلَا   ولَكَمْ خِلْتُ صابَها سَلْسَبِيلَا
ولَكَمْ قلتُ للّذى ظَلَّ يَلحا   نى على الوجد والأَسَى سَلْ سَبِيلَا

وزارةُ شَرَف الدين ابى جَعْفَر محمّد بن ابى الفَتْح بن البَلَدىّ للمُسْتَنْجِد بالله   كان قبل الوزارة ناظرا بواسِطَ فأَبانَ فى مُدّة وِلايته عليها عن قُوّة وجَلادة وارتفاعاتٍ ناميةٍ وحُمولٍ

دارّةٍ فعظُمتْ منزلتُه عند المُسْتَنْجِد وكوتِبَ عن الخليفة الى واسِطَ بما يَقتضى أن يكون وزيرَه وتأكّدَ الحالُ فى ذلك فحكَمَ حُكْمَ الوزراء وهو بواسِطَ ووقَّع وكاتَبَ ملوكَ الأَطراف وهو بواسِطَ ثمّ أصعدَ الى بَغداذ فخرج المَوْكِب لتَلَقِّيه وفيه جميعُ أَعيان الدولة وكان عَضُدُ الدين ابو الفَرَج محمّد بن رئيس الرؤساء أستاذَ الدار بينه وبين ابن البَلَدىّ كَدَرٌ فكَرِهَ عَضُدُ الدين الخروج الى تَلَقِّيه وقد كان الخليفةُ تقدَّمَ اليه بالخروج فبذَلَ خمسةَ الف دينار على أن يُعْفَى من الخروج اليه فقال الخليفة إن عجَّلها نَقْدا أعفيتُه من الخروج فوُزِنتْ فى الحال وحُملتْ فلمّا صارت فى الخَزْن تقدَّمَ الخليفةُ اليه بالخروج لتَلَقِّى الوزير وقيل له هذا المالُ جِنايةٌ عن كونك تكرهُ ما نُؤْثِر وتراجَعَ فى التقدُّمات الشريفة فذهب المالُ منه وخرج عابرا الى الجانِب الغَرْبىّ صُحبةَ المَوْكِب ومضى الناسُ كلُّهم الى صَرْصَرَ فتلقّوه هناك فلمّا وقعتْ عينُ عَضُد الدين أُستاذِ الدار على الوزير أراد عَضُدُ الدين أن يترجّل فصاح به الوزير والله لئن ترجَّلتَ ترجَّلتُ انا ايضا فخدَمَه ثمّ اعتَنقا على ظهور الدَّوابّ وسار بين يدَيْه ووصل الوزير

الى مُحاذاة التاج وعبَرَ فى سفينـة وحضر بين يـدى الخليفـة فشافَهَـه بالوزارة وخُلعتْ عليه خِلَعُ الوزارة وأكّد عليه النهوضُ بالمَهامّ الديوانيّـةِ فنهَض بـأعبـاء الوزارة ومـا زال امرُه على السَّداد الى أن جرى للمُسْتَنْجِد مـا جرى مِن تغلُّب عَضُد الدين أستاذِ الدار وأكابرِ الامراء عليه وإدخالِـه الحمّامَ وهو مريض حتّى مات من الحَرارة ثمّ إنّ عَضُد الدين أستـاذ الدار أخرجَ وَلَده المُسْتَضِىء وبايَعَه وشرَطَ عليه شروطا وأحلفَه عليها أيمانا مُؤكَّدةً منها أن يكون هو وزيرا وأن يكون وَلَدُه أُستاذ الدار وفلانٌ اميرَ العسكر وفُلانٌ كذا وكذا فـالتزم المُسْتَضِىء لهم بـذلك وحلَفَ أيمانا غليظةً ثمّ بويِـعَ المُسْتَضِىء فى باطن الدار البَيْعةَ الخاصّةَ واستُـدعى الوزير ابن البَلَـدىّ ليُبايِـع فلمّا حضر الدارَ عُدل بـه الى مكان وضُربتْ فيـه عُنُقُه وأُخرج فرُمى على مَزْبَلـة ببـاب المَراتِب ثمّ سُحب وأُلقى فى دِجْلـةَ وكان حَسَن الطريقـة مشكور الأَخلاق انقضتْ ايّام المُسْتَنْجِد بالله ووزرائـه

ثمّ ملك بعده وَلَده المُسْتَضِىء ابو محمّد الحَسَن بن المُسْتَنْجِد بالله بويِـعَ فى سنة ستّ وستّين وخمس مـائـة لم يكن بسيرتـه

بـأس فى ايّامـه وردتِ البَشائـرُ الى بَغْداذ بفتح مِصْرَ وانقراضِ الدولة الفـاطِميّة ولمّا جلس على سرير الخلافة تقـدَّمَ بقتـل ابن البَلَدىّ وزير ابيـه وتُوُفّى فى سنـة خمس وسبعين وخمس مـائـة

شرحُ حال الوزارة فى ايّـامه أوّلُ وزرائـه عَضُد الدين ابو الفَرَج محمّد بن ابى الفُتوح عبد الله بن رئيس الرؤساء الـذى كان قبل ذلك أُستاذ الدار كان عَضُد الدين من أفـاضل الناس وأَعيانهم وكان أُستاذ الدار فى ايّـام المُسْتَنْجِد فلمّا جرى للمُسْتَنْجِد مـا جرى استَولى عَضُدُ الدين ونهَضَ فى إخراج المُسْتَضِئ من الحبس ومبـايعتِـه وإحلافِـه فـاستوزره المُسْتَضِئ ونهَضَ عَضُد الـدين بـأَعباء الوزارة نهوضا مَرضيّـا وفرّق فى يوم جلوسه فى دَسْت الوزارة ذَهَبا كثيرا وحِنْطـةً على المُقيمينَ بالمَشاهـد والجَوامع والمَـدارس والرُّبُط وتاطَّفَ بالامور تلطُّفًا لم يكن فى حِساب النـاس وبيتُه بيتٌ مشهور بالرئـاسة يُعرفون قـديمـا ببيت الرُّفَيْـل وكان ابنُ التَّعاوِيـذِىّ الشاعرُ البَغْداذِىُّ شاعرَهم ومنقطعا اليهم واُتَّفق جُلُّ عُمْره معهم ولهم يُخاطِب بقولـه [سريـع]

قَضَّيتُ شَطرَ العُمرِ فى مَدحِكم ظَنًّا بكم أنّكمُ أهلُهُ
وعُدتُ أُفنيه هِجاءً لكمْ فضاع فيكمْ عُمرى كُلُّهُ

وله فيهم مَدائحُ كثيرة فمن جُمْلتها [طويل]

وما زِلتُ فى آل الزُّفَيل بمَعزِلٍ عن الجَوْر مبذولا لِىَ الأَمْنُ والخِصْبُ
فإن أقترف ذَنبا بمَدْح سِواهمُ فإنّ خِماص الطيرِ يَقنِصها الحَبُّ
وإن عاد لى عَطْفُ الوزير محمّدٍ فقد أكثَبَ النائى ولانَ لِىَ الصَّعْبُ
وزيرٌ اذا اعتَلّ الزمانُ فرأيُه هِناءٌ به تُطْلَى خَلائقُه الجُرْبُ

وما زال امرُ عَضُد الدين يَجرى على السَّداد حتّى عزله المُسْتَضِئ وقبض عليه وصُورةُ عَزْلِه كان يوما جالسا فى الدَّسْت فهجم عليه خادم من خَدَم الخليفة فقال له قد استُغْنِىَ عنك ثمّ أَطبقَ دَواتَه ودخل الأَتراكُ والجُنْد الى دُوره فنهبوا ما بها ودخل العوامُّ ايضا وكُسّرتِ الصَّناديقُ الآبَنُوسُ والعاجُ بالدَّبابيس وأُخذ جميع ما كان بها فخرج عَضُد الدين وهو يَتشاهَد ويقول للأَتراك أما تَستحيون منّى أما دخلتم دارى أما اكلتم زادى فلم يَنفعه ذلك فلم يَمضِ إلّا ساعةٌ واحدة حتّى صارت دارُه بَلاقِعَ ثمّ حُمل الى الحَريم ووُكّل

بـه هناك مُدّةً ثمّ أعاده المُسْتَضِيءُ الى الوزارة وحكّمه وبسَطَه فصَفَتْ لـه الـدنيـا وعظُم شأنُـه وكثُرتْ خَيْراتُـه وهِباتُـه وأحبَّه النـاسُ وكان سَخِيّـا وَهُوبا شريفَ النفس قيل إنّـه مـا اشترَى لـداره قطُّ سُكّرا بـأَقلَّ مِن الف دينار

حدَّث عنـه بعض مماليكـه قـال احتـاجَ مرّةً الى الف دينار فـأَنِفتْ نفسُه أن يَقترضهـا من أولاده او من غيرهم وكـان يـأنَس بى فـقـال لى يا وَلَدى قـد احتَجتُ الى الف دينـار أُعيدُها عليك بعد ايّـام فـقـلتُ السّمْعُ والطـاعـةُ يا مولاى ثمّ مضيتُ وأَحضرتُ لـه خمسةَ الف دينـار وقـلتُ يا مولاى هذه والله اكتسبتُها منك فخُذْ منها مـا شئتَ فـأَطرقَ ساعةً ثمّ قـال والله لا أَخـذتُّ منها حبّـةً واحـدة خُـذْهـا وانصرفْ ثمّ أَنشدَ [كامل]

والصاحبُ المتبوعُ يَقبُحُ أن يُرَى مُتتبِّعـا مـا فى يـدَىْ أَتبـاعِـهِ

ولم يَزَلْ امرُه فى الوزارة الثانية جاريا على السَّداد حتّى كـان اخِرُ مُدّتـه فطلَبَ مِن الخليفة الإذْن له فى الحجّ فـأَذِنَ لـه فتجهَّزَ تجهُّزا لم يُرَ مِثْلـه ثمّ عبرَ الى الجانب الغَرْبىّ من مدينـة

السلام ليَتوجَّه الى الحِلّة والكوفة ومنهما الى مَكّة وبين يديْه جميعُ أرباب الدولة فلَقِيَه رجلٌ عند مَحلّةٍ هناك تُعرَف بقَطُفْتَا فقال يا مولانا مظلومٌ مظلومٌ وناوَلَه قِصّةً فتناوَلَها الوزير منه فوثَبَ عليه وَثْبةً عاليةً وضربه بسِكّينٍ فى تَرْقُوَته ووثَبَ عليه اخَر من الجانب الاخَر فضربه فى خاصِرته ووثَبَ اخَر وبيده سِكّين مسلولةٌ فلم يَصل اليه وتكاثَرَ الناسُ على الثلاثة فقتلوهم ثمّ مات الوزير وصُلّى عليه ودُفن فى تُرْبتهم وقيل إنّ الثلاثة الذين قتلوه كانوا من الباطِنيّة مِن جبل السُّمّاق وحكى بعضُ اهل قَطُفْتَا قال دخلتُ قبل قَتْل الوزير بساعتينِ الى مسجد هناك فرأيتُ به ثلاثة رجال وقد قدَّموا واحدا منهم الى المِحْراب وأناموه ثمّ صَلَّى الرجلانِ الاخَران عليه صَلاةَ المَيّت ثمّ قام ونام اخَر وصَلَّى الاخَران عليه حتّى صَلَّى كلٌّ واحد منهم على الاخَر وأنا أَراهم وهم لا يَرونى فعَجِبتُ ممّا فعلوا ثمّ لمّا قُتل الوزير وقُتل الثلاثةُ تأمّلتُ وجوههم فاذا هم هم

وزارةُ ظَهير الدين ابى بَكْرٍ مَنْصورِ بن ابى القَسِم نَصر بن

العَطّار كان تاجرا فى ابتداء امره ثمّ مازَجَ المُتصرّفين ونفَقَ على المُسْتَضِيء فاستوزره وكان ثقيلَ الوَطْأة على الرعيّة وكانت العامّةُ تُبْغِضه فبَقِيَ الى أن مات المُسْتَضِيء ووَلِيَ الناصِرُ وهو اخِر وزراء المُسْتَضِيء انقضتْ ايّام المُسْتَضِيء ووزرائه

ثمّ ملك بعده ابنه الإمام الناصِرُ لدين الله ابو العبّاس أحْمَد ابن المُسْتَضِيء بأمر الله بويِعَ بالخلافة فى سنة خمس وسبعين وخمس مائة كان الناصِر من أفاضل الخلفاء وأعيانهم بصيرا بالامور مُجرِّبا سائسا مَهيبا مِقْداما عارفا شُجاعا مُتأيِّدا حادَّ الخاطِر والنادِرةِ مُتوقِّدَ الذَّكاء والفِطْنة بليغا غيرَ مُدافَع عن فضيلة عِلْم ولا نادرةِ فَهْم يفاوِضُ العلماءَ مُفاوَضةَ خبير، ويُمارِسُ الامورَ السُّلطانيّةَ مُمارَسةَ بَصير، وكان يَرَى رَأْيَ الإماميّة طالتْ مُدّتُه وصَفَا له المُلْكُ وأَحبَّ مُباشَرةَ أَحوال الرعيّة بنفسه حتّى كان يَتمشَّى فى الليل فى دُروبِ بَغْداذ لِيَعرف أَخبارَ الرعيّة وما يَدور بينهم وكان كلُّ احد من أَرباب المَناصِب والرَّعايا يَخافه ويُحاذِره بحيث كأنّه يطّلع عليه فى داره وكثُرتْ جَواسيسُه وأَصحاب أَخباره عند السَّلاطين

وفى أطراف البلاد ولـه فى مِثل هذه قِصَصٌ غريبـة وصنَّف كُتُبا وسمِـع الحديثَ النَّبوىّ صلوات الله على صاحبه وأسمعه ولَبِسَ لِباسَ الفُتُوّة وألبسَه وتَفَتَّى له خَلْقٌ كثيرون مِن شَرْق الارض وغَرْبها ورَمَى بالبُنْـدُق ورمى لـه ناس كثيرون وكان نَاقِعةَ زمانه ورجلَ عصره فى ايّامه انقرضتْ دولةُ آل سَلْجُوقَ[1] بالكُلّيّـة وكان للناصِر مِن المَبارّ والوُقوف مـا يَفوت الحَصْرَ وبَنَى مِن دُور الضِّيـافـات والمَساجد والرُّبُط مـا يَتجاوز حَدَّ الكَثْرة وكان مع ذلك يُبَخَّل وكان وقتُه مصروفا الى تدبير امور المملكـة والى التَّوْلية والعَزْل والمُصادَرة وتحصيلِ الاموال

يقال عنه إنّـه مَلأَ بِرْكـةً من الذَّهَب فرآها يوما وقـد بَقِىَ يَعُوزُها حتّى تَمتلِئَ وتَفيضَ شىءٌ يَسيرٌ فقـال تُرَى أَعيشُ حتّى أَمْلأَها فمات قبل ذلك ويقـال إنّ المُسْتَنْصِر شاهَدَ هذه البِرْكـةَ فـقـال تُرَى أَعيشُ حتّى أُفْنِيَها وكذلك فعل

مـات الناصِرُ فى سنة اثنتين وعشرين وستّمائـة

شرحُ حال الوزارة فى ايّامه   لمّا بويِـعَ الناصِر بالخلافـة أَقَرَّ ابنَ العَطّار وزير ابيـه على قـاعدتـه ايـامـا يسيرة ثمّ نكبـه

[1] A سَلْجوقٍ.

وقبض عليه وحبسه فى باطن دار الخلافة ثمّ أُخرج بعد ايّام ميّتا فسُلّم الى أُخته لتُجهزه وتدفنه فغسّلته وأخرجته فى تابوتٍ على رأس حمّالٍ لتدفنه فغمز به بعض الناس فرجموه فرمى الحمّالُ بالتابوت وهرب فأخذه العوامُّ وأخرجوه من التابوت ومثّلوا به وشدّوا فى رِجله حبْلا وفى ذكره وسحبوه ووضعوا فى يده خشبةً ولطخوها بالعذِرة ونادوْا به يا مولانا ظهيرَ الدين وَقِّعْ لنا   ومن طَريف ما وقع فى ذلك أنّ بعض الأتراك عمر حمّاما وجعل مَجْراته تجوز على دار بعض الجيران فتأذّى ذلك الجارُ بتلك المَجْراة فشكا ذلك الى الوزير فزبَرَه ولم يأخذ بيده وقال له إن لم تسكت وإلّا جعلتُ رأسك فى المَجْراة فيقال إنّ ابن العطّار لمّا سحبه العوامُّ ومثّلوا به اجتازوا به على باب الحَمّام المذكور فاُتّفق أنّه وقع فى المَجْراة فسحبوه فيها خَطَواتٍ فتعجّبَ الناس من ذلك

وزارةُ جَلال الدين ابى المُظَفَّر عُبَيْد الله   كان فى ابتداء امره احدَ الشُّهود المعدَّلينَ ثمّ تقلَّبتْ به الأحوالُ حتّى بلغ الوزارة وأَرسله الناصِر صُحْبةَ عسكر كثيف الى محاربة السلطان طُغْرُلَ بن أَرسلانَ بن طُغْرُلَ السَّلْجُوقىّ فاُلتقيا

فكانت الغَلَبةُ لعسكر السلطان وانهزم عسكرُ الخليفة وثبتَ الوزير فأسر ومكث مُدّةً فى الأسر ثمّ أطلق فوصل الى بَغْداذ مُتخفّيا ولم تَطل مُدّتُه بعد ذلك

وزارةُ مُعِزّ الدين سَعِيد بن عَلِيّ بن حَدِيدةَ الأَنصاريّ كان رجلا فاضلا متصوِّنا مُوسِرا كثيرَ المال رُوِى أنّ نَقِيب البَصْرة ابا جَعْفَر محمّد بن ابى طالبٍ الشاعرَ أصعدَ الى بَغْداذ متظلِّما الى هذا الوزير مِن ناظِر البَصْرة وأنشده قصيدةً مِن جُمْلتها [كامل]

وقبائلُ الأَنصار غيرُ قليلة لكنْ بنو غُنْمٍ هم الأَخيارُ
منهم ابو أَيُّوبَ حَلَّ محمّدٌ فى داره واختارَه المُختارُ
أنا منه فى النَّسَب الصَّريح وأنت من ذاك القَبيل فلى بذاك جِوارُ
ولقد نزلتُ عليك مِثْلَ نزوله فى دار جَدّك والنَّزيلُ يُجارُ
فعَلامَ أُظلَمُ والنبىُّ محمّدٌ أَنمَى اليه وقومُك الأَنصارُ

قالوا فلمّا سمعها الوزير رَقَّ له وبَكَى وخلَعَ عليه ووصله وقضى حوائجه وأَنصفه مِن ناظِر البَصْرة وعزله ومات الوزير المذكور معزولا فى سنة ستّ عشرة وستّمائة

وزارةُ مؤيّد الدين ابى المظفّر محمّد بن أَحْمَد بن القَصّاب

هو أعجميٌّ الاصل كان ابوه يَبيع اللَّحْم على رأس دَرْب البَصْريّين ببَغْداذ ونَشَأَ هو مشتغِلا بالعلوم والآداب وبرَعَ فى علوم المُتصرِّفينَ كالحِساب ومعرفة الكُروثِ والمِساحات والمُقاسَماتِ ثمّ تبصَّرَ بأسباب الوزارة وكانت نفسُه قويّةً وهِمّتُه عاليةً قاد العساكر وفتح الفُتوح وجمع بين رئاستيِ السيف والقَلَم ومضى الى بلاد خُوزِسْتانَ وفتحها وقرَّر امورَها وقواعِدَها ثمّ مضى الى بلاد العَجَم وصُحبتَه العساكرُ فملك أكثرها ثمّ أدركَه أَجلُه فمات هناك

وزارةُ السيّد نَصِير الدين ناصِرِ بن مَهْديٍّ العَلَويّ الرازيّ للناصِر

هو مازَنْدَرانيٌّ المَوْلِد والاصل رازِيٌّ المَنْشَإ بَغْداذيٌّ التدبيرِ والوفاةِ كان من كُفاة الرجال وفضلائهم وأَعيانهم وذوى المِيزة منهم اشتَغل بالآداب فى صِباه فحصَّل منها طَرَفا صالحا ثمّ تبصَّرَ بامور الدْواوين ففاق فيها كان فى ابتداء امره يَنوب عن النَّقيب عِزِّ الدين المُرْتَضَى القُمّىّ نَقيب بلاد العَجَم كلِّها ومنه استَفاد قَوانينَ الرئاسة وكان عِزُّ الدين النَّقيبُ من أَماجد العالَم وعُظماء السادات فلمّا قُتل النَّقيب

عِزُّ الدين قتله عَلاءُ الدين خُوارَزْمشاهْ هرب وَلَدُه النَّقيب شَرَفُ الدين محمّد وقصد مدينةَ السلام مُستجِيرا بالخليفة الناصِر وصُحبتَه نائبُه نَصِير الدين بن مَهْدىٍّ وكان من عُقلاء الرجال فاُختبره الناصِرُ فرآه عاقلا لبيبا سديدا فصار يَستشير به سِرّا فيما يَتعلّق بملوك الأَطراف فوجَدَ عنده خِبرة تامّة بأحوال سلاطين العَجَم ومعرفةً باُمورهم وقواعدِهم وأخلاقِ كلّ واحد منهم فكان الناصِر كلّما استَشار به فى شىء من ذالك يَجِدُه مُصيبا عينَ الصَّواب فاُستَخلصه لنفسه ورتَّبه أوّلا نَقيبَ الطالِبِيّينَ ثمّ فوَّض اليه امور الوزارة فمكث فيها مُدّةً تَجرى امورُه على أَتَمِّ سَداد وكان كريما وَصُولا عَالىَ الهِمّة شريفَ النفس حُدّث عنه أنّه كان يوما جالسا فى دَسْت الوزارة وفى يده قِطْعةُ عُودٍ كبيرةٌ فرأى الوزيرُ بعضَ الصدور الحاضرينَ وهو يُلِحُّ بالنَّظَر اليها فقال له تُعجِبُك هذه فدعا له فوهبه إيّاها وقام الرجلُ ليَخرج فلمّا بَعُدَ عن مجلس الوزير استَدعاه بسُرْعة وقال له تُريدُ أن تَفضَحنا وتصدِّقَ المَثَل فينا بَخَّرَه عُرْيانَ ثمّ أَمر فخُلع عليه ودفَعَ اليه تَخْتَ ثياب وقال له تبخَّرْ فى هذه الثياب ومدحه

الأَبْهَرِىّ الشاعر الأَعجمىّ بقصيدة مشهورة فى العَجَم من جُمْلة مَدْحِها [بسيط]

وزيرِ مشرقْ ومَغربْ نصيرِ مِلَّتْ وَدينْ كَهْ با دِرايتِ[1] عاليش تا أَبَدْ مَنْصُورْ
صَريرِ كِلْكِ تُو دَرْ كَشفْ مُشْكِلاتِ أُمورْ كَهْ هَمْ چُو[2] نَغْمَهْ داوُدْ دَرْ أَداءِ زُبُورْ

وأرسلها الأَبْهَرِىُّ صُحْبَةَ بعض التُّجّار مع بعض القُفول وقال للتاجر أَوصلْها الى الوزير وإن قدرتَ أن لا تُعلِمه مَن قائلُها فافعلْ فلمّا عُرضت القصيدةُ على الوزير استَحسنها وطلَبَ التاجرَ ودفَعَ اليه الف دينار ذَهَبا وقال هذه تسلّمها الى الأَبْهَرىّ ولا تُعلِمْه ممّن هى وقبَضَ الناصِر عليه كارِها لامور اقتَضتْ ذلك وكان القبضُ عليه فى سنة اربع وستّمائة ونُقل الى دار فى دار الخلافة فأَقام بها تحت الاستظهار على حالة الإكرام والمُراعاة الى أن مات تحت الاستظهار فى سنة سبع عشرة وستّمائة

وزارةُ مؤيَّد الدين محمّد بن محمّد بن عبد الكريم بَرْزِ القُمّىّ

[1] A ذرايت.

[2] A جو.

للناصِر   هو قُمّىّ الاصل والمَوْلِد بَغداذىّ المَنشإ والوفاة يَنتسب الى المِقْداد بن الأَسْوَد الكِنْدىّ كان رَه بصيرا بامور المُلْك خبيرا بأَدَوات الرئاسة عالما بالقوانين عارفا باصطلاح الدواوين خبيرا بالحِساب ريّانَ مِن فنون الأَدَب حافظا لمَحاسن الأشعار راويا لطرائف الأخبار وكان جَلْدا على مُمارَسة الامور الديوانيّةِ مُلازِما لها مِن الغُدْوة الى العَشِيّة وكان فى ابتداء امره قد تعلَّقَ بخِدْمة سَلاطينِ العَجَم وكان يَلوذ ببعض وزراء العَجَم بإصْفَهانَ فى حال صِباه ولم يَبلغ العشرين من عُمْره وكان ذلك الوزيرُ قد ضَجِرَ من الكُتّاب الذين بين يديْه ونسبهم الى أنّهم يُخالِفون تَقَدُّماتِه فأبعدهم عنه وٱستَكتبَ القُمّىَّ ظَنًّا منه أنّه لمجرَّدِ حَداثةِ سِنِّه لا يُقدِم على مخالَفة ما يُشيرُ به فمكث القُمّىُّ يَكتب بين يديْه مُدّةً ففى بعض الايّام أُحضرتْ بين يدىِ الوزير جُمْلةٌ من الثياب النَّسِيج بعضُها صَحيحٌ وبعضُها مقطوعٌ فأَحضر القُمّىَّ بين يديْه لِيُثبِت عددَها ويَحملَها الى الخِزانة وكان الوزيرُ يُورِد عليه كذا وكذا ثوبا صِحاحا فيَكتب القُمِّىُّ كذا وكذا ثوبا وما يَكتب لَفظةَ صِحاح فقال له الوزير

لِمَ لا تَكتب كما أقول لك فقال يا مولانا لا حاجةَ الى ذكر الصِّحاح فإنّى اذا وصلتُ الى ذكر ثوب مقطوع ذكرتُ تحته أنّه مقطوع فتخصيصُ المقطوع بالذكر يَدلّ على أنّ ما لم يوصَف بالقَطْع صَحيحٌ فقال الوزير لا بَلِ اُكْتُبْ كما أقول فراجَعه القُمّىّ فحَرِدَ الوزير لذلك وارتَفع صوتُه والْتَفت الى الحاضرينَ وقال أنا عزلتُ الكُتّاب الكبارَ الذين كانوا عندى لأجل مُخالَفتهم ولَجاجِهم فيما أقوله واستَكتبتُ هذا الصَّبىَّ ظَنًّا منّى أنّه لحَداثة سِنّه لا يكون عنده من التجرُّإ[1] والمخالَفة ما عندهم فاذا هو أَشدُّ مخالفةً مِن اولئك فخرج بعضُ خَدَم السلطان مِن بين يدَيْه وكان جالسا قريبا من مجلس الوزير وسأل عن كَثْرة الصِّياح وحَرِدَ الوزير فعُرِّف الخادمُ صورةَ ما جرى بين الوزير والقُمّىّ فدخل وحكى للسلطان ما قيل فقال له اُخْرُجْ وقُلْ للوزير الحقُّ ما اعتَهده الصبىُّ الكاتب فنَبُلَ القُمّىّ فى عيون الناس وعلتْ منزلتُه وأَنِسَ القُمّىُّ بهذا الخادم وصار الخادمُ يَستشيره ويَسكن اليه ويَأنَس به فاُتُّفق أنّ السلطان

[1] A التَّجرِّى.

عيَّن على هذا الخادم وعلى رجل اخر ليَتوجّها فى رِسالة الى ديوان الخليفة فالتمس الخادمُ أن يكون القُمّىّ صُحبتَه فأرسل صُحبتَه فتوجّهوا الى بَغداذ وحضر الخادمُ ورفيقُه عند الوزير ابن القَصّاب فشافَهوه بالرِّسالة وسمعوا الجواب وكان جوابا غيرَ مُطابِق للرِّسالة ولكنّه كان نوعا مِن المُغالَطة فقَنِعَ الخادمُ ورفيقُه بذلك الجواب وما تنبَّهوا على فَساده وخرجوا فرجع القُمّىُّ ووَقَفَ بين يدىِ الوزير وحادَثَه سِرّا وقال له يا مولانا الجوابُ غيرُ مُطابِق لما أنهاه المَماليكُ فقال له الوزير صدقتَ ولكن دَعْهم على غَباوتهم ولا تُفطِّنْهم الى ذلك فقال السَّمْعُ والطاعةُ ثمّ إنّ ابن القَصّاب كتب الى الخليفة يقول له إنّه قد وصل صُحبةَ خادم السلطان فلانٌ شابٌّ قُمّىٌّ قد جرى مِن تنبُّهه كَيْتَ وكَيْتَ ومِثْلُ هذا يجب ان يُصطَنع ويُحسَن اليه ويُستخدَم فكتب الخليفة اليه يأمره بأن لا يُمكِّنه من التوجُّه معهم فعمل له حُجّةٌ وقُطع عنهم فتوجَّهوا وأقام القُمّىُّ ببَغداذ فعُيِّن عليه فى كِتابة الإنشاء فمكث على ذلك مُدّةً ثمّ تَولّى الوزارةَ وتمكّنَ فى الدولة تمكُّنا لم يَتمكّن مِثلَه احدٌ مِن أمثاله وكان أَوحد

زمانه فى كلّ شئ حَسَنٍ كثيرَ البِرّ والخير والصَّدَقات حدَّث عنه مملوكُه بَدْرُ الدين آياز قال طلَبَ ليلةً من الليالى حَلاوةَ النَّبات فعُمل فى الحال منها صُحونٌ كثيرةٌ وأُحضرتْ بين يديْه فى ذلك الليل فقال لى يا آيازُ تقدر تَدَّخِرُ هذه الحَلاوةَ لى مُوفَّرةً الى يوم القيامة فقلتُ يا مولانا وكيف يكون ذلك وهل يمكن هذا قال نعمْ تمضى فى هذه الساعة الى مَشْهَد مُوسَى والجوادِ عليهما السلام وتَضع هذه الأَصُحن قُدّام أيتامِ العَلَويّينَ فإنّها تُدَّخَرُ لى مُوفَّرةً الى يوم القيامة قال آيازُ فقلتُ السَّمْعُ والطاعةُ ومضيتُ وكان نِصْفَ الليل الى المَشْهَد وفتحتُ الأبواب وأنبهتُ الصِّبْيان الأَيتام ووضعتُ الأَصُحنَ بين يديْهم ورجعتُ   وما زال القُمّىُّ على سَداد من امره تَوَلّى الوزارة للناصِر ثمّ للظاهِر ثمّ للمُسْتَنْصِر حتّى قبض عليه المُسْتَنْصِر وحبسه فى باطن دار الخلافة مُدّةً فمَرِضَ وأُخرج مريضا فمات رحمه الله فى سنة تسع وعشرين وستّمائة

انقضتْ ايّام الناصِر لدين الله ووزرائه

ثمّ ملك بعده وَلَده ابو نَصْرٍ محمّد الظاهِرُ بامر الله بن الناصِر لدين الله بويِعَ فى سنة اثنتين وعشرين وستّمائة   لم تَطل

ايّامُه ولم يَجرِ[1] فيها ما يُسطَر سِوَى احتراق القُبّة الشريفة بمَشْهَد مُوسَى والجَواد عليهما السلام فشرَعَ الظاهِرُ فى عِمارتها فمات ولم تَفرَغ فتمّمها المُسْتَنْصِر[2] وايضا فإنّ الظاهِر هو الذى عَمِلَ هذا الجسرَ الجديد الموجود الآن ببَغْداذ ولمّا فرَغ عَمِلَ الشُّعراء فيه المدائح ووصفوا الجسر فيها فمّن نظم فى ذلك شِعْرا موفَّقُ الدين القسِم بن ابى الحَديد كاتبُ الإنشاء وهو قوله [متقارب]

إمامٌ يحرِّمُ ذُلَّ السُّؤال ويَعمل بالكَرَم الواجبِ
أقامَ طَريقا على دِجلةٍ لذى القصدِ منه وللذاهبِ
فعارَضَ جِسْرا على جانبٍ بجِسْرٍ جَديدٍ على جانبِ
كسَطْرَينِ فى كاغَدٍ أبيَضٍ أجادهما قَلَمُ الكاتبِ
كمَخْنَقتَىْ عَنبَرٍ ضَمّتا بَياضَ التَّرائب مِن كاعِبِ
كصَفّينِ مِن إبِلٍ أصبَحا وُقوفا على جَدَدٍ لاحِبِ

ومات الظاهِر فى سنة ثلاث وعشرين وستّمائة

[1] A ولم يَجُز.
[2] A للمُسْتَنْصِر.

شرحُ حال الـوزارة فى ايّامه أَقـرَّ القُمّىَّ وزير ابيـه على وزارتـه ولم يَستوزر غيرَه

ثمّ ملك بعده ولـده ابو جَعْفَر المَنصورُ المُسْتَنْصِر بالله بـويِـعَ بالخلافـة فى سنة ثلاث وعشرين وستّمائـة كان المُسْتَنْصِر شَهْما جَوادا يُبارِى الريحَ كَرَمـا وجُودا وكانت هِباتُه وعطاياه أَشهرَ مِن أن يُدَلَّ عليها وأَعظمَ مِن أن تُحْصَى ولو قيـل أنّـه لم يكن فى خلفـاء بنى العبّـاس مِثلـه لصَدَقَ القـائـلُ ولـه الآثار الجليلـة منها وهى أَعظمُها المُسْتَنْصِريّـةُ وهى أَعظمُ مِن أن تُوصَف وشهرتُها تُغْنِى عن وصفها ومنها خانُ حَرْبَى وقنطرتُها وخانُ نهر سابُس بـأَعمال واسِطَ وخانُ الخرنينى[1] وغير ذلك من المساجد والرُّبُط ودُورِ الضيـافـات وكان المُسْتَنْصِر يقول إنّى أَخاف أنّ الله لا يُثِيبنى على مـا أَهَبُـه وأُعْطِيـه لأنّ الله تعالى يقول[2] لَنْ تَنَـالُوا ٱلْبِرَّ حَتَّى تُنْفِقُوا مِمَّا تُحِبُّونَ وأَنـا والله لا فَرْقَ عندى بين التُّراب والـذَّهَب كانت ايّامُه طَيّبَـةً والدنيا فى زمـانـه ساكِنَـةٌ والخَيْراتُ دارّةٌ والأَعمالُ عامِرةٌ

[1] Je transcris le manuscrit, qui donne ainsi ce nom propre, sans vocalisation.

[2] *Coran*, III, 86.

وفى ايّامه فُتحتْ إِرْبِلُ أَرسلَ المُسْتَنْصِر اليها إقبالا الشَّرابىَّ وصُحبتَه عارِضُ الجيوش وذلك عند وفاة صاحبها مظفَّر الدين بن زين الدين عَلِىّ كُوجَك ومات المُسْتَنْصِر فى سنة اربعين وستّمائة

شرحُ حال الوزارة فى ايّامه لمّا بويِعَ بالخلافة أَقرَّ القُمّىّ وزير ابيه وجَدِّه على وزارته سَنواتٍ ثمّ قبَضَ عليه وجرى له ما تقدَّمَ شرحُه

وزارةُ نَصِير الدين ابى الأَزهر أَحْمَد بن محمّد بن الناقد

ثمّ استوزر المُسْتَنْصِر بعد القُمّىّ ابا الأَزْهر أَحْمَد بن الناقد كان فى ابتداء امره وَكِيلا للمُسْتَنْصِر فمكث مُدّةً فى الوِكالة ثمّ انتَقل منها الى أُستاذيّة الدار ثمّ منها الى الوزارة فنهَضَ بأَعبائها نُهوضا حَسَنا وقام بضَبط المملكة قِياما مَرضيّا وكان عَظيم الأَمانة قَوِىّ السياسة شديد الهَيْبة على المُتصرِّفِينَ حاسما لمَوادّ الأَطماع والفَساد قيل إنّه هُجِىَ ببيتينِ فلمّا سمعهما استحسنهما وهما [بسيط]

وزيرُنا زاهِدٌ والناسُ قد زَهِدوا فيه فكلٌّ عن اللَّذّات مُنْكَمِشُ
ايّامُه مِثلُ شَهْر الصَّوْم خاليةٌ مِن المَعاصِى وفيها الجُوعُ والعَطَشُ

وما زالت السّعادةُ تَخدمُه الى اخِر عُمْره فمِن جُمْلة سَعادته وهو مِن الاتّفاقات العجيبة ما حُدِّث عنه وهو أنّه قبل الوزارة عَمِلَ فى بعض الأَعياد سَنْبُوسَجا كثيرا وأَحَبَّ أن يُداعِب بعضَ أصحابه فأمر أن يُحشَى سبعون سَنْبُوسَجة بحَبّ قُطْن ونُخالةٍ وتُجعَل مُفرَدةً وعَمِلَ سَنْبُوسَجا كثيرا لجارى[1] الغادَة وركِبَ الى دار الخليفة فَطُلب منه عَمَلُ شىء من السَّنْبُوسَج فذكَر أنّ عنده شيئا مفروغا منه وأمر خادما له بإحضار ما عنده[2] من السَّنْبُوسَج فمضى الخادم عن غير معرفة بذلك المَحْشُوّ بحَبّ القُطْن ومزَجَ الجميع ووضعه فى الأَطباق ليَحمله الى دار الخليفة فجاء الجَوارى والخَدَم وقالوا أَعْطونا حِصّتنا من هذا فأخذوا منه مائةَ سَنْبُوسَجة وحمَلَ الخادمُ الأَطباقَ بما فيها الى دار الخليفة فلمّا حُمِل السَّنْبُوسَج وصار بدار الخليفة ورجع ابنُ الناقِد الى داره سأل عن السَّنْبُوسَج المَحْشُوّ بحَبّ القُطْن فقالوا له ما عرفنا بشىء من ذلك وفُلانٌ الخادمُ جاء ومزَجَ الجميع وأخذه ومضى فلم يَشُكّ أنّه

[1] A جارى.

[2] A عندهم.

هالِكٌ وكادت تَسقط قُوّتُه خوفا وخَجلا فقال أما تخلَّفَ منه شئٌ قطُّ قالوا قد اقتَطع الجوارى والخَدَم منه حدودَ مائة سَنْبُوسَجة فقال أحضِروها فأُحضرتْ وفُتحتْ بين يديْه فوُجد السبعون سَنبُوسَجةً المَحْشُوّةُ بحَبّ القُطْن قد حصلتْ بأيدِى الجوارى والخَدَم فى جُمْلة ما أخذوه لأنفسهم لم تَشِذّ منها واحدةٌ الى دار الخليفة ومات نَصِير الدين فى سنة اثنتين واربعين وستّمائة فى خلافة المُسْتَعْصِم

انقضتْ ايّام المُسْتَنْصِر ووزرائه

ثمّ ملك بعده ولده ابو أحْمَد عبدُ الله المُسْتَعْصِم بالله بويِعَ له بالخلافة فى سنة اربعين وستّمائة هو اخِر الخلفاء كان المُسْتَعْصِم رجلا خَيِّرا مُتديِّنا لَيِّن الجانب سَهْلَ العَريكة عفيفَ اللسان والفَرْج حمَلَ كتابَ الله تعالى وكتَبَ خطًّا مَليحا وكان سَهْلَ الأَخلاق وكان خفيف الوَطْأة إلّا أنّه كان مستضعَف الرأى ضعيفَ البَطْش قليلَ الخِبْرة بامور المملكة مطموعا فيه غيرَ مَهِيب فى النفوس ولا مُطَّلِع على حقائق الامور وكان زمانُه ينقضى أكثرُه بسَماع الأَغانى والتفرُّج على المَساخِرة وفى بعض الأَوقات يَجلس بِخزانة الكُتُب

جلوسا ليس فيه كبيرُ فائدة وكان أصحابُه مُستَولينَ عليه وكلُّهم جُهّالٌ مِن أَراذل العَوامّ إلّا وزيرَه مُؤَيَّدَ الدين محمّد بن العَلْقَميّ فإنّه كان من أعيان الناس وعقلاء الرجال وكان مكفوفَ اليد مردودَ القول يَترقّب العزل والقَبْض صَباحَ مَساءَ   وكانت عادةُ الخلفاء أكثرِهم أن يَحبسوا أولادهم وأقاربَهم وبذلك جرت سُنّتُهم الى اخر ايّام المُستَنْصِر فلمّا وَلِيَ المُستَعْصِم أطلَقَ أولادَه الثلاثةَ ولم يَحبسهم   وهم الامير الكبير ابو العبّاس أحمَد والعامّةُ تُسمِّيه ابا بَكْرٍ وليس بصحيح وانما سَمّوه بذلك لانّه لمّا نُهب الكَرْخ نُسب الامر فى ذلك اليه وقيل إنّه هو الذى أشار بذلك

والاميرُ الأَوسطُ وهو ابو الفَضائل عبدُ الرحمن كان شَهْما خرج الى بين يدىِ السلطان هُولاكو ووقع كلامُه بموضع الاستحسان فى الحَضرة السُّلطانيّةِ   والاميرُ الأَصغرُ ابو المَناقِب   حدّثنى صَفِيُّ الدين عبدُ المُؤمن بن فاخرٍ الأُرْمَوِيُّ وكان قد صار فى اخِر ايّام المُستَعْصِم مقرّبا عنده ومِن خَواصّه وكان قد استَجدَّ فى اخِر ايامه خِزانةَ كُتُب ونقَلَ اليها من نفائس الكُتُب وسلّم مَفاتِيحها الى عبد

المُؤمِن فصار عبدُ المُؤمِن يَجلس بباب الخِزانة يَنسَخ له ما يُريد واذا خطَرَ للخليفة الجلوسُ فى خِزانة الكُتُب جاء اليها وعدَلَ عن الخِزانة الأُولى التى كانت مسلّمة الى الشيخ صَدْر الدين عَلِيّ بن النَّيّار قال أعنى عبدَ المُؤمِن كنتُ مرّةً جالسا فى حُجْرة صغيرة وأنا أَنسَخ وهناك مَرْتَبة برَسْم الخليفة اذا جاء الى هناك جلس عليها وقد بُسطتْ عليها مِلْحَفة لتَرُدّ عنها الغُبار فجاء خُوَيْدِمٌ صغير ونام قريبا من المَرْتَبة المذكورة واستَغرق فى النوم فتقلَّبَ حتّى تلفَّفَ فى تلك المِلْحَفة المبسوطة على المَرْتَبة ثمّ تقلَّبَ حتّى صارت رِجْلاه على المَسْنَد قال وأنا مشغول بالنسخ فأحسستُ بوَطْءٍ[1] فى الدِّهْليز فنظرتُ فاذا هو الخليفة وهو يَستدعينى بالإشارة ويخفّف وطْأه فقمتُ اليه مُنزعِجا وقبّلتُ الارض فقال لى هذا الخُوَيْدِمُ الذى قد نام حتّى تلفّفَ فى هذه المِلْحَفة وصارت رِجْلاه على المَسْنَد متى هجمتُ عليه حتّى يَستيقظ ويَعلمَ أنّى قد شاهدتُّه على هذه الحال تَنفطر مَرارتُه من الخوف فأيقظه انت برِفْق فإنّى سأخرجُ الى

[1] بوَطْيٍ A

البُسْتان ثمّ أَعودُ قال وخرج الخليفة فدخلتُ الى الخُوَيْدِم وأيقظتُه فانتبه ثمّ أَصلحْنا المَرْتَبة ثمّ دخل الخليفة

وحدّثنى بعض اهل بَغْداذ قال حُدِّثتُ أنّ الشيخ صَدْر الدين بن النَّيّار شيخَ الخليفة قال دخلتُ مرّة الى خِزانة الكُتُب على عادتى وفى كُمّى مِنْدِيل فيه رِقاعٌ كثيرة لجماعة من أرباب الحَوائج فطرحتُ المِنْدِيل وفيه الرِّقاع فى موضعى ثمّ قمتُ لبعض شأنى فلمّا عدتُّ الى الخِزانة بعد ساعة حللتُ الرِّقاع مِن المِنْدِيل حتّى أَتأمّلها وأُقدِّمَ منها المُهِمّ فرأيتُها جميعَها وعليها توقيعُ الخليفة بالإجابة الى جميع ما فيها فعلمتُ أنّ الخليفة قد جاء الى الخِزانة عند قِيامى فرأى المِنْدِيل وفيه الرِّقاع ففتحها ووقّع على جميعها والمُسْتَعْصِم هو اخِر خلفاء الدولة العبّاسيّة ببَغْداذ ولم يَجر فى ايّام المُسْتَعْصِم شىء يُؤْثَر سِوَى نَهْب الكَرْخ وبِئْسَ الأَثَرُ ذلك

وفى اخِر ايّامه قَوِيتِ الأَراجيفُ بوصول عسكر المُغول صُحبةَ السلطان هُولاكو فلم يُحرِّك ذلك منه عَزما ولا نبَّه منه هِمّةَ ولا أَحدثَ عنده همّا وكان كلّما سُمع عن السلطان من الاحتياط والاستعداد شىء ظهر من الخليفة

نَقيصتُه مِن التفريط والإهمالِ ولم يكن يَتصوَّر حقيقةَ الحال في ذلك ولا يَعرف هذه الدولةَ يسَّر اللهُ إحسانها وأَعْلَى شأنها حَقَّ المعرفة وكان وزيرُه مُؤَيَّد الدين بن العَلْقَميّ يَعرف حقيقةَ الحال في ذلك ويُكاتِبه بالتحذير والتنبيه ويُشير عليه بالتيقُّظ والاحتياط والاستعداد وهو لا يَزداد إلّا غُفولا وكان خَواصُّه يُوهِمونه أنّه ليس في هذا كبيرُ خطَرٍ ولا هناك محذورٌ وأنّ الوزير انما يُعظِّم هذا ليَنفُق سُوقُه ولتَبرز اليه الأموالُ ليُجنِّد بها العساكرَ فيَقتطِعَ منها لنفسه

وما زالت غَفلةُ الخليفة تَنمى ويَقظةُ الجانب الآخَر تَتضاعَف حتّى وصل العسكر السُّلطانيُّ الى هَمَذانَ وأَقام بها مُدَيدةً ثم تواتَرتِ الرُّسُلُ السُّلطانيّةُ الى الديوان المُسْتَعْصِمىّ فوقع التَّعيينُ من ديوان الخليفة على وَلَد أُسْتاذ الدار وهو شَرَف الدين عبد الله بنُ الجَوْزيّ فبعث رسولا الى خِدْمة الدَّرْكاه السُّلطانيّةِ بهَمَذانَ فلمّا وصل وسُمع جَوابُه عُلم أنّه جَوابُ مُغالَطةٍ ومُدافَعةٍ فحينئذ وقع الشُّروع في قَصْد بَغْداذ وبَثِّ العساكر اليها فتوجَّهَ عسكرٌ كثيف مِن المُغول والمقدَّمُ عليهم بَاجُو الى تَكْرِيتَ ليَعبروا من هناك الى الجانب الغَرْبىّ

ويَقصدون بَغْداذ مِن غَرْبيّها ويَقصدها العسكرُ السُّلْطانىُّ مِن شَرْقيّها فلمّا عبرَ عسكرُ بَاجُو مِن تَكْرِيتَ وانحدر الى أعمال بَغْداذ أَجفلَ الناسُ مِن دُجَيْلٍ[1] والإسْحاقىّ ونَهْرِ مَلِكٍ ونَهْرِ عِيسَى ودخلوا الى المدينة بنسائهم وأَولادهم حتّى كان الرجُلُ أَوِ المَرْأةُ يَقذف بنفسه فى الماء وكان المَلّاحُ اذا عبَّر احدا فى سفينة مِن جانب الى جانب يأخذ أُجْرتَه سِوارا من ذَهَب او طِرازا من زَرْكَشٍ او عِدّةً من الدنانير فلمّا وصل العسكرُ السُّلْطانىُّ الى دُجَيْلٍ وهو يَزِيدُ على ثلاثين الف فارس خرج اليه عسكرُ الخليفة صُحبةَ مقدَّم الجيوش مُجاهِدِ الدين أَيْبَكَ الدَّوِيدارِ وكان عسكرا فى غاية القِلّة فالتَقوْا بالجانب الغَرْبىّ من بَغْداذ قريبا من البلد فكانتِ الغَلَبة فى أوّل الامر لعسكر الخليفة ثمّ كانت الكَرّةُ للعسكر السُّلْطانىّ فأَبادوهم قَتْلا وأَسْرا وأَعانهم على ذلك نَهْزٌ فتحوه فى طُول الليل فكثُرت الوُحولُ فى طريق المُنهزمين فلم يَنْجُ منهم إلّا مَن رَمَى نفسه فى الماء او مَن دخل البَرّيّةَ ومضى على وجهه الى الشأم ونَجا الدَّوِيدارُ فى جُمَيْعة من عسكره ووصل

[1] A ici et plus loin دُجَيْل.

الى بَغداذ وساق بَاجُو حتّى دخل البلدَ من جانبه الغَرْبىّ ووقف بعساكره مُحاذِىَ التاج وجاستْ عساكرُه خِلالَ الديار وأَقام مُحاذِىَ التاج اياما وأمّا حال العسكر السُّلْطانىّ فإنّه فى يوم الخَميس رابعَ مُحَرَّم من سنة ستّ وخمسين وستّمائة ثارت غَبَرةٌ عظيمةٌ شَرْقىَّ بَغداذ على دَرْبِ بَعْقُوبَا بحيث عَمَّتِ البلدَ فأُزْعِج الناسُ من ذلك وصعِدوا الى أَعالى السُّطوح والمَنابِر يَتشوّفون فانكشفتِ الغَبَرةُ عن عساكر السلطان وخيولِه ولَفِيفه وكُراعِه وقد طبَّق وجهَ الارض وأَحاط ببَغْداذ من جميع جِهاتها ثمّ شرعوا فى استعمال أَسباب الحِصار وشرع العسكرُ الخَليفتىُّ فى المُدافَعةِ والمُقاوَمةِ الى يوم تاسِعَ عِشرِى مُحرَّم فلم يَشعر الناسُ إلّا وراياتُ المُغول ظاهرةٌ على سُور بَغْداذ مِن بُرج يسمَّى بُرْجَ العَجمىِّ من ناحية باب من أبواب بَغداذ يقال له باب كَلْوَاذَى[1] وكان هذا البرجُ أَقصرَ أَبراج السُّور وتقحَّمَ العسكرُ السُّلْطانىُّ هجوما ودخولا فجرى مِن القتل الذَّريع والنهب العظيم والتمثيل البليغ ما يَعظم سَماعُه جُمْلةً فما الظَّنُّ بتفاصيله وكان ما

[1] A كلواذِى.

كان ممّا لستُ أذكره فظُنّ ظنًّا ولا تسئلْ عن الخبر

وأمر السلطانُ بخروج الخليفة وولَده ونسائه اليه فخرجوا فحضر الخليفةُ بين يدي الدّزكاه فيقال أنّه عوتِبَ ووُبّخ بما مَعناه نِسْبةُ العَجز والتفريط والغُفول اليه ثمّ أُوصل الى اليَاسَا وولَداه الاكبرُ والاوسطُ وأمّا بَناته فأُسرنَ ثمّ استُشهد المُستَعصِم فى رابع صَفَر سنةَ ستّ وخمسين وستّمائة

شرحُ حال الوزارة فى ايّامه لمّا بويِعَ بالخلافة أقرّ وزير ابيه وهو نَصِير الدين أَحْمَد بن الناقِد على وزارته الى أن تُوُفّى فلمّا تُوُفّى استوزر مُؤَيّدَ الدين محمّد بن العَلْقَمىّ

وزارةُ مُؤيّد الدين ابى طالِبٍ محمّد بن أَحْمَد بن العَلْقَمىّ هو أَسَدىٌّ اصلُهم من النَّيْل وقيل لجدّه العَلْقَمىُّ لانّه حفرَ النهر المسمّى بالعَلْقَمىّ وهو الذى برَزَ الامرُ الشريف السُّلْطانىُّ بحَفْره وسُمّى القازانىّ اشتَغل فى صِباه بالادب ففاق فيه وكتَبَ خطّا مليحا وترَسَّلَ ترسُّلا فصيحا وضبَطَ ضَبْطا صحيحا وكان رجُلا فاضلا كاملا لبيبا كريما وَقُورا مُحِبّا للرئاسة كثيرَ التجمُّل رئيسا مُتمسّكا بقَوانين الرئاسة خبيرا بأَدوات

السياسة لَبيقَ الأَعطاف بآلات الوزارة وكان يُحِبّ اهل الادب ويقرِّب اهل العلم اقتنى كُتُبا كثيرة نفيسة حدّثنى وَلَده شَرَف الدين ابو القسِم عَلِىّ رَه قال اشتملتْ خِزانةُ والدى على عشرة الف مجلَّد من نَفائس الكُتُب وصنَّف الناسُ له الكُتُب فمّن صنَّف له الصَّغانىّ اللُّغوىّ صنَّف له العُباب وهو كتاب عظيم كبير فى لُغة العَرَب وصنَّف له عِزّ الدين عبدُ الحَمِيد بن ابى الحَدِيد كتابَ شرح نَهْج البَلاغة يشتمل على عشرين مجلَّدا فأثابهما وأَحسنَ جائزتَهما وكان ممدَّحا مدحه الشعراء وانتجعه الفضلاء فمّن مدحه كَمالُ الدين ابنُ البُوقىّ بقصيدة من جُمْلتها [سريع]

مُؤَيَّـدُ الدين ابو طـالِبٍ   محمّدُ بن العَلْقَمِيّ الوَزِيرْ

وهذا بيتٌ حَسَن جمَعَ فيه بين لَقَبه وكُنْيته واسمِه واسمِ ابيه وصَنْعته وكان مُؤَيَّد الدين الوزير عفيفا عن أموال الديوان وأموال الرَّعِيّة مُتنزِّها مترفِّعا قيل إنّ بَدْر الدين صاحبَ المَوْصِل أَهْدَى اليه هَدِيّةً تشتمل على كُتُب وثياب ولَطائفَ قِيمتُها عشرة الف دينار فلمّا وصلتْ الى الوزير حملها

الى خِدْمة الخليفة وقال إنّ صاحب المَوْصِل قد أَهْدَى لى هذا وأستحييتُ منه أن أَرُدّه اليه وقد حملتُه وأنا أَسْأَلُ قَبُوله فقَبِل ثمّ إنّه أَهْدَى الى بَدْر الدين عِوَض هَدِيّته شيئا من لَطائف بَغْداذ قِيمتُه اثنا عشر الف دينار والْتَمس منه أن لا يُهْدِىَ اليه شيئا بعد ذلك وكان خَوَاصُّ الخليفة جميعهم يَكرهونه ويَحسدونه وكان الخليفةُ يَعتقد فيه ويُحِبّه وكثّروا عليه عنده فكَفَّ يدَه عن أَكثرِ الامور ونَسَبَه الناسُ الى أنّه خامَرَ وليس ذلك بصحيح ومِن أَقْوَى الأَدِلّة على عَدَم مُخامَرته سَلامتُه فى هذه الدولة فإنّ السلطان هُولَاكُو لمّا فتَحَ بَغْداذ وقتَلَ الخليفة سلّم البلد الى الوزير وأَحسنَ اليه وحكّمه فلو كان قد خامَرَ على الخليفة لما وقع الوثوقُ اليه حدّثنى كَمالُ الدين أَحْمَد بن الضَّحّاك وهو ابن أُخت الوزير مُؤَيَّد الدين بن العَلْقَمىّ قال لمّا نزل السلطان هُولَاكُو على بَغْداذ أَرسلَ يَطلب أن يَخرج الوزير اليه قال فبعث الخليفةُ فطلَبَ الوزيرَ فحضر عنده وأنا معه فقال له الخليفة قد أَنفذَ السلطانُ يَطلبك وينبغى أن تَخرج اليه فجَزِعَ الوزير من ذلك وقال يا مَولانا

اذا خرجتُ فمَن يُدبِر البلدَ ومَن يَتولّى المَهامَّ فقال له الخليفة لا بُدَّ من أن تَخرج قال فقال السَّمْعُ والطاعةُ ثمّ مضى الى داره وتهيّأ للخروج ثمّ خرج فلمّا حضر بين يديِ السلطان وسمع كلامه وقع بِمَوْقِع الاستحسان وكان الذى تَوَلّى تَرْبِيتَه فى الحضرة السُّلطانيّةِ الوزيرُ السَّعيد نَصِير الدين محمّد الطُّوسىّ قدَّس اللهُ رُوحه فلمّا فُتحتْ بَغداذ سُلّمتْ اليه والى عَلِىّ بَهادُرَ الشِّحْنة فمكث الوزير شهورا ثمّ مَرِضَ ومات رَه فى جُمادَى الأُولى سنةَ ستّ وخمسين وستّمائة

انقضتْ دولةُ بنى العبّاس ووُزرائهم وبذلك انقَضَى الكتاب والحمدُ لله وَحْدَه وصلواتُه على سيّدنا محمد النبىّ وآله الطيّبين الطاهرينَ وسلامُه

فرغ من تأليفه واستنساخِه مؤلِّفُه فى مُدّةٍ أوّلُها جُمادَى الآخِرة من سنة إحدى وسبع مائة وآخِرُها خامس شَوّال من السنة المذكورة بالمَوصِل الحَدْباء وهذا خطُّ يده تَجاوَزَ اللهُ عنه

فهرست اسماء الرجال والنساء والدول والكتب

اباقا ٧٤, ٧٥, ٨٥, ٨٦

ابان بن عثمان بن عفّان ١٤٥

ابرهيم بن دكوان الحرّانى ٢٥٨, ٢٦٢, ٢٦٣

ابرهيم بن عبد الله قتيل باخمرى ٣٩, ٢٢٢, ٢٢٣, ٢٢٥, ٢٢٦, ٢٦٥

ابرهيم بن مالك الاشتر ١٦٦

ابرهيم الامام ابن محمّد بن علىّ بن عبد الله بن العبّاس ١٨٦, ١٨٧, ١٩٢-١٩٦, ١٩٨, ٢٠٧, ٢٣٣, ٤١١

ابرهيم بن مسلم بن قُتيبة ٢٦٠

المتّقى بالله ابو اسحاق ابرهيم بن المقتدر بالله ٣٧٤, ٣٨٥-٣٨٨

ابرهيم بن المهدىّ ٣٠٠-٣٠٣

ابرهيم بن ميمون ٣٣٩

ابرهيم بن الوليد بن عبد الملك بن مروان ١٨٤

أبرويز ٦١, ٧٩

الابهرىّ الشاعر الاعجمىّ ٤٣٩

ابن الأثير المؤرّخ الجزرىّ ٨٧, ٩٧, ٢٩١, ٣٥٨

مجد الدين ابن الاثير الجزرىّ ٨٦, ٨٧

القادر ابو العبّاس احمد بن اسحاق ابن المقتدر ٣٩١, ٣٩٢

ابو جعفر احمد بن اسرائيل الانبارىّ ٣٣٤, ٣٣٥, ٣٣٩, ٣٤٠

ابو عبد الله احمد بن اسمعيل المعروف بزنجى ٣٦٩

معزّ الدولة ابو الحسين احمد بن بُوَيْه
٣٩٠-٣٨٨، ٣٧٨-٣٧٦

احمد بن حنبل ٢٩٩

احمد بن ابي خالد الأحول ٣٠٨-
٣١١

احمد بن الخصيب ٣٢٨، ٣٢٩، ٣٣١،
٣٣٢، ٣٦٧، ٣٦٨

احمد بن صالح بن شيرزاد القطربلّي
٣٤٧

كمال الدين احمد بن الضحّاك ٤٥٧

المعتضد ابو العبّاس احمد بن الموفّق
طلحة بن المتوكّل ٣٨، ٣٤٧-٣٥١،
٣٧٢، ٣٧٣

ابو العبّاس احمد بن عبيد الله بن
احمد بن الخصيب ٣٦٧، ٣٦٨

ابو العبّاس احمد بن عبيد الله
الاصفهاني ٣٨٨

احمد بن عمّار بن شاذي ٣٢١، ٣٢٢

المعتمد على الله ابو العبّاس احمد بن
المتوكّل ٣٣٦، ٣٤١-٣٤٨

المستعين احمد بن محمّد بن المعتصم
٣٢١، ٣٢٩، ٣٣١، ٣٣٢

ابو الخير احمد بن محمّد ن ميمون
٣٨٦

نصير الدين ابو الازهر احمد بن
محمّد ن الناقد ٤٤٦-٤٤٨، ٤٥٥

احمد بن المدبّر ٣٣٩، ٣٤٠

الناصر لدين الله ابو العبّاس احمد بن
المستضيء بامر الله ٥٢، ٥٣، ٧٨،
٨٤، ٨٥، ٢٠٠، ٣٩٤، ٤٣٣-٤٤٠،
٤٤٢، ٤٤٣

الامير ابو العبّاس احمد بن المستعصم
٤٤٩، ٤٥٥

الراضي بالله ابو العبّاس احمد بن
المقتدر بن المعتضد ٣٧٠-٣٧٢، ٣٧٤،
٣٧٩-٣٨٥

المستظهر بالله ابو العبّاس احمد بن
المقتدى بامر الله ٤٠٣-٤٠٦

ابو نصر احمد بن الوزير نظام الملك
٤١٢، ٤١٣

٤٦١

احمد بن يوسف بن القسم ٣٠٨، ٣١١-٣١٣

الاحنف بن قيس ٧٩، ٩٣، ٩٤

آدم ٢١٦، ٢٤٤، ٣٥٤، ٣٧٦

دولة الاربعة ١٥، ٣٦، ١٠١، ١٣٣، ١٤٣

الارجانى الشاعر ٤١٣

اردشير ٣١، ٧٨

اسحق بن ابرهيم الموصلى ٢٧٦-٢٧٩

الاسكندر ٧٢، ٧٣، ٨١

اسماء بنت عميس ١٢٣

ابو الصقر اسمعيل بن بلبل ٣٤٤-٣٤٧

ابو الاسود الحمانى ٢٥٦

الاشتر = ابرهيم ومالك الاشتر

الاشج = عمر بن عبد العزيز

الاصمعى ١٧٤، ٢٦٤

شرف الدين إقبال الشرابى ٤١، ٤٤٦

اقليدس ٢٩٨

الاكاسرة ٣٦، ١٠٦، ١٠٨، ١١٥، ١١٦، ٢١٥

آكلة الاكباد = هند بنت عتبة امرؤ القيس ٥٢، ١٥٧

الدولة الاموية ١٥، ١٤٣، ٢٠١

الامين = محمّد بن زُبيدة

بنو أُميَّة ٣٨، ٩٠، ١٢٦، ١٥٠، ١٥١، ١٥٩، ١٦١، ١٦٣، ١٦٤، ١٦٨، ١٧٠، ١٧٦، ١٧٧، ١٧٩، ١٨١، ١٨٤-١٨٧، ١٩٢-١٩٥، ١٩٧، ٢٠٣، ٢٠٤، ٢١٢، ٢٢٢، ٢٥١، ٣٣٥، ٣٣٦

سديد الدولة ابن الإنبارى ٤١٠

انس بن مالك ١٣٨

انوشروان = كسرى

انوشروان بن خالد بن محمّد القاشانى ٤١٣-٤١٥

اوس العامرى ٢٢٤

قان العادل اوكتاى بن جنكزخان ٢٩، ٣٠، ٤٠(؟)

أونكخان ٢٨
بدر الدين آياز ٤٤٣
مجاهد الدين ايبك الدويدار الصغير ٧٤، ١١١، ٤٥٣، ٤٥٤
ابو ايوب ٤٣٦

باجو ٤٥٢-٤٥٤
الباخرزيّ الشاعر ٩٨
البحتريّ الشاعر ٤٣٠
بختيشوع الطبيب ٢٨٧، ٢٨٩
بدر المعتضديّ ٣٤٩
البرامكة ٢١٠، ٢٧٢، ٢٨١، ٢٨٧، ٢٨٨، ٢٩٠، ٣٠٤، ٣٠٥، ٤٠٢
بنو برمك ٢٦٩، ٢٧٠، ٢٧٤
الدولة البرمكيّة ٢١١، ٢٦٩، ٣٠٤
بزرجمهر ٢٦، ٣١، ٧٨، ١٨٦
البساسيريّ ابو الحرث التركيّ ٣٩٤، ٣٩٧
بشّار ٢٥١

الامير فخر الدين بغدي بن قشتمر ٧٧
ابو بكر الصدّيق ١٥، ٣٧، ١٠٢-١٠٦، ١٠٨، ١١٠، ١١٥، ١١٦، ١٣٣-١٣٦، ١٣٨، ٢٢٢
ابو بكرة ٢٤٥
ابن ابي بكرة ١٥٠
بُكير بن ماهان ٢٠٧
ابن البلديّ = محمّد بن ابي الفتح
بهاء الدولة بن عضد الدولة فناخسرو ٣٩١
ابن البوّاب ٣٦٨
بوران ابنة المأمون ٣٠٦
كمال الدين ابن البوقيّ ٤٥٦
بنو بويه ١٥، ٤٢، ١٨٨، ٣٧٦، ٣٨٨، ٣٩٠-٣٩٢
ابو شجاع بويه ٣٧٦-٣٧٨، ٣٩١، ٣٩٢
الدولة البُوَيهيّة ٢٨، ٤٢، ٣٧٦-٣٨٠

ابن التعاويذى الشاعر البغدادى
429, 430

امين الدولة ابن التلميذ الطبيب
النصرانى 77

ابو تمام الطائى = حبيب بن اوس

توزون 385/387

ابو عبّاد ثابت بن يحيى بن يسار
الرازى 25، 311، 313، 314

الجاحظ 5

جبرئيل 216، 422

جحظة 373

الجعدى = مروان بن محمد

جعفر بن ابى طالب 330

جعفر الطيار 185

ابو الفضل جعفر بن الفرات 374،
383

جعفر بن محمد الصادق 207/209،
214، 222، 303، 356

ابو الفضل جعفر بن محمود الاسكافى
333، 335، 337

المتوكل جعفر بن المعتصم 4، 27،
38، 202، 202، 324/327،
329، 330، 332، 343

المقتدر بالله ابو الفضل جعفر بن
المعتضد 7، 90، 352، 354، 355،
359/362، 364/368، 370،
372/374، 385

جعفر بن المنصور 291

جعفر بن الهادى 262، 271

جعفر بن يحيى البرمكى 272/276،
281/290

جلال الدين بن علاء الدين
خوارزمشاه 42، 62

جنكزخان 28، 29، 75

ابو القاسم الجنيد 303

جهان كشاى 75، 148

أبو الجهم ٢١٠

ابن جهير = علىّ بن محمد ومحمد بن محمد والمظفر بن علىّ الجواد ٢١٧، ٤٤٣، ٤٤٤

ابن الجوزى = عبد الله بن الجوزى

جوهر ١٨٨

حاتم ٢٩

الحرث ٢٤٠، ٢٤١

الحارث بن زيد ٩٤

ابن الحارثيّة = عبد الله بن محمد

حامد بن العبّاس ٣٥٤، ٣٦٥، ٣٦٦

حبابة ١٧٧

أبو تمّام حبيب بن اوس الطائى ٣١٨

ابن حبيبات الشاعر الكوفى ٢٣٨

حبيبة زوج النبى ١٢٨

الحجّاج بن يوسف ١٦٧/١٦٩

الحرّانى = ابرهيم بن دكوان

ابن الحريرى صاحب المقامات ٤٠١، ٤١٣

ركن الدولة ابو علىّ الحسن بن بويه ٣٧٧، ٣٧٨، ٣٨١، ٣٨٩

أبو الحسن بن ثابت بن سنان ٣٨٤

الحسن بن سهل ٣٠١، ٣٠٣، ٣٠٤، ٣٠٦-٣٠٩، ٣١١

الحسن بن صبّاح ٤٠٣

جلال الدين ابو علىّ الحسن بن علىّ بن صدقة ٤٠٩/٤١١

الحسن بن علىّ بن ابى طالب ١١٨، ١١٩، ١٣٧، ١٣٩، ١٤٠، ١٤٣، ١٩٣، ٢٢٠/٢٢٣، ٢٥٠

الحسن بن مخلد ٣٤٣، ٣٤٤، ٣٤٧

الامير ابو الحسن بن المستظهر بالله ٤٠٦، ٤٠٧

المستضىء بامر الله ابو محمد الحسن ابن المستنجد بالله ٣٥٨، ٣٥٩، ٤٢٥، ٤٢٨-٤٣١، ٤٣٤

الحسين بن حمدان ٣٥٢

الحماسى ٨٧	ابو على الحسين بن سينا البخارى ١٧
حمامة المسجد = عبد الملك بن مروان	الحسين بن على بن الحسن بن الحسن
بنو حمدان ٣٨١	ابن على بن ابى طالب ٢٦٠, ٢٦١
حمزة بن عبد المطّلب ١٤٤	الحسين بن علىّ بن ابى طالب
ابن الحنفية = محمد بن علىّ بن	١١٨, ١٣٩, ١٤٠, ١٥٦-١٦١,
ابى طالب	١٦٥, ١٦٦, ١٧١, ١٩٠, ١٩٢,
ابو حنيفة ٢١٩	١٩٣, ٢٠٤, ٢٢١, ٣٢٥
كمال الدين حيدرة بن عبيد الله	الحسين بن علىّ بن عيسى بن ماهان
الحسينى الموصلى ١٠٠	٢٩٦
الحيص بيص الشاعر ٤١٤, ٤١٥	ابو الجمال الحسين بن القاسم بن
	عبيد الله بن سليمن بن وهب
	٣٧٢-٣٧٤
خارجة ١٤٢	الحلّاج ابو الغيث الحسين بن منصور
خاقان ١٨٠	٣٥٣-٣٥٥
الخاقانى = محمد بن عبيد الله	ابو سلمة حفص بن سليمن الخلّال
ام خالد ١٦٤, ١٦٥	١٩٦, ٢٠٦-٢١١, ٢٣٩
خالد بن برمك ١٦٤, ٢١٠, ٢١٣,	الحكم بن ابى العاص ١٦٤
٢٣٠, ٢٣٩, ٢٦٩.	الحلّاج = الحسين بن منصور
خالد بن عبد الله القسرى ١٧٩	الحمار = مروان بن محمد بن مروان
خالد بن الوليد ١٠٠	الحماسة ١٧, ١٨

الراشد بالله = منصور بن المسترشد	خالد بن يزيد بن معوية ١٦٤، ١٦٥
الراضى بالله = احمد بن المقتدر	خبّاب ١٣٢
رافع بن الليث بن نصر بن سيار ٢٦٩	اهل الخطّاب ١١٧
ابن رائق ٣٨٣	خلاص المغنّية ٣٣٩
ابو الفضل الربيع بن يونس بن محمد	الخلّال = حفص بن سليمن
ابن كيسان ٢١٧، ٢٢٥، ٢٣٦، ٢٣٩، ٢٤١، ٢٤٢، ٢٤٧/٢٥١، ٢٦٢، ٢٩٠، ٢٩١.	علاء الدين خوارزمشاه ٤٣٨
	الدولة الخوارزمشاهيّة ٤٢، ١٨٨
	الخيزران ٢٦١، ٢٦٢
رستم ١٠٧، ١٠٨، ١١١/١١٣	
رسول الله = محمد النبيّ	
الرضى من اهل محمد = علىّ بن موسى	الدانيالىّ ٣٧٣
	داود ٤٣٩
الشريف الرضى الموسوىّ = محمد بن الحسين	داود الكاتب ٢٥٠
	دُبيس بن صدقة ٤٠٦، ٤٠٧
ابن الرطبة = خالد بن يزيد	دعبل الشاعر ٢٥، ٣١٣
بيت الرُفيل ٤٢٩، ٤٣٠	دعد ١٧١
ابن الرومىّ ٩، ٩٤، ٣٣١، ٣٤٥، ٣٤٦، ٣٥٠.	الدويدار الصغير = ايبك
	الديباج الاصغر = محمد بن ابرهيم

زياد بن سُمَيّة = زياد بن ابيه	ذو الرئاستين = الفضل بن سهل
زياد بن عُبيد = زياد بن ابيه	ريطة بنت السفّاح ٢١١
زيد بن علىّ بن الحسين ١٧٨-١٨٠، ٢٠٤	
الزين الكاتب ٧	السيّدة امّ جعفر زُبيدة بنت جعفر بن المنصور ٢٥٦، ٢٥٧، ٢٩١، ٢٩٥
زين العابدين = علىّ بن الحسين	زبيدة خاتون زوجة ملكشاه ٣٩٩
زينب بنت سليمن بن علىّ بن عبد الله بن العبّاس ٣٠٢، ٤١١	الزبير بن صفيّة = الزبير بن العوّام
الزينبى = علىّ بن طراد	الزبير بن العوّام ١١٨، ١١٩، ١٢١، ١٢٢، ١٣٤، ٢٦٦
الزينبيّون ٣٠٢، ٤١١	الزبيرىّ ٢٦٦، ٢٦٧
	ابن الزرقاء = مروان بن الحكم
سبكتكين ٣٩٠	ابو زكّار الاعمى ٢٨٩
سجاح ١٠٤، ١٠٥	زنام الزامر ٣٢٠
سُديف الشاعر ٢٠٣	زنجى = احمد بن اسمعيل
ابو السرايا ٣٠٣، ٣٠٤	اتابك زنكى بن آقسنقر ٩٦-٩٨، ٤١٦
سعد بن ابى وقّاص ١٠٧، ١١٠، ١١٤، ١٣٤	زياد بن ابى سفيان = زياد بن ابيه
معزّ الدين سعيد بن علىّ بن حديدة الانصارى ٤٣٦	زياد بن ابيه ١٤٩، ١٥٢/١٥٥، ٢٤٥

سليمن بن المنصور ٢٣٩، ٢٦٠	ابو سعيد الخدرى ١٦٢
ابو ايّوب سليمن المورياني ٢١٢، ٢٣٦/٢٣٩	سعيد بن المسيّب ١٦٧، ١٦٨
سليمن بن هشام بن عبد الملك ٢٠٣	السفّاح = عبد الله بن محمّد
ابو أيوب سليمن بن وهب بن سعيد ٣٣٧-٣٤١، ٣٤٤، ٣٤٧، ٣٥٠، ٣٧٣، ٣٧٥	ابو سفيان = صخر
	سُكينة بنت الحسين ١٦٩
	سلامة ١٧٧
	سلجوق ٣٩٢، ٣٩٣
سُميّة امّ زياد ١٥٢-١٥٤	بنو سلجوق ١٥، ٤٢، ١٨٨، ٣٩٢، ٣٩٣، ٤٣٤
سنباذ ٢٣٢	
السلطان سنجر ٤١، ٤٠٨، ٤١٠	الدولة السلجوقيّة ٢٨، ٤٢، ٣٩٢-٣٩٤، ٤٢٠
السندىّ بن شاهك ٢٦٨	
بنو سهل ٣٠٤	ابن سَليط = ابو مسلم الخراسانى
سهل التسترى ٣٥٣	سليط بن عبد الله بن العبّاس (عبّاس) ١٨٦، ١٨٧
سُويد ٣١٤، ٣١٥	
ابن سينا = الحسين بن سينا	ابو القسم سليمن بن الحسن بن مخلد ٣٧٢، ٣٨٢، ٣٨٣، ٣٨٥، ٣٨٦
	سليمن بن صرد ١٦٥
	سليمن بن عبد الملك ١٧٣-١٧٦
شباشى = سلجق	سليمن بن علىّ بن عبد الله بن عبّاس ٢٢٧
ابن شبرمة ٢٣٧	
شجاع بن القسم ٣٣٢	

الشعبيّ = عامر
شمس الدين قاضى قزوين ٤٠
الشهرزوريّ = محمد بن الشهرزوريّ
شهريار بن رستم الديلميّ ١٠٨، ٣٧٧
اسد الدين شيركوه ٧٢، ٣٥٧، ٣٥٨
شيرويه بن كسرى ٣٢٨

الصابئ ٨٨
الصاغانى اللغوىّ ٤٥٦
صالح بن المنصور ٢٣٨
صالح بن وصيف ٣٣٠
ابو سفيان صخر بن حرب بن اميّة
ابن عبد شمس بن عبد مناف
١٤٣، ١٤٤، ١٥٢-١٥٤
ابن صدقة = الحسن بن علىّ وعلىّ
ابن صدقة ومحمد بن صدقة
أم الصغيّرات ٤٢٢
صفيّة امّ الزبير ١٢٢

صفيّة بنت نظام الملك الوزير ٤٠٠
صلاح الدين = يوسف بن ايّوب
الصوليّ ٢١٠، ٢٥٠، ٣٥١، ٣٦٠، ٣٦٤

ابو طالب بن عبد المطلب ١٤٥، ١٤٧، ٢٦٠، ٢٨٨، ٣٠٣، ٣٤٩، ٤٠٣

ابو طالب الجرّاحى ٦٦
الطالبيّون ٢٢٠، ٢٢٢، ٣٢٥، ٣٣١، ٤٣٨
طاهر بن الحسين ٢٩٤، ٢٩٦، ٣٠٩، ٣١٠
الطائع لامر الله = عبد الكريم بن المطيع لله
ابن الطريد = مروان بن الحكم
ابن الطقطقى = محمد بن علىّ
السلطان طغرل بن ارسلان بن طغرل السلجوقى ٤٣٠، ٤٣٦

السلطان طغرلبك ٤٢، ٩٨، ١٨٨، ٣٩٣، ٣٩٤

طلحة ١١٨، ١١٩، ١٢١، ١٢٢، ١٣٤، ١٣٥

الموفّق طلحة الناصر بن المتوكّل ٤٠، ٣٤١-٣٤٤، ٣٤٧

الظاهر بامر الله = محمد بن الناصر

عاتكة بنت يزيد بن معوية ١٦٩، ١٧٨

العاضد = عبد الله بن يوسف

(عامر) الشعبيّ ١٨٠

عائشة زوجة الرسول ١١٩-١٢٣، ١٣٣، ١٤٢

عائشة بنت طلحة ١٦٩

كتاب العباب ٤٥٦

ابو عبّاد = ثابت بن يحيى

عبّاس ٢٩١

العبّاس ١٠٩، ١١٧، ١٤٥، ١٩١، ٢١٦، ٢٢٢، ٢٢٩، ٢٩١

ابن عبّاس = عبد الله بن عبّاس (العبّاس)

بنو العبّاس ١٥، ٢٧، ٣٨، ٤٠، ٤١، ١٤٩، ١٨٠، ١٨٤، ١٨٦، ١٨٩-١٩١، ١٩٤-١٩٧، ١٩٩، ٢٠٢-٢٠٤، ٢٠٦، ٢٠٧، ٢٢٣، ٢٢٤، ٢٢٦، ٢٣٩، ٢٥٥، ٢٩١، ٢٩٩، ٣٠١، ٣٠٢، ٣٣١، ٣٣٥، ٣٣٦، ٣٥٩، ٣٦٤، ٤٤٥، ٤٥٨

العبّاس بن الحسن ٣٥١، ٣٥٢، ٣٦٠

العبّاس بن محمد ٢٤٩، ٣١٦

عبّاسة اخت هرون الرشيد ٢٨٨

العبّاسيّون ٢٢٢، ٣٠٠، ٣٠٢، ٣٥٨

الدولة العبّاسيّة ١٥، ١٦، ٢٢، ٣٨-٤٠، ٤٢، ٨٤، ١٨٤، ١٨٦، ١٩١، ١٩٢، ٢٠١، ٢١١، ٢٥٥،

جمال الدين عبد الله بن العاقوليّ ٤٣	٣٨١، ٣٨٣، ٣٩٢، ٣٩٤، ٤٠٤، ٤٥١
عبد الله بن عبّاس (العبّاس) ٩٩، ١١٧، ١٢٤، ١٢٧-١٣٠، ١٤٥، ١٥٠، ١٨٧، ١٩١، ٣٠٢	ابو عبد الله البريديّ ٣٨٦، ٣٨٧
	عبد الله بن جعفر بن ابي طالب ٩٩
عبد الله بن عليّ بن العبّاس عمّ السفّاح ١٩٧-١٩٩، ٢٢٦، ٢٢٧، ٢٣٠، ٣٠٢	عبد الله بن جعفر الطيّار ١٣٩، ١٤٥
	شرف الدين عبد الله بن الجوزيّ ٤٥٢
عبد الله بن عمر ٣٧، ١٢٩، ١٣٥، ١٤٥، ١٥٦	عبد الله المحض بن الحسن بن الحسن بن عليّ بن ابي طالب ٣٩، ٢٠٧-٢٠٩، ٢٢٠، ٢٢٢-٢٢٤، ٢٥٠
عبد الله بن عمرو بن العاص ١٢٨	
القائم بامر الله ابو جعفر عبد الله بن القادر ٣٩٢، ٣٩٤-٣٩٦، ٣٩٨، ٣٩٩	عبد الله بن خالد بن اسيد ١٣٥، ١٣٦
	عبد الله بن خبّاب ١٣٢
عبد الله بن مالك ٣٥٨-٣٦٠	المقتدى بامر الله ابو القسم عبد الله بن الذخيرة بن القائم ٣٩٦، ٣٩٨-٤٠٣
المنصور ابو جعفر عبد الله بن محمّد اخو السفّاح ٣٨، ٣٩، ٤١، ٧٩، ١٩٣، ١٩٤، ١٩٦، ٢١٠، ٢١٢-٢٣٩، ٢٤١-٢٤٣، ٢٤٥-٢٤٨،	عبد الله بن الزبير ١٢١، ١٤٥، ١٥٦، ١٦٢-١٦٤، ١٦٦-١٦٩،

المستكفى ابو القسم عبد الله بن المكتفى بن المعتضد ۳۷۵، ۳۸۰، ۳۸۸-۳۹۰	۲۵۵، ۲٦٤، ۲٦۹، ۲۹۰، ۲۹۱، ۳۰۲، ۳۱۹، ۳۷۰
عبد الله بن ملجم ۱۳۸	ابو هاشم عبد الله بن محمد ابن الحنفية ۱۹۲
المأمون عبد الله بن هرون الرشيد ۲۵، ۳۸، ۲٦۲، ۲۷٤، ۲۹۱-۳۱٦، ۳۲۲، ۳۲۵، ۳۳۷، ۳۳۸	السفاح ابو العباس عبد الله بن محمد بن علي بن عبد الله بن العباس بن عبد المطلب ۱۹۳، ۱۹٤، ۱۹٦، ۱۹۷، ۱۹۹، ۲۰۰، ۲۰۲-۲۰٤، ۲۰۹-۲۱۱، ۲۱۳، ۲۲۲، ۲۲۳، ۲۲٦، ۲۲۷، ۲۳۷
عبد الله بن وهب الراسبي ۹٤	
العاضد لدين الله ابو محمد عبد الله ابن الامير يوسف بن الحافظ لدين الله ۳۵۷-۳۵۹	ابو صالح عبد الله بن محمد بن يزداد ۳۳۲
عز الدين عبد الحميد بن ابي الحديد ٤٥٦	المستعصم بالله ابو احمد عبد الله بن المستنصر بالله ۲۲، ٤۹، ۵۰، ۵۱، ٦۳/٦۵، ۷٤، ۱۹۰، ۱۹۱، ٤٤٨-٤۵۵، ٤۵۷، ٤۵۸
عبد الرحمن ۲۱۰	
عبد الرحمن بن ابي بكر ۱٤۵، ۱۵٦	
عبد الرحمن بن عوف ۹۰، ۱۰۹، ۱۳٤، ۱۳۵	عبد الله بن معوية بن عبد الله بن جعفر بن ابي طالب ۱۸۵، ۱۸٦
عبد الرحمن بن عيسى بن داود بن الجراح ۳۸۱، ۳۸۲	عبد الله بن المعتز ٦، ۷، ۳۵۰، ۳۵۹، ۳٦۰، ۳٦۲
عبد الرحمن بن محمد الاموي ۳۸۱	

٤٧٣

الأرموي ٧٤, ٤٤٩, ٤٥٠	الامير ابو الفضائل عبد الرحمن بن المستعصم ٤٤٩, ٤٥٠
عُبيد ١٥٢, ١٥٤	عبد الرحمن بن ملجم المرادي ٢٧, ٥٧, ١٣٨-١٤١
عبيد الثقفي ٢٤٥	
جلال الدين ابو المظفر عبيد الله ٤٣٥, ٤٣٦	عبد شمس ٢٠٣
المهدي بالله ابو محمد عبيد الله بن احمد بن اسمعيل الثالث بن احمد بن اسمعيل الثاني بن محمد بن اسمعيل الاعرج بن جعفر الصادق ٣٥٦, ٣٥٧	عزّ الدين عبد العزيز بن جعفر النيسابوري ٢٢, ٢٣
	عبد العزيز بن مروان ٩٠, ١٧٢, ١٧٦
	عبد الغني بن الدرنوس الملقّب بنجم الدين الخاصّ ٤٩-٥١
عبيد الله بن زياد ٧٦, ٧٧, ١٥٩-١٦١, ١٦٦	الطائع لامر الله ابو بكر عبد الكريم ابن المطيع لله ٣٩٠, ٣٩١
	عبد المطّلب ٥٧, ١٢١, ١٣٩
عبيد الله بن سليمن بن وهب ٣٣٧, ٣٤٧-٣٤٩, ٣٧٣, ٣٧٥	عبد الملك بن صالح بن علي بن عبد الله بن العبّاس ٢٨٢-٢٨٤
عبيد الله بن العبّاس ١٠٣, ٣٠٢	عبد الملك بن مروان ٨٢, ١٤٩, ١٦٥-١٦٧, ١٦٩-١٧٤, ١٧٨, ١٨٤
عبيد الله بن عبد الله بن طاهر ٣٧٣	
ابو القسم عبيد الله بن محمد الكلوذاني ٣٧٢	صفي الدين عبد المؤمن بن فاخر
ابو القسم عبيد الله بن محمد بن	

عبيد الله بن يحيى بن خاقان ٣٦٦	العلقمىّ ٤٥٥
ابو الحسن عبيد الله بن يحيى بن خاقان ٣٢٦، ٣٢٧، ٣٤٣	ابن العلقمىّ = محمد بن احمد وعلى ابن محمد
ابو عُبيدة بن الجرّاح ١٠٥، ١٠٦	الدولة العلويّة ٣٥٦
ابو العتاهية الشاعر ٢٤٦، ٢٦٤، ٢٦٥	علوىّ (العلويّون) ٣٩، ١٥١، ٢٢٢، ٢٥٣، ٢٥٤، ٢٩٩، ٣٠٠، ٣٥٦، ٣٥٧، ٤٢٥، ٤٤٣
العُتْبى ١٨	
عثمان بن عفّان ١٥، ٢٧، ٣٧، ١٠٩، ١١٧-١٢٢، ١٢٤، ١٢٥، ١٢٧، ١٢٨، ١٣٤، ١٣٥، ١٣٧، ١٦٤، ٢٣٩-٢٤١	علىّ بهادر ٤٥٨
	عماد الدولة ابو الحسن علىّ بن بويه ٣٧٧-٣٧٩، ٣٨١، ٣٨٩
عزّ الدولة بن جلال الدولة ابى طاهر ٣٧٩، ٣٨٠	علىّ بن حسن بن حسن بن الحسن ابن الحسن بن علىّ بن ابى طالب ٢٢١
عزّ الدين المحدّث ٧	
العسجدىّ ٦٨، ٦٩	رئيس الرؤساء علىّ بن الحسين بن احمد بن محمد بن عمر بن المسلمة ٣٩٦، ٣٩٧
عضد الدولة = فنّاخسرو	
الصاحب علاء الدين عطا مَلِك بن محمد الجوينىّ ٢٢، ٢٣، ٧٥، ١٤٨، ١٨٨، ٢٣٩، ٢٤١	زين العابدين علىّ بن الحسين بن علىّ ١٦٦، ١٩٢
عقيل بن ابى طالب ٩٩، ١١٨، ١٦٠	مؤتمن الدولة ابو القسم علىّ بن صدقة ٤١٩

٤٧٥

علىّ بن ابى طالب ١٥، ١٨، ٢٤، ٢٥، ٢٧، ٢٩، ٣٧، ٤٤، ٤٥، ٥٢، ٥٧، ٦١، ٨٣، ٩٣، ٩٩، ١٠٠، ١٠٢، ١٠٣، ١١٧، ١٣٠، ١٣٢، ١٣٤، ١٣٦-١٤٣، ١٤٦-١٤٨، ١٥٢، ١٥٣، ١٥٨، ١٦٥، ١٧٦، ١٩٠، ١٩٣، ٢٠٧، ٢١٢، ٢٥٣، ٢٦٠، ٢٩٩، ٣٠٠، ٣٠٢، ٣٠٣، ٣٢٥، ٣٥٦، ٤٢٢

رضى الدين علىّ بن طاؤوس ٢١

الشريف ابو القاسم علىّ بن طراد الزينبى ٤٠٦-٤١١، ٤١٤-٤١٨

علىّ بن عبد الله بن عبّاس ١٨٧

علىّ بن عيسى بن الجرّاح ٣٦٤- ٣٦٦، ٣٧٢، ٣٨١

علىّ بن عيسى بن ماهان ٢٩٤- ٢٩٦

علىّ بن محمد بن احمد بن عيسى بن زيد بن علىّ بن الحسين بن علىّ بن ابى طالب ٣٤٢

زعيم الرؤساء ابو القاسم علىّ بن فخر الدولة محمد بن جهير ٤٠٤، ٤١٨

جمال الدين علىّ بن محمد الدستجردانى ٥٠، ٥١

شرف الدين ابو القاسم علىّ بن محمد بن العلقمى ٤٥٦

ابو الحسن علىّ بن محمد بن الفُرات ٩٠، ٣٦٠-٣٦٢، ٣٦٥، ٣٦٦، ٣٦٨-٣٧٠

ابو الحسين علىّ بن ابى علىّ محمد ابن مُقلة ٣٧٠، ٣٨٨

المكتفى بالله ابو محمد علىّ بن المعتضد ٦، ٣٥٠-٣٥٢، ٣٦٠، ٣٧٢، ٣٧٣

علىّ بن موسى الرضى ٢٩٩-٣٠٢

صدر الدين علىّ بن النيّار ٤٥٠، ٤٥١

ابو الحسين علىّ بن هشام ٣٨٤

عمر بن الخطّاب ١٥، ٢٧، ٣٧،

٤٧٦

عُمير بن ضابئ البرجمي ١٣٧	٣٨, ٤٦, ٧٨, ١٠٥, ١٠٦, ١٠٨-
عيسى ٣٥٤	١١٠, ١١٣, ١١٤, ١١٦, ١١٧,
فخر الدين عيسى بن ابرهيم ٨, ١٩, ٢٣, ٤٢, ١٠١	١٢٩, ١٣٤/١٣٦, ١٣٨, ١٤٣, ١٤٦, ١٥٢, ١٥٣, ١٦٣, ٤٢٢
ابو موسى عيسى بن فرُّخان شاه ٣٣٤	عمر بن سعد بن ابى وقّاص ١٦٠, ١٦٦
عيسى بن موسى بن محمّد بن على ابن عبد الله بن العبّاس ٣٩, ٢٢٥, ٢٢٦, ٢٣١, ٢٣٣/٢٣٥, ٢٤٥	عمر بن عبد العزيز بن مروان ١٧٣, ١٧٥-١٧٧, ٣٣٥, ٣٣٦
	عمر الاشرف بن على زين العابدين ٢٠٨, ٢٠٩
	العمرانى المؤرّخ ٢٩٠
الغالبى الشاعر ٣١٤	عمرو ٢٤٣
الغزالى ٢٠٦, ٢٠٧	عمرو بن سعيد ١٦١
تاج الملك ابو الغنائم الوزير ٣٩٨	عمرو بن العاص ٥٢, ٨٣, ٩٥, ١٢٥/١٣٠, ١٤١, ١٤٢, ١٤٦, ١٤٧, ١٥٢, ٢٤٣
فاطمة ٢٥٣, ٢٦٧	عمرو بن الليث الصفّار ٣٤٩
الدولة الفاطميّة ٣٥٥, ٤٦٩	ابن العميد ذو الكفايتين ٦٦, ٦٩
الفاطميّون ١٥, ١٨٨, ٣٥٨, ٣٨١, ٤٢٥	عميد الملك الكندرى ٩٨
	عُمير بن جرموز ١٢٢

الفتح بن خاقان ٣٢٦، ٤

ابو الفتح البستي ٦١

فخر الدين = عيسى بن ابرهيم

ابن الفرات = جعفر بن الفرات وعلي ابن محمد والفضل بن جعفر

بنو الفرات ٣٦٠

ابو فراس ابن حمدان ٢٦٧، ٣٠٠

ابو الفرج الاصفهاني ٣٨٧، ٣٨٨

الفرزدق ١٥٩

ابن الفضل الشاعر ٣٩٦

ابو الفتح الفضل بن جعفر بن الفرات ٣٨٣-٣٨٥

ابو العبّاس الفضل بن الربيع ٦٣، ٢٣٩، ٢٤٠، ٢٤٧، ٢٤٨، ٢٨١، ٢٨٨، ٢٩٠-٢٩٣، ٢٩٧، ٣٠٢، ٣٠٣، ٣٢١

ذو الرئاستين الفضل بن سهل ٢٩٢-٢٩٤، ٢٩٩-٣٠٢، ٣٠٢-٣٠٤، ٣٠٦، ٣٢١

الفضل بن مروان ٣٢٠، ٣٢١

المسترشد بالله ابو منصور الفضل بن المستظهر بالله ١٨٩، ٤٠٦-٤١٣، ٤١٥، ٤١٧

المطيع لله ابو القسم الفضل بن المقتدر ٣٩٠، ٣٩١

الفضل بن يحيى بن خالد ٢٦٥، ٢٦٦، ٢٧٢-٢٨٢، ٢٨٨، ٢٨٩، ٣٢١

عضُد الدولة فنّاخسرو بن بويه ٣٠، ٤٢، ٥٤، ٥٥، ١٨٨، ٣٩١

ابو جعفر الفيض بن ابي صالح ٢٥٥-٢٥٧

القادر = احمد بن اسحاق بن المقتدر

(قازان بن ارغون) سلطان هذا العصر ٤٣

موفَّق الدين القسم بن ابي الحديد ٤٤٤

القِسم بن عبيد الله بن سايمن بن وهب ٣٤٩-٣٥٣, ٣٧٢, ٣٧٣, ٣٧٥	٤٢٢, ٤٤٥, ٤٤٨
قان العادل = اوكتاى	القزاونة ٤٠
القاهر = محمد بن المعتضد	الملك قشتمر ٧٧
كتاب القانون فى الطبّ ١٧	ابن القصّاب = محمد بن احمد
القائم بامر الله = عبد الله بن القادر	القتىّ = محمد بن محمد
	قيس بن سعد بن عبادة ١٤٥, ١٤٦, ١٧٢(؟)
قباذ الملك ٩١	قيصر ١٤٦
قثم بن العبّاس بن عُبيد الله بن العبّاس ٢٣٥, ٣٠٢	
القراريطى = محمد بن ابرهيم	كاليجار (ابو كاليجار) ٣٨٠
القرآن ٤, ٧, ١٥, ٢٥, ٣٠, ٣٢, ٣٦, ٤٣, ٤٦, ٤٧, ٥٩, ٦٧, ٧١, ٧٨, ٨٩, ١٠٦, ١٢٠, ١٢٦, ١٢٧, ١٣١, ١٣٧, ١٤٠, ١٥٨, ١٦٠, ١٦٧, ١٧٣, ١٧٦, ١٨٠-١٨٢, ١٨٧, ١٨٩, ١٩٨, ٢١٦, ٢١٩, ٢٣١, ٢٤٩, ٢٦١, ٢٩٨, ٣٥٩, ٣٦٤, ٣٧٠, ٣٩٧, ٤٠٣, ٤١٩	ان الكبوش الشاعر البصرىّ ٢٢
	كُثير عزّة ١٦٩, ١٧٦
	الدولة الكسرويّة ٣٦
	كِسرَى انوشروان ٣٦, ٧٨, ٨١, ٩١, ٩٢, ١٠٧, ١١٣, ١٤٦, ٢١٢
	كُشاجم ٢٠١
	كعب ٢٩
	كتاب كليلة ودمنة ٣٣
	كوثر الخادم ٢٩٥

ابو فروة كيسان ٢٣٩/٢٤١	٣٦, ٣٧, ٤٥, ٥٧, ٥٩, ٦٠, ٩٣,
	١٠٢, ١٠٣, ١٠٦, ١٠٧, ١١٥,
	١١٧, ١٢٠, ١٢٣, ١٢٨, ١٢٩,
بدر الدين لؤلؤ ٧, ٢٢, ٦٥, ٨٦,	١٣٣, ١٣٤, ١٣٨, ١٤٠, ١٤٣,
١٠٠, ٤٥٦, ٤٥٧	١٤٥, ١٥١, ١٥٤, ١٥٦, ١٦١,
ابو أوازة ٢٧, ١٣٤	١٦٢, ١٦٤, ١٦٥, ١٧٣, ١٨٠,
	١٩١, ١٩٩, ٢٠٩, ٢١١, ٢٢٤,
	٢٢٥, ٢٢٩, ٢٣١, ٢٣٣, ٢٤٥,
مالك الاشتر ١٢٧, ١٦٦	٢٦١, ٢٧٤, ٢٩٩, ٣٢٩, ٣٣٠,
مالك بن الهيثم ٢٢٩	٣٤٥, ٣٥٤, ٣٥٩, ٣٧٠, ٤٠٢,
المأمون = عبد الله بن هرون الرشيد	٤١٩, ٤٢٢, ٤٣٤, ٤٣٩, ٤٥٨
المتّقى بالله = ابرهيم بن المقتدر بالله	ابو اسحاق محمد بن ابرهيم الاسكافي المعروف بالقراريطيّ ٣٨٦, ٣٨٧
المتنبّى ٥, ١٠, ١٤, ٥٩	محمد بن ابرهيم بن الحسن بن الحسن
المتوكّل = جعفر بن المعتصم	ابن على بن ابى طالب ٢٢١
المثنّى بن حارثة ١٠٨	محمد بن ابرهيم الامام بن محمد بن
ابن مجاهد ٣٦٦	على بن عبد الله بن العبّاس ٢٧٩-
مجوسىّ ٢٣٢, ٣٥٣	٢٨١
المحض = عبد الله بن الحسن	(اثير الدين ابو الكرم محمد) والد
محمد النبى ٣, ٤, ٢٩, ٣٢, ٣٣,	ابن الاثير ٩٧

مؤيد الدين ابو طالب محمد بن احمد بن العلقمى ٢٢، ٦٥، ٤٤٩، ٤٥٢، ٤٥٥-٤٥٨

مؤيد الدين ابو المظفر محمد بن احمد بن القصاب ٤٣٧، ٤٤٢

محمد بن اسحق ٥

فلك الدين محمد بن ايدمر ١١١

محمد بن ابى بكر ١٢٣

محمد بن جعفر الصادق ٣٠٣

القائم محمد بن الحسن ١٩٢

(محمد بن الحسين) الشريف الرضى الموسوى ١٧٧، ٣٥٦

ابو شجاع ظهير الدين محمد بن الحسين الهمذانى ٤٠٠-٤٠٣

الامين محمد بن زبيدة ٦٢، ٦٣، ٢٧٤، ٢٩١-٢٩٧

محمد بن سليمان بن المنصور ٢٦٠

كمال الدين محمد بن الشهرزورى ٩٦-٩٨

محمد بن صالح البازيارى ٧٤

جلال الدين ابو الرضى محمد بن صدقة ٤١٦

ابو جعفر محمد بن ابى طالب الشاعر ٤٣٦

محمد بن طغج ٣٨١

السعيد نصير الدين محمد الطوسى ٤٥٨

النفس الزكية محمد بن عبد الله المحض بن الحسن بن الحسن بن على ابن ابى طالب ٣٩، ٢٢٢-٢٢٦، ٢٦٥

عضد الدين ابو الفرج محمد بن ابى الفتوح عبد الله بن رئيس الرؤساء ٤٢٧-٤٣٢

محمد بن عبد الله بن طاهر ٣٣٠، ٣٣١

محمد بن عبد الملك الزيّات ٢٠٢، ٣٢٢-٣٢٦

ابو على محمد بن عبيد الله بن يحيى بن خاقان ٣٦٢-٣٦٤

ابو الفرج محمد بن علي السامرّى ٣٨٩، ٣٩٠

محمد بن علي بن ابى طالب ١٦٦، ١٩٢

صفيّ الدين محمد بن علي المعروف بابن الطقطقى مؤلّف هذا الكتاب ٦٩، ٨٨، ٤٥٨

محمد بن علي بن عبد الله بن العبّاس ١٩٢، ١٩٣

ابو علي محمد بن علي بن مقلة ٣٦٨/٣٧٢، ٣٧٤، ٣٧٥، ٣٨١، ٣٨٤

شرف الدين ابو جعفر محمد بن ابى الفتح بن البلدىّ ٤٢٦/٤٢٩

محمد بن الفضل الجرجرائىّ ٣٢٦، ٣٣٢

محمد بن القسم بن عبيد الله بن سليمان بن وهب ٣٧٥، ٣٧٦

ابو جعفر محمد بن القسم الكرخىّ ٣٨٢، ٣٨٧

المعتزّ بالله ابو عبد الله محمد بن المتوكّل ٣٣٢/٣٣٥، ٣٥٩، ٣٦٠

المنتصر محمد بن المتوكّل ٣٢٥/٣٢٩

فخر الدولة ابو نصر محمد بن محمد ابن جهير ٣٩٤/٣٩٦، ٣٩٩، ٤٠٤

مؤيّد الدين محمد بن محمد بن عبد الكريم برز القمّى ٨٥، ٢٠٥، ٤٣٩/٤٤٣، ٤٤٥، ٤٤٦، ٤٤٩

عميد الدولة محمد بن محمد بن محمد بن جهير ٣٩٩، ٤٠٠

شرف الدين محمد بن المرتضى ٤٣٨

المقتفى لامر الله ابو عبد الله محمد ابن المستظهر ٢٧، ٩٧، ٩٨، ٤١١، ٤١٢، ٤١٦/٤٢٠، ٤٢٣، ٤٢٥

القاهر ابو منصور محمد بن المعتضد ٣٧٤/٣٧٦، ٣٨٠

المهدىّ ابو عبد الله محمد بن ابى جعفر المنصور ٣٨، ٢١٤، ٢١٥، ٢٢٣، ٢٣٣/٢٣٦، ٢٤٢/٢٥٥،

٢٥٧، ٢٥٨، ٢٦١، ٢٦٣، ٢٧١، ٢٩٠

الظاهر بامر الله ابو نصر محمد بن الناصر لدين الله ٤٤٣، ٤٤٤

محمد بن هانئ المغربيّ ١٨٨

المعتصم ابو اسحق محمد بن هرون الرشيد ٣٨، ٣٩، ٧٣، ٧٤، ٢٩٧، ٢٩٩، ٣١٦-٣٢٤، ٣٢٩

المهتدى بالله ابو عبد الله محمد بن الواثق ٣٣٠-٣٣٧، ٣٤١، ٣٧٣

عزّ الدين محمد بن يحيى بن هبيرة ٤٢٦

ابو عبد الله محمد بن يزداد بن سُويد ٣١٤، ٣١٥، ٣٣٢، ٣٣٧

الملك العادل نور الدين محمود بن اتابك زنكى ٧١، ٧٢

يمين الدولة محمود بن سبكتكين ١٨

محمود بن ملكشاه ٣٩٩

المختار بن ابى عُبيد الثقفىّ ١٦٥- ١٦٧

عزّ الدين المرتضى القمّىّ ٤٣٧، ٤٣٨

مرداويج ٣٧٩، ٣٨٠

ابن مروان ٣٩٥

مروان بن ابى حفصة ٢٧٦

مروان بن الحكم بن ابى العاص بن اميّة بن عبد شمس بن عبد مناف ١٢٠، ١٢٢، ١٣٦، ١٣٧، ١٦٣/ ١٦٧، ١٧٧، ١٨٥

مروان الحمار بن محمد بن مروان الجعدىّ ١٨٤، ١٨٥، ١٩٣-١٩٩، ٢٢٦

ابو مريم المختار ١٥٢-١٥٤، ١٥٦

المساور بن النعمان ٢١٢

المسترشد بالله = الفضل بن المستظهر بالله

المستضىء بامر الله = الحسن بن المستنجد

المستظهر بالله = احمد بن المقتدى

المستعصم بالله = عبد الله بن المستنصر

المستعين = احمد بن محمد
المستكفى = عبد الله بن المكتفى
المستنجد بالله = يوسف بن المقتفى
المستنصر بالله = المنصور بن الظاهر
مسرور الخادم ٢٨٩، ٢٩٠
السلطان مسعود ٧٧، ٩٦، ١٨٩،
٤٠٧–٤٠٩، ٤١٢، ٤١٠، ٤١٧،
٤١٨، ٤٢٣
ابو مسلم الخراسانىّ ١٨٦، ١٨٧،
١٩٣–١٩٦، ٢٠٨–٢١٠، ٢٢٢،
٢٢٦–٢٣٢، ٢٤٤
مسلم بن عقبة المرّىّ ١٦١، ١٦٢،
١٧٠
مسلم بن عَقيل بن ابى طالب ١٥٩،
١٦٠
مسلم بن الوليد ٣٠٥
ابن المسلمة = علىّ بن الحسين
مسلمة بن عبد الملك ٨٢
المسيح ١٩٧
مُسيلمة الكذّاب ١٠٣–١٠٥،

المصحف = القرآن
مصعب بن الزبير ١٦٦–١٦٩،
١٧٨
المطيع لله = الفضل بن المقتدر
مظفَّر الدين بن زين الدين علىّ
كوجك ٤١، ٤٤٦
نظام الدين ابو نصر المظفَّر بن علىّ
ابن محمّد بن جهير البغدادىّ ٤١٨،
٤١٩
معٰوية بن ابى سفيان صخر بن حرب
ابن اميّة ٢١، ٥٢، ٩٥، ٩٦، ٩٩،
١٠٠، ١١٨، ١٢٤–١٣٠، ١٣٧،
١٣٨، ١٤٠، ١٤١، ١٤٣–١٥٠،
١٥٢–١٥٨، ٢٠٤
ابو معٰوية الضرير ٢٦٥
معٰوية بن يزيد بن معٰوية ١٦٣
ابو عبيد الله معٰوية بن يسار ٢٤٦–
٢٥٠
ابن المعتزّ = عبد الله بن المعتزّ
المعتزّ بالله = محمّد بن المتوكّل

٤٨٤

المعتصم = محمد بن هرون الرشيد
المعتضد = احمد بن طلحة
المعتمد على الله = احمد بن المتوكّل
معزّ الدولة بن بويه = احمد بن بويه
معن بن زائدة ٢١٦, ٢١٧
الدولة المغوليّة ٢٣, ٣٦
العساكر المغوليّة ٤٠٤
المغيرة بن شعبة ٢٧, ١٢٤, ١٣٤
المقامات البديعيّة ١٨
المقامات الحريريّة ١٨, ٤١٣
المقتدر بالله = جعفر بن المعتضد
السيّدة امّ المقتدر بالله ٣٦٨
المقتدى بامر الله = عبد الله بن الذخيرة
المقتفى لامر الله = محمد بن المستظهر
المقداد بن الاسود الكنديّ ٤٤٠
مقلاص = المنصور عبد الله بن محمد
ابن مقلة = عليّ بن محمد ومحمد ابن عليّ

المقنع ٢٤٤
المكتفى بالله = عليّ بن المعتضد
ابن ملجم = عبد الرحمن بن ملجم
السلطان جلال السدولة ملكشاه ٣٩٨, ٣٩٩, ٤٠٢
الملكيّ في الطبّ ١٧
الأمير ابو المناقب بن المستعصم ٤٤٩, ٤٥٠
المنتصر = محمد بن المتوكّل
المنصور = عبد الله بن محمد
المستنصر بالله ابو جعفر المنصور بن الظاهر بامر الله ٢٩, ٣٠, ٤١, ٤٩, ٥٠, ٦٩ (؟), ٤٣٤, ٤٤٣/٤٤٩
الراشد بالله ابو جعفر منصور بن المسترشد ٩٦/٩٨, ٤١١, ٤١٢, ٤١٥, ٤١٦
ظهير الدين ابو بكر منصور بن ابي القسم نصر بن العطّار ٤٣٢/٤٣٥
المهدى بالله = محمد بن الواثق
المهديّ ٢٢٣, ٢٢٤

المهديّ = محمد بن المنصور

المهديّ بالله = عبيد الله بن احمد

المهلّب ٤

مهيار الشاعر ٩١

مؤتمن الدولة = عليّ بن صدقة

موسى ٢١٧, ٣٥٤, ٤٢٢, ٤٤٣, ٤٤٤

ابو موسى الاشعريّ ١٢٧-١٢٩

موسى بن الامين ٢٩٢, ٢٩٣

موسى بن جعفر ٢٦٨, ٢٦٩

الهادي موسى بن المهديّ ٢٤٢, ٢٤٥, ٢٥٢, ٢٥٤, ٢٥٧-٢٦٣, ٢٧١, ٢٩٠

الموفّق = طلحة بن المتوكّل

مؤنس المظفّر ٣٥٩

ميكائيل ٤٢٢

ميّة ٣١٨

النابغة (الذبيانيّ) ٦٧

الناصر = طلحة بن المتوكّل

الناصر لدين الله = احمد بن المستضىء

السيّد نصير الدين ناصر بن مهدىّ العلويّ الرازيّ ٤٣٧-٤٣٩

الناطق بالحقّ = موسى بن الامين

ابن الناقد = احمد بن محمد

الناقص = يزيد بن الوليد

نائلة ١٣٧

نجم الدين الخاصّ = عبد الغنيّ بن الدرنوس

نصر بن احمد السامانيّ ٣٨١

نصر بن سيّار ١٩٤, ١٩٥, ٢٥٠

نصر المليسيّ الحبشيّ ١٩١

الوزير نظام الملك ٣٩٦, ٣٩٩, ٤١٢

النعمان بن المنذر ٣٦, ٦٧

نعمى ٣٤٦

النفس الزكيّة = محمد بن عبد الله

كتاب نهج البلاغة ١٨, ٤٥٦

٤٨٦

ابو نواس ٢٤، ١٨١، ٢٧٠، ٢٩١، ٣٠٧

نوح ٢٤٤، ٢٤٦

نور الدين = الملك العادل محمود بن اتابك زنكى

الهادى = موسى بن المهدى

هرون ٤٢٢

هرون الرشيد ٢٤، ٣٨، ٩٨، ١٧٤، ٢١١، ٢٤٥، ٢٥٢، ٢٥٤، ٢٥٥، ٢٥٧، ٢٦٢-٢٧٢، ٢٧٤-٢٧٦، ٢٨٠-٢٨٤، ٢٨٧-٢٩٣، ٢٩٧، ٣٠٤، ٣٠٥، ٣١٩، ٣٢٤، ٣٢٥، ٣٥٢

هرون الواثق بن المعتصم ٣٢٣-٣٢٥، ٣٣٩، ٣٤٠

بنو هاشم ٣٨، ١١٧، ١٨٥، ٢٠٣، ٢٢٢-٢٢٤، ٢٢٨، ٢٣٦، ٢٣٩، ٢٤٤، ٢٦٠، ٢٦٦، ٢٧١، ٢٩١،

٣١٧، ٣٣٦، ٣٥٧، ٣٧٠

الدولة الهاشميّة ١٩١

هانئ بن عروة ١٥٩، ١٦٠

ابن الهبّارية الشاعر ٤٠٠، ٤١٣، ٤١٤

ابو المعالى هبة الله بن محمد بن المطّلب ٤٠٤-٤٠٦

ابن هُبيرة = محمد بن يحيى ويحيى بن هبيرة ويزيد بن عمر

هرثمة ٢٩٦

هشام بن عبد الملك ١٧٢، ١٧٨-١٨١، ١٩٢

هند بنت عتبة ١٤٤، ١٤٥

ابو الهول الشاعر ٢٧٦

السلطان هولاكو ٢١، ٦٥، ١٩٠، ١٩١، ٤٤٩، ٤٥١، ٤٥٥، ٤٥٧، ٤٥٨

الواثق = هرون بن المعتصم

أبو الوزير ٣٢٦

وزير آل محمد = حفص بن سليمان

الوليد بن عبد الملك ١٧٢-١٧٤

الوليد بن عتبة بن ابي سفيان ١٥٨

الوليد بن يزيد بن عبد الملك ١٨١-١٨٤

وهب بن سعيد ٣٣٨، ٣٤١، ٣٤٤، ٣٥٠، ٣٧٣، ٣٧٥

يحيى ٤٠١

الملك إمام الدين يحيى بن الافتخاري ٤٠

يحيى بن أكثم ٢٩٧

الشريف يحيى بن الحسين بن احمد ابن عمر بن يحيى بن الحسين بن زيد ابن علي بن الحسين بن علي بن ابي طالب ٣٥٥

يحيى بن خالد بن برمك ٨٩، ٢٥٥،

٢٦٩-٢٧٦، ٢٨٠، ٢٨١، ٢٨٧-
٢٩٠، ٣٠٤

يحيى بن عبد الله بن حسن بن حسن بن علي بن ابي طالب ٢٦٥-
٢٦٧

ابو الحسين يحيى بن عمر بن يحيى ابن الحسين بن زيد بن علي بن الحسين بن علي بن ابي طالب ٣٢٩،
٣٣٠

عون الدين ابو المظفر يحيى بن هبيرة ٤١٩-٤٢٦

يزدجرد بن شهريار ١٠٨، ١١٥

يزيد بن عبد الملك ١٧٧، ١٧٨،
١٨٤

يزيد بن عمر بن هبيرة ٢١٥

يزيد بن معاوية ٧٦، ٧٧، ١٤٦،
١٤٧، ١٥٥، ١٥٧، ١٥٩-١٦٥،
١٦٧، ١٧٠، ٢٠٤

الناقص يزيد بن الوليد بن عبد الملك ١٧٧، ١٨٢

ابو عبد الله يعقوب بن داود ٢٥٠- ٢٥٥، ٢٥٧	صلاح الدين يوسف بن ايوب ٤٥، ٧٢، ٣٥٧-٣٥٩، ٤٢٥
يعقوب بن الليث الصفّار ٣٣٣	يوسف بن عمر ١٧٩، ١٨٠
اليمينيّ ١٨	المستنجد بالله ابو المظفر يوسف بن
يهوذا بن يعقوب بن اسحاق بن ابرهيم الخليل ٣٧٦	المقتفى ٤٢٠، ٤٢٥، ٤٢٩
	يونس بن محمد ٢٣٩

فهرست اسماء البلدان والأُمَم والقبائل والمِلَل

احجار الزيت ٣٩

أُحُد ١٤٤

اذربيجان ٦٦

اربل ٤١, ٤٤٦

الاسحاقىّ ٤٥٣

اسد ٤٥٥

الاسكندريّة ٣٥٧

الاسماعيليّون ٣٥٧, ٤٠٣, ٤٠٤,
٤٠٧, ٤٠٩, ٤٣٢

الاشعريّون ٢٤٦

اصفهان ١٧٢, ١٨٥, ١٨٦, ٣٨٠,
٣٨١, ٣٩٩, ٤١٦, ٤٤٠

اعجمىّ ٣٥٨, ٤٣٧

افريقيّة ١٠٣, ٣٥٨

الانبار ٢٠٤, ٢٨٩

الاندلس ١٧٣, ٣٨١

الأنصار ١٢٠, ١٢٤, ١٣٥, ١٤٥,
١٤٦, ٤٣٦

الاهواز ٢٣٦, ٢٣٨

باب كلواذى ببغداذ ٤٥٤

باخمرى ٣٩, ٢٢٢, ٢٢٥, ٢٢٦,
٢٦٥

الباطنيّة = الاسماعيليّون

بحر الهند ٢١٩

البحرين ١٥٥, ٣٤٢

بدر ٣٢, ٩٣, ١٤٤

بدوىّ ١١٢, ١١٤, ١١٥

برج العجمىّ ببغداذ ٤٥٤

33

٤٩٠

البردان ٣٢٠	٤٣٦−٤٣٨, ٤٤٠, ٤٤٢, ٤٤٤,
البصرة ٣٩, ٤٠, ١٢٠−١٢٣,	٤٥١−٤٥٤, ٤٥٧, ٤٥٨
١٣١, ١٥٥, ١٦٦, ١٧٩, ١٩٣,	بغدان = بغداذ
٢١٩, ٢٢٥−٢٢٧, ٣٠٢, ٣٢١,	بلخ ٣٤٩
٣٤٢, ٣٤٣, ٣٨٥, ٤٠١, ٤٣٦	بلد ١٩٩
البصريّون ٤٣٧	بوصير ١٨٥, ١٩٩
بغداد = بغداذ	البيت المقدَّس ٤٩
بغداذ ٥, ٢١, ٤١, ٤٣, ٤٩, ٦٤,	
٧٤, ٧٥, ٧٦, ٩٦, ٩٧, ١١١,	
١٨٨, ١٩٠, ١٩١,٢١٢, ٢١٧,	التاج ببغداذ ٣٥١, ٤٢٧, ٤٥٤
٢٢٠, ٢٢١, ٢٢٦, ٢٢٨, ٢٦١,	تامرّا ٢١٩
٢٦٨, ٢٧٥, ٢٨٥−٢٨٧, ٢٩١,	تبريز ٨
٢٩٣, ٢٩٤, ٢٩٧, ٣٠٠−٣٠٦,	التتر ١١١
٣٠٩, ٣١٧, ٣١٩, ٣٢١, ٣٣٠,	الترك (الاتراك) ٢٨, ٧٩, ١٨٠,
٣٤٣, ٣٥١, ٣٥٣, ٣٥٥, ٣٥٧,	٣٢٠, ٣٣٢−٣٣٦, ٣٩٢, ٣٩٣,
٣٥٩, ٣٧٤, ٣٨٠, ٣٨٥−٣٨٧,	٤٣٠, ٤٣٥
٣٨٩, ٣٩١, ٣٩٢, ٣٩٤, ٣٩٥,	ترمذ ٤١٠
٣٩٧, ٣٩٨, ٤٠١, ٤٠٨, ٤١٠,	تستر ٣٥٣
٤١٢, ٤١٥, ٤١٦, ٤٢٠, ٤٢٢−	تكريت ٤١, ٤٥٢, ٤٥٣
٤٢٤, ٤٢٧, ٤٢٩, ٤٣١−٤٣٤,	بنو تميم ١٠٤, ١٠٥

التوّابون ١٦٥

جامع المنصور ببغداذ ٣٧٥
الجبال ٢٣٢
الجبل ٣٨١
جرجان ١٧٩، ٢٦٦، ٣٠٥
جرجرايا ٢١٧
الجزيرة ١٧٩
الجلهمة ٧٤
جلولاء ١١٣

بنو الحارث بن كعب ٢٠٦
الحجاز ٣٩، ١١٠، ١٥٦، ١٦٦، ١٦٨، ١٨٢، ١٩٣، ١٩٠، ٢١٥
٢٣٢
الحدباء = الموصل
قلعة الحديثة ٣٩٤
حرّان ١٩٤، ١٩٦، ١٩٩، ٢٠٤

حربى ٩٨، ٤٤٠
الحرمانِ ٣٦٤
الحرّة ١٦١، ١٦٢، ١٧٠
الحلّة ٧٤، ٣٠٦، ٤٣٢
حلوان ١٨٥
الخميمة ١٩٢
الحَوب ١٢٠
الحيرة ٣٦، ٢٨٩

خراسان ٨٠، ١٠٣، ١١٠، ١٥٥، ١٧٩، ١٨٦، ١٨٧، ١٨٩، ١٩٣، ١٩٦، ١٩٨، ٢٠٨، ٢١٠، ٢١٤، ٢١٦، ٢١٩، ٢٢٢، ٢٢٦، ٢٢٨، ٢٢٩، ٢٣٢، ٢٤٢، ٢٤٤، ٢٤٩، ٢٥٠، ٢٦٩، ٢٧٦، ٢٧٨، ٢٩٠، ٢٩٢، ٢٩٤، ٢٩٧، ٣٠٠، ٣٠٢، ٣٠٩، ٣١٠، ٣١٤، ٣٢٩، ٣٨١، ٣٩٣، ٣٩٧، ٤٠٣
الخرّينى ٤٤٠

الحزر ٣٩٢

الخوارج ٢٧, ٣٩, ٤٠, ٤٤, ٩٤,
١٣٠/١٣٣, ١٢١, ١٨٨, ٣٠٣

خوزستان ٨٤, ٣٨٥, ٤٣٧

دار البطيخ ببغداذ ٣٤٥

دار السلام = بغداذ

دجلة ٥٥, ٧٣, ١٠٧, ١١٣, ١٨٥,
١٩٨, ١٩٩, ٢١٩, ٢٨٧, ٣٢٠,
٤١٧, ٤٢٨, ٤٤٤

دُجيل ٧٣, ١١١, ١٦٩, ٣٦٠,
٤١٩, ٤٥٣

درب البصريّين ببغداذ ٤٣٧

درب هرون ٩٨

درب يعقوبا ببغداذ ٤٥٤

دمشق ٧٦, ٧٧, ٩٠, ١٠٦, ١٤٥,
١٦٠, ١٧٣, ١٨٠, ١٨٧, ١٩٢,
١٩٩, ٢٠٤, ٢٩٧

الدور ٤١٩

دور الوزير ٤١٩

دومة الجندل ١٢٨

ديار بكر ٢١٩, ٣٨١, ٣٩٥

ديار ربيعة ٣٨١

دير الروم ٢١٨

دير سمعان ١٧٧

دير قنّى ٣٤٤

دير هرقل ٣١٣

الديلم ٢٦٥, ٣٧٦, ٣٨٠, ٣٨٩,
٤٠٤

الذمار ٤٠٦

الراوندية ٢١٦, ٢١٧

الرحبة ببغداذ ٣٥١

الرصافة ٢٣٠

الرقّة ٢١٩, ٢٦٨, ٢٩٠, ٣١٩,
٣٥١

الرمل ١٠٥

الروذبار ٤٠٤

٤٩٣

الروم ٣٩, ٩٢, ٢٤٥, ٢٧٧, ٣١٦, | سلسبيل ٤٢٦
٣١٧, ٣٥٢, ٣٩٠ | سلمية ٣٥٧
الروميّ ٣١٧ | جبل السمّاق ٤٣٢
الرىّ ٦٦, ١٧٩, ١٨٥, ٢٢٩, | سمرقند ١٠٣, ٢٦٩, ٣٠٢
٢٣٠, ٢٣٢, ٢٦٦, ٢٩٤, ٣٨١, | السنديّة ٣٨٥
٤٣٧ | السواد ١١٠, ٢١٩, ٢٩٨, ٣٦٥,
 | ٤٠٩, ٤٢٢
 | السودان ٣٥٢

الزاب ١٩٧
زبطرة ٣١٦
الزنج ٤٠, ١٥٠, ٣٣٢, ٣٤٢, ٣٤٣ | الشافعيّة ٤٣
اهل الزندقة ٢٤٣, ٢٤٩, ٣٤٦ | الشأم ٣٨, ٤٢, ٤٤, ٤٥, ٧١,
الزوراء = بغداد | ٧٢, ١٠٥, ١١٨, ١٢٤, ١٢٥,
الزيديّة ١٧٨ | ١٢٧, ١٢٨, ١٣٠, ١٣٢, ١٣٣,
 | ١٣٧, ١٥٦, ١٦٢-١٦٤, ١٦٦,
 | ١٧٣, ١٩٢, ١٩٣, ١٩٥, ٢١٩,
 | ٢٢٧, ٢٢٨, ٢٥٠, ٣١٩, ٣٨١,
سابس ٤٤٠ | ٤٥٣
سامرّا ٣١٩, ٣٢٠, ٣٣٠, ٣٩٠ | شاهى ٣٢٩-٣٣١
سجستان ١٥٥ | بنو شيبان ٣٤٥
سُرّ من رأى = سامرّا

شيراز ۳۸۰	العجم ۱۸، ۱۰۷، ۱۱۱، ۱۱۲، ۱۸۵، ۲۱۲، ۲۱۹، ۳۱٤، ۳۲۸، ۳٤۹، ۳۷٦، ۳۷۹، ۳۸۳، ۳۹۳، ۳۹٤، ٤۰۰، ٤۱۷، ٤۲۳، ٤۳۷، ٤٤۰
الشيعة ۱٦٥، ۱۷۹، ۱۸۰، ۱۹۲، ۱۹٦، ٤۰۱	
الصراة ۲۱۹	عدنان ۳٤٥
صرصر ٤۲۷	العراق ٤۱، ۱۰٦، ۱۰۸، ۱۱۰، ۱۱٤، ۱۲۷، ۱۲۸، ۱٤۹، ۱٥٦، ۱٦۸، ۱٦۹، ۱۹٦، ۲۲۱، ۳٤۲، ۳۷٤، ۳۷٦، ۳۹٥، ٤۱۰، ٤۱۷
صريفين ۹۸، ۳٦۰	
الصَّعيد ۱۸٥، ۱۹۹، ۳٥۷	
صفّين ٤٤، ٥۲، ۱۲٤، ۱۲٥، ۱۳۰، ۱٤۷	العزب (الاعراب) ۲٦، ۳٦، ٦۱، ۱۰۳، ۱۰٦-۱۰۸، ۱۱۱، ۱۱٤، ۱۲۲، ۱٥۲، ۱٥٦، ۱٦۱، ۱۷۳، ۱۷٤، ۲۱۰، ۳۳۰، ۳۸۰، ٤٥٦
الصوفيّة ۳٥۳	
الصين ۲۱۹	
	العلقميّ ٤٥٥
	عمان ۱٥٥
طبرستان ۲٦٦	عَتوريّة ۳۹، ۳۱٦-۳۱۸
طرسوس ۳۰٤	
طوس ۲٦۹، ۲۹۱-۲۹۳، ۳۰٤	
	الغرىّ ۱٤۱

١٥٦، ١٦١، ١٦٦، ٢٤٥	الغزّ ٣٩٣
قزوين ٤٠	بنو غنم ٤٣٦
قصر الخلد ببغداد ٢٨٧، ٣١٩	غيلان ٣١٨
قطفتا ٤٣٢	
قمّ ٤٤٠	
القيروان ٣٥٧	فارس ١٠٦-١٠٨، ١٥٣، ٣٣٣، ٣٥٣، ٣٧٩، ٣٨١
	فخّ ٢٦٠، ٢٦١
كاشغر ١٧٣	الفرات ١٨٠، ٢١٩
الكرج ٣٧٩	الفرس ٢٣، ٦٧، ٨٤، ١٠٧-١١٠، ١١٣، ١١٦، ٣٠٤، ٣١٤، ٣٧٦، ٣٨٠، ٤٢١
الكرخ ببغداد ٢٦٨، ٣٩٤، ٣٩٧، ٤٠١، ٤٤٩، ٤٥١	
الكرخيّ ببغداد ٣٥٥	فم الصلح ٣٠٦، ٣٠٧
الكعبة ١٥٧، ١٦١، ١٦٢، ١٦٧، ١٦٨، ٢٣٢، ٢٨٩، ٢٩٢، ٣٩٠	
الكوفة ٢٧، ٣١، ٧٦، ٧٧، ١١٠، ١١٤، ١٣١-١٣٣، ١٣٧، ١٣٩، ١٥٥، ١٥٩، ١٦٠، ١٦٥، ١٦٦، ١٧٩، ١٨٠، ١٨٥، ١٨٦، ١٨٩، ١٩٣، ١٩٦، ١٩٧، ١٩٩، ٢٠٠،	القادسيّة ١٠٨، ١١٠
	قازان ٤٥٥
	قدَريّ ١٨٢
	القرامطة ٣٥١، ٣٥٥، ٣٩٠
	قُريش ١٢٨، ١٤٤، ١٤٥، ١٥٢،

مدينة السلام = بغداد	٢٠٦, ٢٠٧, ٢١٧, ٢١٩, ٢٢١,
مدينة المنصور = بغداد	٢٢٦, ٢٣٤, ٢٦١, ٣٣٠, ٣٦٣,
المذار ٣٢١	٣٩٨, ٤٠٨, ٤٢٥, ٤٣٢
مراغة ١٨٩, ٤٠٨	
مرو ٢٤٤, ٣١٤, ٤٠٣	
المستنصرية ببغداد ٢١, ٤٣, ٤٤٥	مازندران ٤٣٧
مشهد موسى والجواد ٢١٧, ٤٤٣,	ماسبذان ٢٤٥
٤٤٤	ما وراء النهر ١٨٠
مصر ١٥, ٤٢, ٤٥, ٧٢, ١٣٦,	المجوس ٢٦٩, ٣٠٤, ٣١٤
١٤١, ١٤٧, ١٦٤, ١٦٦, ١٧٢,	المختارة ٣٤٣
١٨٤, ١٨٨, ١٩٣, ١٩٩, ٢٦٧,	المدائن ٣٦, ١١٤, ١٧٩, ١٨٥,
٢٧٦, ٢٧٧, ٢٨٤-٢٨٦, ٣٢٧,	٢٣٠
٣٠٦/٣٠٩, ٤٠٣, ٤٢٠, ٤٢٩	المدينة ٣٢, ٣٨, ٣٩, ١٠٩, ١١٠,
مضر ٣٨١	١١٣, ١١٥, ١١٦, ١١٩, ١٢٠,
المغرب ٣٠٠/٣٥٧	١٢٣, ١٢٤, ١٣٣, ١٤٣, ١٥٧-
المغول ٦٢, ١١١, ٤٠٤, ٤٠١,	١٥٩, ١٦١, ١٦٢, ١٦٤, ١٦٧,
٤٠٢, ٤٥٤	١٧٠, ١٧٣, ١٧٩, ١٩٢, ٢٢٤,
مكّة ٤٩, ١١٨, ١١٩, ١٢٤, ١٣٠,	٢٢٥, ٢٦٠, ٢٦١, ٢٦٨, ٢٧٤,
١٤٣, ١٤٤, ١٥٩, ١٦٠, ١٦٢,	٤٠٢
١٦٣, ١٦٧, ١٦٨, ٢٣٦, ٢٤٠,	مدينة الرسول = المدينة

٢٤٢, ٢٤٧, ٢٤٨, ٢٥٥, ٢٦١,
٢٧٥, ٢٨٩, ٣٠٣, ٤٣٢
الملاحدة ٤٠, ١٨٣, ٢٤٣, ٢٤٩,
٤١٦
المهاجرون ١٢٠, ١٢٤, ١٤٦
المهدية ٣٥٧
المهراس ٢٠٤
موريان ٢٣٦
الموصل ٧, ٨, ٢٢, ٢٣, ٤٢, ٦٥,
٨٦, ٨٧, ٩٦, ٩٧, ١٠٠, ١٦٦,
١٨٩, ١٩٩, ٢١٧, ٢١٩, ٣٨١,
٣٨٥, ٤١٥, ٤١٦, ٤٥٦-٤٥٨

نبطىّ ٢٤٣, ٢٤٤
نصارى ٣٩, ٢١٨, ٢٥٥, ٣٣٧
نهر بَشير ١١١
نهر عيسى ٣٨٥, ٤٥٣
نهر ملك ٤٥٣

النهروان ٤٥, ١٣١, ١٣٢, ١٤١
نيسابور ٢٣٢, ٢٥٥
النيل ٤٥٥

الهاشمية ٢١٧
هجر ٣٤٢
همذان ١٨٥, ٢٣٢, ٤٥٢
الهند ٤٢, ٩٣, ١٥٥, ١٧٣, ٢١٩

وادى السباع ١٢٢
واسط ٤٠, ١٧٩, ٢١٩, ٣٠٦,
٣٣٧, ٣٥٣, ٣٨٦, ٣٨٧ ٤٢٦,
٤٢٧, ٤٤٥

يثرب ٢٤١
اليمن ٣٧, ٢١٧, ٣٠٢

طبع فى مدينة شالُون على نهر سَون بمطبع مَرسَو

34

www.ingramcontent.com/pod-product-compliance
Lightning Source LLC
Chambersburg PA
CBHW070839230426
43667CB00011B/1857
* 9 7 8 2 0 1 2 6 3 5 0 4 3 *